Betriebs- und Wirtschaftsinformatik

Herausgegeben von
H. R. Hansen H. Krallmann P. Mertens
A.-W. Scheer D. Seibt P. Stahlknecht H. Strunz R. Thome

Datenverarbeitung im KFZ-Service und -Vertrieb

Anwendergespräch
Universität Bamberg, 21.–22.10.1982

Gesellschaft für Informatik e.V.

Arbeitskreis für Wirtschaft und Verwaltung an der Universität Bamberg e.V.

Herausgegeben von R. Thome

Springer-Verlag
Berlin Heidelberg New York Tokyo
1983

Professor Dr. Rainer Thome
Universität Bamberg
Lehrstuhl für Betriebs- und Wirtschaftsinformatik
Feldkirchenstr. 21, D-8600 Bamberg

ISBN-13:978-3-540-12005-6 e-ISBN-13:978-3-642-68831-7
DOI: 10.1007/978-3-642-68831-7

CIP-Kurztitelaufnahme der Deutschen Bibliothek
Datenverarbeitung im KFZ-Service und -Vertrieb
/Anwendergespräch, Univ. Bamberg, 21–22.10.1982. Ges. für Informatik e. V.; Arbeitskreis für Wirtschaft u. Verwaltung an d. Univ. Bamberg e. V. Hrsg. von R. Thome. - Berlin; Heidelberg; New York: Springer, 1983.
(Betriebs- und Wirtschaftsinformatik; Bd. 4)
ISBN-13:978-3-540-12005-6

NE: Thome, Rainer [Hrsg.]; Anwendergespräch <1982, Bamberg>; Gesellschaft für Informatik; GT

2142-3140/5 4 3 2 1 0

Vorwort

Es gibt in der Bundesrepublik viele tausend Betriebe des Kraftfahrzeughandwerks. Die überwiegende Zahl hat eine vergleichbare Größe, die sie als mittelständische Betriebe klassifiziert. Auch wenn diese Unternehmen Fahrzeuge und Service für verschiedene Hersteller anbieten und sich teilweise auch nicht auf Automobile sondern auf Zweiräder oder Lastkraftwagen spezialisiert haben, so bleibt doch ihr Aufgabenspektrum im Verwaltungsbereich ähnlich. Eine entsprechende Unterstützung durch automatische Datenverarbeitungsanlagen müßte folglich von Fall zu Fall nur einige Spezifika berücksichtigen. Trotzdem werden auf dem Markt recht unterschiedliche Programmsysteme und Konfigurationstypen angeboten. Neben den üblichen Divergenzen der EDV-Hersteller ist dies besonders in den verschiedenen Konzeptionen der Automobilhersteller begründet bezüglich ihres Informationsaustausches mit den Handels- und Servicebetrieben. Auch haben diese hier betrachteten Unternehmen individuelle Vorstellungen, inwieweit sie sich von ihrem Lieferanten auch bezüglich der Informationsverarbeitung abhängig machen und ihm Einblick in die laufende Geschäftsentwicklung geben wollen.

Da die Schwerpunkte der EDV-Unterstützung in dieser Branche im Verkauf, Kundendienst und Lagerwesen auftreten, hat der Fachausschuß 5.4 Anwendungen der Informatik im Bereich Logistik und Marketing der Gesellschaft für Informatik e.V. zusammen mit dem Arbeitskreis für Wirtschaft und Verwaltung an der Universität Bamberg am 21. und 22. Oktober 1982 ein Anwendergespräch zum Thema Datenverarbeitung in Kraftfahrzeugservice und -vertrieb veranstaltet, dessen Referate im vorliegenden Tagungsband zusammengefaßt sind. Von den zwanzig Vorträgen skizzieren sieben Programmpakete von EDV-Herstellern oder Softwäurehäusern; fünf Referate zeigen die Konzeptionen für den Informationsverbund von großen Automobilherstellern mit ihren Händlern auf; acht Beiträge behandeln jeweils besondere Problembereiche beim EDV-Einsatz im Kraftfahrzeugbereich.

Der größte deutsche Automobilhersteller (VW), der seine Teilnahme mit einem Vortrag zunächst zugesagt hatte, mußte kurz vor dem Tagungstermin zurückziehen, weil die Entwicklung des in Vorbereitung befindlichen Systems für den europaweiten Datenaustausch mit den Händlern wider Erwarten zum Tagungstermin noch nicht präsentabel weit fortgeschritten war.

Das Haus Daimler Benz unterließ die Beschreibung der Konzeptionen für den Datenaustausch, weil der Verkehr mit den Niederlassungen als unternehmensintern betrachtet wird und eine Ausarbeitung für die selbständigen Handelspartner noch nicht existieren würde; andererseits wird von einem DV-Hersteller Software für eben dieses Unternehmen beschrieben (vergl. Referat Teichmann).

Trotz der weit über einhundert Teilnehmer an der Veranstaltung und des ausführlichen Referates eines Kfz-Betriebes (vergl.Referat Bonacker) konnte ein Ziel nicht erreicht werden,die Offenlegung der Implementationsprobleme beim Anwender insbesondere bei einer Erstinstallation. Zu ungleich war das Verhältnis von Experten der Datenverarbeitung im Kfz-Bereich einerseits und EDV-Anfängern aus Kfz-Betrieben andererseits. Die Diskussionen bewegten sich auf einem Niveau, das den Uneingeweihten keine wirkliche Chance zum Verständnis bot. Dies ist umso bedauerlicher, als die durch die Tagung ermöglichten Gespräche und Kontakte vermuten lassen, daß die Betriebe dieser Größenordnung bei der Einführung des organisatorisch so bestimmenden Hilfsmittels Datenverarbeitung völlig unmündig sind und sich blind auf das Votum und die Argumente eines Verkäufers oder Beraters verlassen müssen.

Es bleibt zu hoffen, daß auch dieser Tagungsband dazu beiträgt, in der Entscheidungsphase den Unternehmen einen Überblick auf den Stand und die Entwicklungsmöglichkeiten der Datenverarbeitung in Kraftfahrzeugservice und -vertrieb zu geben.

Rainer Thome

I N H A L T S V E R Z E I C H N I S

Seite

PRAKTISCHE PROBLEME BEI DER DV-ANWENDUNG AUS DER SICHT EINES KFZ-BETRIEBES

E.W. Bonacker

1. Die Firma

1.1 Ernst Wengler und Söhne, OPEL-Vertragshändler

1.2 Betriebsorganisation

2. Die Datenverarbeitung

2.1 Historische Entwicklung

2.2 Datenverarbeitungssystem

2.3 Eingesetzte Programme

2.4 Preise und Kosten

2.5 Schulung und Ausbildung

3. Realisationsprobleme und Rationalisierungseffekte in den verschiedenen Anwendungsbereichen

3.1 Kundendienstabteilung

3.2 Teilelager

3.3 Neuwagen-Verkauf

3.4 Buchhaltung

4. Textverarbeitung

5. Systemsteuerung

6. Künftige Entwicklung

1. Die Firma

1.1 Ernst Wengler u.Söhne, OPEL-Vertragshändler

Das Autohaus Wengler wurde 1893 gegründet, ist seit dem Jahre 1900 Vertragshändler der ADAM OPEL Aktiengesellschaft und in der dritten Generation im Familienbesitz.

Die Firma Wengler hat zwei Betriebe in Bamberg.

In der Augustenstraße 20 ist die Geschäftsleitung
die Verwaltung
der Kundendienst mit Werkstatt,
Spenglerei,
Lackiererei,
die Teile- und Zubehörabteilung
und die "Freie Tankstelle".

Als das Betriebsgelände in der Augustenstraße nicht mehr den gewachsenen Anforderungen entspricht, wird 1965 am Stadtrand eine der modernsten Neuwagen-Ausstellungshallen gebaut. Hier sind untergebracht: der Neuwagenverkauf,
der Gebrauchtwagenverkauf,
eine Versicherungs- und
Finanzierungs-Abteilung
Autoleasing
"Freie Tankstelle".

Heute beschäftigt die Firma Wengler etwa 60 Mitarbeiter. Wir verkaufen ca. 800 Neu- und Gebrauchtwagen im Jahr und betreuen einen Kundenstamm von ca. 10.000 Kunden. Der tägliche Werkstatt-Durchlauf beträgt durchschnittlich 30-50 Fahrzeuge. An Ersatzteilen werden ständig 12.000 Positionen am Lager geführt. Der Umsatzanteil im Teile-Handelsgeschäft (Großhandel) beträgt 60 %.

1.2 Betriebsorganisation

Die Firma Wengler ist organisiert nach dem "Harzburger Modell" im Stab-Linien-System, mit Delegation von Verantwortung an die Abteilungsleiter. Für die jeweiligen Tätigkeitsbereiche wurden Stellenbeschreibungen von der Geschäftsleitung ausgearbeitet (Abb.1).

In Linienfunktion arbeitet jede Abteilung für sich eigenverantwortlich. Früher wurden Daten und Belege oft mehrfach erstellt und Arbeitsabläufe doppelt ausgeführt. Eine Abstimmung unter den Abteilungen war nur sehr schwer möglich.

Erst durch den Einsatz einer umfangreichen Dialoverarbeitung in der kaufmännischen Verwaltung kann in Stabfunktion durch Rationalisierungsmaßnahmen in alle Bereiche des Betriebes eingegriffen werden, wobei jedoch jeder Sachbearbeiter an seinem Bildschirm selbständig in seinem Programm arbeiten kann.

Ich selbst komme aus dem Bereich der Teileabteilung, wo Datenverarbeitung bereits 1970 mit Lochkarten begann. Heute bin ich im Hause Wengler verantwortlich für den kaufmännischen Bereich, insbesondere für den reibungslosen Geschäftsablauf durch die Datenverarbeitung.

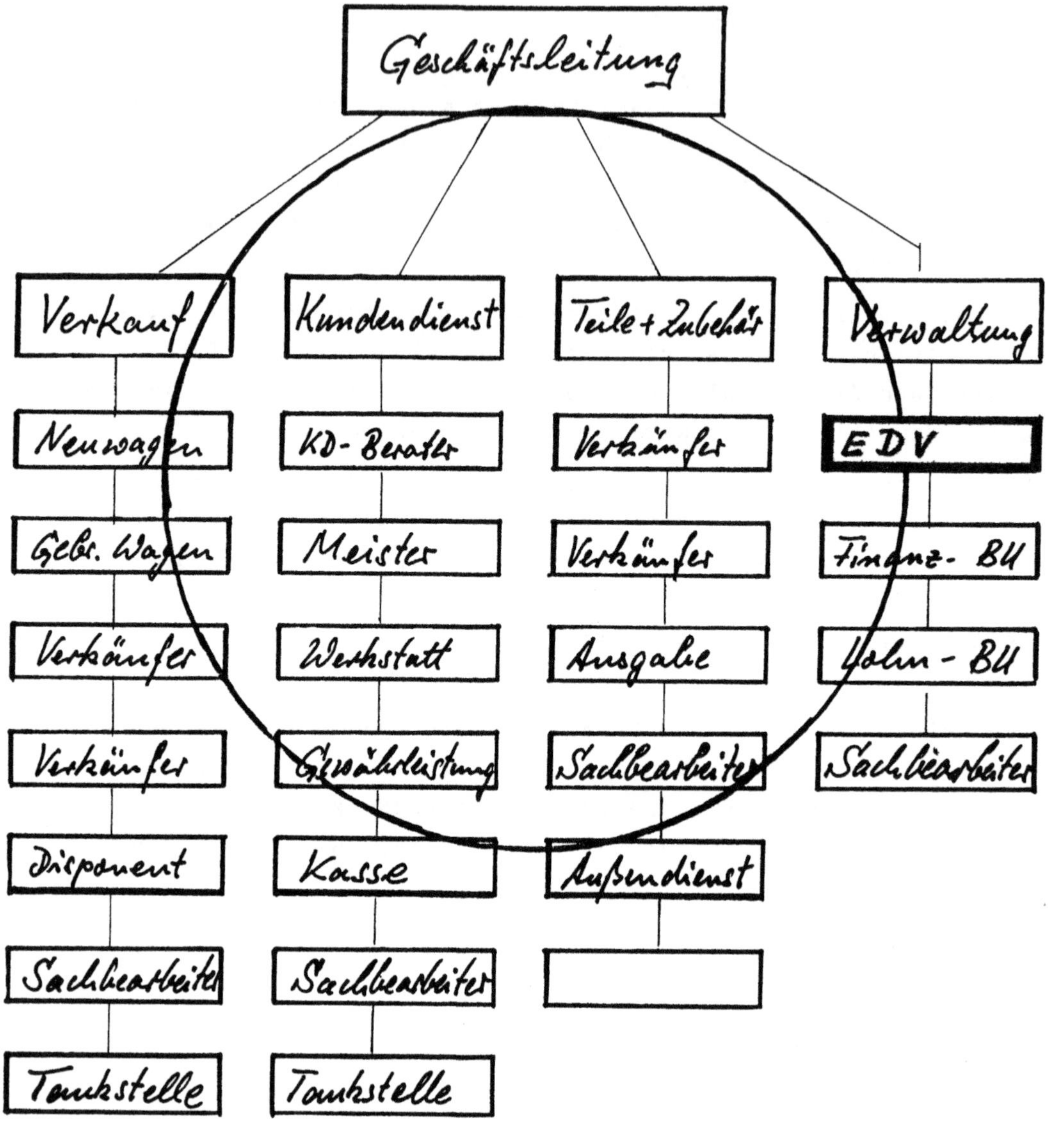

Abb.1 Betriebsstruktur

2. Die Datenverarbeitung

2.1 Historische Entwicklung

Ein erster Schritt in die EDV begann etwa im Jahre 1970 in der Ersatzteile-Abteilung. Dort wurde die Teilebestandskartei mit 12.000 Kardex-Karteikarten aufgelöst und auf Lochkarten übertragen. Die laufende Verarbeitung der Teiledaten erfolgte mit Klarsichtstreifen-Drucker und Auswertungen, Disposition und Bestandsliste wurden im Rechenzentrum erstellt.

Im Kundendienst wurde die Fakturierung manuell durchgeführt und in der Gewährleistung arbeitete man mit Computer-Lesebelegen, die mit einer besonderen Schreibmaschine beschrieben werden mußten. Die Buchhaltung wurde über DATEV und später per Diskette im Rechenzentrum abgewickelt.

Die sich abzeichnende Rezession in den Jahren 1972/73 und der erhebliche Anfall von Belegen verlangte ein neues Konzept in der Betriebsorganisation. Im kaufmännischen Bereich war eine große Zahl von Mitarbeitern mit administrativen Aufgaben beschäftigt und bildete den größten Kostenfaktor im Betrieb. Eine Neuorientierung im kaufmännischen Bereich war dringend nötig.

Die Auswahl der EDV-Anbieter wurde im Herbst 1975 mit der Anmietung einer bzw. später zweier IBM -/32 Einplatz-Systeme (Festplatte und Diskette) getroffen. Zusammen mit einer Disketten-Datenerfassungsstation konnte der Kundendienst und die Teile-Abteilung arbeiten. Später auch die Buchhaltung. Bei der Umstellung konnten die Daten aus dem Rechenzentrum eins zu eins übernommen werden. Der Datenaustausch mit dem OPEL-Werk erfolgte noch per Diskette. Zu dieser Zeit gab es noch kein komplettes EDV-Konzept für einen OPEL-Händler. So waren wir zwangsläufig von Anfang an Pionier und Pilotbetrieb.

Der Besuch der Hannover Messe 1977 bringt dann den Ausschlag für ein neues EDV-Konzept, das eine umfassende Betriebsorganisation aller Bereiche ermöglichte. In aufeinander abgestimmten Installationsphasen sollten Dialog-Programme und Bildschirme für die Sachbearbeiter installiert werden.

Im September 1978 wird über Leasing ein Bildschirm-Computer IBM -/34 in kleiner Ausführung installiert. Mit dem Einsatz weiterer Programme wird auch das System erweitert bis 1981 etwa der heutige Stand erreicht wird. Erst jetzt ist mit dem Dialog-System und mehreren Bildschirmen bei gleichzeitiger Verarbeitung das geplante Ziel erreicht.

2.2 Datenverarbeitungssystem (Hardware)

Unser IBM Bildschirm Dialog Computer -/34 hat einen Hauptspeicher von 128 K und eine Festplatte mit 63,9 Megabytes.

In den Abteilungen Kundendienst, Ersatzteile und Buchhaltung wurde jeweils ein Bildschirm installiert. Der Remote- Bildschirm steht am Berliner Ring in der ca. 3 km entfernten Neuwagenabteilung. Im Computerraum steht die Zentraleinheit mit Systemdrucker und Konsolbildschirm. Von hier aus wird über einen Schnittstellenschalter wahlweise die Standleitung oder Wählleitung (für DATEX-L) geschaltet (Abb.2).

Um rationell arbeiten zu können, verwenden wir für die tägliche Arbeit nur zwei Standard-Formulare. Auf dem System-Drucker ist das Recycling Tabellierpapier 12" x 375 und auf dem Matrix-Drucker das Formular "Rechnungen" DIN A 4 eingelegt.

Für Datensicherung verwenden wir Disketten im 2 D-Format.

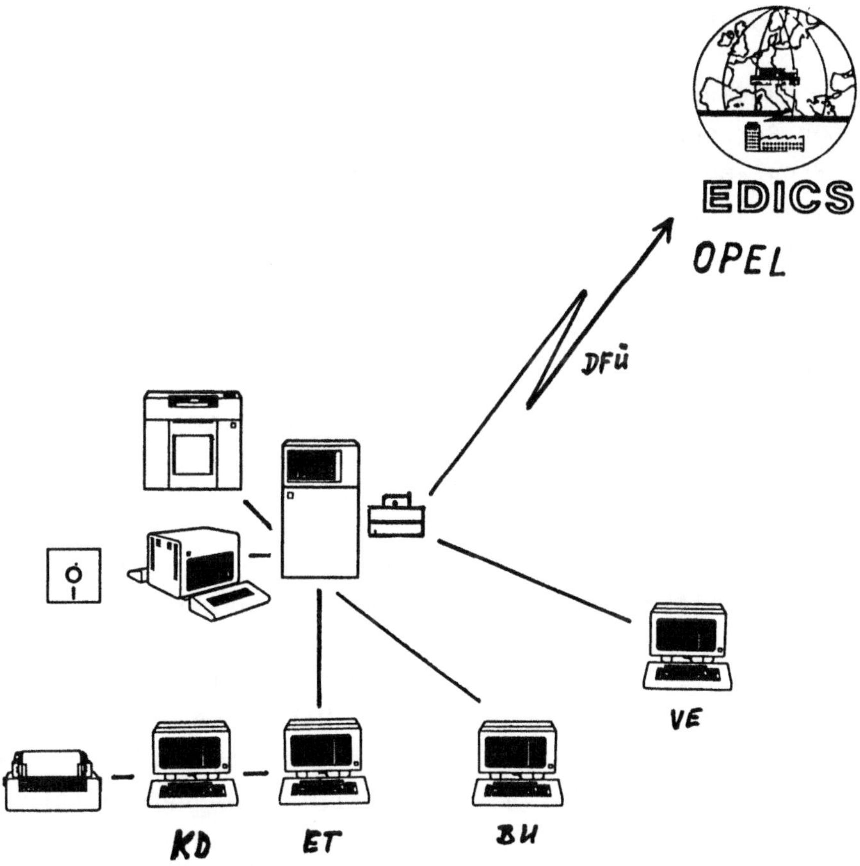

IBM SYSTEM -/34

Hauptspeicher	128 K
Festplatte	63,9 MB
Diskettenlaufwerk	2 D
Bildschirme	5
Systemdrucker	16o Zeilen/Min
Matrixdrucker	
Postmodem für DATEX L	
Schnittstellenschalter	
Formulare: 12 " X 375	Tab.-Papier
"Rechnung"	DIN A 4

<u>Ein Auszug aus den Datenbeständen:</u>

KUNDEN	11.ooo Sätze
KFZDAT	7.ooo
Arbeits-Texte	9.ooo
Teile-Preise	55.ooo
Teile-Stamm1	13.ooo
Teile-Stamm2	7.ooo
Neuwagenpreise	1o.ooo
Verkäuferkartei	4o.ooo

Abb. 2 Konfiguration und Mengengerüst

2.3 Eingesetzte Programme

Da im Kundendienst die Werkstattaufträge und Rechnungen mit großem Personalaufwand manuell erstellt werden mußten, wurde das Programm Werkstatt- und Teile-Fakturierung 1975 zum Start in die eigene Datenverarbeitung ausgewählt. Heute ist hier ein Bildschirm installiert, an dem

Werkstattaufträge — Rechnungen
Kostenvoranschläge — Gewährleistungsanträge

bearbeitet werden.

Am Bildschirm in der Ersatzteile-Abteilung erfolgt die

Lagerbestandsführung — die 14-tägige Disposition
Preisänderungsdienst — Inventur- u.Jahresabschl.

In der Buchhaltung arbeitet das Programm Lohn- und Gehalt seit 1977 unbeanstandet. In der Finanzbuchhaltung werden folgende Bereiche bearbeitet:

die Debitoren-Verwaltung mit Zahlungseingang
Mahnwesen
und Lastschriftverfahren
die Kreditoren-Verwaltung mit Rechnungseingang
und Zahlungsverkehr
der Monatsabschluß mit Ausdruck von Summen- und
Saldenlisten
Kontoblättern
Journalen
Umsatzsteuerverprobung

Das Programm Finanzbericht erstellt monatlich zu bestimmten Terminen
die Brutto Ertrags Analyse
die Monats- und Jahresbetriebsabrechnung
die monatliche Bilanz

In der Verkaufsabteilung wurde 1979 das Programm Neu- und Gebrauchtwagen-Abwicklung installiert. In diesem Programm erfolgt die Bestandsführung von Neu- und Gebrauchtwagen, die Fakturierung mit Auftragsbestätigung, mit Preisauszeichnung und Statusberichten.
Aus eigener Programmentwicklung stammen die Verkäufer-Besuchsberichte und die Verkäufer-Kartei.
Der Datenaustausch mit OPEL erfolg seit 1980 mit dem EDICS-Programm (Europäische Händler Kommunikations-System).
Die Datenfernübertragung wird an der Konsole durchgeführt.
Ebenfalls große Werbeaktionen und die System-Steuerung.

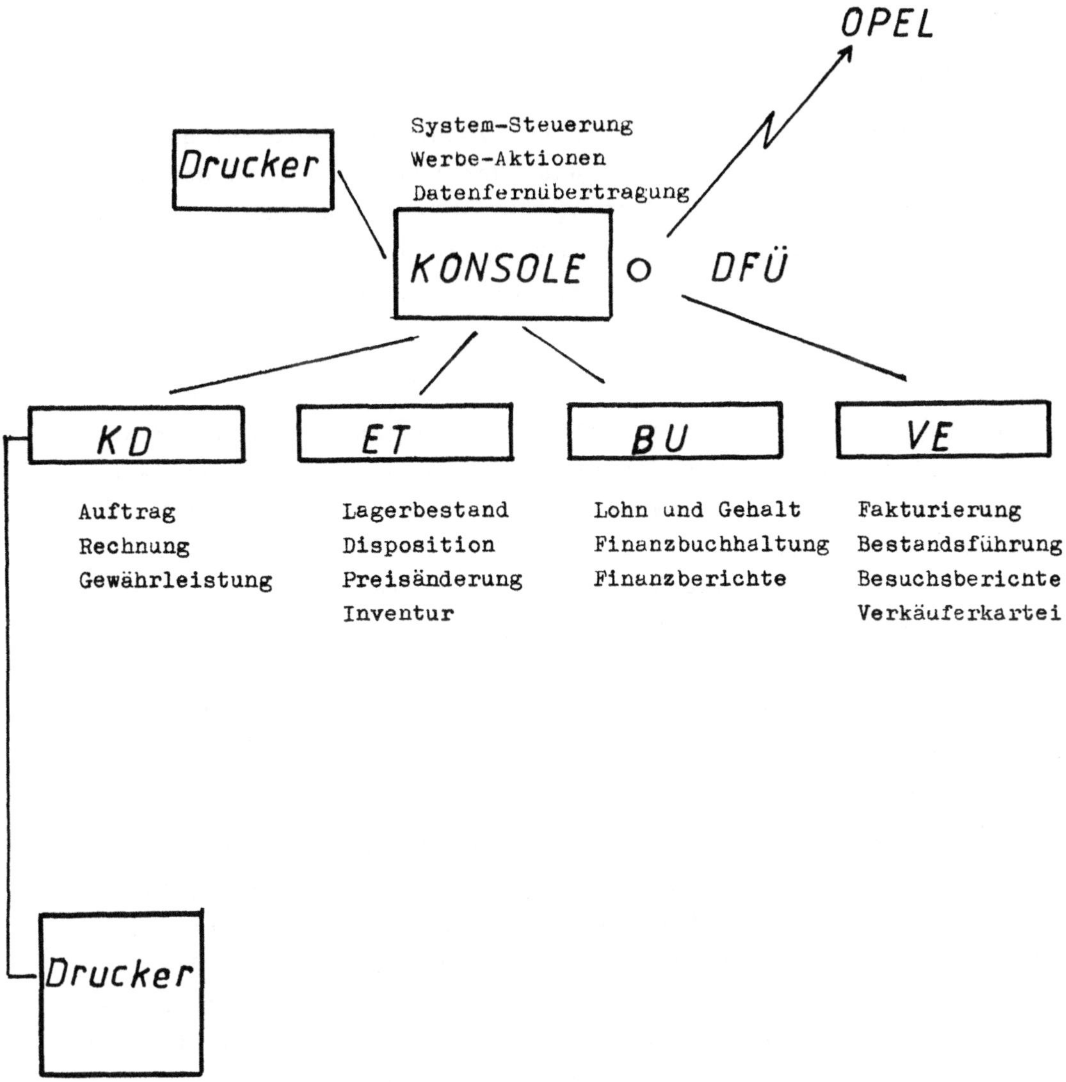

Abb. 3 Laufende Arbeiten

2.4 Preise und Kosten

Hardware:

Das Datenverarbeitungssystem wurde zukunftsorientiert geplant, in mehreren Stufen erweitert und über Leasing auf 48 Monate angemietet. Der Leasing-Vertrag ist abgelaufen und das System in den Firmenbesitz übergegangen. So können wir auch in den nächsten Jahren ohne größere Systemveränderung kostengünstig arbeiten.

Software:

Die Programme wurden in einzelnen Zeitabschnitten von IBM angekauft. Dadurch war eine Kostenverteilung auf mehrere Jahre und eine kontinuierliche Einarbeitung der Mitarbeiter möglich. Die Zahlungen erfolgten in jeweils 12 Monatsraten pro Programm. Das gesamte eingesetzte Programmpaket kostet heute etwa 36000,--DM. Für die Wartung der Programme steht ein Team in Stuttgart zur telefonischen und persönlichen Beratung zur Verfügung. Gerade in der Installationsphase von neuen Programmen konnten wir hier oft wertvolle Hile erhalten.

Wartung des Systems:

Für die Wartung des Systems (1.800,-- DM/Monat) ist für uns der technische Außendienst im Beratungszentrum Nürnberg zuständig. Die seltenen Betriebsstörungen wurden bisher immer kurzfristig behoben; einen Totalausfall gab es bisher noch nicht. Die Planung und Installation des Systems -/34 wurde von uns durchgeführt, ebenfalls die notwendigen Releasewechsel. Auch hier war uns das Beratungszentrum auf Anforderung behilflich.

Datenfernübertragung:

Für die Datenfernübertragung mit Rüsselsheim wird ein Postmodem benötigt, sowie ein DATEX L Anschluß zum direkten Anwählen des Teilnehmers (200,-- DM/Monat). Für die ca.3 km entfernt stehende Remote-Datenstation wird ein weiteres Modem benötigt. An Grundgebühren fallen an 300,-- DM im Monat und Leitungsgebüren von ca.30,-- DM monatlich.

Disketten:

Wir verwenden Disketten im Normal- und 2 D Format. Für die laufende Datensicherung sind etwa 300 Disketten im Einsatz. Eine Diskette kostet etwa 10,-- DM.

2.5 Schulung und Ausbildung

Bereits bei der Installationsplanung wurde von IBM die systemorientierte Ausbildung der Mitarbeiter vorgesehen. So wurde ein Ausbildungsplan erstellt und verschiedene Mitarbeiter besuchten Lehrgänge, Seminare und Einweisungen. Dazu gehörte die Bedienerausbildung, die Handhabung des Betriebssystems sowie die Vermittlung von Programmier- und Installationskenntnissen. Angefallen sind hier nur geringe Lehrgangsgebühren.

In der Regel werden heute die Sachbearbeiter und die kaufmännischen Lehrlinge im Hause selbst ausgebildet. Dazu benutzen wir die Handbücher und Lerntexte, die von IBM mitgeliefert werden. Erst durch Schulung und Weiterbildung erhalten die Mitarbeiter ein besseres Verständnis für den täglichen Geschäftsablauf mit der Datenverarbeitung.

Bei relativ konstantem Umsatz und unter Beachtung der Schwankungen derade im Kraftfahrzeugbereich, war ständiges Sinken des Personalbestandes, insbesondere im kaufmännischen Bereich zu beobachten. Der Einsatz der EDV, besonders aber das umfangreiche Dialog-Konzept in allen Bereichen mag dafür ausschlaggebend gewesen sein.

3. Realisationsprobleme und Rationalisierungseffekte in den verschiedenen Anwendungsbereichen.

3.1 Kundendienstabteilung

Werkstattauftrag

Früher hatte der Kundendienstberater eine Schreibmaschine und tippte mehr oder weniger geschickt seine Werkstattaufträge selbst, oft im umständlichen Zweifinger-System. Alle Kunden- und Fahrzeugdaten mußten jeweils aus dem Kundendienstscheckheft herausgesucht und abgeschrieben werden. Der Kunde mußte warten, bis der gesamte Auftrag geschrieben war, danach konnte er erst seine Unterschrift auf dem Vertrag leisten. Eine zeitraubende Angelegenheit.
Heute schreiben wir alle Werkstatt-Aufträge mit der Datenverarbeitungsanlage.
Im vorgelegten Kundendienst-Scheckheft wurde bei der Erstzulassung die 6-stellige Kundennummern eingetragen und gleichzeitig alle Kunden- und Kfz-Daten im System gespeichert. Der Kundendienstberater füllt jetzt handschriftlich ein Diagnose-Formblatt mit den notwendigsten Angaben aus. Das sind Angaben über Kunden-Nummer, Anzahl der Arbeitswerte und Arbeitspositionen, Kilometer-Stand und Ablieferungstermin. Dieser vom Kunden unterschriebene Urbeleg wird aufgrund der allgemeinen Geschäftsbedingungen aufbewahrt. Dann geben die Kundendienstberater ihre handgeschriebenen Aufträge zum Bildschirm-Arbeitsplatz, wo sie hintereinander bearbeitet werden.
Über die Kundennummer werden die Stammdaten aufgerufen und die Auftragskopfdaten sofort auf dem Drucker ausgegeben. Gleichzeitig werden die Arbeitswerte und die Arbeitspositionen eingegeben und anschließend auf dem Auftrag ausgedruckt. Der Auftrag ist fertig und kann an Leitstand und Fahrzeug verteilt werden.

Dieser Arbeitsablauf hat sich bewährt. Wartezeiten für den Kunden werden vermieden. Die Stammdaten werden nur einmalig erfaßt und der Kundendienstberater hat mehr Zeit für seine Kunden oder kann auch schon einmal zwischendurch in der Werkstatt aushelfen.

Die Fakturierung

Sind alle Bewegungsdaten, wie Teilescheine und Zusatzaufträge eingegeben und wurde das Fahrzeug von der Endkontrolle freigegeben, dann kann im Einzel- oder Sammelaufruf fakturiert werden. Die Rechnung ist fertig bevor der Kunde kommt.

Die aus der Fakturierung entstehende Rechnungssummendatei "RESUM" ist hier Basis für die Debitorenbuchhaltung. Bereits bei der Eröffnung und Verwaltung des Auftrages werden die

Rechnungs-Art,
die Erlösart und
die Einsatzwerte

eingegeben. Diese steuern später über Tabellen die richtige Kontierung in der Buchhaltung. Hier ist eine Verlagerung von Buchhaltungsarbeiten an den Kundendienst eingetreten. Das verlangt einen ausgebildeten und qualifizierten Sachbearbeiter an diesem Arbeitsplatz.
Bei Gewährleistungsfällen entsteht aus der Fakturierung der Gewährleistungsantrag und wird mit Datenfernübertragung an OPEL übertragen. Die manuell erstellten Lesebelege entfallen. Hier ist eine wesentliche Erleichterung für den Sachbearbeiter eingetreten.
Gleichzeitig mit der Fakturierung wird der Fachbestand im Teilestamm fortgeschrieben, ein nochmaliges Abbuchen von Ersatzteilen ist nicht notwendig.

Im Tagesabschlußprogramm werden die Daten für den Kundendienst automatisch fortgeschrieben. So entsteht eine Wagen-Akt-Datei, die über Bildschirm abgefragt werden kann. Um Platz auf der Festplatte zu bekommen, wird diese Datei jährlich nach Kundennummer ausgedruckt und abgelegt.

Die Wagenakte

Wird die Kundennummer eingegeben, so erscheint ein Bildschirm mit den gespeicherten Kundendaten. Durch die Funktion "Vor-Blättern", "Rück-Blättern" können alle Daten angezeigt werden. Diese Datei wird auch benutzt um doppelte Gewährleistungs-Anträge auszuschließen.

In diese Wagenakt-Datei werden alle Informationen aus dem Auftrag übernommen. Inwieweit eine solche Dateiausweitung mit allen Positionen sinnvoll ist, mag dahin gestellt bleiben. Wir haben bei uns die Teileposition ausgeschlossen und wollen diese Datei begrenzen auf Gewährleistungsfälle und jeweils einen Rechnungs-Summensatz. Diese können dann jährlich nach Kunden-Nummer sortiert angelistet werden. Durch diese Wagenaktdatei ist die manuell geführte Wagenakte (Tobro-Kartei) entfallen. Es gibt keine Ablage mehr im Kundendienst.

```
                         KUNDENDIENST
                     WAGENAKTEN-ANZEIGEN


WAGENAKTE SUCHEN          AMTL. KENNZEICHEN   [      ]

WAGENAKTE SUCHEN          FAHRGESTELL-NUMMER  [      ]

WAGENAKTE SUCHEN          ANZEIGE AB DATUM    [      ]  NUR GWL [NEIN]

KUNDE/WAGENAKTE SUCHEN KUNDEN-NUMMER          [241970]

KUNDE/WAGENAKTE SUCHEN KUNDEN-NAME            [      ]
```

```
                               W A G E N A K T E
FAGNR. [8862 554 094     ] BETRIEB [1] MOD.          F.KZ [0] VERK.  [90] E.ZUL [29.10.7
KDNR.  [241970] KDBER.       TYP [ASB      L2]

ORD.NR TNR. / AWNR      BEZEICHNUNG                          MENGE      PREIS GW TC S
VORG. [14.09.82] [0] R.ART [10] AUFNR. [75500] AUFDAT [14.09.82] KDNR [241970] RENR [49852]
                 KDBER [30] FNR [001] KM-STAND [99660] A.KENNZ [BA AP 745]  VERK [099]
                 NWNR/GWNR [      ] KDNR-AOD [     ] AB KNR [    ]
0 1000 K20210000       DICHTRING IN GETR VERLAENG ERS           8         4.75
0 3000 0737482         DICHTRING                                1        8.800
0 3001 0460202         SICH BLECH                               2        0.400
0 9999 RESU-W     LOWE [   38.00] LOLA [    0.00] OTZ [    9.60] ATZ [    0.00]
                  REIF [    0.00] SCHM [    0.00] GM  [    0.00] FL  [    0.00]
                  SONS [    0.00]                   RNG-NETTO      [   47.60]
                  MWST [    6.19] MWAT [    0.00]   RNG-BRUTTO     [   53.79]


BT 1: VOR-BLÄTT   BT 2: RÜCK-BLÄTT   BT 3: NEUE AUSWAHL   BT 7: ENDE DER ANZEIGE
LFNUM          TEXT
                                   MELDUNG 11 : ANZEIGE VOLLSTÄNDIG
```

Abb.4 Bildschirmausgabe "Wagenakte"

3.2 Teilelager

Die Disposition

Auf der Grundlage von Vergangenheitswerten (4-Monatsverbräuche) wird mit der von der Adam Opel AG vorgeschlagenen Dispositionsformel der Bestellvorschlag errechnet. Die Dispositionsformel sieht eine gleichmäßige Bevorratung mit einem 3-Monatsbedarf vor. Dazu kommt ein Faktor von 0,7 für den Bestell- und Lieferweg. Das bedeutet einen Umschlagsfaktor von 3 für die durchschnittliche Lagerdauer. Wird mit Datenfernübertragung am Abend der Lagerauftrag abgerufen, dann druckt OPEL noch am gleichen Tag den Lieferschein und bestätigt am nächsten Morgen bereits die Bestellung. So sinkt der Bestell- und Lieferweg beträchtlich und es wäre zu prüfen, wieweit der Faktor gesenkt werden kann, um die gleiche Lieferbereitschaft zu behalten.

Bei einer Beibehaltung des Faktors 1,0 steigt auf jeden Fall der Lagerwert und bindet unnötig Kapital im Teile-Lager.
Durch die Eingabe unterschiedlicher Dispositionsfaktoren

z.B.	für normale Teile	1,0
	für gängige Teile	1,2
	für ungängige Teile	0,8

können wir jeweils die Lagerbevorratung steuern.

Die Lagerbestandsführung

Eine große Einsparung an Arbeitsaufwand ist im Bereich der Lagerbestandsführung festzustellen. Früher mußte jede Teileposition, ob Zu- oder Abgang, mit Bewegungsartenschlüssel am Bildschirm eingegeben werden. Oft tausende von Bewegungen.
Und der Bildschirm war den ganzen Tag belegt.
Seit dem Einsatz der Dialogverarbeitung ist das anders geworden. Über die Auftragsdatei werden bei Tagesabschluß alle Teileverkäufe automatisch in der Teilestammdatei abgebucht. Die Zugänge aus Lageraufträgen werden über Datenfernübertragung verarbeitet und am Tage der Lieferung automatisch zugebucht.

Nur die täglich eingehenden Lieferscheine werden jetzt morgens von einem kaufm.Auszubildenden eingegeben und dann verarbeitet. Danach steht der Bildschirm für Abfragen der Teileabteilung, aber auch für Arbeiten des Kundendienstes zur Verfügung.

Daneben wird an diesem Bildschirm die komplette Teile-Auswertung für unseren Betrieb Lichtenfels in Dienstleistung ausgeführt.

Um den Mitarbeitern in der Teileabteilung eine Erleichterung zu verschaffen, wurden in die Bildschirmabfragen und die Bestandslisten auch jeweils die Bestände des anderen Lagers mit aufgenommen. So können dringend benötigte Ersatzteile vom anderen Lager abgerufen werden.

3.3 Neuwagen-Verkauf

Die Statusberichte

OPEL überträgt jeden Morgen bei Abruf (EDICS) mit Datenvernübertragung den aktuellen Stand der bestellten Neuwagen. Es werden die Liefertermine und das Lieferwerk mitgeteilt, sowie der jeweilige Produktionsstatus im Werk. Kostspielige Telefongespräche mit dem Werk entfallen dadurch und die Verkaufsabteilung hat täglich die neuesten Werksinformationen.

Die Verkäuferkartei

Im Herbst 1980 wurde in Zusammenarbeit mit dem Sachbearbeiter im Neuwagenverkauf ein Programm "Verkäuferkartei" entwickelt. Die manuell geführte Kartei sollte entfallen, der wegen erreichen der Altersgrenze ausscheidende Sachbearbeiter sollte nicht mehr ersetzt werden.

Die letzten Daten der alten Kartei wurden über Bildschirm ins System übernommen. Diese standen sofort den Verkäufern zur Dialogabfrage zur Verfügung. Die laufende Dateneingabe erfolgt so einfach wie möglich, denn es wird jeweils nur ein Satz eingegeben, der bestimmte Kennzeichen und Kommentare enthält. Die Kunden- und Kfz-Daten sind bereits auf der Platte vorhanden.

```
     ÄNDERN KARTEI                      DATEI: VEKARTEI        BETRIEBSART: ÄNDERN
SATZART: 05                    LETZTE SATZART: 05                  AUTO DUP: AUS
     KDNR  [129682]
     LFDNR [007]                                    TYP: 1 = KADETT
                                                         2 = ASKONA
TERMIN   [51  82]       WOCHE/JAHR                       3 = MANTA
BESUCH   [020882]       DATUM                            4 = REKORD
VB       [003]                                           5 = COMMODORE
TYP      [1]            = 1 2 3 4 5 6 7 8 9 G            6 = SENATOR/MONZA
ART      [O]            = O I A                          7 = BEDFORD
VERMERK  [P]            = P T L N A                      8 = CHEVETTE
TEXT     [BESTENS ZUFRIEDEN MIT NEUEM WAGEN         ]    9 = G M
                                                         G = GEBRAUCHTWAGEN

    ART: O = Opelwagenbesitzer          VERMERK: P = PERSÖNLICH
         I = Interessent                         T = TELEFONISCH
         A = Akquisition                         L = LADEN
                                                 N = NICHT ANGETROFFEN
                                                 A = ABSCHLUSS
```

Abb.5 Bildschirmausgabe "Verkäuferkartei"

Jeder Verkaufsberater kann sein Karteiblatt auf dem Bildschirm anschauen oder nach ausgewählter Kunden-Nummer anlisten. Nach einer nicht ganz problemlosen Umstellungsphase haben sich die Verkaufsberater an das neue Verfahren gewöhnt.

Verkäuferführung

Jeden Freitag werden die Terminlisten für die Kundenbesuche der kommenden Woche ausgedruckt. Jeder Verkaufsberater erhält seinen Besuchsvorschlag auf 12"-Papier ausgedruckt und er kann sich die Termine für diese Woche selbst zurechtlegen. Die Terminliste beinhaltet alle wichtigen Informationen über seinen Kunden wie z.B.

die Anschrift, Telefon-Nummer, Fahrzeug-Typ,
km-Stand, letzter Werkstattbesuch, sowie
Kaufdatum und Wert des zur Zeit gefahrenen Autos.

Weiter wird der letzte Besuchsbericht ausgedruckt und eine Zeile ist für den neuen Bericht vorgesehen. Der Verkaufsberater kann hier beim Besuch des Kunden das Besuchsdatum, seinen Besuchsbericht in Kurzform und den neuen Termin eintragen.

Nach Ablauf einer Woche wird für die Verkaufsleitung eine Kontroll-Liste "Besuchsbericht" ausgedruckt.
Hieraus ist zu ersehen, wieviel Kunden besucht wurden, wieviel neue Kunden und Interessenten gewonnen wurden und wieviel Besuche unerledigt geblieben sind.

Diese strenge und regelmäßige Kontrolle durch die Datenverarbeitung führte zu häufigen Diskussionen, oft auch zur Ablehnung des neuen Verfahrens. Auch hier zeigte sich eine Hemmschwelle bei der Umstellung von manueller Tätigkeit auf die Dialog-Bearbeitung.

3.4 Buchhaltung

Die Debitorenverwaltung

Die Rechnungssummensätze werden periodisch, möglichst täglich in die Buchhaltung übernommen und dort für den Zahlungseingang bereitgestellt.

Die täglich eingehenden Bankbelege werden nach Banken geordnet und mit Saldo-Null Kontrolle gebucht. Durch Eingabe der Kundennummer wird das Debitoren Konto aufgerufen und durch Auswahl der entsprechenden Zeile wird der Buchungssatz in den Eingabebereich geholt. Der Sachbearbeiter kann entscheiden, ob er mit oder ohne Abzug buchen will. Bei geändertem Wert wird dieser eingegeben und der Rest auf Abzugs-Konto gebucht. Wird gleichzeitig auch das Bankkonto angegeben, erfolgt bei Freigabe des Satzes automatisch die Erstellung der Sachkonten-Gegenbuchung. Durch die gleichzeitige Auszifferung der ausgeglichenen Posten wird die "Offene Posten Listen" verringert und eine Erleichterung für das Mahnwesen tritt ein.

Die Finanzberichte

Aus den Daten der Buchhaltung entstehen die monatlichen Finanzberichte. Diese werden nach Vorgabe der Adam Opel AG erstellt und von dort ausgewertet. Es entstehen daraus die "Zwischenbetrieblichen Vergleichszahlen", ein wichtiges Führungsinstrument für die Geschäftsleitung und die Abteilungsleiter. Diese Finanzberichte waren in der Planungs- und Entscheidungsphase ausschlaggebend für die Entscheidung zugunsten der IBM-Programme. Sie entsprechen im Aufbau und Aussehen genau den OPEL Anforderungen und werden in der bisher gewohnten Form ausgedruckt. Ein Vorteil für die Geschäftsleitung und die Abteilungsleiter. Insbesondere auch weil der Betrieb in Lichtenfels vergleichbare Zahlen (aus einem Rechenzentrum) und Listen liefert.

Stimmen die Zahlen aus der Fakturierung, dann stimmen auch die Finanzberichte. Hier werden Fehler und Mängel sichtbar und die Ursache kann festgestellt werden. So greift die Datenverarbeitung in alle Bereiche des kaufmännischen Geschehens ein, um laufend aktuelle Daten liefern zu können. Sei es die tägliche Umsatzkontrolle, die monatliche Betriebsabrechnung und Bilanz oder die Managementinformation für die Geschäftsleitung.

Bei der Umstellung von Rechenzentrum-Verarbeitung auf eigene und später auf Dialogverarbeitung gab es große personelle Probleme, die auch heute noch nicht ganz ausgestanden sind. Die Anforderungen an alle Mitarbeiter waren sehr hoch und die Einarbeitungs- und Umstellungsphase sehr lang und mit viel Arbeit verbunden. Oft mußte mit hohem persönlichen Einsatz gearbeitet werden. Ein Rationalisierungseffekt wie im Kundendienst- und Teilebereich muß sich erst noch einstellen.

EDICS-Datenaustausch

Das Programm EDICS-Datenaustausch bietet dem OPEL-Händler die Möglichkeit, mit der Adam OPEL AG, Datenaustausch über Wählleitung (DATEX L) zu betreiben.
Jeden Morgen, spätestens bis 9.oo Uhr, übertragen wir Dringendaufträge nach Rüsselsheim. Alle übertragungsbereiten Daten aus KD, ET und VE stehen zur Auswahl auf dem Konsolbildschirm. Durch Eingabe des Buchstaben "S" werden die Daten selektiert, zusammengefügt und komprimiert. Nach dem Umschalten des Schnittstellenschalters von Stand- in Wählleitung kann OPEL angewählt werden. Der Ablauf der Übertragung wird automatisch durch das Programm gesteuert. Sind Daten bei OPEL vorhanden, werden diese auch übertragen und bei uns zur Dekomprimierung bereitgestellt. Nach Abschluß einer Datenübertragung werden die von OPEL gesendeten Daten so aufbereitet, daß sie in den entsprechenden Anwendungen verarbeitet werden können.

Da eine automatische Weiterverwendung in den angekauften Programmen nicht vorgesehen war, haben wir eine Prozeduren-Abfrage eingebaut. Dadurch werden keine zusätzlichen Eingaben am Konsol-Bildschirm notwendig. Das Programm prüft nach, ob Daten von OPEL übertragen wurden. Wenn das geschehen ist, werden diese automatisch in die Stammdateien übernommen. Es wird ein Übertragungs- und Bearbeitungsprotokoll ausgedruckt und die Sachbearbeiter erhalten am Bildschirm eine Nachricht (z.B. "es liegen Neuwagen-Statusberichte von OPEL vor").

Folgende Datenübertragungen werden zur Zeit durchgeführt:

vom Händler zum Werk: Neuwagenbestellungen
Gewährleistungsanträge
Dringaufträge
Lageraufträge

vom Werk zum Händler: Neuwagen-Auftragsbestätigungen
-Statusberichte
Preisschutzinformationen
Gewährleistungsrückmeldungen
Teile-Auftragsbestätigungen
Nummernänderungen
Teile-Rückgabe
Teile-Preisinformationen

4. Textverarbeitung

Wie auf einer Schreibmaschine können wir heute Werbebriefe individuell am Bildschirm entwerfen und auch ausdrucken. Für jede Aktion und auch für jeden Kunden.

Da der Matrix-Drucker nur in kleinem Umfang für Briefe geeignet ist, haben wir uns ein Stahldruckband mit Groß- und Klein-Buchstaben gekauft. Wir können jetzt auf dem Systemdrucker große Werbeaktionen schnell abwickeln. Das Druckbild sieht aus wie auf einer Schreibmaschine geschrieben.

Hier werden auch einmal im Monat nach vorhergehender Selektion etwa 500 Werbebriefe ausgedruckt. Die Briefe stehen auf einer Diskette und können nach Programmauswahl einzeln angefordert werden. Einzelne Daten aus den Kunden- und Kfz-Daten können individuell in den Brief eingefügt werden. Die Briefe werden handschriftlich unterschrieben.

Wenn wir früher einen Kunden an die fällige TÜV-Durchsicht erinnern wollten, mußte die Handkartei durchgesehen werden. Das Führen der Wagenakte war eine aufwendige Angelegenheit. Und sie war oft nicht auf dem neuesten Stand. Die Briefe waren vorgedruckt und es wurde nur die Anschrift eingesetzt.

Durch die Dialoverarbeitung werden alle Daten automatisch fortgeschrieben und stehen so jederzeit für Werbemaßnahmen zur Verfügung. Dadurch können wir alle Briefe individuell und persönlich gestalten.

Und die einzige Arbeit, die von uns noch erledigt werden muß, ist das "Anfeuchten" der Briefmarken.

5. Systemsteuerung

Datensicherung

Datenbestände können auf vielfältige Weise verloren gehen. Etwa durch unbeabsichtigtes Löschen oder falsche Bedienung der Sachbearbeiter, durch mechanische Einwirkung, durch Stromausfall oder Brandschaden.

In vielen Fällen werden daher beim Start eines Dialog-Programmes Journaldateien auf der Festplatte erstellt und ein Wiederanlaufkennzeichen gesetzt. Bei Fehlern, Programmabbruch oder Systemausfall kann dann mit den Bildschirmen an der gleichen Stelle wieder weitergearbeitet werden.

Im Hause Wengler werden alle Dateien, Programme und das Betriebssystem doppelt auf Disketten abgesichert. Die erste Datensicherung wird außerhalb des Betriebsgebäudes aufbewahrt, die zweite Sicherung griffbereit im Computerraum.

Da die Quellenprogramme nur bei erneuter Umwandlung durch den RPG-Computer benötigt werden, haben wir diese auf Disketten ausgelagert. Dadurch erhalten wir einen wesentlich größeren Arbeitsbereich auf der Festplatte.

Für die Datensicherung steht uns ein Diskettenschacht am System zur Verfügung. Da jeweils nur auf eine Diskette gesichert werden kann und manche Daten bis zu 10 Disketten benötigen, ist das schon eine zeitraubende Angelegenheit. Wir führen die Datensicherung in der Mittagspause durch, beim Tages- und Monatsabschluß und nach Bedarf in den Abendstunden.

Eine Leistungsverbesserung wäre möglich durch Umrüstung und Einsatz eines Diskettenmagazines.

Zur Zeit haben wir etwa 300 Disketten für Datensicherung im Einsatz. Das entspricht etwa 200 Ordnern DIN A 4.

Betriebssystem

Ein optimaler Betriebsablauf kann über die Konsole-Steuerung erreicht werden. Durch verschiedene Befehle des System-Steuerprogrammes unterstützt das Betriebssystem den Systembediener bei der täglichen Arbeit.

So können wir z. B. unabhängig von einem Programmablauf Daten auf Disketten sichern, Druckarbeiten einem anderen Drucker zuordnen oder Programme in eine JOB-Warteschlange stellen.

Mit den Dienstprogrammen (SEU, DFU, SDA) können wir neue Dateien erstellen, warten und sortiert anlisten; oder auch neue RPG-Programme erstellen und die dazugehörigen Bildschirmformate selbst entwerfen.

Alle firmenbezogenen Daten werden in Tabellendateien gespeichert und die programmabhängigen Anweisungen stehen in einer MSG-Eintragung (Message-Member Eintragung). Notwendige Änderungen können einfach und schnell durchgeführt werden.

6. Zukünftige Entwicklung

Die Datenverarbeitung hat unsere bisherige Büro-Organisation völlig verändert. Da, wo früher Schreib- und Rechenmaschinen, Formulare und Ablageorganisation im Büro vorherrschten, stehen heute Bildschirme. Das Formular wurde als Bildschirm-Maske in die Dialog-Verarbeitung aufgenommen. Die Eingabe von Daten erfolgt mit Plausibilitätsprüfung, danach sofortige Bereitstellung für alle weiteren Funktionen.

Rationalisierung im kaufmännischen Bereich wird erreicht durch nur einmaliges Erfassen und Speichern von Ursprungsdaten. Auch durch Vermeidung von störenden Bildschirmabfragen, die man durch Konstante in den Prozeduren unterdrücken kann.

Der gemeinsame direkte Zugriff auf die gespeicherten Daten bietet ein Höchstmaß an Informations-Möglichkeiten. Eine herkömmliche, manuell erstellte und gewartete Datei könnte kaum diese Aktualität erreichen.

Das Preis-leistungsverhältnis der EDV-Anlagen sinkt ständig. So ist es äußerst schwierig, die Hard- und Softwarekosten für sich getrennt zu betrachten. Vielmehr ist das gesamte organisatorische Konzept und die Handhabung einer solchen Anlage zu beurteilen.

Durch die stufenweise Einführung der Datenverarbeitung und die Integration aller Programme in den Betriebsablauf konnte eine Rationalisierung der täglichen Arbeitsabläufe, eine Minderung der Personalkosten und eine bessere Bedienung der Kunden erreicht werden.

Für ein mittelständisches Unternehmen ist es nicht einfach, mit einem DV-Großrechner Arbeiten auszuführen, wie das mit Massenarbeiten im Rechenzentrum geschieht. Wir haben ganz "normale" Probleme und benötigen ein Instrument zur wesentlichen Erleichterung und Verbesserung der kaufmännischen individuellen Arbeitsabläufe. Die Problemlösung am Arbeitsplatz ist gefragt.

UNTERSTOTZUNG DER WERKSTATTFOHRUNG DURCH DATENVERARBEITUNG

H. Brachat

Ausgangssituation

Innerbetriebliche Aspekte für EDV-Unterstützung der Werkstatt

Das Programmangebot für den Werkstattbereich im Kfz-Betrieb

AUSGANGSSITUATION

Die Erträge der Abteilung Werkstatt sind für die über 35 ooo Kfz-Betriebe ein Kostendeckungsfaktor, der je nach Betriebsgröße ca. 5o - 8o% der betriebseigenen Kosten abdeckt. Wird das in Zukunft so bleiben?
Kann die Datenverarbeitung ertragsfördernd und kostensenkende Unterstützung im Werkstattgeschäft leisten?
Die Funktionen und Aufgaben für die Werkstatt (vgl. Bild 1) ergeben sich aus dem Wartungs- und Reparaturmarkt, der pro Jahr rund 68 Mio. Aufträge abwirft.

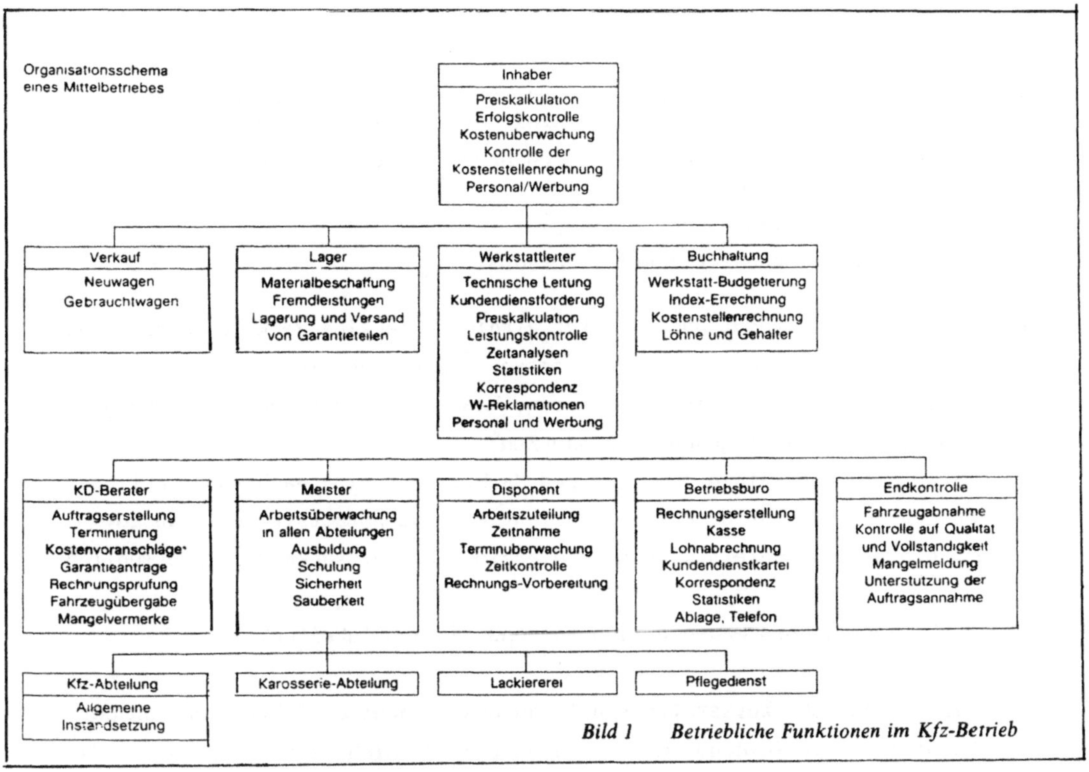

Bild 1 Betriebliche Funktionen im Kfz-Betrieb

Dieser Markt wird sich in den 8o-er Jahren verändern. Wie?

Als positive Einflußfaktoren sind zu nennen:

- zunehmender PKW-Bestand und dadurch positive Entwicklung im Geschäft mit der Unfallreparatur;
- konstantes Niveau von Wartungs- und Pflegebewußtsein (aufgrund steigender Unterhaltskosten längere Haltezeiten, höhere Investitionskosten in die Werterhaltung zur Sicherung eines möglichst hohen Wiederverkaufswerts);
- Bedürfnis nach Sicherheit, Qualitätsbewußtsein, Wirtschaftlichkeit, Hochtechnik;
- Verbesserung, Anpassung und Veränderung der Organisationsstrukturen, des Leistungsprogramms, der Service- und Beratungsleistung, der Arbeitsqualität;
- positive Einkommensentwicklung.

Als negative Einflußfaktoren sind festzustellen:

- verlängerte Inspektionsintervalle, Qualitätsverbesserungen im Automobilbau;
- Kostenentwicklung, vor allem der Personalkosten;
- Kostenentwicklung der Fahrzeughaltung für den Verbraucher (Energieversorgung, Benzinpreisentwicklung, Versicherungsleistungen u.a.)
- weitere Ausdehnung (Konkurrenz) durch neue Betriebe, freie Werkstätten, Bekanntenhilfe, Schwarzarbeit;
- Verminderung der Jahresfahrleistung;
- Personalmangel, unqualifiziertes Personal.

Die marktbezogene Grundtendenz lautet also: rückläufige Werkstattauslastung! Und das bei der Tatsache, daß die letzten 5 Jahre jährlich netto ca. 8oo neue Kfz-Betriebs-Existenzen hinzukamen. Wann wird der spürbare Verdrängungswettbewerb im Werkstattgeschäft einsetzen?
Wir haben also hier einen rückläufigen Markt, dort eine wachsende Zahl an Wettbewerbern. Wie hat da eine zielorientierte Werkstattstrategie auszusehen, die mit EDV-Unterstützung erfolgreiche Zukunftsbewältigung ermöglicht?

Vom Markt her gesehen ergeben sich folgende Notwendigkeiten:

1.) Wir müssen mehr Werkstattgeschäft an uns ziehen; es fehlt nicht an der Nachfrage. Die Aufgabe für die Zukunft heißt nicht nur: "Wir müssen das, was wir bieten besser verkaufen!" Im Vordergrund steht vielmehr die Einstellung: "Wir müssen mehr bieten!" Substanz hat einen eigenen Glanz.

Nicht nur Lack liefert Farbe. Es gibt auch ein Leuchten von innen her. Mehr sein als scheinen! Noch mehr individueller Service muß geboten werden. Das bedeutet, gezieltere Wunscherfüllung für den Kunden. Der Aufwand pro Kundenkontakt wird vo allem zeitintensiver werden.

2.) Es muß eine weitere Optimierung des Verhältnisses Produktivität zu Unproduktivität gefunden werden. Das kann z.B. durch Zusammenlegung verschiedener Funktionen, Abbau bürokratischer Hemmnisse, also individuelle und detaillierte Auftragserstellung, Auftragsorganisation, präzise Auftragsdurchführung, komplette Auftragsauswertung und verkaufsorientierte Rechnungslegung, durch Rationalisierung der technischen Werkstattabläufe, Endkontrolle, Diagnose u.a. geschehen. Die Verbesserung der Wirtschaftlichkeit erfordert weiteren Kapitaleinsatz sowohl in modernisierte Werkstattanlagen, wie in Humankapital. Der Kunde ist für den Kfz-Betriebsinhaber "lebendes Kapital". Der Faktor Zeit erfordert - wie oben schon aufgezeigt - seinen Tribut. Trotzdem muß als Ziel "optimaler Kundenumgang" erfüllbar sein. Abnehmende Reparaturzeiten pro Fahrzeugdurchgang führen dazu, daß die Zahl der Werkstattdurchgänge pro Tag und pro Monteureinheit sich erhöhen. Das bedeutet zukünftig für den Kundendienst pro Tag noch höhere Durchgangszahlen. Wie soll der anfallende verwaltungstechnische Mehraufwand aufgefangen werden? Die EDV bietet wirkungsvolle Rationalisierungsmöglichkeiten.

3.) Es ist eine feinnervigere Trendorientierung bei der Kapazitäts- und Personalplanung erforderlich, da die Personalkosten rund 65 - 7o% der betriebseigenen Kosten im Kfz-Betrieb ausmachen. Praktische Auswirkungen hat dies z.B. für die produktivitätsrückläufigen Zeiten am Nachmittag, freitags oder auch vor Feiertagen. Kurzfristige Schwankungen im Auslastungsgrad sollten nach Möglichkeiten egalisiert werden können. Auch hier kann die Datenverarbeitung für die Werkstatt-Termin-Disposition sowie die Kapazitätsanalyse wertvolle Hilfen bieten.

4.) In Verbindung mit der Neuorientierung des Angebotprofils sind die Öffnungszeiten zu überprüfen. Erweiterte Öffnungszeiten sind aber auch eine Frage der personellen Besetzung und der Arbeitsteilung. Weniger Mitarbeiter können dabei mit EDV-Unterstützung effektivere Leistungen bringen. Für eine direkte Auskunftbereitschaft im "Rund-ums-Auto"-Angebot ist das Personal, so echter Kundenservice geleistet werden will, auf die Datenverarbeitung angewiesen (Preisauskünfte, Bestellnummern - auch im Zubehörgeschäft -, Reifen, Leasing, Finanzierung, Versicherungen, Leihwagen u.a.).

5.) Das oberste Kundendienst-Ziel für die Zukunft muß heißen: "Vertrauen beim Kunden gewinnen!" Die Vertrauensbasis kann dabei z.B. durch die unmittelbare Nennung klarer Reparaturendpreise bei der Auftragsannahme gestärkt werden. Ein Apothekerimage kann damit abgebaut werden.
Besondere Bedeutung erhält dabei auch die zeitwertgerechte Reparatur, auf die auch der Zentralverband des Kfz-Gewerbees immer wieder hinweist. Dazu gehören individuelle Stundenverrechnungssätze, die sich einerseits am Schwierigkeitsgrad einer Werkstattleistung orientieren sollten, zum anderen an der eigenen Werkstattauslastung sowie an der Wettbewerbersitutation. Ein EDV-Programm sollte so gestaltet werden, daß (Sonder-) Angebote, Paketpreise, Kapazitätsschwankungen sowie jederzeit eine Preisuntergrenze (Gewinnschwelle) für die verschiedenen Werkstattleistungen ermittelt werden können. Die gesetzlichen Auflagen der Preisauszeichnungspflicht könnten ebenfalls mittels EDV integriert werden.
Die eben aufgestellten Forderungen gelten auch für die spezialisierten Bereiche wie Karosserie- und Lackierarbeiten.

6.) Gezielte Werkstattwerbung! Die Kundenfrequenz für Inspektions- und Reparaturarbeiten liegt pro Jahr zwischen 1,5 und 2,5 mal. Der Markt hat sich vom Komm- zum Holkunden entwickelt. Die Intensivierung der Kommunikation sollte durch Direktwerbung (TÜV-Abnahme, Sonderangebote, Auspufftopf-, Bremsen-ersetzen, Zubehörangebote, Unfallreparatur u.a.), kundenorientierte Anmeldung, mustergültige Telefonate, freundlichen Kundenempfang, individuelle Kundenberatung, optimalen Werkstattleistungsverkauf, Transparenz bei der Rechnungserstellung, offene Erklärung

sowie kundenfreundliche Gewährleistungs- und Kulanzabwicklung erfolgen. Diese kommunikativen Leistungen zeitigen auch für den Do-it-yourself-Markt positive Auswirkung. In all den genannten Bereichen kann die EDV wertvolle Hilfe sein.
Darüber hinaus sollte die Zeitungs-Werbung für die angebotenen Werkstattleistungen grundsätzlich stärker forciert werden. Dies trägt auch zur engeren Bindung im Neufahrzeug- und Gebrauchtfahrzeug-Geschäft bei.

7.) "Ein Unternehmen ist so gut wie seine Mitarbeiter!" Permanente Mitarbeitermotivation ist Daueraufgabe für jeden Unternehmer. Sie kann z.B. in verschiedenen leistungsorientierten Entlohnungsformen sowie in der Entlastung von Routinearbeiten (Fakturierung, Mahnwesen, Lohnabrechnung u.a.) für Mitarbeiter bestehen. Dabei entstehen neue Möglichkeiten, Verantwortung zu delegieren.

Die aufgestellten 7 Thesen sind markt- und somit kundenorientiert. Sie sind ausgerichtet an der Wunschskala, die ein Kunde an seine Werkstatt richtet:

- Freundlicher und hilfsbereiter Telefonservice
- Zuvorkommende, freundliche Kundendienstmitarbeiter
- Fachmännische, auftragsgemäße Arbeitsausführung,
- Kurze Wartezeiten,
- Auch ohne Anmeldung hilfsbereite Werkstatt
- Auch bei kleinen Aufträgen zuvorkommender Werkstattservice
- Fachmännische und gewissenhafte Werkstattberatung, Teile- und Zubehörkauf
- Instand gesetzte Fahrzeuge sind sauber,
- Korrekte und gut verständliche Abrechnung
- Preis und Leistung stehen in vernünftigem Verhältnis

Die EDV muß sich an dieser Wunscherfüllung für den Kunden wirkungsvoll beteiligen.

Weitere außerbetriebliche Gründe für die EDV-Unterstützung im Werkstattgeschäft können sein:

- Anforderungen der Herstellerwerke bzw. Importeure in ihren Vertriebsrichtlinien (monatliche Werkstattergebnisvergleiche, einheitliches Marktimage des Herstellers, da der Kunde beim Fahrzeugkauf den Service mit erwirbt)
- Marktstellung gegenüber den eigenen Mitbewerbern

INNERBETRIEBLICHE ASPEKTE FÜR EDV-UNTERSTÜTZUNG WERKSTATT

Als betriebsinterne Gründe für EDV-Unterstützung sind Schwachstellen und Engpässe anzuführen, die innerhalb des Funktionsbereiches Werkstatt sowie durch überlagernde Verbindung zu den übrigen Abteilungen auftreten können.

- ☐ Arbeitsspitzen bei Auftragsannahme,
- ☐ Rechnung bei Fahrzeugabholung nicht fertig,
- ☐ zusätzliche Korrespondenzarbeiten durch verzögerte Rechnungsschreibung (mehr Reklamationen bei Kreditkunden, gegebenenfalls Mahnschreiben, höhere Portokosten),
- ☐ keine direkte Kreditprüfung über die Kunden möglich,
- ☐ Zinsverluste durch säumige Zahler,
- ☐ keine permanente Kontrolle über die Werkstattauslastung,
- ☐ aufwendige Verwaltung der Gewährleistungsanträge,
- ☐ keine gezielte Werkstattführung (z.B. Arbeitswerterfassung je Mitarbeiter, Monteurleistungsberichte),
- ☐ umständliche Ermittlung von Provisionsabrechnungssätzen für Kundendienstberater und Werkstattmeister,
- ☐ keine Abgrenzung von Großabnehmernachlässen, Mengenboni sowie Kundendienstvergütung,
- ☐ unzureichende Verkaufsförderung und Werkstattakquisition aufgrund einer mangelnden Übersicht über Kunden- und Fahrzeugstamm (z.B. Pflege von Kundenkontakten, Gestaltung von Werbebriefen bei Sonderaktionen, Erstellen von Statistiken),
- ☐ mangelnde Integration zu benachbarten Teilbereichen (Finanz- und Lohnbuchhaltung, Lagerverwaltung).

Ferner sind zu nennen:

Führungsdaten der Werkstatt (Kostenrechnung, Stundenverrechnungssatz-Kalkulation u.a.)

Produktivitätsermittlung (pro Monteur und gesamte Werkstatt)

Auslastung (pro Tag, Monat)

Lohnabwicklung (Leistungsermittlung, Leistungs-,Zeitlohnerfassung, Lohnabrechnung, Lohnspiegel u.a.)

Mangelnde Verbindung zur NW-, GW-Abteilung (Ablieferungsdurchsicht, GW-Instandsetzung und Aufbereitung)

Eingeschränkte Liefer- und Servicebereitschaft im Teilelager

Personalabhängige Lagerverwaltung, geringe Schalterbereitschaft

Prüfung bei Auftragsannahme, ob erforderliche Teile vorrätig sind

Es wurden bisher die Marktentwicklung für den Werkstattsektor für die 8o-er Jahre aufgezeigt, ebenso innerbetriebliche Schwachstellen, die mittels EDV-Unterstützung positive Bewältig erfahren können.

Besondere Bedeutung für die zukunftsorientierte Werkstattführung sind gezielte Führungskennzahlen. Sie werden in Bild 2 auf der folgenden Seite dargestellt.

Hinzu gehören Ergänzungsprogramme, die folgende Rechenoperationen ermöglichen:

Werkstatt-Erlöskontrollen (je nach Betriebsgröße auch als tägliche Information)

Planungsrechnung (Umsatz, Kosten - Jahr, Monat, Tag)

Kostendeckungspunktermittlung

Monteurbedarf

Ermittlung der Zahl der erforderlichen Arbeitsplätze

Ermittlung und Entwicklung der Stammkundschaft

Investitionsrechnung (Rentabilitätsanalyse, Finanzierungsprogramm)

DAS PROGRAMMANGEBOT FÜR DEN WERKSTATTBEREICH IM KFZ- BETRIEB

Als gezielte EDV-Programme werden auf dem kfz-spezifischen EDV-Markt für die Werkstatt derzeit angeboten:

Auftragsabwicklung/Werkstattfakturierung
- externe Fakturierung (Kunden)
- Gewährleistungsantragsverwaltung
- interne Leistungsverrechnung
- Kostenvoranschläge
- Stornierungen
- Gutschriften
- Proformarechnungen
- Duplikate
- Dateiverwaltung (Kunden-, Fahrzeugstamm-, Arbeitspositionen, Ersatzteile, Fakturiertexte)
- Ersatzteil-Bestandsfortschreibung
- Liste der offenen Aufträge
- Aufbereitung und automatische Übergabe der Finanzbuchhaltungsdaten
- eventuelle Rabatte auf Lohn, Ersatzteile, Öl, Reifen
- Ersatzteil-Sonderpreise
- Mehrwertsteuer auf Altteile
- Agenturwaren
- Fremdleistungen

Bild 2: **Informationen für den Werkstattführer**

A) Belegschaft

1. Zahl der produktiven Arbeitskräfte:
2. Zahl der unproduktiven Arbeitskräfte:
3. Zahl der Auszubildenden: technisch: kaufmännisch:
4. Zahl der Monteureinheiten:
5. Verhältnis von produktiven zu unproduktiven Arbeitskräften:

B) Fahrzeugdurchgänge

1. Anzahl der Arbeitstage im laufenden Monat:
2. Zahl der Arbeitsplätze:
3. tägliche Durchgänge
   - je Monteureinheit:
   - je Arbeitsplatz:
   - je Kundendienstberater:
4. durchschnittliche Reparaturzeit:
5. Kundenstamm (laut KD-Kartei):

C) Beschäftigung der Werkstatt

Fertigungslöhne:

1. Fertigungslöhne produktiv extern	in Stunden:	in DM:	in %:
2. Fertigungslöhne produktiv intern	in Stunden:	in DM:	in %:
3. Fertigungslöhne gesamt	in Stunden:	in DM:	in %:

Hilfslöhne:

1. Allgemeine Werkstattarbeiten	in Stunden:	in DM:	in %:
2. Werkstatt-Nacharbeiten	in Stunden:	in DM:	in %:
3. Leerlauf- und Wartezeiten	in Stunden:	in DM:	in %:
4. Schulung	in Stunden:	in DM:	in %:
5. bezahlter Urlaub	in Stunden:	in DM:	in %:
6. bezahlte Feiertage	in Stunden:	in DM:	in %:
7. Krankheit	in Stunden:	in DM:	in %:

8. Hilfslöhne gesamt
9. Gesamtstunden (produktive und unproduktive) in Stunden: in DM: in %:

D) Erlöse

Lohnerlöse produktiv extern:
Lohnerlöse produktiv intern:
Teileerlöse durch eigene Werkstatt:
Erlöse durch Fremdleistungen:

Gesamterlöse:

Erlöse je Monteureinheit:
Erlöse je Beschäftigten (produktiv und unproduktiv zus.):
Lohnerlös je Auftrag:

E) Deckungsbeitrag

1. Bruttolohnertrag:
2. Gesamtpersonalkosten:
3. Personalkosten Werkstatt:
4. Gesamte Personalnebenkosten:
5. Personalnebenkosten Werkstatt:
6. Kalkulatorische Kosten:
7. Übrige Kosten:
8. Verwaltungskostenanteil Werkstatt:
9. Betriebs-/Kostenstellengewinn:
lo. Umsatzrendite

F) Werkstattindex

1. Kostenindex:
2. Ertragsindex:
3. Stundenverrechnungssatz:
4. Arbeitswerte (AW) je AW:
5. Zeiteinheit (ZE) je ZE:
6. Durchschnittslohn:
7. Vergütung pro Übersoll (AW/ZE):

G) Produktivität
Leistungsgrad

Werkstattergebnisanalyse
- Werkstattermindisposition
- Werkstattkapazitätsplanung
- Tages-, Monatsleistungsbericht
- Arbeits- bzw. Zeiteinheitserfassung je Monteureinheit
- Umsatzstatistik (Großabnehmer, Aufwand für Agenturfahrzeuge u.a.)
- Kraftfahrzeugstatistik
- Analyse für die Verkaufsabteilung
- Provisionsabrechnung für KD-Berater und Meister

Werkstattakquisition
- automatischer Ausdruck von Werbetexten, Kundenkontaktprogramm, TÜV-Fälligkeit, § 29 StVO, Garantieablauf, Sonderaktionen u.a.
- Adressenausdruck/Aufkleber

Aus dem Bereich der Verwaltung sollten folgende Programmteile berücksichtigt werden:

Finanzbuchhaltung (Übernahme der Rechnungssummen aus der Fakturierung, Kurzfristige Erfolgsrechnung,Analyse)

Sach- und Personenkonten (Abfragemöglichkeiten, Gegenbuchungen, Kontenlisten, Debitorenlisten, Mahnwesen, Drucken von Analysen, Budgetvergleich u.a.)

Lohn- und Gehaltsabrechnung
- Zeitlohn
- Leistungslohn
- Lohn auf Durchschnittsbasis
- Gehaltsabrechnung
- tarifliche Vermögensbildung
- freiwillige soziale Leistungen (Weihnachtsgeld, Jubiläen, Geburt, Hochzeit)
- Ausbildungsbeihilfen
- Anwesenheitskontrolle
- Urlaubstagekonto
- Kostenarten- und Kostenstellenverteilung aller Lohn- und Gehaltskonten (Kostenstellenliste)
- Banküberweisungen
- Einzellohnkonten
- Überzahlungen/Minussalden
- Krankenkassennachweis
- Sozialversicherungs-Beitragsnachweis
- Lohnsteuerjahresausgleich
- Lohnsteuerbescheinigungen
- Lohnartenlisten
- Übernahme von Lohndaten aus der Fakturierung
- Produktivitätsbericht (Werkstattübersicht)

Ein umfassendes Angebot! Man muß fragen, ab welcher Betriebsgröße und welcherpersonellen Qualifikation welche Lösung wirtschaftlich bzw. praktisch sinnvoll ist? Da man den Werkstattsektor im typischen Kfz-Betrieb nicht losgelöst vom Teiledienst sowie dem Fahrzeug-Verkauf sehen kann, liegt eine integrierte Lösung nahe. Alles andere wären Teillösungen, deren Sinn wirklich vom Einzelfall abhängt.

Nachdem 72% der 35 48o Kfz-Betriebe nicht mehr als 19 Mitarbeiter beschäftigen (vgl. Bild 3), sollten die kfz-spezifischen Anbieter für die Marktgruppe noch praktikablere und wirtschaftlichere Lösungen kreieren. Zukunft hat man nicht, Zukunft macht man sich. Die EDV kann von den Möglichkeiten her betrachtet erhebliche Unterstützung für das zukünftige Werkstattgeschäft bieten. Bei allem EDV-Fortschritt bedenke man aber auch: "Die Zukunft lohnt die Geduldigen!"

Betriebsgrößenklassen in Prozent aller Kfz-Betriebe

bis zu 4	Beschäftigte	20%
5 bis 9	Beschäftigte	28%
10 bis 19	Beschäftigte	24%
20 bis 49	Beschäftigte	21%
50 und mehr	Beschäftigte	7%

Bild 3: Betriebsgrößenklassen
Quelle: ZDK,Bonn 1981

Literatur:

"Geschäftsbericht-ZDK 1981/1982", Zentralverband des Kfz-Gewerbes, Franz-Lohe-Str. 21, 53oo Bonn.
"Das Kfz-Gewerbe 1981 - Zahlen und Fakten", ZDK, Franz-Lohe-Str. 21, 53oo Bonn, (Referat Öffentlichkeitsarbeit).
Brachat, Hannes:"Wirtschaftliche Werkstattführung im Kfz-Betrieb", Würzburg: Vogel-Verlag, 2. Auflage, 1982.
Brachat, Hannes: "Monatliche EDV-Auswertung im Kfz-Betrieb", Würzburg: Vogel-Verlag, 1981.
Brachat, Hannes und Kanngiesser, Joachim: "EDV für den Kfz-Betrieb", Würzburg: Vogel-Verlag, 1982.

NOTWENDIGKEIT DER DATENTRANSPARENZ IN MITTLEREN UND KLEINEN KFZ-WERKSTÄTTEN.

P. Michel

Einleitung

1. Kundenaktivierung

2. Kundenservice

3. Datennachbehandlung

4. Datensichtung

Graphikunterstützung

Entwicklung

Jeder Kartei liegt eine gewisse Ordnung zugrunde, die durch das dringlichste Zugriffkriterium bestimmt wird. So ist die Kundenkartei alphabetisch und die Teilekartei nach Teilenummer sortiert. Mit der Zunahme des Wettbewerbdruckes werden jedoch ständig neue Fragestellungen an alle Datenbestände herangetragen, so daß, um befriedigende Antworten geben zu können, eigentlich alle Karteien nach allen erfaßten Daten sortiert sein müßten.

Daß dies manuell nicht durchführbar ist, liegt auf der Hand uns es drängt sich gerade für diese Problemstellungen der Einsatz der elektronischen Datenverarbeitung auf. Exemplarisch soll an vier Schwerpunkten die Notwendigkeit von derartigen "Umorientierungen" unter den Schlagwörtern

Datentreff
Datenaktualität
Datennachbehandlung und
Datensichtung

aufgezeigt werden.

1. Schwerpunkt: Kundenaktivierung

Es soll eine Werbeaktion unter dem Slogen "Wir machen Ihr Fahrzeug winterfest" durchgeführt werden. Eine allgemeine Werbemethode (z. B. Tageszeitung) ist zwar vorgesehen, sie spricht jedoch nicht gezielt und persönlich die Kundschaft an. Es ist bekannt, daß Fahrzeughalter mit niedrigen Jahresfahrleistungen ihr Fahrzeug länger fahren und sie sind somit derartigen vorbeugenden Pflegearbeiten aufgeschlossen. Weiterhin gibt es bestimmte Fahrzeug-Serien, welche mehr oder weniger rostanfällig sind. Und schließlich gibt es noch Fahrzeuge, die laut Bericht des letzten Werkstattbesuches nachbehandlungsdürftig sind.

FRAGE: Wie treffe ich in meiner Kartei/Datei auf alle betroffenen Kunden, um sie gezielt anzuschreiben?

Dies ist das Problem des Datentreffs!

2. Schwerpunkt: Kundenservice

In der Werkstatt werden TÜV-Hauptuntersuchungen durchgeführt; alle Kunden sollen davon profitieren, indem die Werkstatt ihre Fahrzeuge vorbereitet und die Hauptuntersuchung durchführt. Ausgewählt werden sollen insbesondere diejenigen Fahrzeuge, die einer regelmäßigen Wartung unterliegen und die im nächsten bzw. übernächsten Monat zur Hauptuntersuchung müssen.

FRAGE: Wie stelle ich in einfacher (d.h. in kostengünstiger) Form sicher, daß alle diese Daten gepflegt (d.h. bei jedem Werkstattkontakt des Fahrzeuges aktualisiert) werden, um nicht mit völlig veralteten Daten einen wichtigen Kunden zu düpieren?

Dies ist das Problem der Datenaktualität!

3. Schwerpunkt: Datennachbehandlung

Daten sollen - und dürfen aus Kostengründen - nur in möglichst geringem Umfang erfaßt werden. Zur Vervollständigung muß auf bereits erfaßte und gespeicherte Daten leicht (d.h. automatisch) zurückgegriffen werden können. Um über einen Prüfstand (z. B. Bremsprüfstand) eine Wirtschaftlichkeitsaussage aufzustellen, müssen bei jeder Prüfung Daten über Art und Umfang erfaßt werden. Durch die Erfassung der Fahrzeugzulassung können weitere Fahrzeugdaten automatisch zu jeder Prüfung ergänzt und Auswertungen unter Berücksichtigung z. B. der Modelle und des Fahrzeughalters durchgeführt werden. Eine derartige Datenerfassung bezieht sich auf ganz verschiedene Daten. Diese können nicht vollständig "vor Ort" erfaßt werden.

FRAGE: Wie kann dies kostengünstig geschehen?

Dies ist das Problem der Datennachbehandlung!

4. Schwerpunkt: Datensichtung

Alle gespeicherten (erfaßten oder gewonnenen) Daten helfen wenig, wenn sie letztlich nicht in ein Ergebnis eingehen und keine klaren Erkenntnisse über Zusammenhänge und/oder diskrete Einzelangaben liefern. Ursprüngliche Fragestellungen an den Datenbestand liefern ein darauf basierendes Ergebnis, von dem man im allgemeinen nicht erwarten kann, daß es sich in einer "natürlichen" Ordnung darstellt. "Zahlenfriedhöfe" sind nun einmal unübersichtlich und eine Sortierung nach den Wertgrößen würde die ursprüngliche Fragestellung verschleiern. Hierzu bietet sich die graphische Unterstützung an, um z.B. die Häufigkeiten von Modellen und Modellvarianten der Stammkundschaft aufzuzeigen.

FRAGE: Mit welchen Hilfsmitteln kann der Aussagegehalt von Daten sichtbar gemacht und in allgemein verständlicher Form (z. B. auch für Lageristen) "schwarz auf weiß" präsentiert werden?

Dies ist das Problem der Datensichtung!

Diese vier Beispiele zeigen bereits die hohen Anforderungen, die an den Datenbestand gestellt werden, um diskrete Werte wie auch komplexe Zusammenhänge transparent zu machen.

Die Handhabung derartiger Fragestellungen und die Aufbereitung zur Ausgabe sind nur mittels des Einsatzes der EDV möglich. Wie kann jedoch ein kleiner oder mittlerer Betrieb "diese EDV" beherrschen?
Unter der Kategorie "kleine Kfz-Werkstatt" sollen alle Kfz-Werkstätten subsummiert werden, die bis zu zehn Mitarbeiter haben; "mittlere Kfz-Werkstätten" seien diejenigen mit bis zu 25 Mitarbeitern.

Diese Abgrenzung wurde gewählt, weil bei größeren Kfz-Werkstätten (mehr als 25 Mitarbeiter) meist speziell ausgebildetes Personal für die wichtigsten Problemkreise zur Verfügung steht, das auch selbständig Erweiterungen eines Systems erarbeiten und realisieren kann. In kleineren und mittleren Kfz-Werkstätten werden die Entscheidungen zentral (oft nur von einer Person) getroffen; fundierte Aussprachen mit Bereichsleitern gibt es nicht. Dies bedeutet keine Verminderung der Anforderung an die EDV-Leistungsfähigkeit bei größeren Betrieben, jedoch erlaubt es gewisse Zugeständnisse an die Mensch/Maschine-Schnittstelle, weil hier ein "profi-hafteres" Vorgehen gegeben ist.

Bei kleineren und mittleren Betrieben müssen diese Schnittstellen "laienhaft" abgedeckt sein.

Ein interessanter Nebeneffekt dieser Datentransparenz ist die Durchdringung von Geschäftsbereichen, die sich derart verselbständigt haben, daß sie bereits autonom von einer Person geleitet werden. Ohne stichhaltige und anschauliche Argumente sind oft übergeordnete Entscheidungen nur schwer durchzusetzen. Weiterhin dienen anschauliche Unterlagen auch den Mitarbeitern, die somit der EDV verständnisvoller gegenüberstehen, weil ihnen der Einblick in die Verwendung der erfaßten Daten eröffnet wird.

Zur Abdeckung dieser Anforderungen müssen folgende Bedingungen erfüllt werden:

a) freie Datenselektion
b) leistungsfähige Datenverdichtung
c) einfache Datenaufbereitung

Als Basisvoraussetzung ist anzumerken, daß eine gut konzipierte Mensch/Maschine-Schnittstelle bei der Datenerfassung von Stammdaten (Menü-Technik, Bildschirmmasken mit Hervorhebungen etc.) vorliegen muß. Für alle Daten der Stammdateien müssen somit Programmodule zur Änderung vorhanden sein. Alle Transferdatenbestände sind entweder extrem kurzlebig, so daß sich kaum die Auswertung lohnt, oder sie werden archiviert, wofür eine bestimmte Struktur vorzugeben ist. Dann steht immer eine vertraute Schnittstelle parat, um gezielt Datenfelder anzusprechen, d.h. um in einer vertrauten "Umgebung" erfaßte oder erzeugte Daten bestimmten Abgrenzungskriterien zu unterwerfen und somit leicht Datensätze zu selektieren. Die Selektionen können (denn sie ergeben wieder eine gültige Struktur) ausgegeben oder aber zur Weiterverarbeitung gespeichert werden (temporäre/permanente Selektionsaufbewahrung). Weitere Einschränkungen oder Hinzufügungen von Daten aus anderen Datenbeständen oder Selektionen erlauben somit eine Datenverdichtung zur Darstellung von Zusammenhängen. Letztlich entscheidend ist die Datenaufbereitung. Hier muß man den Anwender mit statistischen Funktionen unterstützen (derartige Verfahren sind zur Software-Erstellung auf dem Markt verfügbar - sie gehören jedoch in dieser Form nicht in die Hände des Anwenders), die ihm in Form von Menütechniken darzubieten sind. Analysen über Verbundkauf, Modellverteilung auf Altersgruppen, Fahrzeughalter in Verbindung mit der Regelmäßigkeit von Werkstattbesuchen, Modellablösungsuntersuchungen und Durchdringung der Teilevielfalt über Alternativartikel, Saisonkaufverhalten und Modell-Lagerbestands (Servicegrad)-Zusammenhänge sind so einfach durchzuführen. Werden diese Ergebnisse parallel durch Graphik unterstützt, so ergeben sich aussagekräftige und leicht verständliche Entscheidungsunterlagen für Kundenbetreuung, Werkstattauslastung und Lager-/Bestelloptimierung unter Erhöhung des Servicegrades. Daß derartige Graphiken nicht notwendigerweise teuere Spezial-Hardware erfordern, kann an entsprechenden Anwendungen in der "Groß"-EDV demonstriert werden, wo mehr-dimensionale Gebilde über Standarddrucker und Bildschirme ausgegeben werden (Skyline, Kreis- und Balkendiagramme, Schattierungsdiagramme, Häufigkeitsanordnungen und Kurvendiagramme). Natürlich können auch zur Gewinnung derartiger Unterlagen die entsprechenden Leistungen von Servicerechenzentren in Anspruch genommen werden, jedoch müssen die Vorteile einer meist vielfältigeren Hardware (Plotter, Farbgraphiken) mit dem Nachteil der doppelten Datenführung (wenn gleichzeitig mit einer eigenen EDV-Anlage gearbeitet wird) und fehlender Spontaneität erkauft werden. Die eigene Lösung bietet die größte Aktualität über alle Daten und erlaubt auch ein flexibleres Vorgehen in der Datenauswahl (auch zu Textanfragen).

Aufgrund der geringen technischen Anforderungen, die eine derartig organisierte Datentransparenz stellt, sind keine aufwendigen Hardwareanforderungen gegeben, die zu einer Kostenexplosion führen müßten. Alle datentechnischen Komponenten (externer Speicher, schnelle/eigene/parallele Prozessoren, Bildschirm und Drucker) gehören ohnehin zur Peripherie, bei der auch zukünftig mit enormen Leistungssteigerungen gerechnet werden kann (größere Speicherkapazitäten, Assoziationsspeicher, Multiprozessing, hochauflösende Bildschirme und plottfähige Drucker).

Diese Gesamtheit der ineinandergreifenden Bereiche von Organisation und "Architektur" (Anordnung der Teilbereiche und Aufgabenaufteilung) in Verbindung mit einem leistungsfähigen Rechner erbringt den gewünschten Erfolg. "Die fixesten Rechner mit 100 Mio. arithmetischen Operationen pro Sekunde können dies nicht nur wegen ihrer hohen internen Verarbeitungsgeschwindigkeit, sondern auch wegen ihrer raffinierten 'Architektur' und einer geschickten Arbeitsteilung" (Spektrum der Wissenschaft März 1982, S.42).

MÖGLICHKEITEN DER DATENKOMMUNIKATION

- HEUTE UND MORGEN -

N. Troidl

1. Überblick über die Dateldienste
2. Leistungsmerkmale aller öffentlichen Fernmeldedienste
3. Datenübermittlung im öffentlichen Fernsprechnetz
4. Datenübermittlung im öffentlichen DATEX-L-netz
5. Datenübermittlung im öffentlichen DATEX-P-Netz

   Die Basisdienstleistung DATEX-P 10
   Die zusätzliche Dienstleistung DATEX-P 20
   Weitere zusätzliche Dienstleistungen
   Verbindung zu ausländischen Paketvermittlungsnetzen
   Übergänge zwischen den Netzen und den Diensten

6. Datenübermittlung im öffentlichen Direktrufnetz

   Posteigene Knoten
   Datenverbundleitungen
   Private Leitungen für Direktruf

7. Integriertes Text- und Datennetz (IDN)
8. Internationale Mietleitungen
9. Datenverbindungen mit dem Ausland
10. Gebührenangaben

1. Überblick über die Dateldienste

Die Deutsche Bundespost bietet unter der Bezeichnung "Dateldienste" eine Reihe von Dienstleistungen zur Datenübermittlung an.
Die Datenübermittlung in den öffentlichen Fernmeldenetzen kann in vielfältiger Form geschehen (s. Abb. 1.1 und 1.2). Die Benutzung des Telexnetzes zur Datenübermittlung wird nur in geringem Umfang in Anspruch genommen. Daher wird im folgenden darauf im besonderen nicht mehr eingegangen. Posteigene Stromwege innerhalb von privaten Drahtfernmeldeanlagen unterliegen einer Reihe von beschränkenden Auflagen, die sie für die Nutzung mittels Datenübertragung praktisch uninteressant machen. Auf sie wird deshalb hier überhaupt nicht eingegangen.

2. Leistungsmerkmale aller öffentlichen Fernmeldedienste

Die Deutsche Bundespost verwendet den Begriff Leistungsmerkmale, um die den Teilnehmern mit einem bestimmten Dienst bereitgestellten Eigenschaften zu charakterisieren. Diese Leistungsmerkmale sind für den jeweiligen Dienst mit den erhobenen Gebühren abgegolten, jedoch werden für besondere Leistungen zusätzliche Gebühren erhoben. Die Dienstleistungen Datenübertragung in öffentlichen Fernmeldenetzen haben nun einige Merkmale gemeinsam, die hier zunächst geklärt werden sollen (s. Abb. 2.1 und 2.2).

Übertragungsgeschwindigkeit in bit/s

Übertragungsverfahren: Jede Datenübertragung kann seriell synchron oder asynchron erfolgen. Lediglich im Fernsprechwählnetz ist die Möglichkeit der Parallelübertragung vorgesehen.

Betriebsverfahren (sx, hx, dx)

Durchschnittliche Bitfehlerwahrscheinlichkeit

Hauptanschluß bezeichnet den Zugangspunkt zu einem öffentlichen Fernmeldenetz bzw. - anders betrachtet - den Endpunkt einer Datenverbindung in einem Fernmeldenetz.

Text- und Datenkommunikation über öffentliche Fernmeldenetze

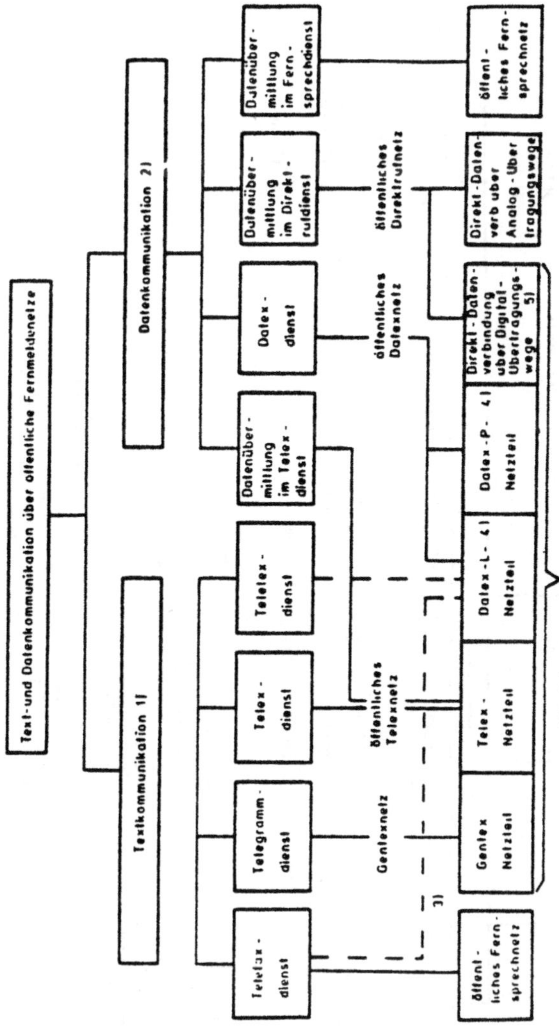

IDN = Integriertes Fernschreib- und Datennetz
(mit Teletexdienst integriertes Daten- und Textnetz)

1) Zur Textkommunikation gehört auch Bildschirmtext
2) Datenkommunikation = Datenübermittlungsdienste = Dateldienste
3) Telefaxdienst über Datex-L-Netzteil geplant
4) L = Leitungsvermittlungseinrichtungen, P = Paketvermittlungseinrichtungen
5) auch mit posteigenen Digital-Knoteneinrichtungen

Abbildung 1.1

Einige Bezeichnungen der Verbindungen im IDN

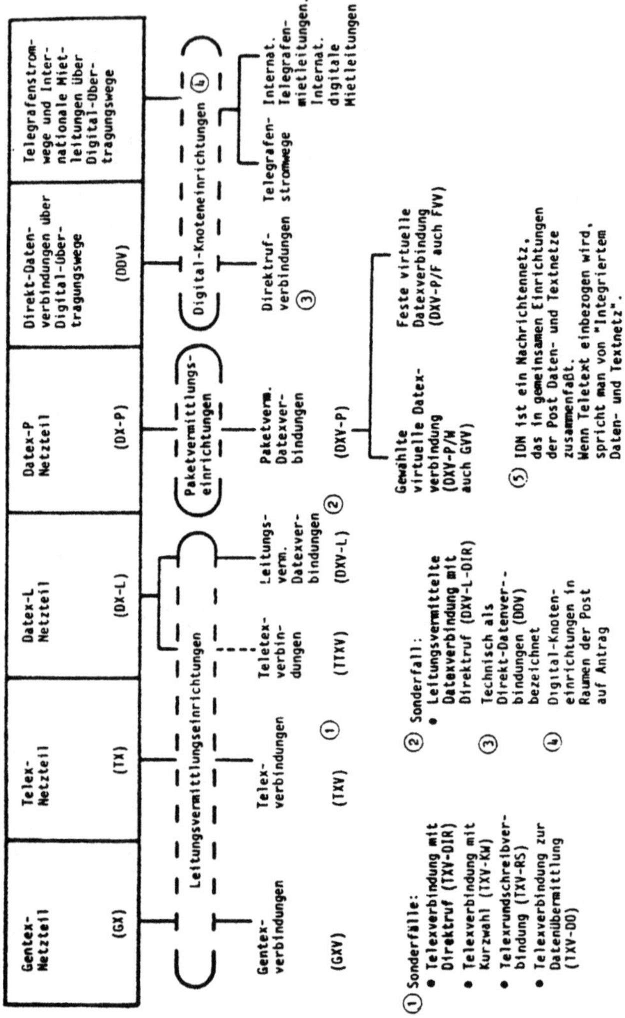

Abbildung 1.2

Übersicht über die Möglichkeiten der Dateldienste

Übertragungs-geschwindigkeit	Art des Fernmeldeweges	Übertragungs-verfahren	Betriebs-verfahren*)	durchschnittl. Bit-Fehlerwahr-scheinlichkeit	Leitungsabschluß
bis 50 bit/s	öffentliches Direktrufnetz	seriell asynchron	sx/hx/dx	etwa 10^{-6}	posteigenes Datenanschlußgerät – soweit erforderlich –
50 bit/s	öffentliches Telexnetz	seriell asynchron	sx/hx	1 bis $10 \cdot 10^{-6}$	vom Teilnehmer beigestellte Endeinrichtung
bis 200 bit/s	öffentliches Datexnetz mit Leitungsvermittlung	seriell asynchron	sx/hx/dx	$2 \cdot 10^{-5}$**)	posteigenes Datenfernschaltgerät
bis 300 bit/s	öffentliches Datexnetz mit Paketvermittlung[1])	seriell asynchron	hx/dx	etwa 10^{-6}	posteigenes Datenanschlußgerät
	öffentliches Fernsprechnetz	seriell asynchron	sx/dx	$5 \cdot 10^{-5}$**)	posteigener Modem
	öffentliches Direktrufnetz	seriell asynchron	sx/dx	etwa 10^{-6}	posteigenes Datenanschlußgerät
300 bit/s	öffentliches Datexnetz mit Leitungsvermittlung	seriell asynchron	sx/hx/dx	etwa 10^{-6}	posteigenes Datenfernschaltgerät
bis 1200 bit/s	öffentliches Fernsprechnetz	seriell asynchron	sx/hx/dx	$2 \cdot 10^{-4}$**)	posteigener Modem
	öffentliches Direktrufnetz	seriell asynchron	sx/hx/dx	etwa 10^{-6}	posteigenes Datenanschlußgerät
1200 bit/s	öffentliches Datexnetz mit Paketvermittlung[1])	seriell asynchron	hx/dx	etwa 10^{-6}	posteigenes Datenanschlußgerät
2400 bit/s	öffentliches Datexnetz mit Leitungsvermittlung	seriell synchron	sx/hx/dx	etwa 10^{-6}	posteigenes Datenfernschaltgerät
	öffentliches Datexnetz mit Paketvermittlung[1])	seriell synchron	dx	[2])	posteigenes Datenanschlußgerät
	öffentliches Fernsprechnetz	seriell synchron	sx/hx mit Hilfskanal: dx	$2 \cdot 10^{-4}$**)	posteigener Modem
	öffentliches Direktrufnetz	seriell synchron	sx/hx/dx	etwa 10^{-6}	posteigenes Datenanschlußgerät

Abbildung 2.1

Übersicht über die Möglichkeiten der Dateldienste

Übertragungs-geschwindigkeit	Art des Fernmeldeweges	Übertragungs-verfahren	Betriebs-verfahren*)	durchschnittl. Bit-Fehlerwahr-scheinlichkeit	Leitungsabschluß
4800 bit/s	öffentliches Datexnetz mit Leitungsvermittlung	seriell synchron	sx/hx/dx	etwa 10^{-5}	posteigenes Datenfernschaltgerät
	öffentliches Datexnetz mit Paketvermittlung[1])	seriell synchron	dx	***)	posteigenes Datenanschlußgerät
	öffentliches Fernsprechwählnetz	seriell synchron	sx/hx mit Hilfskanal: dx	etwa 10^{-4}	posteigener Modem
	öffentliches Direktrufnetz	seriell synchron	sx/hx/dx	etwa 10^{-6}	posteigenes Datenanschlußgerät
9600 bit/s	öffentliches Datexnetz mit Leitungsvermittlung	seriell synchron	sx/hx/dx	etwa 10^{-5}	posteigenes Datenfernschaltgerät
	öffentliches Datexnetz mit Paketvermittlung[1])	seriell synchron	dx	***)	posteigenes Datenanschlußgerät
	öffentliches Direktrufnetz	seriell synchron	sx/hx/dx	etwa 10^{-6}	posteigenes Datenanschlußgerät
48 000 bit/s	öffentliches Datexnetz mit Paketvermittlung[1])	seriell synchron	dx	***)	posteigenes Datenanschlußgerät
	öffentliches Direktrufnetz	seriell	sx/dx	etwa 10^{-6}	grundsätzlich posteigene, übergangsweise private Datenübertragungseinrichtung
10 Zeichen/s	öffentliches Fernsprechwählnetz	parallel	sx	fehlerfrei**)	posteigener Modem
20/40 Zeichen/s	öffentliches Fernsprechwählnetz	parallel	sx mit Rückkanal: hx	fehlerfrei**)	posteigener Modem

*) sx = Simplex
hx = Halbduplex
dx = Duplex

**) Zutreffend für 95 v H der untersuchten Verbindungen

***) Durch die Verwendung des HDLC-Steuerungsverfahrens ergibt sich eine resultierende Bit Fehlerwahrscheinlichkeit von etwa 10^{9} auf Ebene 2 nach CCITT-Empfehlung X 25

Abbildung 2.2

Leitungsabschluß bezeichnet das die Anschlußleitung abschließende Gerät (Datenübertragungseinrichtung - DÜE), das eine genormte Schnittstelle für die Datenendeinrichtung aufweist.

Da viele Teilnehmer der Dateldienste heute ihre Informationen über die Fernmeldenetze nicht nur zu den normalen Geschäfts- oder Betriebszeiten, sondern auch nachts oder an Sonn- und Feiertagen austauschen, gewinnt die ständige Betriebsbereitschaft von Fernmeldeeinrichtungen immer mehr an Bedeutung. Für bestimmte Fernmeldeeinrichtungen gibt es daher auch die Entstörung außerhalb der normalen Dienstzeit. Der normale Entstörungszeitraum ist montags bis freitags von 8.00 bis 18.00 Uhr, Entstörungsleistungen außerhalb dieser Zeit sind zu besonderen Gebühren erhältlich.

Die Dienstgüte kann man mit Hilfe ihrer Untermerkmale Vermittlungsgüte, Verkehrsgüte und Übertragungsgüte für die einzelnen Dienste angeben. Die Übertragungsgüte z. B. wird dann u.a. durch quantifizierbare Werte wie Bitfehlerwahrscheinlichkeit angegeben.

In der "Planungshilfe für die Datenfernverarbeitung" und der "Entscheidungshilfe" (beides Bestandteile des DATEL-Handbuches) sind Angaben über verfügbare Leistungsmerkmale und Fakten für die Bewertung öffentlicher Fernmeldenetze in bezug auf die Nutzung durch Datenübermittlung enthalten. In der Abbildung 2.3 werden Einflußgrößen der Dienstgüte aufgezählt.

3. Datenübermittlung im öffentlichen Fernsprechnetz

Der Aufbau des öffentlichen Fernsprechnetzes ist in der Abb. 3.1 skizziert; das Netz besteht aus den Ortsnetzen und dem hierarchisch aufgebauten Fernleitungsnetz. Ein Ortsnetz wird von den Ortsvermittlungsstellen, den Ortsverbindungsleitungen zwischen ihnen, den Hauptanschlüssen und den Anschlußleitungen gebildet. Die acht Zentralvermittlungsstellen sind maschenförmig miteinander verbunden. An den Zentralvermittlungsstellen sind sternförmig die Hauptvermittlungsstellen, an diese die Knotenvermittlungsstellen und an diese die zu einem Ortsnetz gehörenden Endvermittlungsstellen angeschlossen. Ab der Hierarchiestufe Knotenvermittlung gibt es Querleitungen zur Entlastung des Netzes.

Merkmale der Dienstgüte

Dienstgüte zerfällt in die Gruppen	● Vermittlungsgüte ● Verkehrsgüte ● Übertragungsgüte
Die Einfußgrößen der Vermittlungsgüte sind	● Falschverbindung ● Doppelverbindung ● falsche Signale der Verbindungssteuerung ● nicht erfolgreicher Verbindungsversuch ● vorzeitige Trennung ● keine Auslösung ● Zählstörung ● Verzug der Verbindungsherstellung ● Verzug der Verbindungsauslösung
Die Einflußgrößen der Verkehrsgüte sind	● Blockierung ● Verzug von Signalen der Verbindungssteuerung ● Sendungsverzug
Die Einflußgrößen der Übertragungsgüte sind	● Schrittverzerrung ● einseitige Verzerrung ● unregelmäßige Verzerrung ● zyklische Verzerrung ● Einschwingverzerrung ● Drehzahlverzerrung ● individueller Verzerrungsgrad ● Start/stop - Verzerrungsgrad ● Isochronverzerrungsgrad ● Empfangsspielraum ● Fehlerhäufigkeit ● Fehlerwahrscheinlichkeit ● Restfehlerwahrscheinlichkeit ● Übertragungssicherungsverfahren ● Paritätsbit ● Paritätsprüfung ● Blocksicherungsverfahren ● automatische Wiederholung ● Taktgenauigkeit ● Jitter
Weitere sonstige Einflußgrößen sind	● Verfügbarkeit ● Transferzeit ● Signallaufzeit ● Gesamtantwortverzug ● Dienstunterbrechungsdauer

Abbildung 2.3

Aufbau des Fernsprechnetzes : Zentralvermittlungsstellen (ZVST) mit Kennziffern

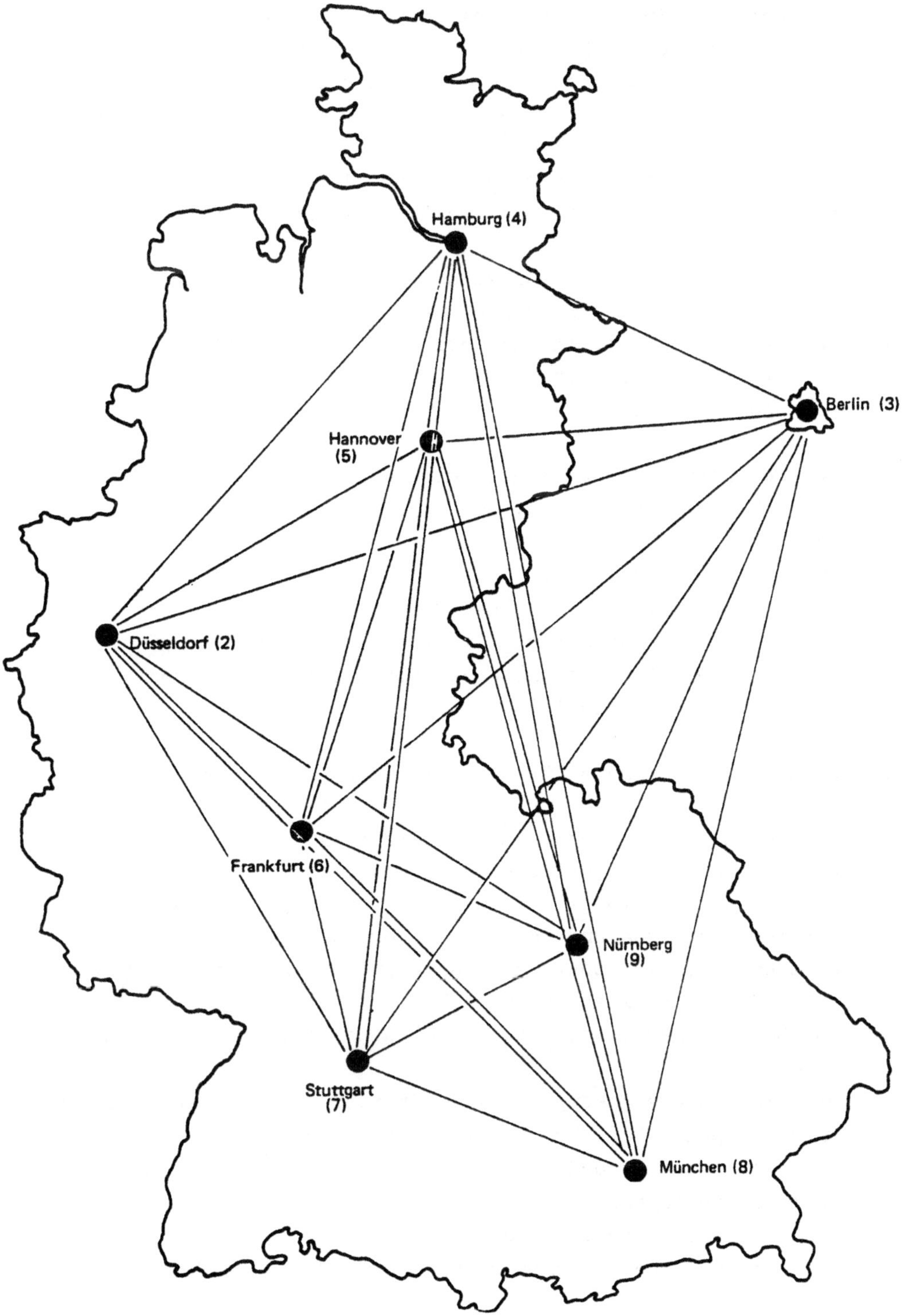

Abbildung 3.1

Bei Fernsprechanschlüssen können als posteigene Zusatzeinrichtungen Datenübertragungseinrichtungen (Modems) eingesetzt sein, an die private Datenendeinrichtungen angeschaltet werden können. Die privaten Datenendeinrichtungen müssen von der Post technisch geprüft und für die Anschaltung an dieses Netz und die betreffende Datenübertragungseinrichtung zugelassen sein. Bei rufenden und gerufenen Anschlüssen können verschiedene Betriebsweisen auftreten hinsichtlich manueller oder automatischer Wahl, manueller oder automatischer Anrufbeantworter sowie bestimmter weiterer technischer Eigenschaften.

Mitte 1982 waren 52627 Datenstationen im Fernsprechnetz installiert. Die Datenübertragung im Fernsprechnetz stellt eine zusätzliche Nutzung des Netzes dar, da das Netz für die Übermittlung von Sprache entwickelt ist. Daraus resultieren für die Datenübertragung einige Randbedingungen:

Das Angebot umfaßt die Datenübertragung für die Geschwindigkeiten 200 und 300 bit/s (asynchron, duplex), 1200 bit/s (asynchron, halbduplex oder duplex), 2400 bit/s (synchron, halbduplex), 4800 bit/s (synchron, halbduplex) bzw. 10 Z /s oder 20/40 Z /s bei der Parallelübertragung. Für die Übertragungsgeschwindigkeiten über 300 bit/s ist die Ausstattung mit einem Hilfskanal mit 75 bit/s möglich. Die vollständige Liste der Dienstleistungsmerkmale ist in der "Planungshilfe" enthalten.

Die wichtigsten Merkmale für die Datenübertragung sind:

Es stehen Wählverbindungen zur Verfügung.
Es ist ein beliebiger Code verwendbar.
Die Datenübertragungseinrichtungen (Modems) sind für den Amtsverkehr posteigen und werden von der Post gewartet.
Es sind beliebige postzugelassene private Datenendeinrichtungen mit V-Schnittstellen anschließbar.
Zur Dateneingabe können auch bestimmte Tastentelefone eingesetzt werden.
Die akkustische Ankopplung ist für mobile Außenstationen zulässig.
Es sind spezielle, für den Datenverkehr entwickelte automatische Wähleinrichtungen und Abfrageeinrichtungen sowie Sammelanschlüsse verfügbar.
Die Datenübertragung mit dem Ausland ist von der Post gestattet, alle Modems arbeiten entsprechend den CCITT-Empfehlungen.

Der Zugang zu DATEX-P und weiterführend zu ausländischen Datennetzen mit Paketvermittlung sowie zu EURONET ist möglich. Zur Datensicherung sind von der Post keine besonderen Schutzmaßnahmen (z. B. gesichertes Übertragungsverfahren) vorgesehen. Alle entsprechenden Vorkehrungen müssen in den Einrichtungen des Teilnehmers von ihm selbst veranlaßt werden.

Die benutzungsrechtlichen Grundlagen sind in der Fernmeldeordnung (FO) niedergelegt.

Die Abbildungen 3.2-3.5 geben eine Übersicht über die für den Verbindungsaufbau bei einem Fernsprechanschluß bestehenden Möglichkeiten.

Die Gebührenpositionen für die Datenübermittlung im Fernsprechnetz sind

die einmalige Anschließungsgebühr für den Hauptanschluß,
die monatlichen Grundgebühren für die posteigenen Einrichtungen
die Verbindungsgebühren entsprechend dem Fernsprechverkehr, gestaffelt nach Entfernung, Verbindungsdauer und Tageszeit.

Muster der Antragsformulare für die posteigenen Zusatzeinrichtungen zur Übertragung von Daten sind im DATEL-Handbuch enthalten; sie können bei der Anmeldestelle für Fernmeldeeinrichtungen bei jedem örtlichen Fernmeldeamt abgefordert werden.

4. Datenübermittlung im öffentlichen DATEX-L-Netz

Der Aufbau des DATEX-L-Netzes wurde Ende 1968 begonnen. Das Netz wird heute durch 17 Vermittlungsstellen in EDS-Technik versorgt (s. Abb. 4.1). Ende 1980 waren 3.548 Datenstationen an DATEX-L angeschlossen. Die von der Deutschen Bundespost für DATEX-L vorgesehenen Anwenderzielgruppen sind gekennzeichnet durch Anwendungen der DFV mit kleinem und mittlerem Verkaufsaufkommen, für die ein Wählnetz mit solchen Eigenschaften und Gebühren sinnvoll ist.

Solche Anwendungen sind in erster Linie Stapelanwendungen mit nicht zu hohem Verkehrsaufkommen, abhängig von der Entfernung und Dialoganwendung, die mit Hilfe der raschen Verbindungsaufbauzeiten für jeden Transaktionsschritt eine neue Verbindung vorsehen wollen.

Manueller Verbindungsaufbau vom Fernsprechapparat

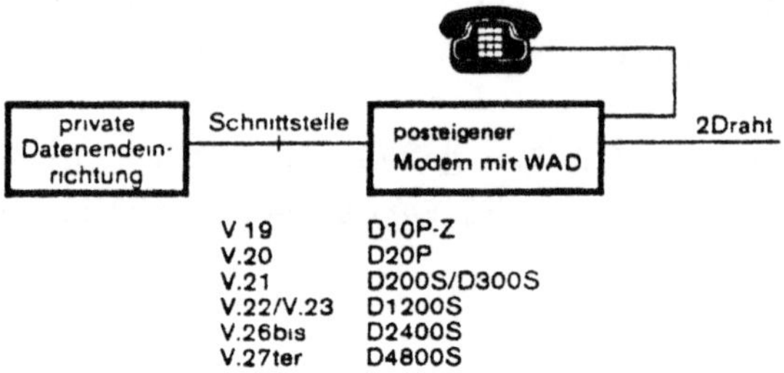

Die Umschaltung von Sprechbetrieb auf Datenbetrieb geschieht in der Regel durch eine Datentaste am Fernsprechapparat

Automatische Anrufbeantwortung – abhängig von der DEE – ist möglich

Verbindungsaufbau mit der automatischen Wähleinrichtung für Datenverbindungen (AWD)

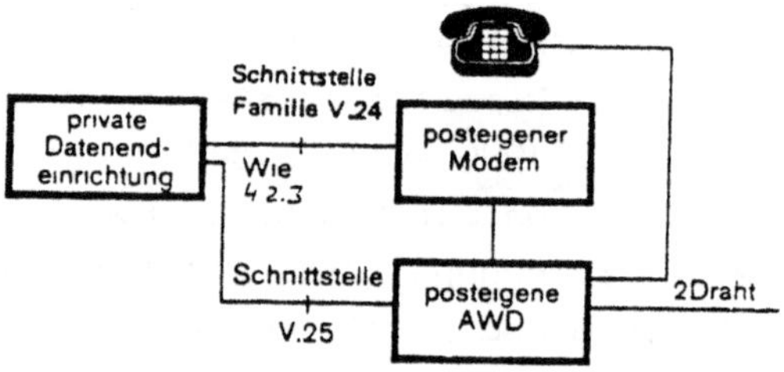

Mogliche Betriebsweisen:

- Automatischer Betrieb für gehende Verbindungen mit Wahlinformation von der Datenendeinrichtung
- Automatischer Betrieb für kommende Verbindungen
- Manueller Betrieb vom Fernsprechapparat fur gehende und kommende Verbindungen

Verbindungsaufbau mit dem Wählautomat mit Rufnummernspeicherung für Datenübertragung (WAD)

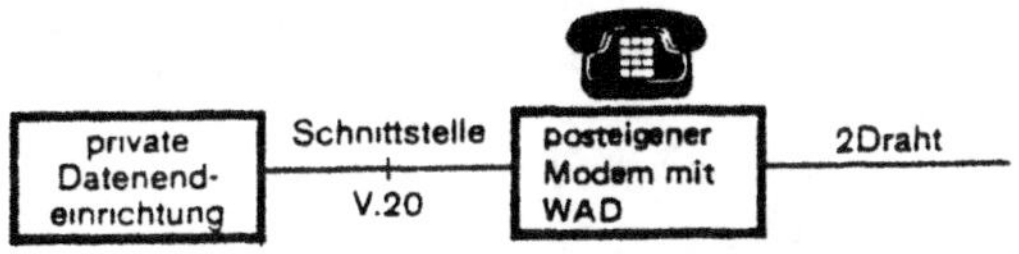

Mogliche Betriebsweisen:
- Automatischer Betrieb für gehende Verbindungen mit Start der Wahl von der Datenendeinrichtung
- Automatischer Betrieb für kommende Verbindungen
- Manueller Betrieb fur gehende und kommende Verbindungen über die Fernsprechapparat-Funktionen.

Abfrageeinrichtung für Fernsprechhauptanschlüsse mit Datenübertragung (AED77)

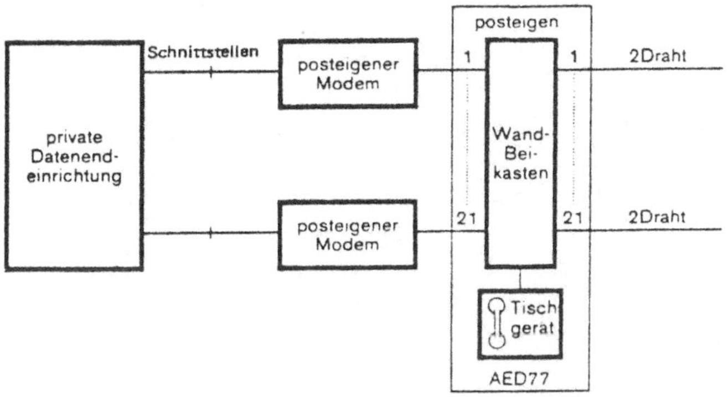

Einzugsbereich der Datenvermittlungsstellen in EDS-Technik für den Datexdienst mit Leitungsvermittlung

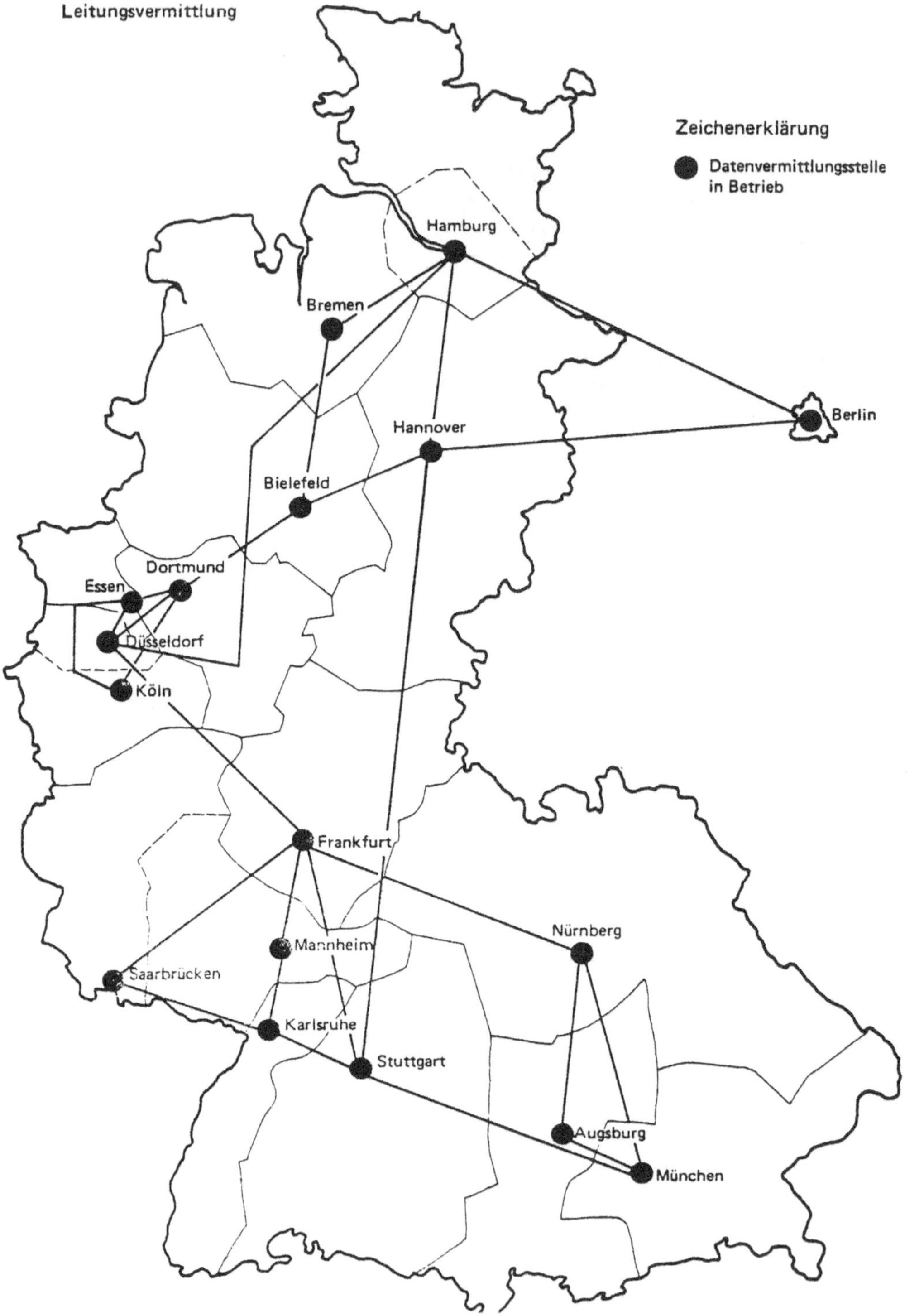

Abbildung 4.1

Das DATEX-L-Netz sieht die Dienstleistungen entsprechend den Empfehlungen des CCITT in mehreren Benutzerklassen vor. Das Angebot umfaßt:

die Benutzerklasse DATEX-L 200 für Übertragungsgeschwindigkeiten von 50 bis 200 bit/s (asynchrones Übertragungsverfahren); diese Benutzerklasse wird zu einem späteren Zeitpunkt nicht mehr angeboten werden;
die Benutzerklasse DATEX-L 300 mit 300 bit/s (asynchrones Übertragungsverfahren);
die Benutzerklassen DATEX-L 2400, DATEX-L 4800 und DATEX-L 9600 mit 2400, 4800 und 9600 bit/s (synchrone Übertragungsverfahren).

Die vollständige Übersicht aller Merkmale des DATEX-L-Dienstes ist der "Planungshilfe" zu entnehmen. Siehe auch weitere Informationen aus der Reihe der Datel-Druckschriften. Die wichtigsten Merkmale seien hier genannt:

Es stehen Wählverbindungen zur Verfügung.
In der Datenübermittlungsphase ist die Verbindung
- in den Benutzerklassen 50 - 200 bit/s code- und geschwindigkeitstransparent,
- in der Benutzerklasse 200 bit/s gebunden an das Alphabet CCITT-Nr. 5,
- in den Synchronklassen codetransparent.

Es werden duplexfähige Verbindungen bereitgestellt.
Die Datenfernschaltgeräte (DFG) mit integriertem Übertragungsteil sind posteigen; die Datenendeinrichtungen sind privat und müssen von der Post zugelassen werden.
Die Post unterhält (wartet) nur die Datenfernschaltgeräte.
Besondere Leistungen wie automatische Wahl, Kurzwahl, Direktruf, Teilnehmerbetriebsklasse, Gebührenübernahme bei ankommendem Ruf werden angeboten.
Für die Benutzerklasse DATEX-L 200 ist Auslandsverkehr mit Belgien und Frankreich möglich.
Für die Benutzerklassen DATEX-L 2400, DATEX-L 4800 und DATEX-L 9600 ist Auslandsverkehr mit Schweden und Österreich möglich.
Für die Benutzerklassen DATEX-L 200 und DATEX-L 300 ist der Zugang zu DATEX-P und weiterführend zu ausländischen Datennetzen

mit Paketvermittlung sowie zu EURONET möglich (für die Benutzerklassen höherer Geschwindigkeiten geplant). Eine Anschlußkennung ist realisiert. Die gelegentliche oder ständige Mitbenutzung eines Hauptanschlusses durch "andere" ist gestattet. (Abb.4.2)

Bei DATEX-L werden Dienstsignale verwendet, darunter versteht man Meldungen des Netzes, die codiert Aufschluß über Betriebszustände einer Verbindung geben (siehe Abb. 4.3/1+2).

Die Anschlußmöglichkeiten des Benutzers an das DATEX-L-Netz zeigen die Abbildungen 4.4 /1-3 für die verschiedenen Geschwindigkeitsklassen. Dabei gibt es die Möglichkeit des manuellen Verbindungsaufbaus mittels des Tastenfelds des Datenfernschaltgeräts und die Möglichkeit der automatischen Verbindungserstellung von der DEE oder mittels Direktruf.

Da die X.21-Schnittstellenempfehlung erst in jüngster Zeit entwickelt wurde, hat man als Zwischenlösung die Empfehlung X.21bis bereitgestellt, die auch noch weiter verwendet werden kann. Sie stützt sich auf die betreffende V-Empfehlung für die jeweilige Geschwindigkeitsstufe. Dabei gibt es im Netzinneren einige Varianten, die aber auf den Benutzer keinen Einfluß haben. Er findet bei seinem Anschluß die Schnittstelle, die er in seinem Antrag angegeben hat.

Bei einem Übergang von einer X.20bis- bzw. einer X.21bis-Schnittstelle auf die Schnittstelle X.20 bzw. X.21 gestaltet sich das Fernschaltgerät einfacher; alle Vorgänge - einschließlich der Wahl - sind über die wenigen Schnittstellenleitungen von der Datenendeinrichtung wahrzunehmen. Die Steuerung zur Herstellung der Verbindungen zwischen DV-Anlagen und Datenendgeräten und zur Netzbedienung erfolgt also durch Programme in der DEE! Die Möglichkeit der Eigendiagnose (nur bei Verwendung der X.20- oder X.21-Schnittstellen) zeigt die Abbildung 4.5.

Die Gebührenpositionen für die Datenübertragung im DATEX-L-Netz sind

die einmalige Anschließungsgebühr für den Hauptanschluß
die monatliche Grundgebühr (abhängig von der Benutzerklasse)

Netzaufbau DATEX-L

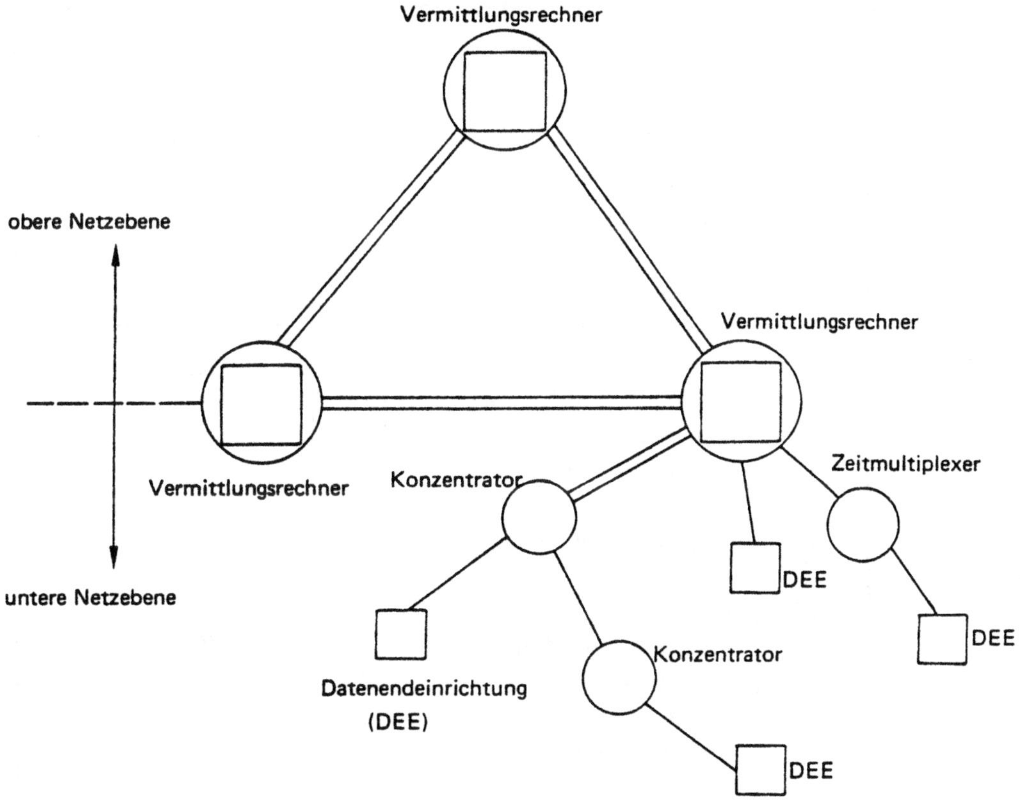

- Im Geschäftsbereich der Deutschen Bundespost sind an 17 Standorten ein oder mehrere Vermittlungsrechner im Betrieb
- Die Rechner bilden durch eine Vermaschung mit Verbindungsleitungen eine obere Netzebene
- Zur Flächendeckung werden an die Vermittlungsrechner sternförmig Zeitmultiplex- oder Konzentratoreinrichtungen angeschaltet. Diese bilden eine untere Netzebene

Abbildung 4.2

Codierung der Dienstsignale bei DATEX-L bei Verwendung der Schnittstelle X.20

Gruppe	Code	Bedeutung	Bemerkungen
0	00	—	für künftige Verwendung reserviert
	01 *)	DEE wird gerufen	
	02 *)	Ruf wurde umgeleitet	
	03 *)	Wird verbunden, sobald der Anschluß frei ist	Ohne Auslösung
2	20 *)	Keine Verbindung	
	21	Gerufener Anschluß besetzt	
	22	Wahlprozedurfehler	Mit Auslösung
	23	Übertragungsfehler in der Wahlinformation	Neuen Wahlversuch einleiten
4 und 5	41	Zugang zum gerufenen Teilnehmer nicht erlaubt	
	42 *)	Rufnummer geändert	
	43	Anschluß nicht erreichbar	
	44	Anschluß gestört	
	45 *)	DEE gesteuert nicht bereit	Mit Auslösung
	46 *)	DEE gestört	Neuer Wahlversuch mit der gleichen Rufnummer nicht
	47 *)	DÜE stromlos	erfolgversprechend
	48 *)	Ungültige Leistungsmerkmalanforderung	
	49 *)	Anschlußleitung gestört	
	51	Rufen Sie die Auskunft an	
	52	Falsche Benutzerklasse	
6	61	Verbindungswege besetzt	Mit Auslösung Neuen Wahlversuch einleiten
7	71 *)	Verbindungswege langfristig überlastet	Mit Auslösung
	72 *)	Verbindungswege gestört	Sofortiger erneuter Wahlversuch nicht erfolgversprechend
8	81 *)	Bestätigung der Registrierung/Annullierung von Leistungsmerkmalen	Mit Auslösung
	82 *)	Rufe werden umgelenkt	
	83 *)	Rufe werden nicht länger umgelenkt	

*) vorerst nicht verwendet, kann jedoch bei internationalen Verbindungen auftreten .

Abb.4.3/1

Codierung der Dienstsignale im DATEX-L-Netz bei Verwendung der Schnittstelle X.21

Gruppe	Code	Bedeutung	Bemerkungen
0	00	-	für künftige Verwendung reserviert
	01	DEE wird gerufen	
	02 *)	Ruf wurde umgeleitet	
	03 *)	Wird verbunden, sobald der Anschluß frei ist	Ohne Auslösung
2	20	Keine Verbindung	
	21	Gerufener Anschluß besetzt	
	22	Wahlprozedurfehler	Mit Auslösung
	23	Übertragungsfehler in der Wahlinformation	Neuen Wahlversuch einleiten
4 und 5	41	Zugang zum gerufenen Teilnehmer nicht erlaubt	
	42	Rufnummer geändert	
	43	Anschluß nicht erreichbar	
	44	Anschluß gestört	
	45	DEE gesteuert nicht bereit	Mit Auslösung
	46	DEE gestört	Neuer Wahlversuch mit der gleichen Rufnummer nicht erfolgversprechend
	47 *)	DÜE stromlos	
	48	Ungültige Leistungsmerkmaleanforderung	
	49 *)	Anschlußleitung gestört	
	51	Rufen Sie die Auskunft an	
	52	Falsche Benutzerklasse	
6	61	Verbindungswege besetzt	Mit Auslösung Neuen Wahlversuch einleiten
7	71 *)	Verbindungswege langfristig überlastet	Mit Auslösung
	72 *)	Verbindungswege gestört	Sofortiger erneuter Wahlversuch nicht erfolgversprechend
8	81 *)	Bestätigung der Registrierung/Annullierung von Leistungsmerkmalen	Mit Auslösung
	82 *)	Rufe werden umgelenkt	
	83 *)	Rufe werden nicht länger umgelenkt	

*) vorerst nicht verwendet, kann jedoch bei internationalen Verbindungen auftreten.

Abb.4.3/2

Anschlußtechnik für DATEX-L200

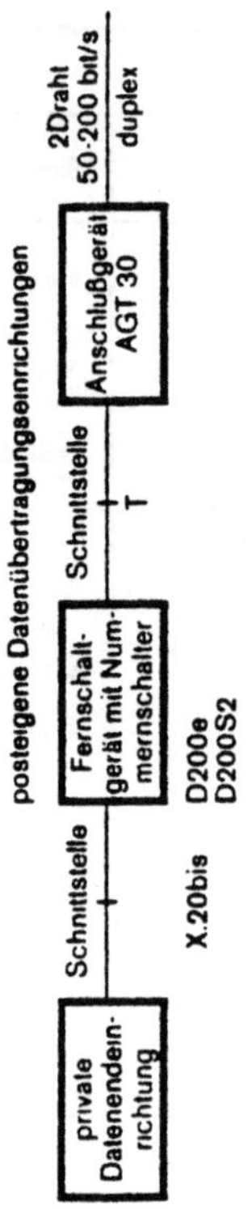

Abbildung 4.4/1

Anschlußtechnik für DATEX-L300

- **Manueller Verbindungsaufbau vom Datenfernschaltgerät (DFG)**

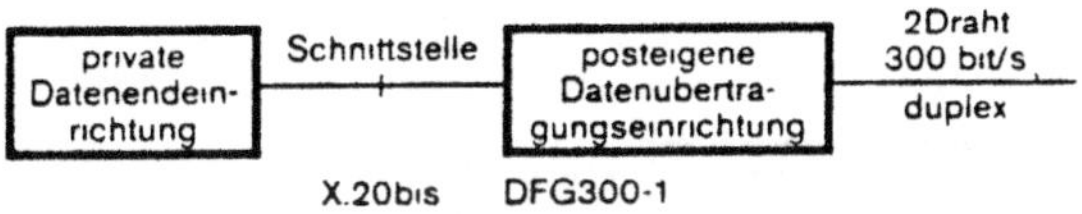

- **Automatischer Verbindungsaufbau von der Datenendeinrichtung einschließlich Direktruf**
  - **Mit Anschlußgerät (AGT) oder Datenfernschaltgerät (DFG) je Anschlußleitung**

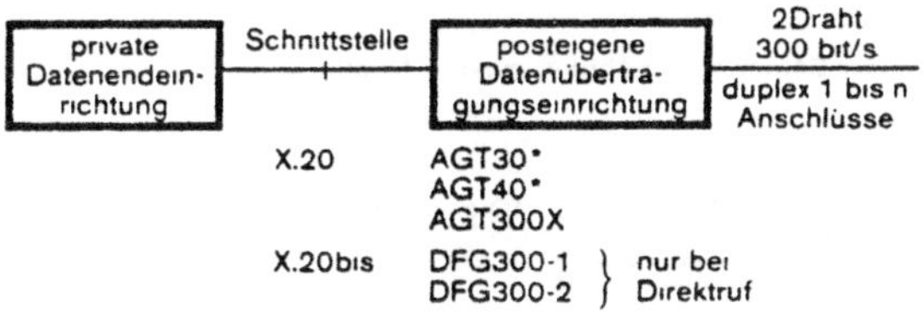

  - **Mit Sende-Empfangs-Umsetzer (SEU) in einem Leitungsanschlußeinsatz (LAE) zum Anschluß von max. 32 Anschlußleitungen**

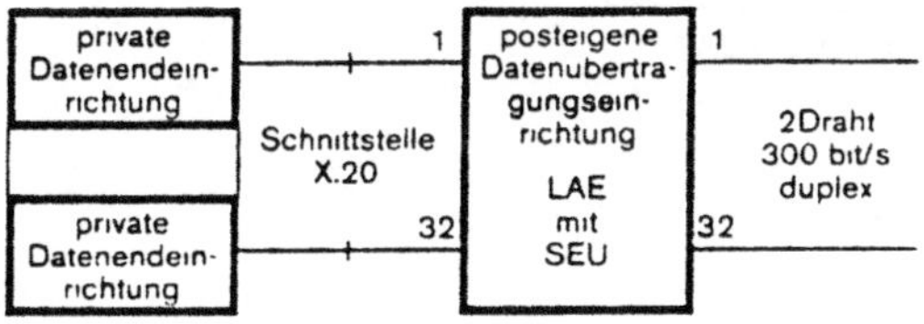

Abbildung 4.4/2

Anschlußtechniken für DATEX-L2400, -L4800 und -L9600

- **Manueller Verbindungsaufbau vom Datenfernschaltgerät (DFG) einschl. Direktruf**

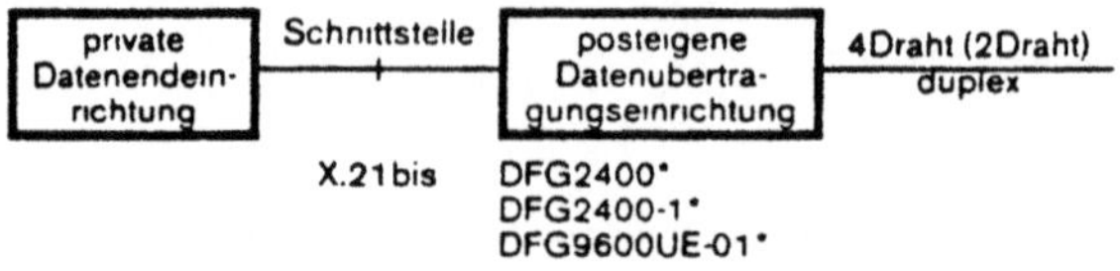

- **Automatischer Verbindungsaufbau von der Datenendeinrichtung einschl. Direktruf**

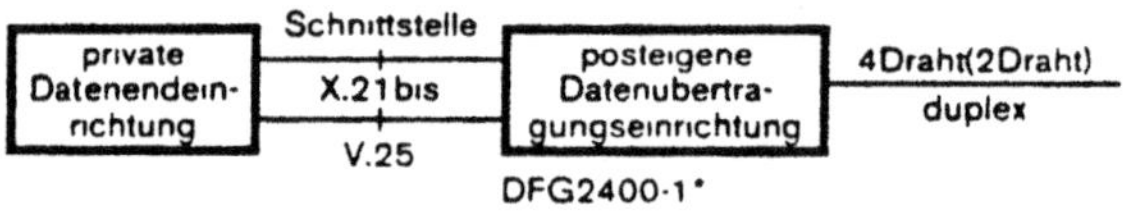

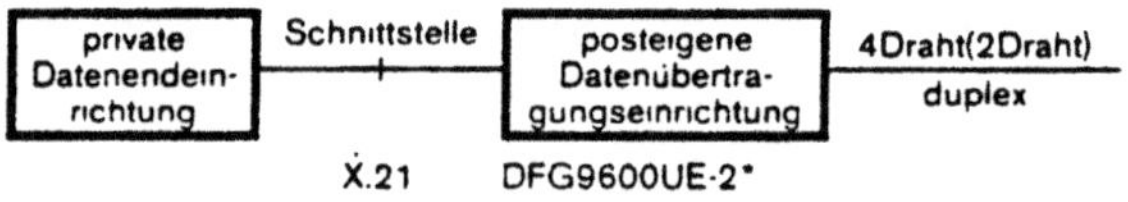

* gezeigt sind nur die Anschlüsse für 2400 und 9600 bit/s, die Anschlüsse für 4800 bit/s sind entsprechend.

Abbildung 4.4/3

Eigendiagnose im DATEX-L-Netz

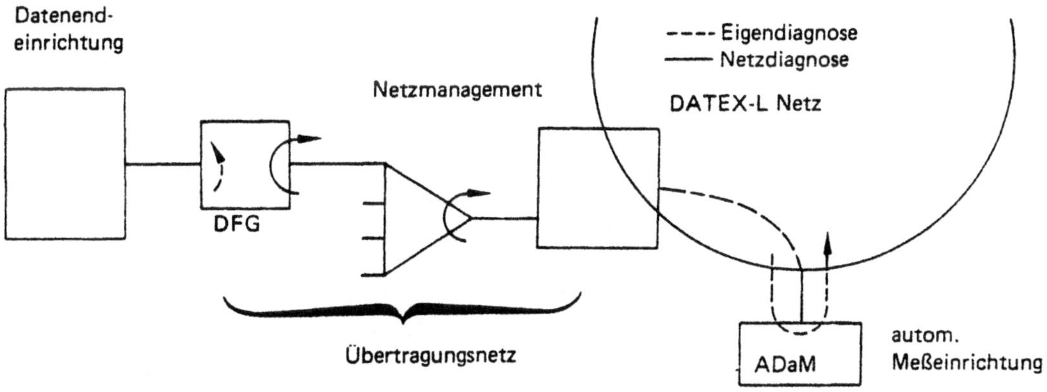

- Netzmanagement überwacht ständig die Datenwege mittels strukturierter getakteter Übertragung (auch wenn keine Daten vom Anwender übertragen werden)

- automatische Schleifenbildung

  - vom Anwender im Datenfernschaltgerät (DFG)

  - vom Netzmanagement in den einzelnen Netzknoten und im DFG

- Ansteuerung einer automatischen Datenmeßeinrichtung auch von der Datenendeinrichtung des Anwenders

Die genannten Diagnosemöglichkeiten sind Bestandteil des digitalen Übertragungsnetzes (dieses Netz wird zukünftig auch Basis des HfD- und DATEX-P Dienstleistungsangebotes sein !)

Abbildung 4.5

die Verbindungsgebühren, in die

- die Übertragungsgeschwindigkeit
- die Entfernung,
- die Tageszeit, die Verbindungsdauer und ein fester Verbindungszuschlag für die Bereitstellung der Verbindung eingehen.

Muster der Antragsformulare für Datexhauptanschlüsse sind im DATEL-Handbuch enthalten. Sie können bei der Anmeldestelle für Fernmeldeeinrichtungen bei jedem örtlichen Fernmeldeamt abgefordert werden.

5. Datenübermittlung im öffentlichen DATEX-P-Netz

Im Gegensatz zu den bisher besprochenen Fernmeldenetzen, denen das Prinzip der Leitungsvermittlung zugrunde liegt, basiert das DATEX-P-Netz auf der "Paketvermittlung" als Vermittlungstechnik. Bei dieser Technik werden die zu übertragenden Daten an eine Vermittlungsstelle übermittelt, dort kurzzeitig zwischengespeichert und dann - evtl. über weitere Vermittlungsstellen - an die Zieladresse weitergeleitet ("Speichervermittlung"). Paketvermittlung ist dadurch charakterisiert, daß die zu sendenden Daten in der Endeinrichtung in Pakete maximaler Länge (in der Regel von 1024 Bit/s bzw. 128 Oktetts) zerlegt werden, die, mit zusätzlichen Steuerungsinformationen versehen, dem Netz zur Weitervermittlung zugeführt und schließlich in der empfangenden Endeinrichtung wieder zusammengesetzt werden. Der Datenaustausch zwischen der sendenden und der empfangenden Endeinrichtung wird über eine virtuelle (logische) Verbindung abgewickelt, bei der aber im Gegensatz zur Leitungsvermittlung die Übertragungsleitungen nicht exklusiv reserviert, sondern durch zeitliche Verschachtelung der Pakete mehrfach genutzt werden, da sie nur zur tatsächlichen Datentransportzeit in Anspruch genommen werden (siehe Abb. 5.1).

Die Datenübertragung ist möglich in den Geschwindigkeitsbereichen von 110 bit/s bis 48000 bit/s. Das Angebot umfaßt den Zugang aus dem Fernsprechnetz, dem DATEX-L-Netz und bei späterem Bedarf ggf. dem Telexnetz. Dafür werden die Basisdienstleistung DATEX-P10 sowie die zusätzliche Dienstleistung DATEX-P20 bereitgestellt, weitere zusätzliche Dienstleistungen sind geplant (siehe Abb. 5.2). Die technischen Einrichtungen für DATEX-P bestehen aus Übertragungs- und Vermittlungstechnik.

Vereinfachte Darstellung des paketvermittelten Datexnetzes

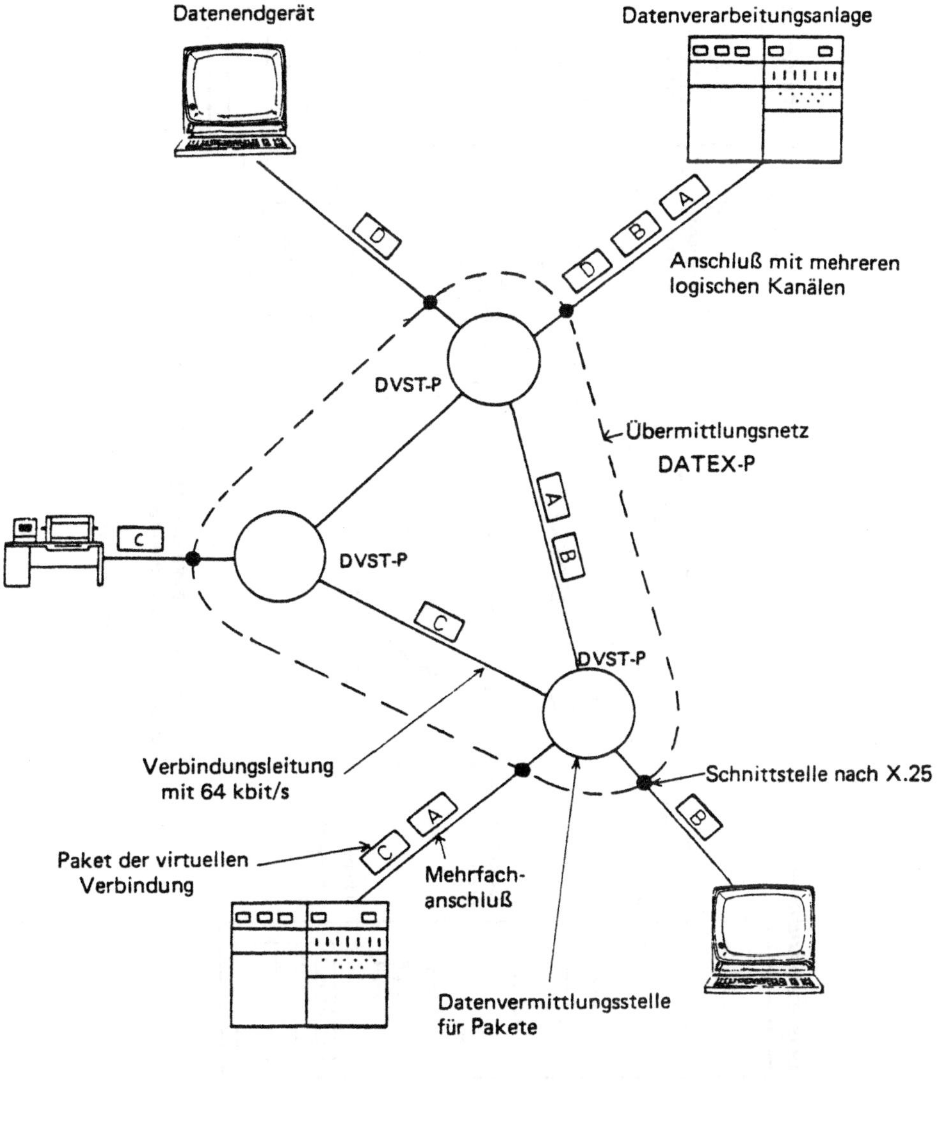

Abbildung 5.1

Zusammenschaltung des paketvermittelten Datexnetzes mit anderen öffentlichen Netzen

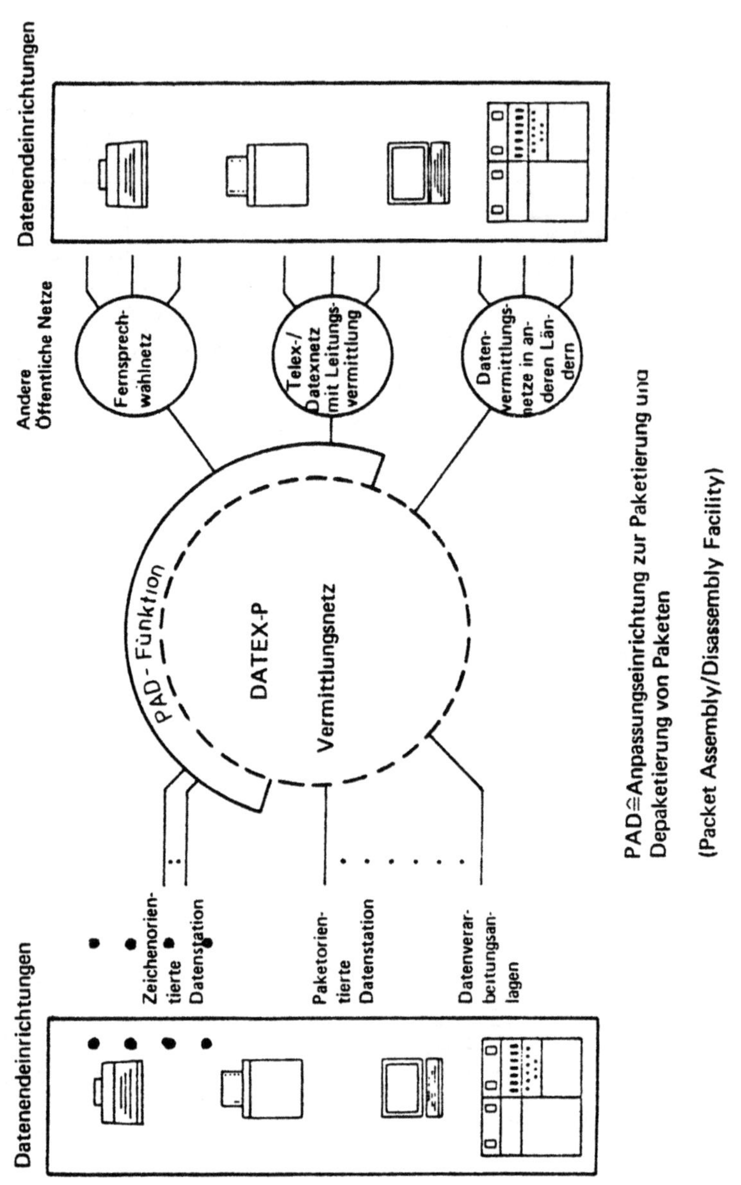

Abbildung 5.2

Die Vermittlungstechnik ist der kleinere Anteil der von der Deutschen Bundespost geleisteten Investitionen, er stammt von der kanadischen Firma Northern Telecom; die auf den NT-Rechnern vom Typ SL10 realisierte Vermittlungstechnik ist seit 1976 beim kanadischen DATAPAC-Netz im Einsatz. Die Übertragungstechnik als größerer Investitionsanteil entspricht der bereits bei der Deutschen Bundespost bewährten Technik und kommt von der Deutschen Fernmeldeindustrie: es handelt sich vorzugsweise um digitale Leitungen aus dem integrierten Text- und Datennetz. DATEX-P ist eine wesentliche Erweiterung des Angebots der Dateldienste.

Die Basisdienstleistung DATEX-P10

Als Basisdienstleistung wird die Datenübertragung zwischen Datenendeinrichtungen (Datenverarbeitungsanlagen und peripheren, paketorientierten Endgeräten) angeboten, die mit einer Schnittstelle nach der CCITT-Empfehlung X.25 ausgestattet sind.

Das Angebot umfaßt die Datenübertragung für die Geschwindigkeiten 2400 bit/s, 4800 bit/s, 9600 bit/s und 48000 bit/s über eine duplex-Anschlußleitung bei einem synchronen Übertragungsverfahren.

Wesentliche Merkmale im Basisdienst sind:

Es stehen sowohl gewählte virtuelle Verbindungen als auch feste virtuelle Verbindungen zur Verfügung.
Es ist ein beliebiger Code verwendbar (Bittransparenz). Genormte Codes werden empfohlen.
Durch Geschwindigkeitswandlung im Netz ist Datenübermittlung auch zwischen Endeinrichtungen mit unterschiedlichen Übertragungsgeschwindigkeiten möglich.
Mehrfachnutzung des Anschlusses aufgrund der Multiplexfunktion der Schnittstelle X.25 ist möglich.
Das gesicherte Übertragungsverfahren ergibt eine hohe Fehlersicherheit.
Erweiterte Kompatibilität zwischen unterschiedlichen Endeinrichtungen durch genormte Protokolle im Bereich des Datentransports.

Die folgenden Merkmale stehen als besondere Leistungen außerdem zur Verfügung:

Teilnehmerbetriebsklassen, Subadressierung, Gebührenübernahme bei ankommendem Ruf, Anforderung nach Gebührenübernahme.

Es gibt weitere Merkmale wie: Festlegung der Verbindungsaufbaurichtung, Festlegung von Flußkontrollparametern, Übermittlung von Benutzerangaben beim Verbindungsaufbau. Die benutzungsrechtlichen Aspekte sind im wesentlichen dieselben wie im leitungsvermittelten Datexdienst.

Die zusätzliche Dienstleistung DATEX-P20

Neben Datenendeinrichtungen, die die geräteunabhängige Schnittstelle X.25 implementiert haben, kann der Zugriff auf das paketvermittelte Datexnetz auch einer Vielzahl von Geräten gestattet werden, die über eine solche Schnittstelle nicht verfügen. Die Anpassung übernehmen sog. "PAD-Einrichtungen" (PAD: Packet Assembly/Disassembly Facility - Paketierer/Depaketierer).

Die Kommunikation der weiterhin verbreiteten asynchronen Endgeräte (Start/Stop-Geräte) mit einem Zentralrechner über ein Paketvermittlungsnetz erfolgt auf der Grundlage der CCITT-Empfehlung X.3, X.28 und X.29. Dabei ist vorausgesetzt, daß der Zentralrechner mit X.25 an das Netz angeschaltet ist (Basisdienstleistung DATEX-P10).

Wird ein Gerät über eine PAD-Einrichtung geführt, so spricht man von "zusätzlichen Dienstleistungen". Diese umfassen den Hauptanschluß (DATEX_P20H) und den Zugang aus leitungsvermittelten Wählnetzen - dem öffentlichen Fernsprechnetz (DATEX-P20F) und dem öffentlichen Datexnetz mit Leitungsvermittlung (DATEX-P20L).

Das Angebot umfaßt die Datenübertragung für die Geschwindigkeiten bis 300 bit/s (Hauptanschluß und Zugang aus dem DATEX-L-Netz bzw. dem Fernsprechnetz) und 1200 bit/s bzw. 1200/75 bit/s (Hauptanschluß und Zugang aus dem Fernsprechnetz).

Wesentliche Merkmale der zusätzlichen Dienstleistung DATEX-P20 sind:

Es wird mit der Internationalen Referenz-Version des Internationalen Alphabetes Nr. 5 gearbeitet.
Durch Geschwindigkeitswandlung ist die Datenübermittlung zwischen Endeinrichtung und Zentralrechner bei unterschiedlichen Übertragungsgeschwindigkeiten möglich.
Die Kommunikation zwischen Endeinrichtung und der PAD-Einrichtung wird mit Hilfe einer Parameterliste abgewickelt, in der die spezifischen Eigenschaften des Endgeräts und gesonderte Protokollvereinbarungen abgelegt sind.

Die zusätzliche Dienstleistung DATEX-P20H bietet gewählte oder feste virtuelle Verbindungen. Die folgenden Merkmale stehen als besondere Leistungen zur Verfügung: Direktruf, Teilnehmerbetriebsklasse, Gebührenübernahme bei ankommendem Ruf, Anforderung nach Gebührenübernahme.

Ähnlich wie im Basisdienst gibt es bei DATEX-P20H weitere Merkmale wie Festlegung der Verbindungsaufbaurichtung, Parameterauswahl, Übermittlung von Benutzerangaben beim Verbindungsaufbau.

Bei den zusätzlichen Dienstleistungen DATEX-P20F und DATEX-P20L steht als besondere Leistung außer denen von DATEX-P20 die Anforderung nach Gebührenübernahme zur Verfügung. Ferner verfügen die Dienste über die Merkmale Parameterauswahl und Übermittlung von Benutzerangaben beim Verbindungsaufbau.

Weitere zusätzliche Dienstleistungen

Die Unterstützung von IBM 3270-kompatiblen Datenendeinrichtungen (DATEX-P32) und von Stapel-Endeinrichtungen (DATEX-P42) wurde zum 01.08.82 eingeführt. Die Einführung von Siemens-Transdata-8160-kompatiblen Datenendeinrichtungen (DATEX-P33) erfolgt erst nach Feststellung eines entsprechenden Bedarfs und Fertigstellung entsprechender Spezifikationen.

Verbindungen zu ausländischen Paketvermittlungsnetzen

Der Zugang zu ausländischen Datennetzen mit Paketvermittlung sowie zu EURONET ist möglich.

Übergänge zwischen den Netzen und den Diensten

Aus dem Bild 5.3 ist zu ersehen, welche Übergänge zwischen den einzelnen Netzen und Diensten vorgesehen sind bzw. zu einem späteren Zeitpunkt angeboten werden sollen.

Der Aufbau des DATEX-P-Netzes ist aus Abbildung 5.4 zu ersehen. Die Ausstattung mit Verbindungsleitungen zwischen den Vermittlungsstellen wird abhängig vom Verkehrsaufkommen erweitert werden.

Die Hauptgebührenpositionen für die Datenübertragung in DATEX-P-Netz sind:

Die einmalige Anschließungsgebühr für den Hauptanschluß.
Die monatlichen Zugangsgebühren aus anderen öffentlichen Wählnetzen.
Die monatlichen Anpassungsgebühren für nichtpaketorientierte Datenübermittlungsverfahren an DATEX-P.
Die Verbindungsgebühren, in die folgende Parameter eingehen:

- Zeitgebühr für individuell reservierte Netzbetriebsmittel
- Zuschlag für jede bereitgestellt Verbindung und
- Volumengebühr für die übertragende Datenmenge, abhängig von der Tageszeit und einer Degressionsstaffel, wobei durch Gebührenübernahme beim gerufenen Anschluß das Volumen dort akkumuliert und somit die Mengendegression genutzt werden kann.

Der relativ neue Dienst DATEX-P bedarf aufgrund der vielfältigen technischen und betrieblichen Einzelheiten einer ausführlichen Beschreibung. Das von der Post herausgegebene "Benutzerhandbuch DATEX-P" und das DATEL-Handbuch enthalten neben den bereits zitierten Quellen (wie z.B. Planungshilfe und Entscheidungshilfe) alle notwendigen Einzelheiten: zur ausführlichen Information sind sie unerläßliche Quellen. Es wird darauf verzichtet, hier diese Einzelheiten zu wiederholen. Eine Aufzählung der Dienste DATEX-P enthält die Abbildung 5.5.

Das Muster des Antragsformulars für DATEX-P-Hauptanschlüsse ist im DATEL-Handbuch enthalten. Formulare können bei jeder Anmeldestelle

Übergangsmöglichkeiten der Netze

gerufener Anschluß \ rufender Anschluß		TELEX	FERNSPR	DATEX-L 200	DATEX-L 300	DATEX-L 2400	DATEX-L 4800	DATEX-L 9600	DATEX-P 10 H 2400	DATEX-P 10 H 4800	DATEX-P 10 H 9600	DATEX-P 10 H 48000	DATEX- P 20	DATEX- P 32	DATEX- P 33	DATEX- P 42
Telexnetz		●	□	□	□	□	□	□	□	□	□	□	□	□	□	□
Fernsprechnetz		□	●	□	□	□	□	□	□	□	□	□	□	□	□	□
DATEX-L	200	□	□	●	□	□	□	□	□	□	□	□	□	□	□	□
	300	□	□	□	●	□	□	□	□	□	□	□	□	□	□	□
	2400	□	□	□	□	●	□	□	□	□	□	□	□	□	□	□
	4800	□	□	□	□	□	●	□	□	□	□	□	□	□	□	□
	9600	□	□	□	□	□	□	●	□	□	□	□	□	□	□	□
DATEX-P 10	H 2400	○	●	●	●	○	○	○	●	●	●	●	●	○	○	○
	H 4800	○	●	●	●	○	○	○	●	●	●	●	●	○	○	○
	H 9600	○	●	●	●	○	○	○	●	●	●	●	●	○	○	○
	H 48000	○	●	●	●	○	○	○	●	●	●	●	●	○	○	○
DATEX-	P 20	□	□	□	□	□	□	□	●	●	●	●	●	□	□	□
	P 32	□	□	□	□	□	□	□	●	●	●	●	□	□	□	□
	P 33	□	□	□	□	□	□	□	○	○	○	○	□	□	□	□
	P 42	□	□	□	□	□	□	□	●	●	●	●	□	□	□	□

Schnittstellen (in der Abbildung eingezeichnet): X.28 - P20A (Spalte P 20, Zeilen DATEX-P 10); P.32 A (Spalte P 32, Zeilen DATEX-P 10); P.33 A (Spalte P 33, Zeilen DATEX-P 10); X.29-P.20B (Zeile P 20, Spalten DATEX-P 10); P.32 B (Zeile P 32, Spalten DATEX-P 10); P.33 B (Zeile P 33, Spalten DATEX-P 10); ① (Zeilen P 32 bis P 42, Spalten DATEX-P 10)

● Übergang ist möglich und realisiert

□ Übergang ist nicht möglich

○ Die Realisierung erfolgt u. U. zu einem späteren Zeitpunkt

① Die Realisierung hängt zusätzlich von privaten Einrichtungen der Dienstleistungsnehmer ab

Abbildung 5.3

Das DATEX-P - Vermittlungsnetz

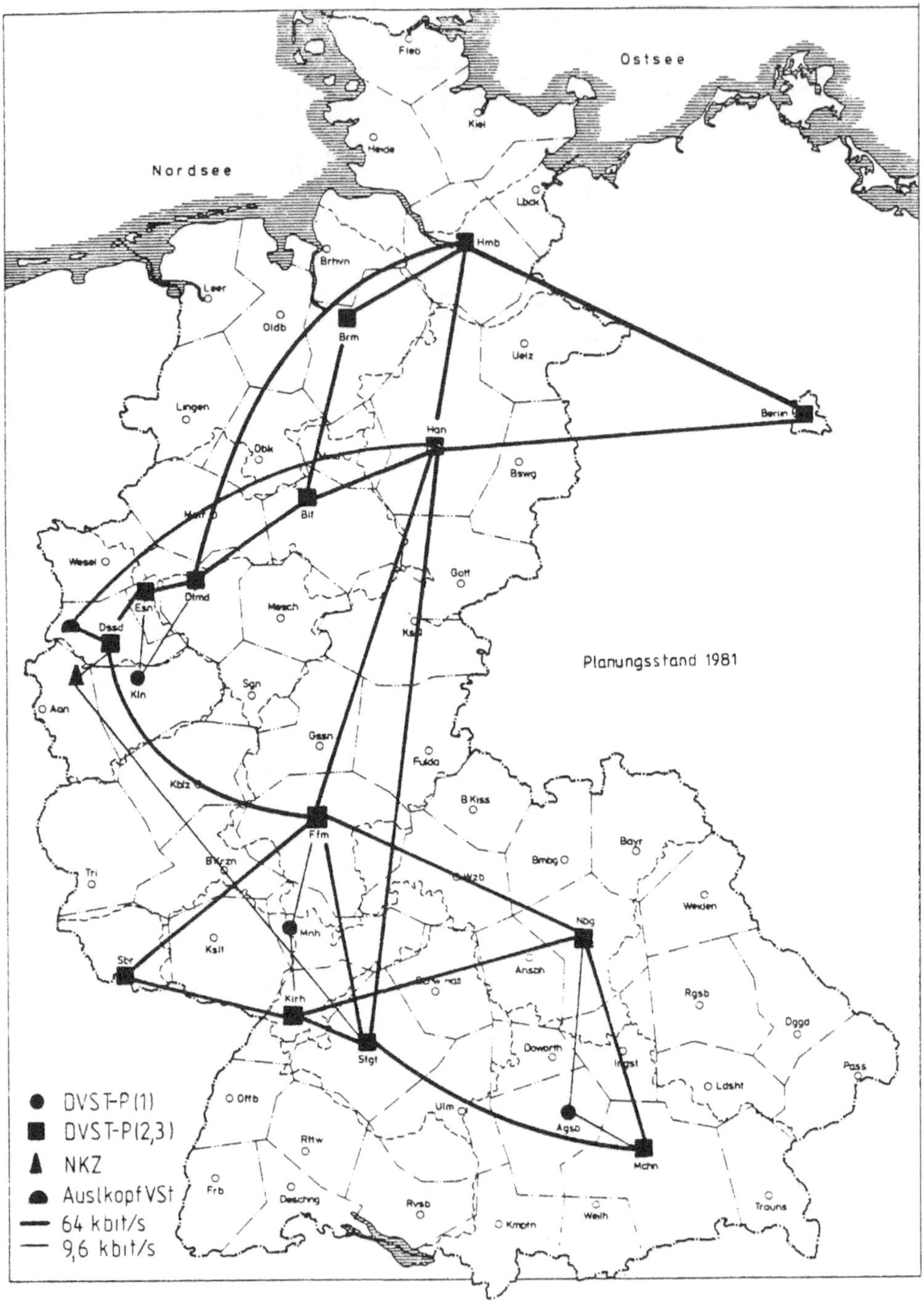

Abbildung 5.4

Übersicht der Dienste
DATEX-P

Dienst	CCITT-Empfehlung	Kommunikations-protokoll
P 10	X.25	P10
P 20	X.3, X.28, X.29	P20 A P20 B
P 32	liegt nicht vor, bes. Spezifikation	P32 A P32 B
P 33	"	P33 A P33 B
P 42	"	P42 A P42 B

P 10 für paketfähige DEE

P 20 für asynchrone DEE

P 32 für Familie IBM 3270 (BSC)

P 33 für Familie Siemens 8160 (MSV)

P 42 für Stapelgeräte entspr. IBM 2780, 3780

Abbildung 5.5

für Fernmeldeeinrichtungen bei jedem örtlichen Fernmeldeamt abgefordert werden.

6. Datenübermittlung im öffentlichen Direktrufnetz
Bei diesem Dateldienst werden je zwei "Hauptanschlüsse für Direktruf" fest miteinander verbunden. Die stets teilnehmereigene Datenendeinrichtung ist eine DVA, ein Konzentrator (DKZ) oder ein Datenendgerät (DEG), deren Anschluß erfolgt über posteigene Datenanschlußgeräte (DÜE=DAG); für eine Übergangsfrist ist in bestimmten Fällen die Weiterverwendung privater DÜE zugelassen.
Das Angebot umfaßt Übertragungsgeschwindigkeiten von 50 bit/s bis 48 000 bit/s. Hierbei werden z. Zt. Direktdatenverbindungen bis 300 bit/s immer unter Verwendung digitaler Übertragungswege realisiert, solche von 300 bis 9600 bit/s teilweise noch mit Fernsprechübertragungswegen und über 9600 bit/s mit Breitbandübertragungswegen. Die Arbeiten zur Umstellung aller Direktdatenverbindungen auf digitale Übertragungswege haben 1979 begonnen.

Die Übertragung erfolgt bis 300 bit/s nach dem Start-Stop-, bei höheren Geschwindigkeiten im allgemeinen nach dem Synchron-Verfahren.

Wesentliche Merkmale sind:

Nur festgeschaltete Verbindungen (Direktdatenverbindungen) werden verwendet.
Die privaten Endeinrichtungen von Hauptanschlüssen für Direktruf können Datenverarbeitungsanlagen, Datenkonzentratoren oder Datenendgeräte sein.
Endeinrichtungen an Hauptanschlüssen für Direktruf können auch mit Hauptanschlüssen Fernmeldenetze beschaltet werden.
Es ist ein beliebiger Code verwendbar.
Die Datenübertragungseinrichtungen sind posteigen und werden von der Post unterhalten. Übergangsweise sind in verschiedenen Bereichen noch private Datenübertragungseinrichtungen zugelassen.
Es sind beliebige postzugelassene Datenendeinrichtungen anschließbar.
Die Nachrichtenvermittlung für Dritte ist erlaubt, sofern sie nicht überwiegt.

Auf folgende Möglichkeiten des Direktrufnetzes wird hingewiesen:

Posteigene Knoten

Für Benutzer von Direktrufverbindungen, die ein eigenes Knotennetz betreiben wollen, bietet die Deutsche Bundespost seit 1979 digitale Knoten für Geschwindigkeiten bis 9600 bit/s an; siehe Abbildung 6.1. Sie können anstelle privater Knoteneinrichtungen in Anwenderdatennetzen eingesetzt werden. Vorausgesetzt wird envelope-orientierte Übertragung.

Datenverbundleitungen

Es ist möglich, im selben Fernsprechortsnetzbereich Endeinrichtungen des Direktrufnetzes mit Fernsprechnebenstellenanlagen desselben Teilnehmers zu verbinden.

Private Leitungen für Direktruf

Endeinrichtungen des Direktrufnetzes können auch über private Leitungen für Direktruf verbunden werden, wenn es sich um Endeinrichtungen desselben Teilnehmers handelt, alle Leitungsabschnitte Eigentum des Teilnehmers sind und die Endpunkte im Bereich desselben Fernsprechortsnetzes liegen.

Die Hauptgebührenpositionen im Direktrufnetz sind:

die einmalige Anschließungsgebühr für den Hauptanschluß,
die Verkehrsgebühren, gestaffelt nach Luftlinienentfernung (ab jeweiligem Ortsnetzknoten) und Übertragungsgeschwindigkeit.

Die Merkmale der Dienstleistungen und die Anschlußmöglichkeiten für DEE an das Direktrufnetz sind in der Planungshilfe wiedergegeben. Das Muster des Antragsformulars für Hauptanschlüsse für Direktruf ist im DATEL-Handbuch enthalten. Formulare können bei der Anmeldestelle für Fernmeldeeinrichtungen bei jedem örtlichen Fernmeldeamt abgefordert werden.

Knotennetz mit HfD

• privater Knoten (Schnittstellenvervielfacher) :

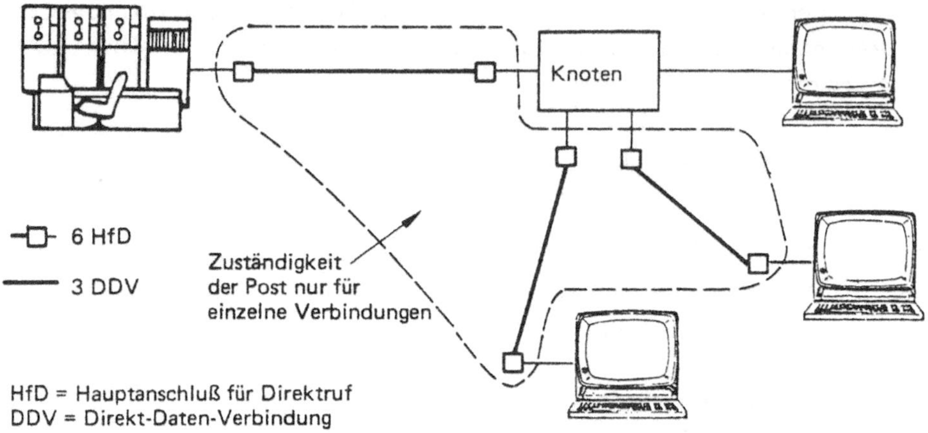

• posteigener Digitalknoten

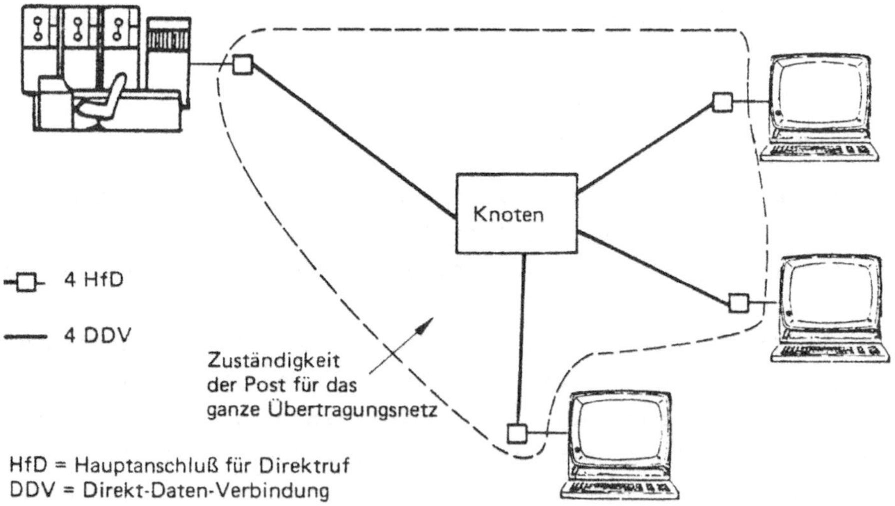

Abbildung 6.1

7. Integriertes Text- und Datennetz (IDN)

Es war bereits verschiedentlich erwähnt worden, daß bestimmte Dateldienste von der Deutschen Bundespost vermittlungstechnisch über das sog. "EDS-System" bzw. über "IDN" abgewickelt werden. Neben einem historischen Abriß soll dieses Netz hier in seinen technischen Grundlagen kurz erklärt werden.

Vor knapp 50 Jahren wurde bei der Deutschen Bundespost das erste automatisch arbeitende Fernschreib-Vermittlungssystem in Betrieb genommen. Die Grundkonzeption der damals eingesetzten Technik wurde bis 1974 für die Telex-Vermittlungsstellen beibehalten.

Mitte der 60er Jahre begann in der Bundesrepublik Deutschland sich ein Bedarf an Datenübertragung zu entwickeln. Die Deutsche Bundespost mußte, um die entsprechende Vermittlungskapazität bereitzustellen, neue Wege beschreiten. Beginnend mit ersten Überlegungen im Jahre 1965 wurde in Zusammenarbeit mit der einschlägigen Industrie ein neues Vermittlungssystem in den Fernschreib- und Datenverkehr entwickelt: das Elektronische Datenvermittlungssystem EDS.

Nach einer Erprobungsphase mit einer Vermittlungsstelle in München konnte Mitte 1975 mit der Datenvermittlungsstelle Mannheim erstmalig weltweit ein vollelektronisch arbeitendes System in Betrieb gehen, das bis zu 16000 Teilnehmeranschlüsse und Leitungen verbinden kann.

EDS ist ein rechnergsteuertes, speicherprogrammiertes Vermittlungssystem. Die "Durchschaltung" erfolgt im asynchronen Zeitvielfach, eine Verbindung wird rein programmtechnisch ohne mechanische Schaltelemente und ohne galvanische Durchschaltung realisiert.

1980 waren 24 EDS-Vermittlungsstellen in 18 Orten in Betrieb. Seit 1976 wurden die ersten DATEX-Verbindungen über das EDS geschaltet, und die weitere Verbesserung der Übertragungstechnik durch Zeitmultiplex und PCM-Übertragung erlaubte 1978 die Aufnahme des DATEX-Versuchsbetriebs mit den Geschwindigkeiten 4800 und 9600 bits in Hamburg, Nürnberg, Stuttgart und München. Seit 1978 sprach man auch vom "IDN", dem "Integrierten Fernschreib- und Datennetz" - der Ausdruck "integriert" bezieht sich darauf, daß asynchroner Telex-Verkehr und synchroner Datenverkehr im gleichen Netz abgewickelt werden.

Inzwischen wird hier der Begriff "Integriertes Text- und Datennetz" verwendet, und die Deutsche Bundespost vermittelt neben dem Telex- den gesamten DATEX-L-Verkehr über das IDN. Die Schaltung von Direktverbindungen über das IDN ist derzeit im Aufbau und wird nach den Kriterien der Wirtschaftlichkeit weiter fortgeführt. Weiterhin ist es üblich, im DATEX-P-Netz Teilnehmeranschlüsse (d.h. die Verbindung Teilnehmerhauptanschluß - DVST-P) über das IDN zu schalten. Das IDN ist im wesentlichen ein Übertragungsnetzwerk, in welchem Anschluß- und Verbindungsleitungen der verschiedenen öffentlichen Wählnetze, des Gentexnetzes sowie Direktrufverbindungen geführt werden.

8. Internationale Mietleitungen

Die Deutsche Bundespost kann im Benehmen mit der jeweiligen Gegenverwaltung und in Anlehnung an die CCITT-Empfehlung D.1 internationale Fernmeldeleitungen auf Antrag vermieten. Die Rechtsgrundlage bildet die Verordnung über den Fernmeldeverkehr mit dem Ausland (FOAusl). Solche Leitungen werden hier verkürzt als "Mietleitungen" bezeichnet.

Die Voraussetzungen für das Vermieten solcher Leitungen sind (Zitat aus den "Bestimmungen über internationale Mietleitungen - BestintMietltgn"):

Der Bedarf der öffentlichen Fernmeldenetze ist in derselben Verkehrsbeziehung gedeckt.
Der besondere Bedarf des Antragstellers (Mieters) kann durch das Benutzen öffentlicher Fernmeldenetze nicht, noch nicht oder nur unvollkommen gedeckt werden.
Die Tätigkeit des Mieters verletzt nicht das alleinige Recht der Deutschen Bundespost, im Bereich der Bundesrepublik Deutschland und in Berlin (West) öffentliche Fernmeldenetze oder sonstige Fernmeldedienste bereitzustellen (§ 1, Abs. 1 FAG).

Für die Benutzung von Mietleitungen wird besonders auf die entsprechenden Verordnungen verwiesen.

Gebührenpositionen für internationale Mietleitungen

Diese Positionen sind:

- die Anschließungsgebühr
- die monatlichen Erhebungsgebühren der Deutschen Bundespost
- Vergütungen für die ausländischen Verwaltungen oder anerkannten privaten Betriebsgesellschaften, in deren Bereich die internationale Mietleitung endet.

Die Gesamtkosten sind sehr vom Einzelfall abhängig. Es empfiehlt sich, entsprechende Auskünfte beim örtlichen Fernmeldeamt, das auch Hinweise für die Antragstellung geben kann, einzuholen.

9. Datenverbindungen mit dem Ausland

Soweit es die im Bereich der Bundespost eingeführten Dateldienste mit Hilfe von Fernmeldewählnetzen betrifft, sind Verbindungen mit Anschlüssen gleichartiger Wählnetze in anderen Ländern dann möglich, wenn für die Verkehrsbeziehungen der Dienst eingeführt worden ist.

Die Voraussetzungen für die einzelnen Netze, Dienste, Benutzerklassen, Übertragungsgeschwindigkeiten usw. sind je Land verschieden.

Im Fernsprechdienst können Fernsprechauslandsverbindungen in dem Umfang zur Datenübermittlung herangezogen werden, als im anderen Land kompatible, standardmäßige Datenübertragungsgeräte zum Einsatz kommen. Diese Geräte müssen den im Netz der Deutschen Bundespost eingeführten Dienstmöglichkeiten entsprechen. Es liegt im Interesse und in der Verantwortung des Teilnehmers, sich über die Voraussetzungen im betreffenden Land zu informieren.

Auslandsverbindungen mit Anschlüssen von Datennetzen in anderen Ländern werden im Laufe der nächsten Jahre Zug um Zug eingeführt (siehe Abbildungen 9.1/1 und 9.1/2).

10. Gebührenangaben

Alle Gebührenangaben für die verschiedenen Dateldienste sind in den Gebührenvorschriften zu den jeweiligen Benutzungsverordnungen enthalten (Bezugsquellen dafür finden sich in der "Planungshilfe"). Auszüge aus diesen Gebührenvorschriften sind in den Merkblättern und Handbüchern der Dateldienste zusammengestellt.

Zusammenschalten von Datennetzen mit Paketvermittlung entsprechend CCITT Empfehlung
unter Einschluß von Paketvermittlungsknoten zugänglich vom gesamten nationalen Territorium

	Austria	Belgium	Denmark	Finland	France	Germany, F.R.	Ireland	Italy	Luxembourg	Netherlands	Norway	Portugal	Spain	Sweden	Switzerland	UK	Euronet
Austria	82																
Belgium	83	81															
Denmark	84	84	83 ◥														
Finland	84	84	84	83 ◥													
France	83	82	84	84	▒												
Germany, F.R.	83	82	84	84	81	▒											
Ireland	84	84	84	84	84	84	83*										
Italy	83	83	84	84	83	83	84	82									
Luxembourg	83	83	84	84	83	83	84	83	82								
Netherlands	83	82	84	84	82	82	84	83	83	81							
Norway	83	82	84	84	82	82	84	83	83	82	▒ ○						
Portugal	84	84	84	84	84	84	84	84	84	84	84	83					
Spain	83	82	84	84	81	81	84	83	83	82	82	84	81				
Sweden	83	82	84	84	81	81	84	83	83	82	▒	84	82	▒			
Switzerland	83	83	84	84	83	83	84	83	83	83	83	84	83	83	82		
UK	83	82	84	84	81	81	81	83	83	82	82	84	81	81	83	▒	
Euronet	83	82	84	84	▒	81	84	83	83	82	82	84	82	81	83	81	▒

▒ In Betrieb

◥ Überlegungen zu einem nationalen Netz. Es sind jedoch paketvermittelte Dienste vorhanden via Schweden.

▒ ○ Vorläufiger Dienst vorhanden, hauptsächlich für I- und D-Verkehr.

* Vorläufige Direktverbindung mit UK; mit der Möglichkeit der Verbindung zu den selben Ländern und im selben Zeitplan wie UK. Zugang vom Ausland zu Teilnehmern, die direkt an die Dubliner Datenvermittlungsstelle angeschlossen sind.

Abbildung 9.1/1

Zusammenschalten von nationalen synchronen Datennetzen mit Leitungsvermittlung entsprechend CCITT Empfehlung

	Austria	Belgium	Denmark	Finland	France	Germany, F.R.	Ireland	Italy	Luxembourg	Netherlands	Norway	Portugal	Spain	Sweden	Switzerland	UK
Austria	82															
Belgium	>84	>84														
Denmark	83	>84														
Finland	83	>84	81	81												
France	—	—	—	—	—											
Germany, F.R.	83	>84	81	82	—											
Ireland•	>84	>84	>84	>84	—	>84	>84									
Italy•	84	>84	84	84	—	84	>84	83								
Luxembourg	—	—	—	—	—	—	—	—	—							
Netherlands	—	—	—	—	—	—	—	—	—	—						
Norway	83	>84	81	81	—	81	>84	84	—	—						
Portugal	>84	>84	>84	>84	—	>84	>84	>84	—	—	>84	84				
Spain•	84	>84	84	84	—	84	>84	84	—	—	84	>84	83			
Sweden	83	>84	81	81	—	81	>84	84	—	—	81	>84	84			
Switzerland•	>84	>84	>84	>84	—	>84	>84	>84	—	—	>84	>84	>84	>84	>84	
UK	—	—	—	—	—	—	—	—	—	—	—	—	—	—	—	—

Überlegungen

In Betrieb

> Nach

• 6 + 2 Bitgruppen-Format

Die Möglichkeit der Zusammenarbeit der 6 + 2 und 8 + 2 bit-Gruppen Formate ist unterstellt.

Im Vereinigten Königreich wird ein leitungsvermittelter Datendienst Teil eines ISDN sein.

Einzelheiten bezüglich der Teilnehmer-betreibsklassen sind in den betreffenden Länderabschnitten zu ersehen.

Abbildung 9.1/2

DIE BEDEUTUNG DER DATENVERARBEITUNG FÜR KFZ-BETRIEBE

R. Bücher

Einführung

Probleme im Kfz-Betrieb

Wesentliche Gründe für die EDV

Steigerug der Produktivität in den einzelnen Betriebsbereichen

Teilnahme am Kommunikationsangebot des Kfz-Herstellers

Anforderungen an die EDV

Unterstützung der verschiedenen Anwendungsbereiche

Das Lösungsangebot

Der Entscheidungsprozeß für die EDV

Qualität und Handhabung
Funtkionen der Anwendungsprogramme
Entwicklungsfähigkeit der Lösung
Service des EDV-Partners
Erfahrungen und Empfehlungen Dritter

Realisierung und Nutzen

Zeitplan und Definition der Verantwortung
Stufenweise Einführung
Engagement der Mitarbeiter und Unternehmensleitung
Kritische Überprüfung des erzielten Nutzens

Einführung

IBM und KFZ-Betriebe blicken auf eine langjährige, partnerschaftliche Zusammenarbeit in Entwicklung und Einsatz von EDV-Anwendungen zurück. Diese Zusammenarbeit und die gesammelten Erfahrungen haben wesentlichen Einfluß auf das Produkt- und Serviceangebot der IBM für diese Branche gehabt und werden auch weiterhin ein Promotor für Innovationen im KFZ-Gewerbe sein.

Die Zusammenarbeit mit einer so großen und bedeutenden Branche bedarf einer leistungsfähigen Organisation. So hat IBM seit geraumer Zeit ihrer regionalen Kundenbetreuung eine zweite fachliche Organisation zugeordnet, die sich mit zentralen und dezentralen Funktionen ganz der KFZ-Anwendungsentwicklung, den Erstinstallationen, dem Austausch von Erfahrungen und der Kommunikation mit den EDV-Bereichen der Hersteller widmet.

Wir sind überzeugt, daß - nachdem preiswerte Hardware bis zum Dialogsystem für jeden Betrieb zur Verfügung steht und das Softwareangebot laufend zunimmt - Kommunikation und Erfahrung jetzt der Schlüssel zu einem großen Rationalisierungspotential und zum Abbau erheblicher betriebswirtschaftlicher und unternehmerischer Probleme dieser Branche sind. In diesem Sinne verdient auch diese Veranstaltung hier unsere Anerkennung.

Probleme im KFZ-Betrieb

Wenn heute überhaupt noch etwas billiger wird, dann ist es Datenverarbeitung. Richtig eingesetzt. wohlbemerkt. Alle anderen Kosten steigen. Das spricht für eine konsequente Verlagerung von Personal- und Sachkosten auf die Technik. Und wenn sich jetzt neue technologische Schübe der Informationsverarbeitung am Horizont abzeichnen, ist es eine unternehmerische Aufgabe, seinen Betrieb dieser Entwicklung zu öffnen.

Stagnierende Verkaufszahlen erfordern Initiativen und eine gute Informationsbasis. Das setzt administrative Entlastung der Mitarbeiter und Transparenz des Geschäfts voraus. Nur die EDV ist in der Lage, das zu bieten.

Der Wettbewerb spielt sich auch in zu vollen oder leeren Lagerflächen ab. Die ökonomische Bewirtschaftung großer Sortimente ist ohne EDV nicht mehr möglich.

Unzureichender Kundenkontakt und Servicegrad schlagen auf den Unternehmenserfolg durch. Gute Organisation, schnelle Bearbeitung und verläßliche Auskünfte sind die Visitenkarte des Hauses.

Wer die hier genannten Argumente ernst nimmt, und ich tue das, für den ist die EDV auch im KFZ-Betrieb ein Instrument der Unternehmensführung und damit auch ein aktiver Faktor im Wettbewerb vor Ort. Und es ist eine unangenehme, aber immerhin eine Weisheit, daß Wettbewerb das Geschäft belebt.

Der KFZ-Betrieb arbeitet autonom, aber nicht unabhängig. Er hängt nicht nur an seinen Verträgen, sondern auch an den Datenkanälen zu seinem Hersteller. Er kann sich seinem EDV-Konzept nicht entziehen. Er sollte sich darauf konzentrieren, aus dieser Verbindung den größten Nutzen zu ziehen.

Wesentliche Gründe für die EDV

Informationsbedürfnis im Innen- und Außenverhältnis des Betriebes

Der Zwang zu mehr Leistung und Durchsatz erhöht das quantitative und qualitative Informationsbedürfnis im Innen- und Außenverhältnis des Betriebes. Wie können wir es ohne zusätzliche Kosten befriedigen?

Im Innenverhältnis stellt sich die Kernfrage:

- Wie ist der Betrieb organisiert?

Geschäftsleitung und Betriebsbereiche benötigen für Auskünfte, Dispositionen und Entscheidungen aktuelle, aufbereitete und abgestimmte Daten. Die EDV, insbesondere das Dialogsystem, verbessert den Informationsfluß.

Es ist nicht selten, daß Kundenunterlagen mehrfach geführt werden; in der Buchhaltung und in der Werkstatt. Das erhöht Aufwand und Fehlerquellen. Oft ist es wichtig, Kundeninformationen und Kontostand auch in Werkstatt und Lager zu kennen. Die Geschäftsleitung benötigt für Planung und Kontrolle die Tagesergebnisse der Betriebsbereiche, und zwar aktuell und fehlerfrei.

Sie kommen oft verspätet. Ihre Erstellung erfordert einen enormen Aufwand. Ein maschinelles Berichtswesen kann diesen Engpaß beseitigen.

Im Außenverhältnis des Betriebes interessieren zwei Fragen:
- Wie ist der KFZ-Hersteller organisiert?
- Wie erfolgt die Betreuung von Kunden und Interessenten?

Der KFZ-Hersteller liefert und verlangt für alle Betriebsbereiche aktuelle Daten wie Teile-, Fahrzeug-, Zubehörpreise, Arbeitstexte mit Richtzeiten.

In den meisten Fällen stehen diese Informationen auf maschinenlesbaren Datenträgern zur Verfügung, oder es existiert ein Datenaustausch über Telefonleitung. Bei voller Nutzung dieser Kommunikation zwischen Hersteller und Händler werden manueller Aufwand und Fehlerquellen reduziert und beide Seiten verfügen über den aktuellen Informationsstand.

Daten und Datenzugriff sind auch die Grundlage für eine aktive Kunden- und Interessentenbetreuung. Nur wenn Informationen über den Kunden und seine Entwicklung vorliegen, kann er gezielt und erfolgversprechend angesprochen werden.

Steigerung der Produktivität in den einzelnen Betriebsbereichen

Die Befriedigung des gestiegenen Informationsbedürfnisses für Planung, Steuerung und Kontrolle, für Auskünfte und Entscheidungen, ist nur ein Teil der Maßnahmen, die der KFZ-Betrieb zur Steigerung seiner Produktivität in den einzelnen Betriebsbereichen benötigt. Es geht darum, das höhere Informationsniveau durch die Verbesserung von Organisation und Abläufen auch bewußt zu nutzen.

Ich denke an Kundendienst und Werkstatt:

Morgens haben wir den Engpaß in der Kundenauftragsannahme, am Nachmittag das Warten auf die Rechnung an der Kasse, obwohl das Fahrzeug fertig vor der Türe steht. Die Analyse der Schwachstellen zeigt, daß der Kunde im Grunde nur auf Transport und Verarbeitung von Daten wartet. Wehe dem Betrieb, der sich an diesen Zustand gewöhnt. Der Kunde tut es nicht. Die Bemühungen des Betriebes, die Abfertigung zu beschleunigen, durch Bildschirm für die schnelle Annahme, durch Drucker am Schalter für die Rechnungserstellung vor den Augen des Kunden, werden von diesem sehr aufmerksam verfolgt und erfahrungsgemäß honoriert.

Produktivität kann nur gesteigert werden, wenn Daten darüber zur Verfügung stehen. Ist uns der definitive Leistungsgrad der Monteure bekannt? Habe ich Unterlagen für das Gespräch mit ihnen, um gemeinsam Verbesserungen zu suchen? Ist das Tagesergebnis der Werkstatt, Trend und Vergleichszahlen, bekannt, richtig formuliert und dargestellt?

Bei welchem Auftrag wurde mehr geleistet als berechnet? Auch hier gehört Informationsverarbeitung zu den echten Produktivfaktoren in Werkstatt und Betrieb.

Ich denke an das Teilelager:

Eine Ersatzteilbewegung wird mehrfach erfaßt; für den Auftrag und für die Disposition. Das ist unproduktiv. Die Auslieferung im Lager kann auch flüssiger werden, wenn der Lagerort des Teils auf dem Greiferschein angedruckt ist. Und ist die Verfügbarkeit eines Ersatzteils auch sichergestellt, um übermorgen einen Auftrag flott abwickeln zu können? Das Umsetzen von Lagerverlusten in Lagergewinne war schon immer eine Musteranwendung der EDV.

In der Buchhaltung letztlich leidet der Arbeitsfluß unter Rückständen und unvollständigen Unterlagen. Oft ist eine Rechnung noch nach Tagen nicht kontiert. Niemand kann sich mehr an den Fall erinnern. Die Klärung bindet Personal und kostet Geld.

Soweit ein paar Beispiele für das Zusammenwirken von Organisation und Informationsfluß. Niemand würde heute einen nutzlosen Materialverbrauch hinnehmen. Mit der Arbeitszeit von Mitarbeitern und Führungskräften tun wir es täglich.

Verbesserung von Servicegrad und Kundenkontakt

Die Verbesserung von Servicegrad und Kundenkontakt ist zwar ein ständiger Innovationsprozeß. Aber hier liegt derzeit eine Reihe ganz aktueller Aufgaben.

Das Unternehmen präsentiert sich dem Kunden ganz entscheidend im Gespräch mit dem Mitarbeiter. Hier zeigt sich, ob der Mitarbeiter für den Kunden Zeit hat, ob er administrativ entlastet oder überlastet ist; ob der Mitarbeiter der Verarbeitung von Informationen dienen muß, oder ob sie ihm dient. Wir kennen alle den Unterschied.

Mehr Zeit bedeutet auch eine qualifiziertere Auftragsannahme. Kann ich mir den Wagen genauer ansehen, werde ich feststellen, daß ein Reflektor korrodiert und die Stoßdämpfer am Ende sind. Ich kann zusätzliche Werkstattleistung solide anbieten und verkaufen. Der Kunde wird die Aufmerksamkeit schätzen.

Die schnelle, fehlerfreie Rechnungsschreibung ist nicht nur Rationalisierung im Betrieb, sie ist auch ein Faktor im Kundendienst. Die Wartezeit wird verringert, und der eilige Kunde hat keine Veranlassung, das Nachsenden der Rechnung zu verlangen. Das Geld kommt schneller in die Kasse.

Die klassischen Engpässe im KFZ-Betrieb und seinem Kundendienst sind Informationsengpässe. Vielleicht sollte dieser Zusammenhang von manchem Unternehmer noch etwas deutlicher gesehen werden.

Das Telefon ist aus dem innerbetrieblichen Arbeitsprozeß nicht mehr wegzudenken. Dennoch entfällt nur ein Bruchteil der internen Kommunikation auf mündliche Informationsübermittlung. Der Hauptanteil liegt im Datenverkehr. Zentrale Datenspeicherung, aktuell gepflegte Bestände und die Befriedigung des spontanen Informationsbedürfnisses am Arbeitsplatz bieten einen hohen Rationalisierungseffekt.

Durch aktuelle Auskunftsmöglichkeiten werden Arbeitsgänge nicht mehr durch Wartezeiten unterbrochen. Ein Vorgang wird - so das Ziel der Dialogverarbeitung - nur noch einmal in die Hand genommen.

Der Informationsstand eines Mitarbeiters ist Ausdruck seiner Position und Verantwortung im Betrieb. Mit den relevanten Informationen im Rücken bzw. auf dem Bildschirm verhandelt er mit dem Kunden auf einem höheren Niveau; ein Aspekt der Produktivität, der Beachtung verdient.

Gute Ideen scheitern oft am Aufwand ihrer Durchführung, an der fehlenden Personalkapazität. Ich denke an Aktionen für Werbung und Kontaktpflege. Die maschinelle Unterstützung der Kundenkommunikation, die Verbindung von Kreativität und Technik, ist eine EDV-Strategie, der in der publikumsorientierten KFZ-Branche ein hoher Stellenwert zuerkannt wird. Hier ist das Anbieten von Werkstattleistungen, Ersatzteilen, Zubehör und Neuheiten unter saisonalen oder aktuellen Gesichtspunkten ein überzeugendes Beispiel.

Teilnahme am Kommunikationsangebot des KFZ-Herstellers

Die Position unserer Mittelständischen Wirtschaft und ihre große gesellschaftspolitische Bedeutung stehen im ökonomischen Wettbewerb mit dem vom Organisationsmonopol geprägten Großbetrieb. Eine organisatorische Kooperation bishin zur datenmäßigen Verflechtung bei Wahrung der unternehmerischen Selbständigkeit ist daher ein Gebot volkswirtschaftlichen Engagements und ein Beitrag zur Erhaltung unserer Wirtschaftsstruktur. Das Kommunikationsangebot der KFZ-Hersteller bietet praktische Realisierungsmöglichkeiten.

Das Engagement in dieser Organisationstechnik eröffnet im allgemeinen auch Möglichkeiten zur partnerschaftlichen Gestaltung dieser Zusammenarbeit.

Die Organisation des Herstellers und seine Planung für die Zukunft stehen im Vordergrund des praktischen Vorgehens. Meist erfolgt ein Datenaustausch in beiden Richtungen mittels Datenträger oder Fernübertragung. Wir finden diese Kommunikation im Ersatzteilwesen für die Meldung von Teilepreisen, für Teileersetzungen, Bestellvorschläge, Bestellungen und Zugänge.

Im Kundendienst werden Gewährleistungen abgewickelt, Arbeitstexte und Richtzeiten übertragen.

Im Verkauf sind Bestellwesen, Auftragsverwaltung und Rechnungslegung geradezu Paradebeispiele überbetrieblicher, integrierter Datenverarbeitung.

Bei Unternehmen mit vergleichbaren Strukturen sind Betriebsvergleiche eine wertvolle Hilfe für Zielsetzung, Planung und Kontrolle. Aus der überbetrieblichen Datenkommunikation lassen sich als Nebenprodukt bereits wichtige Erkenntnisse gewinnen. In dieser Methodik steckt sicher noch ein großes Potential zur Produktivitätssteigerung.

Erstellen, Übermitteln und Bereitstellen von technischen Unterlagen ist ein aufwendiges Organisationsproblem. Die EDV hat hier als Medium zunehmende Bedeutung, insbesondere, wenn wir an die multimediale Vernetzung praktisch aller Arbeitsplätze denken.

Anforderungen an die EDV
Unterschiedliche Einsatzformen

Schon immer kannte die EDV unterschiedliche Einsatzformen. Durch die technischen und preislichen Entwicklungen ist die Palette der Möglichkeiten noch größer geworden. Die Datenverarbeitung außer Haus hat im KFZ-Gewerbe Tradition für Buchhaltung und Ersatzteildisposition. Doch ihr sind bezüglich Aktualität und Integration mit anderen Arbeitsgebieten Grenzen gesetzt. Sie profitiert aber wieder durch evtl. Vorteile im Softwarebereich für bestimmte Anwendungen und durch die Anschlußmöglichkeiten von Terminals beim Kunden für Dialoganwendungen.

Die Datenverarbeitung im Haus mit dem klaren Vorteil der Integrierung aller Arbeitsgebiete gliedert sich wieder in den Verbund mit zentralen Anwendungen und in das unabhängige Dialogsystem, dem sicher auch im Klein- und Mittelbetrieb die Zukunft gehört. Dennoch sollte diese Frage nie pauschal beantwortet werden, weil die Entwicklung täglich noch Neuheiten und Überraschungen bereithält.

Kriterien für die Entscheidung werden neben der organisatorischen Zielsetzung des Betriebes und des KFZ-Herstellers die Kosten, die Verfügbarkeit der Software, die personellen Anforderungen, die Anforderungen an Aktualität und Flexibilität und die Bewertung des Abhängigkeitsverhältnisses, d. h. das langfristige Vertrauen zu den Partnern sein.

Unterstützung der verschiedenen Anwendungsbereiche

Noch immer befinden sich die Schlagworte Computer und EDV in einem Begriffswandel. Denn häufig wurden sie in der Vergangenheit für einzelne Massengeschäfte und damit abteilungsorientiert eingesetzt. Dieser Insellösung steht heute die Integrierungslösung gegenüber. Sie trägt der Datenverflechtung im Betrieb Rechnung und macht ihn bei reduzierten Erfassungsaufwand datendurchlässig.

Sehen wir uns die Funktion einer Rechnung im EDV-Kreislauf an. Sie enthält die komplette Kontierung für die Buchhaltung. Mit ihren Zahlen werden Kunden- und Fahrzeugdaten fortgeschrieben, und mit ihnen werden Monteur-, Werkstattleistungen und Teileverbrauch abgerechnet und kontrolliert. In einem automatischen Prozeß werden alle korrespondierenden Unterlagen in den einzelnen Abteilungen bishin zu Erfolgsrechnung und Betriebsvergleich aktualisiert.

Das Lösungsangebot

Das Lösungsangebot der EDV umfaßt 4 Komponenten:

Hardware
Betriebssoftware
Anwendungssoftware
Service

Die angebotene Lösung, speziell die Software, muß den Anforderungen und Einsatzbedingungen anpaßbar sein. Der KFZ-Betrieb profitiert hier von der Größe dieses Branchenmarktes und den weitgehend homogenen Organisationsformen, die sich in den Kosten und dem Leistungsstand positiv niederschlagen.

Der Entscheidungsprozeß für die EDV

Qualität und Handhabung

Es ist für den KFZ-Betrieb, speziell für den nicht EDV-erfahrenen Unternehmer und Geschäftsführer, nicht leicht, eine Entscheidung für die EDV, für das Fabrikat und für das Verfahren zu treffen. Aber diese Schwierigkeiten dürfen kein Grund sein, der Entscheidung auszuweichen. Es gibt auch Gründe, warum die Entscheidung heute einfacher ist. Entscheidungskriterium ist mehr und mehr die Anwendungssoftware. Und hier treffen wir weniger auf den EDV-Jargon als vielmehr auf die Fachsprache der Branche. Hier muß sich der Verkäufer eher anstrengen als der Käufer.

Der KFZ-Unternehmer hat ein ausgeprägtes Verhältnis zur Technik. Er weiß, daß ein Auto für den Fahrer nur so gut sein kann wie seine Bedienungskonditionen, seine Sicherheit und sein Service. Er wird auch beim Computer auf Qualität und Handhabung besonderen Wert legen.

Für Verständnis und Beurteilung von Hard- und Software ist die Vorführung mit praxisnahen Beispielen, das Einführungsgespräch und ausführliche Diskussionen über den Leistungsumfang der wichtigste Schritt. Das kann auf einer Messe, einem Seminar, in einem Beratungszentrum oder bei einem Branchenkollegen sein.

Bei einem weiteren Termin empfiehlt es sich, den oder die Mitarbeiter und Mitarbeiterinnen, die die Anlage bedienen sollen, mitzunehmen, oder sie auf einen Informationskurs, einen Workshop, zu entsenden. Auch dieser ist mit praktischen Vorführungen verbunden und vermittelt einen Eindruck von den Anforderungen an die Handhabung. Die gründliche Ausbildung eines Bedieners empfiehlt sich kurz vor der Installation.

Funktionen der Anwendungsprogramme

In den Anwendungsprogrammen haben die Forderungen und Erfahrungen einer Branche ihren Niederschlag gefunden. Man kann sie als das Kernstück der Anlage bezeichnen. Konzept, Auslegung und Komfort entscheiden über den Nutzen des Systems.

Beispiele von Auswertungen aus den Anwendungsgebieten geben Aufschluß über Art und Umfang der maschinell geführten Datenbestände.

Nach Kenntnis von Programm- und Datenumfang kann beurteilt werden, ob die Standardsoftware und ihre Funktionen, das sind Details bishin zur Preisfindung, zu Rabattierung und Steuerung der Kontierung, ohne Programmänderungen ausreichen, ob Anpassungen notwendig sind, ob und in welchem Umfang neu programmiert werden muß. Im KFZ-Betrieb ist es auch wichtig, die Voraussetzungen in den Anwendungen für den Datenaustausch zu prüfen.

Entwicklungsfähigkeit der Lösung

Über den Status der angestrebten Lösung hinaus verdient auch ihre Entwicklungs- und Ausbaumöglichkeit Beachtung. Ich denke an Erweiterungen des Systems mit Bildschirmen und Druckern und die Ansteuerung dieser Terminals. So soll in einem Fall der Materialentnahmeschein auf dem gleichen Drucker ausgegeben werden wie die Rechnung, in einem anderen Fall auf einem Drucker im Lager. Im planbaren Rahmen soll das System auch an Wünsche oder organisatorische Gegebenheiten von morgen anpaßbar sein. Ich nenne ein Beispiel. Wir wollen das Drucken unserer Werkstattaufträge auf den Vortag verlegen. Es sollte dem eigenen Personal möglich sein, mit Hilfe von Parametern, das sind sozusagen vorgefertigte Änderungsmöglichkeiten, eine solche Ablaufänderung durchzuführen.

Service des EDV-Partners

Ein Thema im Vorfeld der Entscheidung ist auch der Service für die Anlage. Ein Gespräch über Organisation und Arbeitsweise des Kundendienstes, seiner Feldorganisation und den regionalen und zentralen Unterstützungsstäben ist durchaus interessant und kann zusätzliche Informationen vermitteln. Hier sei z. B. die Nachrüstung installierter Hard- und Softwaresysteme auf einen veränderten technischen Stand genannt.

Über die Betreuung vor Ort hinaus sorgt ein Telefonservice der Fachabteilung dafür, daß der Kunde für spezielle Fragen, z. B. der Anwendungsprogramme, schnell den richtigen Ansprechpartner findet.

Nicht zuletzt kann man sich ein Urteil über die vielseitigen und wichtigen Funktionen des EDV-Service aus der Sicht des Anwenders im Erfahrungsgespräch mit einem befreundeten Haus verschaffen.

Erfahrungen und Empfehlungen Dritter

Damit sind wir überhaupt bei den Empfehlungen und Erfahrungen Dritter als Entscheidungshilfe; ein Vorgang und ein Rezept, das ja auch beim Autokauf eine Selbstverständlichkeit ist. Je mehr die EDV in Klein- und Mittelbetriebe vordringt, um so dynamischer entwickelt sich die EDV-Beratung. Unternehmensberater bauen sich zunehmend eine EDV-Kompetenz auf. Auch von den Verbänden der Wirtschaft wird eine neutrale und branchenkundige Unterstützung gefordert und teilweise gegeben. Und im KFZ-Bereich bietet die EDV-Beratung des Herstellers eine zusätzliche Informations- und Entscheidungshilfe. Wenn also der Käufer und Anwender die Wahl selber treffen muß, so steht er dabei heute nicht mehr alleine da.

Realisierung und Nutzen

Zeitplan und Definition der Verantwortung

Bei den Installationsvorbereitungen kommt dem Zeitplan und der Definition von Verantwortlichkeiten große Bedeutung zu.

Der Aktionsplan soll die Maßnahmen bis zur Lieferung der Anlage, in der Regel 3 bis 6 Monate, überschaubar und kontrollierbar machen. Er umfaßt als Hauptkapitel drei Bereiche:

- Information der Mitarbeiter. Diese wichtige Aufgabe sollte im Dialog gestaltet werden, d. h. die Mitarbeiter sollen ihre Erfahrungen und Wünsche für die Auslegung von Organisation und Arbeitsplätzen einbringen. Um so überzeugter werden sie an ihre neue Aufgabe herangehen.
- Organisatorische Maßnahmen. Hierunter fallen Entscheidung und Dokumentation bezüglich einzelner Abläufe, Kontierungs- und Arbeitsanweisungen; auch das Festlegen der Legitimationen für Bildschirmeingabe und -abfrage gehört hierzu.
- Beschaffung von Datenbeständen. Für die Übernahme ist sicherzustellen, daß alle Datenspezifikationen, Formate, Schlüssel, Begriffsbestimmungen etc. eingehalten werden können. Abstimmkreise müssen aufgestellt werden, damit die Umstellung schnell und fehlerfrei erfolgen kann.

Der Terminplan muß realistisch sein und Reserven enthalten. Planstand und -fortschritt sollte den Beteiligten kommuniziert werden.

Es ist für jede Abteilung ein Verantwortlicher für Organisation und Umstellung und ein Gesamtverantwortlicher für die Koordinierung der Abteilungsinteressen zu bestimmen. Ein erfahrener Mitarbeiter sollte eingeschaltet werden, um die Prüfungsfähigkeit der Umstellung und der neuen Organisation durch die Revision sicherzustellen.

Stufenweise Einführung

Innerhalb der festgelegten Zuständigkeiten und in der Reihenfolge des Zeitplanes werden die Einsatzgebiete meist stufenweise umgestellt, damit Betrieb und Mitarbeiter Gelegenheit finden, sich mit dem neuen Werkzeug vertraut zu machen.

Engagement der Mitarbeiter und Unternehmensleitung

Entscheidung und Einführung der Datenverarbeitung erfordern von Geschäftsleitung und Mitarbeitern Engagement. Ohne dieses gelangt man nicht zu der Oberzeugung, die für die selbständige Entfaltung in den neuen Möglichkeiten Voraussetzung ist. In diesem Engagement läßt sich auch die vorübergehende Mehrarbeit bewältigen, die in der Installationsphase auftritt. Dafür ist gelegentlich die Freistellung bestimmter Mitarbeiter aus anderen Aufgaben ratsam. Die nach der Umstellung eintretende Entlastung entschädigt für diesen Aufwand, der psychologisch für die Betriebsgemeinschaft durchaus positive Züge tragen kann.

Kritische Oberprüfung des erzielten Nutzens

Einführung und Umstellung werden durch eine kritische Oberprüfung des erzielten Nutzens, an der die Beteiligten mitwirken sollten, abgerundet. Schwächen können noch in technischen Funktionen, in der Software, im Datenaustausch, der Organisationen oder dem Informations- und Ausbildungsstand der Mitarbeiter begründet liegen. Verbesserungen, Wünsche und neue Ideen sollen erfaßt, mit den Betroffenen diskutiert werden und in die EDV-Planung einfließen, die zweckmäßigerweise mit dem EDV-Hersteller mittelfristig aufgestellt wird, und in welche dieser seine Erfahrungen und seine zwischenzeitlichen Entwicklungen einbringt.

Datenverarbeitung, das wird jeder Anwender bestätigen, ist kein einmaliger Schritt. So wie Produktentwicklung, Marketing oder Personalarbeit permanente Aufgaben sind, spielt sich auch die EDV im Regelkreis von Einsatz, Erfahrung, Planung und Entwicklung ab. Und die zunehmende Integration der EDV in den Arbeitsprozeß wird zum Ausdruck der Innovationskraft eines Unternehmens.

DIE ZWECKMÄßIGE ERFASSUNG DER MONTEURLEISTUNG

F. Hofmann

Einleitung

Auswertungen der Monteurzeiten

Erfassungsmethoden

Vorteile der Bildschirmerfassung

Nachteile der Bildschirmerfassung

Ausblick

Gerne nehme ich Gelegenheit, hier an der Universität Bamberg über ein EDV-Thema zu sprechen, das bisher bei der Erstellung zweckmäßiger EDV-Software in unserer Branche stark vernachläßigt worden ist. Besonders erfreulich finde ich die Tatsache, daß an dieser Veranstaltung Vertreter vieler Automobilwerke anwesend sind, weil die sinnvolle und rationelle Erfassung der Arbeitszeiten an bestimmten Berührungspunkten nur in Zusammenarbeit der Kfz.-Händler mit den jeweiligen Herstellerwerken möglich ist.

Ich möchte keine Zeit darüber verlieren, die große Bedeutung einer genauen Zeiterfassung der Arbeitsleistung der Monteure zu erörtern. Ich hoffe, daß die Notwendigkeit einer exakten Zeiterfassung heute keiner Begründung mehr bedarf. Jeder größere Kfz.-Unternehmer ermittelt die Zeiten der Arbeitsleistung seiner Monteure. Dies geschieht nahezu ausschließlich durch Abstempeln mittels einer herkömmlichen Stempeluhr. Viele Kfz.-Werke verlangen als Grundlage zur Vergütung der Gewährleistungsarbeiten das Hinzufügen der Stempelkarten zu den jeweiligen Gewährleistungsrechnungen. Für diese Kontrollmaßnahme habe ich als Kfz.-Händler Verständnis. Aber ich möchte zugleich diese Gelegenheit benutzen, hier auf den Einsatz der hauseigenen E D V für die Zeiterfassung aufmerksam zu machen. An die Herstellerwerke möchte ich hier appelieren, auch neue Verfahren zuzulassen, welche die Erfassung der Monteurzeiten auf eine rationellere Basis stellen. Bestimmt ohne es zu wollen, vielleicht aber auch ohne es zu wissen, blockieren manche Automobilhersteller moderne Möglichkeiten des Einsatzes der E D V auf diesem Gebiet.

Das Abstempeln der Arbeitszeiten auf Stempelkarten mittels einer Stempeluhr, so weit verbreitet es heute auch ist, hat einen grundsätzlichen schwerwiegenden Nachteil. Die Daten werden nur mechanisch auf einer Karte abgedruckt und sind nicht in eine EDV-Anlage integriert. Andererseits ist gerade die Auswertung dieser Daten unter so vielen Gesichtspunkten erforderlich, daß zu einer rationellen Arbeit der Einsatz der EDV zweckmäßig und erforderlich ist. Den Betrieb interessieren diese Daten in den verschiedensten Zusammenstellungen. Einige Beispiele mögen dies verdeutlichen:

1. Die Leistung eines Monteurs an einem bestimmten Tag aufgeteilt nach Produktiv- oder W- oder Leerlaufzeiten.
   Für die Überprüfung, ob die Leistungsdaten richtig zur Abrechnung kommen.
2. Die Leistung aller Monteure der Werkstätte unter denselben Gesichtspunkten aufsummiert zur Überprüfung der Arbeitseinteilung der ganzen Werkstätte.
3. Die Berechnung der Rentabilität eines Auftrages durch Gegenüberstellung der erbrachten Zeiten mit den aufgewandten Zeiten, damit Verluste noch vor Rechnungserstellung erkannt werden.
4. Die Gegenüberstellung für alle Aufträge, damit die Rentabilität der Arbeiten insgesamt ermittelt werden kann.
5. Die Zusammenfassung dieser Daten für die Erfolgsberechnung von Werkstatteams.

6. Der Vergleich dieser Daten mit Anwesenheitszeiten, um die rentable Ausnützung der bezahlten Zeiten zu erkennen.

In der Praxis werden noch weitere Zusammenstellungen dieser Daten benötigt. Es besteht also sicher kein Zweifel, daß es äußerst wertvoll ist, wenn diese Daten in einem EDV-System festgehalten sind und damit nach den jeweiligen Erfordernissen sortiert und ausgewertet werden können. Das Problem ist nur, wie diese Daten billig und einfach in den Computer kommen. Die Zeiten von den Stempelkarten abzulesen und in das EDV-System einzugeben ist zwar möglich, aber doch äußerst zeitraubend und umständlich und zudem fehlt die Aktualität, welche bei dem Zwang zu einer raschen Rechnungserstellung nötig ist.

Bei der Erstellung von Kfz.-Software in unserem Hause hat man sich über diese Fragen viele Gedanken gemacht und verschiedene Versuche angestellt. Wir sind auch zu einer nach meiner Ansicht recht brauchbaren Lösung gekommen, die seit einiger Zeit im praktischen, täglichen Einsatz ist und von Seiten des Betriebsrats, als auch von seiten des Unternehmers gutgeheißen wird. Gestatten sie mir daher, Ihnen dieses Modell vorzustellen und aus den Erfahrungen zu berichten, die bei diesen Praktiken gemacht wurden.

Es war klar, daß die Daten dann am schnellsten und einfachsten und absolut aktuell in den Computer kommen, wenn sie der Monteur selbst eingibt. Es stellt sich die Frage, welches Erfassungsgerät ist für den Monteur geeignet und wie steht es mit der Akzeptanz dieser neuen Geräte durch die Belegschaft. Da das Erfassungsgerät billig und robust sein muß, stellten wir mit dem Hause Siemens Versuche mit verschiedenen Geräten an und prüften sie auf ihre praktische und wirtschaftliche Eignung.

Ursprünglich schien der Bildschirm, das eigentliche Erfassungsgerät für den Computer, wegen seines hohen Preises, unwirtschaftlich zu sein. Als wir jedoch das Telefon und später ein digitales spezielles Erfassungsgerät näher untersucht hatten, stellte sich heraus, daß all diese Geräte aufwendige Anschlußprobleme an das Computersystem ergaben, die manche Vorteile wieder zunichte machten. Außerdem konnte das Problem der Rückmeldungen des Systems nicht ausreichend in den Griff gebracht werden. Als ich dieses Thema für meinen Vortrag vorschlug, hatte ich die Absicht, über die Vor- und Nachteile der verschiedenen Erfassungsmöglichkeiten zu berichten. Aus Zeitgründen möchte ich dies heute unterlassen und lediglich berichten, daß uns die Tatsache zu Hilfe kam, daß Bildschirme mit einfacher Tastatur zu billigen Preisen gebraucht erworben werden konnten und wir somit verschiedene Bildschirme in den Werkstätten aufstellten, über welche die Monteure die Daten eingeben. Der Bildschirm übernimmt also die Funktion der früheren Stempeluhr. Die neuen Geräte wurden von der Belegschaft nach kurzer Einweisung ohne Schwierigkeiten angenommen, weil den Monteuren auch glaubhaft dargestellt werden konnte, daß die Leistungsdaten infolge der Aktualität des neuen Weges noch vor Rechnungserstellung überprüft werden können und somit Verluste am Leistungslohn durch mangelhafte Rechnungsstellung noch rechtzeitig erkannt und damit vermieden werden können. Vor allem konnte die Eingabe immer mehr vereinfacht werden. Wie sie sich heute darstellt, möchte ich ihnen an folgendem Schaubild erläutern.

Monteurnr.:	Auftragsnr.:	Neuer Auftrag:	Anfangszeit:	Endzeit:
47	4711	4715	XXX	XXXX

Der Monteur braucht bei dieser Regelung nur die ersten 3 Felder einzugeben. Die Zeitdaten kommen automatisch aus der Uhr des Computers. Der Monteur braucht auch nur bei der Beendigung des Auftrages die Eingabe durchzuführen. Mit Angabe der neuen Auftragsnummer ist die Anfangszeit für den neuen Auftrag bereits festgeschrieben. Die Anfangszeit des ersten Auftrages am Morgen braucht von den Monteuren nicht eingegeben zu werden, da der Arbeitsbeginn für alle Monteure gleichzeitig zu einem bestimmten Zeitpunkt stattfindet, der im Computer bereits vorgespeichert ist. Kommt ein Monteur zu spät, so kann dessen spezielle verspätete Anfangszeit einfach geändert werden. Hat der Monteur keinen Anschlußauftrag, so schreibt das System diese Zeit automatisch auf Leerlauf. Erhält der Monteur später wieder einen Auftrag, so muß er den Leerlauf, der eine vom System vorgegebene Auftragsnummer hat, die in diesem Fall automatisch am Bildschirm erscheint, wie jeden anderen Auftrag am Bildschirm abschließen. Auf die Eingabe der Art des entsprechenden Auftrages durch den Monteur kann man verzichten, da diese Bezeichnung bei der Auftragseröffnung durch den KD-Berater bereits dem System mitgeteilt wurde. Arbeitet die Werkstätte nach dem Teamkonzept, so braucht auch hierzu der Monteur keine Angaben zu machen, da im System die Zugehörigkeit des Monteurs zu einem bestimmten Team bereits vorgespeichert ist.

Bei der Eingabe am Bildschirm kann also das frühere Abstempeln des alten Auftrages und das Anstempeln des neuen Auftrages in einem Vorgang erledigt werden, was die Tätigkeit beschleunigt. Selbstverständlich beinhalten die Programme eine Reihe von Plausibilitätsprüfungen, um Fehleingaben zu vermeiden.

So kann ein Monteur keinen Auftrag abschließen, der nicht ursprünglich eröffnet worden ist und es wird bei der Beendigung auch geprüft, ob der Arbeitsbeginn mit der gleichen Monteurnummer bei diesem Auftrag registriert ist. Würde ein Monteur die Monteurnummer eines anderen Monteurs verwenden, so würde dies spätestens am Abend bei der Prüfung der Kontinuität des Zeitablaufs auffallen, da alle Monteure fortlaufend zeitmäßig erfaßt sind und in der abendlichen Endaufstellung jeder Monteur seine Anwesenheitszeit als Summe erreichen muß. Fehlerhafte Monteurnummerneingaben ergäben bei dem betreffenden Monteur eine Unterbrechnung der Kontinuität und Verluste in der Zeitabrechnung. Ein anderer Monteur erhielte die Zeitüberschreitungen und Zeitüberschüsse. Daß dies erst am Abend bei der Abrechnung der Zeiten vom System erkannt wird, ist ohne Nachteile, da der Fehler bei der Kundenabrechnung, die nur ungünstig nachgeholt werden könnte, keine Rolle spielt und andererseits der Mangel noch berichtigt werden kann, bevor die Zeiten zum Lohnabrechnungsprogramm für den Leistungslohn der Monteure kommen.

Nachdem dargelegt worden ist, wie einfach die Monteure ihre Leistungsdaten am Bildschirm eingeben können, gilt es aufzuzeigen, welche Vor- und Nachteile mit einer solchen Abwicklung verbunden sind.

Wird der Auftag fakturiert, so stehen am Bildschirm die verrechneten und die aufgewandten Zeiteinheiten zum Vergleich gegenüber. Der Computer bringt eine Meldung über Minuszeiten auf dem Bildschirm und läßt die Rechnung in diesem Fall nur nach dem Drücken einer besonderen Genehmigungstaste erstellen. Allein darin liegt ein bedeutender Vorteil, weil der KD-Berater nun die eventuell vergessenen Verbund- oder AZ-Zeiten eingeben kann und somit keine Verluste durch schlechte Rechnungsstellung entstehen.

Der KD-Berater wird die Verluste nur dann durchgehen lassen, wenn echte Kulanzleistungen durch Monteurfehler nötig waren. Er weiß, daß am Abend über die Kalkulation aller Aufträge eine Sammelliste erstellt wird, in der Gewinn- und Verlustzeiten aller abgerechneten Aufträge festgeschrieben sind, wobei der Meister die mit Verlusten belasteten Aufträge durch die Kennzeichnung mit Sternchen sofort erkennt. Er weiß weiterhin, daß der Werkstattleiter die Kenntnis der Verluste durch seine Unterschrift bei jedem Verlustauftrag bestätigen muß und ihn dieser daher zwecks einer Begründung ansprechen wird. Außerdem werden alle Gewinn- und Verlustzeiten nicht nur für die Abrechnung der Monteure, sondern auch für eine Statistik der KD-Berater festgehalten, damit leichtfertige KD-Berater zur Rechenschaft gezogen werden können. Letztlich ist dem KD-Berater auch bekannt, daß die Summen aller Auftragsverluste auf dem täglichen Chefbericht aufgezeichnet sind. Dieser Chefbericht (siehe Muster) zeigt dem Chef die Effizienz seiner Werkstatt auf und läßt ihn bei der Beobachtung bestimmter Vergleichszahlen, z. B. produktive Zeiten zu Anwesenheitszeiten oder Leerlaufzeiten zu Anwesenheitszeiten klar erkennen, welchen Trend die Entwicklung nimmt. Wird z. B. der Prozentsatz der Leerlaufzeiten zu hoch, so sind entweder zu wenig Aufträge da und es sind Werbemaßnahmen oder Sonderaktionen für die Werkstatt nötig oder es muß langfristig die Belegschaft verringert werden oder es wird gebummelt oder der Werkstattleiter kümmert sich nicht um die Vergabe interner Aufträge zur Lückenfüllung, usw. Selbst die Firmenleitung ist also täglich über die ausgesuchten und gefilterten Zahlen informiert und dies weiß der KD-Berater und jeder Monteur. Allein die Kenntnis dieser Zusammenhänge veranlaßt alle Beteiligten zu sorgfältiger Kalkulation.

Wir haben durch Einführung dieser Maßnahmen allein in einem Betrieb das Werkstattergebnis nachhaltig monatlich um ca 15.000,00 DM pro Monat verbessern können, ohne daß unseres Erachtens der einzelne Monteur mehr leistet. Die früheren Verluste lagen in mangelnder Überwachung und sorgloser Schlampigkeit, die nicht erkannt werden konnte. Rechnet man zu dieser durch das Wissen um die Kontrolle allein verbesserten Abrechnung die Möglichkeit hinzu, daß nun durch das Erkennen von Ursachen der Verluste mit aktiven Maßnahmen gegengesteuert werden kann, so sind die Vorteile offensichtlich.

Daneben entstehen, sozusagen als Abfallprodukt, bei entsprechend guter Software, eine Vielzahl von Auswertungsmöglichkeiten dieses Zahlenwerks und nicht zuletzt alle Leistungsdaten für die Lohnabrechnung (Leistungs- oder Prämienlohn).

Was stehen diesen Vorteilen für Nachteile gegenüber. Da wird verschiedentlich die mangelnde Eingabemöglichkeit bei Systemausfall genannt. Dieser Punk kann aus mehrerlei Gründen vernachlässigt werden. Erstens fällt ein modernes System bei ordentlicher Wartung und guter Software nur äußerst selten aus. Zweitens ist ein Ausfall aber auch gar nicht so schlimm. Man kann Stempeluhren für diesen Fall in Reserve halten und die Zeiten anschließend mit einem Sonderprogramm -da beim normalen Programm die entsprechenden Zeiten vom System authentisch festgehalten werden- also mit einem Sonderprogramm, nachträglich eingeben. Man kann aber auch auf die Eingaben dieser Zahlen restlos verzichten und nimmt in Kauf, daß die Kontrollzahlen eines bestimmten Tages durch den Systemausfall Differenzen ausweisen. Lediglich auf den Lohnkonten der Monteure oder Teams müssen für die Lohnabrechnung der Monteure die ausgefallenen Leistungszeiten in einer Summe pro Betroffenen nachgetragen werden. Dies ist ein durchweg überschaubarer Aufwand.

Viel schlimmer ist ein Nachteil, der durch die geforderten Formalitäten einzelner Automobilwerke für die Abrechnung von Gewährleistungsrechnungen entsteht.

Manche Automobilwerke fordern für die Abrechnung von Garantiearbeiten die Beilage der herkömmlichen Stempelkarten zum Nachweis der erfolgten Arbeiten. Ein Abweichen von diesen Formvorschriften wird nicht zugelassen. Was macht daher ein Betrieb, der den Computer für die Zeitaufzeichnung benützt. Die für den Auftrag benötigten Leistungsdaten der Monteure sind im System festgehalten. Würde der Hersteller gestatten, daß diese Daten zu jeder Garantie- oder Kulanzrechnung -als Anhang für die Kontrolle- mit ausgedruckt werden, so hat der Kontrolleur eine bessere und saubere Übersicht über die geleisteten Zeiten, als die meist verschmutzte Stempelkarte bieten kann. Andererseits kann der Betrieb auf die überflüssige Stempelung verzichten. Wer beschummeln will, kann dies durch Verdrehen der Stempeluhr leichter, als durch Beeinflussung des Computers. Es ist daher nicht einzusehen, warum dieser moderne Weg mit seinen vielen Vorteilen nicht zugelassen werden sollte. Ich möchte daher hier eine Bitte an die Fachleute in allen betroffenen Automobilwerken richten, über diese Fragen nachzudenken und rationellen Entwicklungen nicht im Wege zu stehen. Für nähere Erkundigungen stelle ich gerne unsere Erfahrungswerte zur Verfügung. Auch kann der Ablauf in unserem Hause jederzeit angesehen und überprüft werden.

Lassen Sie mich mit folgender Überlegung die Ausführung beenden:

Die Computersysteme werden immer billiger und leistungsfähiger.

Es ist daher zweckmäßig, diese Mehrleistung für ein breites Spektrum von Anwendungsmöglichkeiten im Kfz.-Betrieb einzusetzen, wozu auch die Erfassung und Auswertung der Monteurleistungsdaten gehört. Die Vorteile sind so überzeugend, daß der Einsatz des Computers auf diesem Sektor sicher Zukunft haben wird.

KALKULATION VON FAHRZEUGSCHÄDEN

E.Edelhoff

1. Der Markt der Schadenkalkulation

In der BRD, einschließlich West-Berlin, werden jährlich etwa 3,5 Mio. PKW-Haftpflicht- und Kaskoschäden abgewickelt. Hierfür fallen Versichereraufwendungen für die Regulierung in Höhe von nahezu 11 Milliarden DM an. Die reinen Reparaturaufwendungen betragen 6 Milliarden DM.

Hinzu kommen Unfallreparaturkosten, die von den Fahrzeughaltern aufgebracht werden müssen, in Höhe von 1,5 Milliarden DM.

Angesichts dieses gewaltigen Schadenabwicklungsvolumens und der sicherlich jeweils mehrfachen Kalkulation dieser Schäden, kommt einer transparenten, schnellen und sicheren Gutachtenerstellung, Vorkalkulation und Fakturierung, eine immer größere Bedeutung zu. Sollen dabei Ergebnisse mehrfach genutzt werden, dann muß vorausgesetzt werden, daß die Grundlage für alle Kalkulationen, die Arbeitswerte-Handbücher und Reparaturvorschriften der KFZ-Hersteller, unverändert als Datenmaterial eingesetzt werden.

Seit 12 Jahren wird der Markt der Schadenkalkulationen von einem Unternehmen der Versicherungswirtschaft bedient. 198o sind etwa 1,3 Mio. Gutachten, das sind 8o % aller Sachverständigen-Gutachten im PKW-Bereich, von diesem Unternehmen per EDV durchgeführt worden. Dem Einsatz dieses Systems, auch für Vorkalkulation und Fakturierung im Werkstattbereich, standen bisher technische und wirtschaftliche Probleme entgegen:

- Für die Datenfernübertragung stellte die Bundespost kein geeignetes und gleichzeitig kostengünstiges Verfahren zur Verfügung.

- Die Transparenz der Kalkulation war für den Werkstattbereich wegen den Abweichungen zu den Arbeitswerte-Handbüchern nicht gegeben.

Dennoch ist ein Trend zum verstärkten Einsatz für die Vorkalkulation in Werkstätten zu beobachten.

Es ist also keine Frage mehr, daß die Datenverarbeitung auch im komplexen Bereich der Schadenkalkulation sich einen interessanten und kostensparenden Anwendungsbereich, zunächst als Anwendung für Sachverständige, erschlossen hat.

Aufgrund der Komplexität der Datenbestände und davon abhängig auch der zugehörigen Software, ist eine derartige Anwendung derzeit nur mittels großer, zentral installierter, EDV-Systeme erreichbar. Es kann jedoch davon ausgegangen werden, daß bei der immer noch zunehmenden Leistungsfähigkeit der mittleren und kleineren EDV-Anlagen in Zukunft auch die Möglichkeit der Vorortkalkulation besteht.

Im Rahmen der Weiterentwicklung (bezogen auf den heutigen Stand) von Werkstattsoftware-Paketen und der zunehmenden Bedeutung des Schadengeschäftes in Relation zur Verschleißreparatur, kann weiter erwartet werden, daß Schadenkalkulationsysteme zunehmend auch im Werkstattbereich verlangt, bzw. akzeptiert werden.

2. Zielsetzung des DAT-Schadenkalkulationsystems

2.1. Die Deutsche Automobil Treuhand

Die Deutsche Automobil Treuhand GmbH (DAT) ist ein Unternehmen, das von den Verbänden der Automobilwirtschaft, das heißt, dem Verband der Automobilindustrie , dem Verband des Kraftfahrzeuggewerbes und Handwerks und dem Verband der Importeure von Kraftfahrzeugen , getragen wird. Die DAT arbeitet mit einer großen Anzahl von freien und unabhängigen KFZ-Sachverständigen, den DAT-Vertragspartnern, zusammen. Diese bieten ein umfassendes Dienstleistungsprogramm an, das KFZ-Bewertungen, Schätzungen, Prüfgutachten, Unfallschadengutachten, Unfallrekonstruktionen und betriebliche Arbeitssicherheit umfasst.

Aufgrund der zunehmenden Bedeutung der Unfallgutachten im Rahmen der Sachverständigenarbeit, hat sich die DAT den Aufbau eines computergestützten Schadengutachten-Verfahrens für den Einsatz durch Sachverständige zur Aufgabe gemacht.

2.2. Zielsetzung

Ausgehend von der derzeitigen Leistungsfähigkeit der Datenverarbeitungsanlagen im unteren Bereich (Bürocomputer), soll das DAT-Schadengutachtensystem als zentralisierte Anwendung aufgebaut werden. Die Bedienung der Sachverständigen mit Schadengutachten erfolgt durch den zentralen Rechner gesteuert, mit Hilfe von Bürocomputern oder mittels Terminals unter Nutzung üblicher IBM-Datenfernübertragungsverfahren.

Das Gutachtensystem soll folgende Anforderungen erfüllen:

- Transparenz der Kalkulation

  D.h., Ziel ist eine Kalkulation aufzubauen, die für den Ersatzteil-, Arbeitswerte- und Lackierbereich Ergebnisse liefert, die inhaltich identisch und direkt vergleichbar sind mit korrekt erstellten Werkstattkalkulationen.

- Einfache und sichere Ermittlung der Werte

  D.h., für die Erfassung des Schadens soll ein System zur Verfügung gestellt werden, mit Hilfe dessen Schäden einfach und sicher aufgezeichnet werden können.

- Aktualität der Datenbestände

  D.h., durch eine entsprechende Softwareunterstützung muß sicher gestellt werden können, daß die der Kalkulation zugrunde liegenden Datenbestände stets auf dem durch den jeweiligen PKW-Hersteller vorgegebenen aktuellen Stand gehalten werden können.

- Vollständigkeit der Anwendung

  D.h., das System soll ein integriertes System sein. Folgende Anwendungen müssen deshalb zusätzlich aufgenommen werden:

  o eine für die Gutachtenerstellung geeignete Textverarbeitung

  o ein Wertminderungsverfahren, das auf den für die Kalkulation eingegebenen Daten arbeiten kann

  o ein Verfahren zur Feststellung des Zeit- und Wiederbeschaffungswertes

  o ein Verfahren zur Berechnung der Abschläge aus der Bewertung eingebauter Neuteile

3. Das DAT-Schadenkalkulationsystem

Nachfolgend werden die aus den Zielsetzungen sich ergebenden Konsequenzen für das DAT-Schadenkalkulationsystem im einzelnen bezüglich der Datenerfassung am Fahrzeug, der Kalkulation und der Computerausgabe dargestellt. Hierbei muß berücksichtigt werden, daß der zur Verfügung stehende Rahmen für eine erschöpfende Darstellung nicht ausreicht.

3.1. Schadenaufnahme

Die Schadenaufnahme erfolgt, wie in Anlage 1 dargestellt, mittels eines sogenannten Typenheftes. Dieses Heft enthält:

- Aufnahmeformulare zur Feststellung von Fahrzeug und Fahrzeughalterdaten
- Explosionszeichnungen am Fahrzeugtyp für den Zweck der Schadendarstellung

Das Ziel einer einfachen und sicheren Dokumentation des Schadens und gleichzeitig eine herstellergenaue, d.h. transparente Kalkulation, wird im Bereich der Schadenaufnahme erreicht durch:

- die weitgehend vollständige Tabelle der Typen, Untertypen, Ausführungsvarianten und Bauzeiträume (s.a. Blatt 2 Anlage 1)

- die vom Rechner durchgeführten Plausibilitätskontrollen und die Dokumentation der Eingabe im Kalkulationsausdruck

- die sichere Identifikation der einzelnen Positionen in der Explosionszeichnung mit Hilfe von Bezeichnungen, die mit der Sprechweise der Hersteller übereinstimmen

- eine Datenbank und Rechnerlogik die dafür sorgt, daß durch die Eingabe von Teile-Nummern und Reparatur-Codes (Ersetzen Kofferboden ist E 5o31, siehe Anlage 1), automatisch alle hierüber angesprochenen Arbeiten in die Kalkulation einbezogen und die zugehörenden Teile hinzugefügt werden. Widersprüchliche bzw. redundante Eingaben werden entdeckt und entsprechend behandelt.

- einen Aufbau des Typenheftes der dem Schadenerfassungsablauf gerecht wird. Zu diesem Zweck erfolgte eine Aufteilung des Fahrzeuges in Hauptgruppen:

  - Fahrgastzelle
  - Armaturen, Pedale, Heizung, Klimaanlage, Türen
  - Innenausstattung
  - Vorderwagen außen, Vorderwagen innen
  - Hinterwagen außen, Hinterwagen innen
  - Hinterachse, Auspuffanlage
  - Motor, Getriebe
  - Motor, Anbauteile, Getriebevarianten

  Der Bereich der Nebenarbeiten wurde jeweils als Block den einzelnen Hauptgruppen zugeordnet. Nebenarbeiten sind z.B. optisches Vermessen, Durchführung von Maßnahmen des Unterbodenschutzes usw.

3.2. Die Kalkulation von Schäden

Datenbestände

Das DAT-Schadenkalkulationsystem arbeitet mit Original-Herstellerdaten. Diese werden auf folgenden Unterlagen der Hersteller ermittelt:

- Vertriebsunterlagen
- Konstruktionsunterlagen
- Zeitaufnahmen
- Reparaturhandbüchern
- Zeitkalkulationen
- Ersatzteil-Preislisten
- Ersatzteil-Katalogen
- Arbeitszeit-Katalogen

Reparatur-Logik

Die wesentlichste und gleichzeitig auch komplexeste Datenbankstruktur mußte für die Abbildung der Reparatur-Logik gefunden werden. Zu diesem Zweck wurden aus den Ersatzteilkatalogen und Arbeitswerte-Handbüchern der Hersteller die nachfolgenden Datenkonstrukte ermittelt:

- Umfasst-Positionen:

  Das sind Arbeiten bzw. Teile, die andere Arbeiten bzw. andere Teile enthalten.

- Nicht Umfasst-Positionen:

  Das sind Arbeiten bzw. Teile, die zu anderen hinzugefügt werden müssen, um einen vollständigen Arbeitsgang bzw. alle benötigten Teile zu erhalten.

- Kombinations-Positionen:

  Das sind Arbeiten bzw. Teile, die aus mehreren Arbeiten bzw. Teilen derart zusammengesetzt werden, daß die Summe der Arbeitswerte bzw. Teile erhalten bleibt.

- Verbund-Positionen:

  Das sind Arbeiten, die aus mehreren anderen Arbeiten gebildet werden, wobei gemeinsame Teilarbeiten nur insgesamt einmal durchzuführen sind mit der Konsequenz, daß die Summe der Arbeitswerte sich verringert.

Die Datenbanken für die Ersatzteile bzw. Arbeitswerte, haben unter Berücksichtigung dieser Datenstruktur das in der nachfolgenden Abbildung wiedergegebene Aussehen. Nicht berücksichtigt ist in dieser Darstellung u. a. die Abspeicherung der zugehörigen Texte.

Die Darstellung würde noch erheblich komplexer, wenn folgende abzubildende Informationen einbezogen werden würden:

- die Verbindung zwischen den Ersatzteile-, Arbeitswerte- und Textdatenbanken
- die Spezifikation für Typenvarianten einschließlich Bauzeiträume
- die Gültigkeitsbereiche für die Ersatzteilpreise und die Arbeitswerte
- die Informationen zur Reparaturoptimierung z.B. für die Entscheidung bezüglich der Verwendung eines gesamten Vorbaues oder einer Rohkarosserie
- die Information für Zusatzfunktionen wie Wertminderung und Fahrzeugbewertung

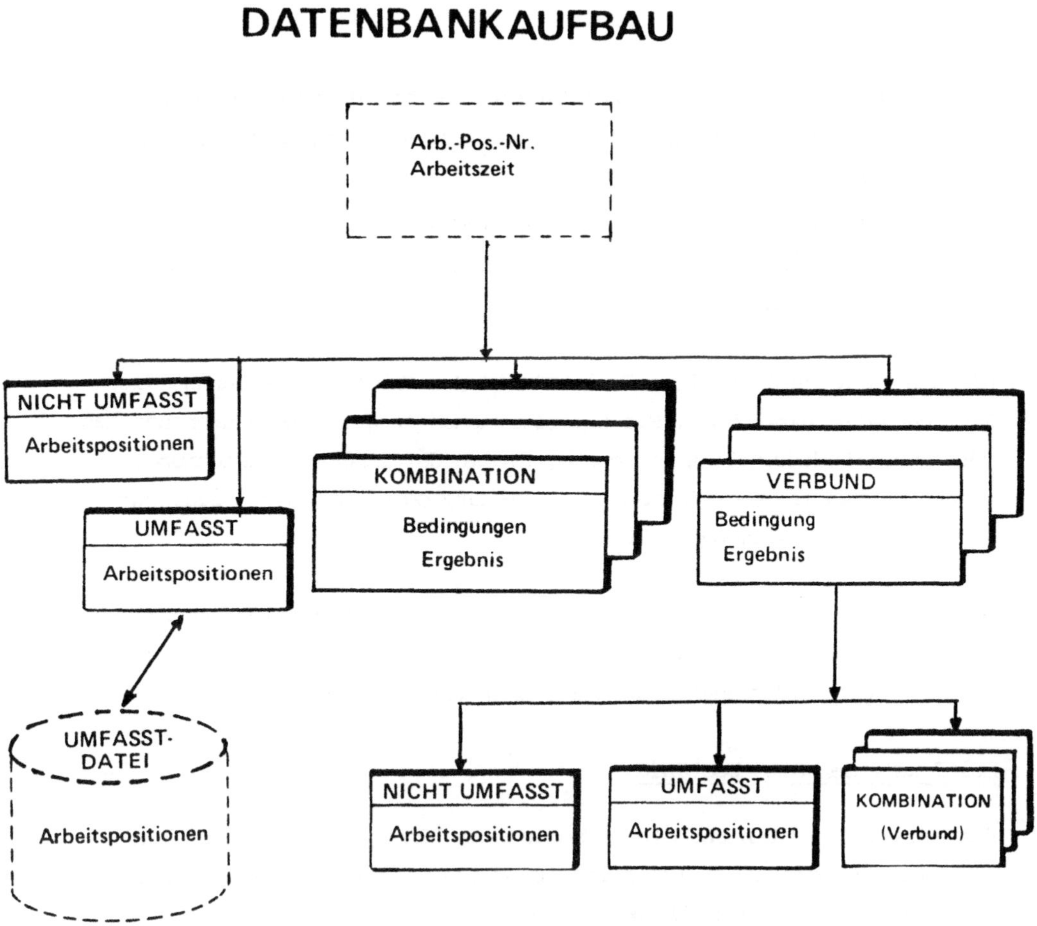
DATENBANKAUFBAU
Arb.-Pos.-Nr.
Arbeitszeit
NICHT UMFASST
Arbeitspositionen
UMFASST
Arbeitspositionen
KOMBINATION
Bedingungen
Ergebnis
VERBUND
Bedingung
Ergebnis
UMFASST-
DATEI
Arbeitspositionen
NICHT UMFASST
Arbeitspositionen
UMFASST
Arbeitspositionen
KOMBINATION
(Verbund)

Abb. 1

Plausibilitäten

Die Eingabedaten für eine Kalkulation werden mit Hilfe einer Vielzahl von Datenbeständen (Katalogen) geprüft. Hier sollen insbesondere genannt werden:

- der Katalog der DAT-Vorgangs-Nummern (DVN-Katalog)
- der Katalog der Haupttypen, Untertypen, Ausführungsvarianten und Bauzeiträume (HUA-Katalog).

Die DVN ist eine 4-stellige Zahl, die in der Explosionszeichnung die Fahrzeugteile bezeichnet. Sie existiert auch in den Datenbanken und kann dort zusätzlich komplexe Aggregate, die in der Explosionszeichnung nicht vorkommen, kennzeichnen. Der DVN-Katalog wird genutzt u.a. zur Kontrolle der eingegebenen DVN.

Der HUA-Katalog hat im Rahmen der Dateneingabe eine ähnliche Funktion. Mit seiner Hilfe wird geklärt, ob die Eingabe gültige und widerspruchsfreie Angaben zu Typenvarianten und Bauzeiträumen enthält.

Gültigkeit der Datenbestände

Der Umfang der Daten und die verschiedenen Eingabekontrollen sollen eine herstellergenaue Kalkulation ermöglichen. Damit diese auch zeitgenau sein kann, muß gewährleistet werden, daß eine unmittelbare Reaktion auf Datenänderungen durch den Hersteller möglich ist.

Zu diesem Zweck wurde, abgesehen davon, daß mittels der üblichen Datenbanktechniken Redundanzfreiheit sichergestellt wird, umfangreiche Software zur Datenbestandseingabe und Überprüfung zur Verfügung gestellt. Die Pflege der Daten erfolgt außerhalb des Produktionsbereiches, d.h., daß zum Zweck der Veränderung Hersteller bzw. Haupttypen herausgelöst und separat bearbeitet werden können. Ebenso ist es möglich, kurzfristig Datenbestände bis hin zu Ausführungsvarianten zu sperren.

Kalkulation:

Ein wesentliches Ziel der DAT-Kalkulation ist Vergleichbarkeit (Transparenz) mit Werkstattrechnungen, die entsprechend den jeweilgen Herstellervorschriften angefertigt worden sind.

Das Kalkulations-Programm ist so aufgebaut, daß folgende Eigenschaften vorhanden sind:

- Alle Eingabedaten werden insbesondere auf Gültigkeit und Widerspruchsfreiheit geprüft.

- Die Eingabedaten werden , soweit sie korrekt sind, in mehrfachen Durchläufen auf Ergänzbarkeit (nicht umfasst) und auf die Möglichkeit der Kombination (Kombination bzw. Verbund) überprüft, wobei jeweils darauf geachtet wird, daß preisgünstigere Reparaturabläufe gefunden werden.

  Der Algorithmus sorgt gleichzeitig dafür, daß mehrfache Eingaben, bzw. redundante Eingaben eliminiert werden.

- Die Ergebnisse des Kalkulations-Algorithmus werden darüberhinaus mit Hilfe von Schwellenwerten dahingehend kontrolliert, ob Gesamtersatz, z.B. Rohbaukarosserie, Vorbau usw., sinnvoll erscheint.

Wesentlich für die Kalkulation ist weiterhin die Reihenfolge der Nutzung der Datenbanken. Zunächst wird das Verfahren auf den Ersatzteilbereich angewandt. Die Ergebnisse werden auf den Arbeitswerte-Bereich übertragen, wobei selbstverständlich im Ersatzteilbereich nur der Reparatur-Code E, identisch mit dem Ersetzen, eine Rolle spielt.

Beispiel:

Im folgenden soll die prinzipielle Wirkungsweise einer Eingabe in das DAT-System dargestellt werden:

Eingabe:

- Kotflügel hinten links ersetzen
- Kotflügel hinten rechts ersetzen
- Heckblech ersetzen
- Kofferraumboden ersetzen
- Ersatzradmulde ersetzen
- Querträger hinten ersetzen
- beide Heckleuchten ersetzen
- Stoßfänger ersetzen
- Stoßfängerhalter ersetzen
- Heckscheibe ersetzen

Reaktion des Systems im Arbeitswertebereich:

Kotflügel hinten links Kotflügel hinten rechts	ergibt:	beide Kotflügel ersetzen (Kombination)
Hinterscheibe ersetzen beide Kotflügel ersetzen	ergibt:	beide Kotflügel bei ausgebauter Heckscheibe ersetzen (Verbund)

beide Kotflügel bei ausgebauter Heckscheibe ersetzen

Ergänzung durch Nicht-Umfasst:

Verkleidungen im Innenraum aus- und einbauen
Sitze und Matten aus- und einbauen
Anbauteile zur Erneuerung beider Kotflügel aus- und einbauen

Anbauteile zur Erneuerung beider Kotflügel aus- und einbauen

Ergänzung durch Nicht-Umfasst:

Kraftstoffbehälter aus- und einbauen

Zusatzarbeiten bei Zentralverriegelung Zusatzarbeiten bei Antenne	falls entsprechende Ausstattung angekreuzt wurden

usw.

3.3. Die Computerausgabe

Die Computerausgabe hat die Form einer Werkstatt-Rechnung (Anlage 3). Sie besteht aus 5 Bereichen :

- Angaben zum Fahrzeughalter und Fahrzeug
- Ersatzteile
- Arbeitswerte
- Lackierwerte
- Endsummen

Angaben zum Fahrzeughalter und Fahrzeug

In diesem Bereich werden die in der Eingabe getätigten Angaben zum Typ, zur Bauzeit und zur Ausstattung, zum Zweck der Kontrolle der Eingabe und der Kalkulation,ausgedruckt.

Ersatzteile

Für den Bereich der Ersatzteile wird zunächst das Preisgültigkeitsdatum bezüglich der vom Hersteller empfohlenen Preise genannt. Dies ist u.a. deshalb wesentlich, da rückwirkend mit bis zu 4 Preisgültigkeits-Perioden gearbeitet werden kann.

Nachfolgend werden, entsprechend den Notwendigkeiten der Reparatur, die Ersatzteile unter Angabe der DVN, der Ersatzteil-Nummer des Herstellers, des Original-Textes und des empfohlenen Richtpreises ausgedruckt.

Hat sich im Laufe des Teileaggregations-Prozesses ein kombiniertes Teil ergeben, dann wird dieses Teil in der Ausgabe durch ein Nummernzeichen gekennzeichnet.

Teile, die nicht durch Teile-Nummern eindeutig identifizierbar sind, - es gibt dann in der Regel mehrere Teile gleicher Funktion und gleichem Preis- werden mit einem Stern gekennzeichnet.

Eingabe-DVN,die mittels Aggregation eliminiert werden, werden auf der Randfahne des Ausdruckes wiedergegeben. Aus diese Weise ist die gesamte Eingabe kontrollierbar. Es kann deshalb auf die Abspeicherung des Typenheftes verzichtet werden.

Arbeitswerte:

Für den Bereich der Arbeitswerte gilt prinzipiell die gleiche Verfahrensweise wie für den Ersatzteilbereich.

In den Fällen in denen durch die DAT Daten zur Vervollständigung des Reparaturumfanges ergänzt wurden, erfolgt eine Kennzeichnung im Bereich der Arbeitswertepositionen. Dabei ist davon auszugehen, daß diese Ergänzung jeweils mit dem Hersteller abgesprochen sind und zumindest eine Duldung ausgesprochen wurde.

Die Ausgabe wird in der Reihenfolge der Hauptgruppen des Typenheftes und innerhalb dieser Hauptgruppen in der Reihenfolge der DVN durchgeführt.

Die ausgewiesenen DM-Beträge sind über den werkstattindividuellen Lohnfaktor verknüpft mit den jeweiligen Arbeitszeiten.

Lackierung:

Die DAT-Schadenkalkulation wird zunächst die verschiedenen Hersteller individuelle Verfahren zur Berechnung von Lackierarbeiten umfassen. Zu einem späteren Zeitpunkt werden andere Verfahren hinzugefügt.

Für die Lackierarbeiten gilt prinzipiell das zuvor für den Ersatzteil- und Arbeitswerte-Bereich Gesagte.

Endsummen:

Die Endsummen-Kalkulation umfasst die Einzelergebnisse aus der Berechnung der Ersatzteile und der Berechnung der durchgeführten Arbeiten im Arbeitswerte- und Lackierbereich.

Die Reparaturkosten werden ohne und mit Mehrwertsteuer ausgewiesen.

4. Der Einsatz des Schadenkalkulationsystems

4.1. Nutzungsformen

Das DAT-Schadenkalkulationsystem wird betrieben auf Rechnern der Serie IBM/4300 unter DOS/VSE mit CICS und DL/I.

Das System ist so geschrieben, daß es einzelne Kalkulationsanforderungen mit Hilfe von priorisierbaren Stapeln arbeiten kann. Die Dateneingabe und Datenbestandsabfragen können im Dialog mit Hilfe des Datex-P-Verfahrens durchgeführt werden.

Für Sachverständige sind folgende Geräte einsetzbar:

- IBM-System /1
  Die Kommunikationsformen sind der Dialog und der Filetransfer. Die Datenfernübertragungsverfahren Datex-P bzw. Datex-L.

- Honeywell Bull
  Das Kommunikationsverfahren ist der Filetransfer mit Datex-L. Die Erfassung der Daten erfolgt im Dialog auf den Honeywell-Bull-Geräten.

- Dialogterminals mit IBM kompatiblen Schnittstellen
  Die Kommunikation erfolgt im Dialog mit Datex-P.

Für den Einsatz in Werkstätten ist denkbar, daß die Kommunikation sowohl im Dialog als auch im Filetransfermodus erfolgt, wobei es sinnvoll erscheint, daß die durch das DAT-Schadenkalkulationsystem ermittelten Ersatzteile-Nummern und Arbeitswerte-Positionen einschließlich der Lackier-Positionen in einen Arbeitsbereich des in der Werkstatt installierten Serviceabrechnungssystems übertragen werden.

4.2. Verfügbarkeit:

Es kann davon ausgegangen werden, daß das beschriebene Kalkulationsystem im 2. Quartal 1983 zur Verfügung steht. Die einsetzbaren Datenbestände werden zu diesem Zeitpunkt etwa 50% - 60% des Marktvolumens an Schäden abdecken können.

DAT

Ausgabe
01/30.08.82

VW GOLF

1 Stunde = 100 ZE
1 ZE = 0,6 Minuten

V·A·G

AUFTRAGGEBER: (fur Kalkulation)

Name:
Nummer:
Aktenzeichen:
Fzg.-Halter:

AUFTRAGSUMFANG:

Kalkulation 1. ☐
2. ☐
3. ☐
Zusatzkalk. Glas ☐
Rohkarosse ☐
1. Nachtrag ☐
2. Nachtrag ☐

Priorität:
Eilt ☐
Normal ☐
Nacht ☐

Anzahl-Kalk-Pos.:

FAHRZEUGDATEN:

Amtl.Kennzeichen		
Fzg.-Art		01
Fabrikat		901
Typ		
Golf		1401
Golf L		1402
Golf S		1403
Golf LS		1404
Golf GL		1405
Golf GLS		1406
Golf GTI		1407

Aufbau/Türen
Fg.-Nr.
Motor Art ☐Otto ☐Diesel ☐Kreiskolben
Leistung kW PS
Hubraum ccm
Nutzlast KG
Sitzplätze
Leergewicht KG
Zul.Ges.Gew. KG
1. Zulassung
letzte Zulassung
Anzahl-Besitzer
nächste HU (§ 29)

Betriebsleistung
abgelesen km
geschätzt km
lt. Angabe km

Lackierung:
Farbe
Art

Größe:
Reifen:
Profiltiefe (mm/%)
Art:

Var. 1
2
3

Daten entnommen:

Kfz-Schein	1
Kfz-Brief	2
KD-Scheckheft	3
Werkstattkartei	4
Fahrzeug	5
	6

Anlage 1, Bild 1

AUSSTATTUNGSVARIANTEN + SONDERAUSSTATTUNG

Formel E	010	Frontscheibe-Verbundglas	314	Kopfstützen-verstellbar	412	Sportlenkrad	611
Lim. 4-türig	104	Wärmeschutzglas grün	324	-integriert	413		
Lack: Metallic (2-schicht)	156	Wisch/Waschanlage-Scheinwerfer	332	Tür-Ablagekästen	430	Batterie 54 Ah	652
Montageteile abgeb.	171	-Heckscheibe	335			63 Ah	654
				Bremskraftverstärker	506	Drehstrom-Lima 55 A	660
Schiebedach mech.	235	Armaturentafel geschäumt	350	Trommelbremse	512	65 A	662
Scheinwerfer H 4	260	Drehzahlmesser	358	Stoßdämpfer verstärkt	530	Getriebe 4 + E	673
Nebelscheinwerfer	264	Autom.Sicherheitsgurte vorn	385	Alu-Scheibenräder	550	5-Gang	674
Nebelschlußleuchte	266	hinten	386	Reifen 145 SR 13	563	Autom.	680
Nebelschlußleuchte integr.	268	Rückhalteautomatik	389	155 SR 13	566	1.5/1.6 Ltr.-51/55 kW	710
Rückfahrscheinwerfer	272	Polsterung-Kunstleder	390	175/70 SR 13	580	1.5/1.6 Ltr.-37/40 kW-Diesel	730
Ausstellfenster vorn	310	Sitze-Sportausführung	405	Haftreifen	599		

ZUSATZAUSSTATTUNG (nicht kalkulationsfähig)

Anhängekupplung	801	Lautsprecher	806	Schmutzfänger	811	816
Antenne mech.	802	Radio	807	Schonbezüge	812	817
autom.	803	Radio-Stereo	808	Sonnenjalousie	813	818
Cassettenrecorder	804	Radio - mit Cassette	809	Vinyldach	814	819
Halogen-Zusatzscheinw.	805	Radio - mit Cassette-Stereo	810	Zusatzheizung	815	820

BAUZEIT

Datum	Fg.-Nr.	Code
ab 03.75	175 3255 601	0630
ab 05.75		0650
ab 08.75	176 3000 001	0680
ab 01.76	176 3153 149	0730
ab 08.76	177 3000 001	0800
ab 02.77		0860
ab 08.77	178 3000 001	0920

Datum	Fg.-Nr.	Code
ab 09.77	178 3059 167	0930
ab 07.78	178 3600 421	1030
ab 08.78	179 3000 001	1040
ab 05.79	179 3529 099	1130
ab 08.79	17 A 0000 001	1160
ab 08.80	17 B 000 001	1280
ab 01.81	17 B 340 739	1330

Datum	Fg.-Nr.	Code
ab 03.81	17 B 474 598	1350
ab 04.81	17 B 554 059	1360

ZUSATZVERMERKE

Anlage 1, Bild 2

FZG-ZUSTAND – VOR DEM UNFALL [2400]

Allgemein	Lackierung	Karosserie	Fahrwerk	Aggregate
☐	☐	☐	☐	☐

[1] neu [2] neuwertig [3] sehr gut [4] gepflegt [5] gut [6] mittel [7] mäßig [8] schlecht [9] ungepflegt

FZG-ZUSTAND – ZUM BESICHTIGUNGSZEITPUNKT [2500]

undemontiert	01	prov. instandgesetzt	04	instandgesetzt - Altteile	07
teilw. demontiert	02	teil.instandgesetzt	05	instandgesetzt - Fahrzeug	08 → 8003
demontiert	03	instandgesetzt - ohne Bes.	06	instandgesetzt - Fzg. + Altteile	09
fahrfähig + verkehrssicher	51	fahrfähig - nicht verkehrssicher	52	nicht fahrfähig	53 → 8004

MEHRWERTE [2600] MINDERWERTE [2700] VORSCHÄDEN [2800] ALTSCHÄDEN [2900]

		Neupreis	Zeitwert

KALKULATIONSFAKTOREN

Ersatzteile

Preis-Datum		
Aufschlag		%
Abschlag		%
Mietkosten RW-Satz		DM
Beschaffungskosten		
RW-Satz		DM
Teile-Rep.		DM
Karosserie		DM
Kleinteile	%	DM
Gesamt ET		DM
Wertverbesserung:		%

Arbeitslohn

1 Std.	=	100 ZE
1 ZE	=	0,6 Minuten
10 ZE	=	6 Minuten

Rp-Stufe 1 =	DM/ZE
2 =	DM/ZE
3 =	DM/ZE
FZG-Verbringung =	ZE
Polierarbeiten =	ZE

Lackierung

Lohn:	1 ZE =			DM
	Gesamt: Teilerep.			DM
	Karosserie			DM
Material:	Index	%		DM/MP
	Gesamt: Teilerep.		DM	%/Lohn
	Karosserie		DM	%/Lohn
Lohn + Material:	Teilerep.:			DM
	Karosserie:			DM
Zusatzkosten:				
		=	ZE	DM/Mat.
Wertverbesserung-Gesamt				%

Anlage 1, Bild 3

HINTERWAGEN AUSSEN/LIMOUSINE

Seite

Bezeichnung		Nr.				
Dichtung	l	0565	E			
Dichtung	r	0566	E			
Seitenscheibe	l	0561	E	A		
Seitenscheibe	r	0562	E	A		
Zierkeder	l	0805	E			
Zierkeder	r	0806	E			
Scharnier	l	5407	E	I		
Scharnier	r	5408	E	I		
Dichtung		5421	E	A		
Seitenteil	l	5301	E	I		L
Seitenteil	r	5302	E	I		L
Seitenteil TEILW.	l	5305	E			L
Seitenteil TEILW.	r	5306	E			L
Zierleiste	l	5371	E	A		
Zierleiste	r	5372	E	A		
Schutzecke	l	5391	E	A		
Schutzecke	r	5392	E	A		
Abdeckung	l	5361	E	A		
Abdeckung	r	5362	E	A		
Streifen (seitlich)	l	5387	E			
Streifen (seitlich)	r	5388	E			
Streifen (Klappe)		5467	E			
Endblech		5251	E	I		L
Kappe	l	5559	E			
Kappe	r	5560	E			
Leuchte	l	5541	E	A		
Leuchte	r	5541	E	A		
Träger	l	5545	E			
Träger	r	5546	E			
Leuchte	l	5551	E	A		
Leuchte	r	5552	E	A		
Seitenteil	l	5301	E	I		L
Seitenteil	r	5302	E	I		L
Seitenteil TEILW.	l	5305	E			L
Seitenteil TEILW.	r	5306	E			L
Zierleiste	l	5371	E	A		
Zierleiste	r	5372	E	A		
Schutzecke	l	5391	E	A		
Schutzecke	r	5392	E	A		

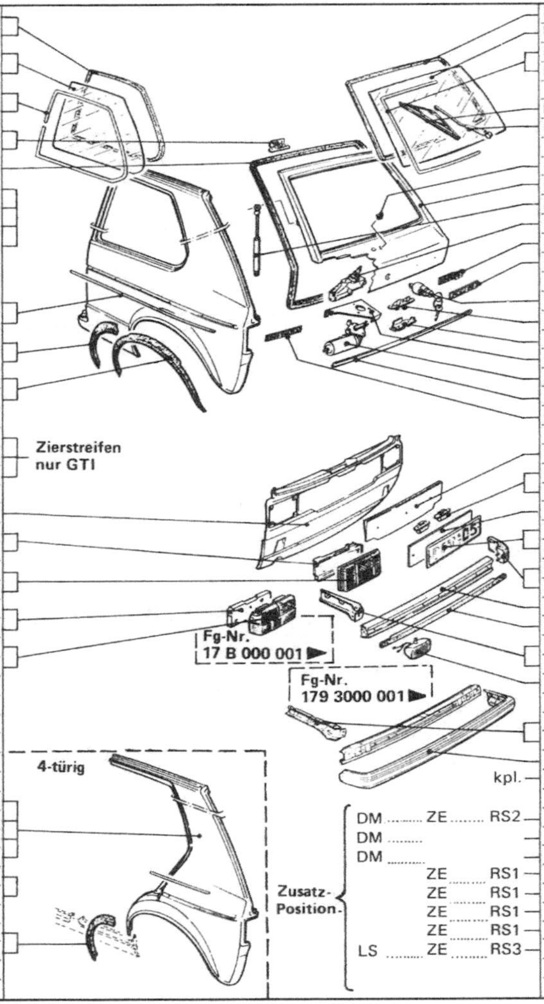

Anzahl Pos. dieser Seite

Zusatz-Position					Nr.		Bezeichnung
	E				5503		Dichtung
	E	A			5501		Heckscheibe
	E				5507	l	Zierkeder
	E				5508	r	Zierkeder
	E				5521		Wischerblatt
	E	A			5523		Wischerarm
	E				5537		Düse
	E	A	I	L	5401		Klappe
	E				5411	l	Gasfeder
	E				5524		Wischerlager
	E	A			5473	l	Schriftzug
	E	A			5829	r	Schriftzug
	E	A			5437		Zylinder
	E				5433		Schloß
	E				5435		Platte
	E				5830		Halter
	E	A			5525		Wischer-Motor
	E	A			5472	l	Schriftzug
	E	A			5461		Zierleiste
	E				5271		Blende
	E	A			5581	l	Leuchte
	E	A			5582	r	Leuchte
	E				5295		Unterlage
	E	A			5291		Kennzeichen
	E	A			5293		Kennzeichen reflekt.
	E	A			5721	l	Schutzecke
	E	A			5722	r	Schutzecke
	E	A	I	L	5701		Stoßfänger
	E				5753		Gummileiste
	E				5781	l	Träger
	E				5782	r	Träger
	E	A			5571		Leuchte
	E				5781	l	Träger
	E				5782	r	Träger
	E				5703		Abdeckung
kpl.	E	A			5701		Stoßfänger
DM .... ZE RS2	E	A					Anhängekupplung
DM	E				0693		Schwemmaterial
DM	E				0695		Glühlampen
ZE RS1		A					Fzg.-Verbringung
ZE RS1		A					Wagen Waschen
ZE RS1		A			0690		Wagen a+i reinigen
ZE RS1		A					Scheibensplitter entf.
LS .... ZE RS3		I		L	5000		Hinterwagen kpl.

Anlage 1, Bild 4

Seite

HINTERWAGEN - INNENTEILE

Anzahl Pos. dieser Seite

Bezeichnung	l/r	Nr.				
Dichtungskanal	l	5825	E			
Dichtungskanal	r	5826	E			
Seitenteil oben	l	5207	E	I		L
Seitenteil oben	r	5208	E	I		L
Verstärkung	l	5815	E	I		L
Verstärkung	r	5816	E	I		L
Seitenteil unten	l	5205	E	I		L
Seitenteil unten	r	5206	E	I		L
Radhaus außen	l	5231	E	I		L
Radhaus außen	r	5232	E	I		L
Radhaus innen	l	5227	E			L
Radhaus innen	r	5228	E			L
Radhaus kpl.	l	5223	E	I		L
Radhaus kpl.	r	5224	E	I		L
Verkleidung	l	3559	E			
Verkleidung	r	3560	E			
Auflage	l	3555	E			
Auflage	r	3556	E			
Kofferraumbelag		3071	E	A		
Seitenverkleidung	l	5241	E	A		
Seitenverkleidung	r	5242	E	A		
Pumpe		8331	E			
Behälter		8343	E			
Speicher		8349	E			
Seitenteil oben	l	3207	E	I		L
Seitenteil oben	r	3208	E	I		L

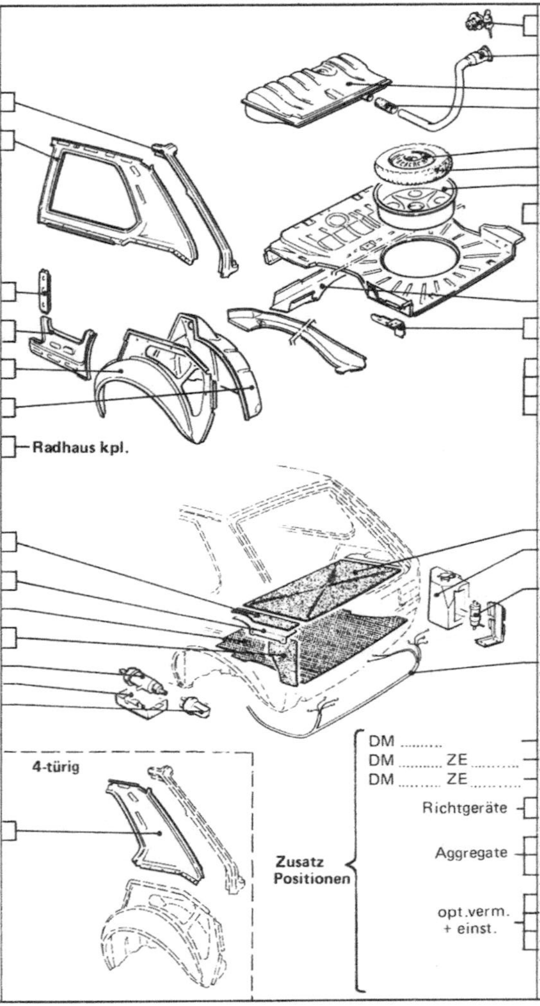

				Nr.	l/r	Bezeichnung
E				5679		Verschlußdeckel
						Verschl.deckel abschl.
E				5675		Einfüllstutzen
E	A	I		5651		Kraftstoffbehälter
E				5678		Schlauch
E		P	L	5792		Felge-Ersatzrad
E	W	P		5791		Reifen-Ersatzrad
E	I		L	5061		Reserveradmulde
E	I		L	5031		Kofferboden
E	I		L	5055		Kofferboden TEILW.
E	I		L	0549		Querträger
E				5821		Verstärkg.(Stoßfg.)
E				5822	r	Verstärkg.(Stoßfg.)
E	I		L	5151	l	Längsträger
E	I		L	5152	r	Längsträger
E	I		L	5161	l	Längsträger TEILW.
E	I		L	5162	r	Längsträger TEILW.
E	A			3551		Deckel
E				5531		Flüssigkeitsbehälter
E				5535		Pumpe
E	I			5617		Leitungssatz
E				0697		Dichtmaterial
E				0691		Unterbodenschutz
E				0692		Hohlraumschutz
	A			0680		Richtbank
	A			0684		Lehre-Bodenanlage
	A			0701		Aggregate kpl.
	A			0725		Aggregat ht. kpl.
	P			7000		Hinterachse
	V			0730		Fzg.kpl. vor Rep.
	V	S		0731		Fzg.kpl. nach Rep.
	V			0773		Fzg.ht. vor Rep.
	V	S		0775		Fzg.ht. nach Rep.

Anlage 1, Bild 5

INGENIEUR BUERO FUER KRAFTFAHRZEUGTECHNIK
DIPL.-ING. A.MAIER - ING. B.SCHULZE
OEFFENTLICH BESTELLTE UND VEREIDIGTE SACHVERSTAENDIGE FUER KFZ-SCHAEDEN
NORDENSTRASSE 100 7000 STUTTGART 1 TELEFON 01234/56789

R E P A R A T U R K O S T E N K A L K U L A T I O N SEITE 01

AKTENZEICHEN	:	04711	
FAHRZEUG-HALTER	:	ANTON MUELLER SUEDSTRASSE 1 8500 ASCHAFFENBURG	
AMTL.KENNZEICHEN	:	AB-C 123	CODE
FAHRGESTELLNUMMER	:	17 A 0555 246	
FAHRZEUGART	:	PKW	01
FABRIKAT	:	VW	901
TYP	:	GOLF L	1402
BAUZEIT	:	AB 08.79 = FG.-NR. 17 A 0000 001	1160
SERIENAUSSTATTUNG	:	LIMOUSINE 2-TUERIG	102
		SICHERHEITSGURTE AUTOM. VORN	385
		SICHERHEITSGURTE AUTOM. HINTEN	386
		KOPFSTUETZEN VERSTELLBAR	412
		MOTOR 1,1 LTR. - 37 KW	699
SONDERAUSSTATTUNG	:	RUECKFAHRSCHEINWERFER	272
		WISCH/WASCHANLAGE HECKSCHEIBE	335
		REIFEN 155 SR 13	566
ZUSATZAUSSTATTUNG	:	ANTENNE AUTOMATISCH	803
		RADIO - STEREO	808

ZUR WIEDERINSTANDSETZUNG WERDEN VORAUSSICHTLICH BENOETIGT:

ERSATZTEILE: PREISGUELTIGKEITSDATUM: 01.08.82

DVN	RC	ERSATZTEILNR.	TEIL-BENENNUNG	DM	
5830	E	171 955 715 A	HALTER (HECKWISCHERMOTOR)	7,40	*
5825	E	171 809 641 C	DICHTKANAL (DECKBLECH HNT. OB.	10,50	
5822	E	161 803 120	VERSTAERKUNG (STOSSFAENGER HNT	6,45	
5821	E	161 803 119	VERSTAERKUNG (STOSSFAENGER HNT 5703 E	6,45	
5701	E	171 807 301 P	STOSSFAENGER (HINTEN KPL.)	159,50	
5559	E	171 945 285 B	KLAPPE (LEUCHTE HNT. LINKS)	3,60	
5541	E	171 945 111 K	LEUCHTE (HINTEN LINKS)	64,00	
5537	E	211 955 993	DUESE (HECKKLAPPE)	3,50	
5525	E	171 955 713 B	WISCHERMOTOR (HECKKLAPPE)	94,20	
5524	E	171 955 705 A	WISCHLAGER (HECKKLAPPE)	19,40	
5523	E	171 955 707 B	WISCHERARM (HECKKLAPPE)	12,50	
5503	E	171 845 521 A	DICHTUNG (HECKSCHEIBE)	36,75	
5473	E	171 853 687 M	SCHRIFTZUG (GOLF L)	4,05	
5461	E	171 853 927 B	ZIERLEISTE (KLAPPE)	6,65	
5435	E	331 827 511 A	PLATTE (KLAPPENSCHLOSS)	7,10	
5433	E	331 827 505	SCHLOSS (KLAPPE)	13,20	
5421	E	321 827 705 E	ABDICHTUNG (KLAPPE)	30,90	
5411	E	171 827 550 A	GASFEDER	27,35	
5401	E	171 827 025 K	KLAPPE	226,00	
5391	E	171 853 931 A	SCHUTZECKE (HNT.LINKS)	2,60	
5371	E	171 853 535 E	ZIERLEISTE (HNT.LINKS)	13,90	
5305	E	171 809 843 C	SEITENTEIL (HNT.LINKS TEILERS.	215,00	
5295	E	ZUBEHOER	KENNZEICHENUNTERLAGE HINTEN	8,50	#
5293	E	ZUBEHOER	KENNZEICHEN REFLEKTIEREND	18,50	#

Anlage 2

INGENIEUR BUERO FUER KRAFTFAHRZEUGTECHNIK
DIPL.-ING. A.MAIER - ING. B.SCHULZE

R E P A R A T U R K O S T E N   K A L K U L A T I O N   SEITE 02

AKTENZEICHEN D4711 / 14.09.82

DVN	RC	ERSATZTEILNR.	TEIL-BENENNUNG	DM	
5251	E	171 813 301 C	ENDBLECH (ABSCHLUSSBLECH HNT.)	94,90	
5223	E	171 803 421 L	RADHAUS (HT.LI.KPL.)	129,00	
5161	E	171 803 501 G	TRAEGER (LAENGSTRAEGER LINKS)	49,60	
5061	E	171 813 113 A	KOFFERBODEN (RESERVERADMULDE)	104,50	
5055	E	171 813 115 D	KOFFERBODEN	127,50	
3555	E	171 867 761 H	AUFLAGE (LI.F.ABLAGE)	21,00	
0964	E	DIV. MATERIAL	GLUEHLAMPEN	13,50	*
0697	E	HILFSMATERIAL	DICHTMATERIAL	40,00	*
0693	E	HILFSMATERIAL	SCHWEMMATERIAL	10,00	*
0691	E	DIV. MATERIAL	UNTERBODENSCHUTZ-MATERIAL	23,00	*
	E	AGENTUR/AUSLAGEN	STEMPEL-KENNZEICHEN	6,00	

ARBEITSLOHN: RS1 = 0,47 DM/ZE   RS2 = 0,54 DM/ZE   RS3 = 0,60 DM/ZE
============

DVN	RC	ARB.POS.NR.	ARBEITSGANG	RS	ZE	DM
0680	A	51 01 03 01	KAROSSERIE VERMESS. /RICHTBANK	3	190	114,00
			(FZG. AUF+ABSETZEN,RICHTBANK			
			AUF+ABRUESTEN)			
5812	E#	53 55 41 24	1 SEITENTEIL INSTANDSETZEN	3	1510	906,00
			TEILSTUECK M. ABSCHLUSSBL. HT.			
5000	I	DAT 5005	HECK RUECKVERFORMEN	3	250 *	150,00
			(VOR DEMONTAGE)			
5005	E	53 24 55 62	KOFFERBODEN HINTEN ERSETZEN	3	520	312,00
			- TEILSTUECK (VERBUNDARBEIT)			
			5061 E			
			5071 A			
5161	E	53 48 55 62	1 LAENGSTRAEGER HINT. ERSETZEN	3	130	78,00
			- TEILSTUECK (VERBUNDARBEIT)			
5207	I	DAT 5124	SEITENWAND INNEN OBEN LINKS	3	200 *	120,00
			AUSBEULEN			
5223	E	53 68 55 50	1 RADHAUS HINTEN ERSETZEN	3	420	252,00
			- TEILSTUECK (VERBUNDARBEIT)			
			5241 E			
			5251 E			
			5293 E			
			5295 E			
5302	I	53 55 63 00	1 KOTFLUEGEL HINTEN /	3	250 *	150,00
			SEITENTEIL AUSBEULEN			
			5305 E			
			5371 E			
5372	A	66 43 19 00	ZIERLEISTE FUER SEITENWAND	2	20	10,80
			KOTFLUEGEL HINTEN AUS+EINBAUEN			
5292	A	DAT 5187	1 STEINSCHLAGSCH. AUS+EINBAUEN	2	20	10,80
5401	A#	55 59 19 12	RUECKWANDKLAPPE AUS+EINBAUEN	2	90	42,60
5401	E	55 59 55 62	RUECKWANDKLAPPE ERSETZEN	2	190	102,60
			(AUSGEBAUT)			
			5411 E			
			5421 E			
			5433 E			
			5435 E			
			5461 E			
			5473 E			
5503	E	DAT 5201	DICHTUNG HECKSCHEIBE ERSETZEN	2	40	21,60
			(SCHEIBE AUSGEBAUT)			

Anlage 2

INGENIEUR BUERO FUER KRAFTFAHRZEUGTECHNIK
DIPL.-ING. A.MAIER - ING. B.SCHULZE

R E P A R A T U R K O S T E N   K A L K U L A T I O N   SEITE 03

AKTENZEICHEN D4711 / 14.09.82

DVN	RC	ARB.POS.NR.	ARBEITSGANG	RS	ZE		DM
			5523 E				
			5524 E				
			5525 E				
			5537 E				
			5541 E				
			5559 E				
5651	A	20 10 19 00	KRAFTSTOFFBEHAEL. AUS+EINBAUEN	2	190		102,60
			5701 E				
			5821 E				
			5822 E				
			5825 E				
			5830 E				
			3555 E				
7000	A#42	01 19 00	HINTERACHSE KPL. AUS+EINBAUEN	2	130		70,20
7500	H#47	01 67 00	BREMSANLAGE ENTLUEFTEN	2	30		16,20
7779	E#26	30 19 00	HAUPTSCHALLDAEMPF.AUS+EINBAUEN	1	30		14,10
			0725 A				
0775	V	44 90 03 00	FAHRZEUG HINTEN VERMESSEN	2	50		27,00
			(NACH REPARATUR)				
0775	S	DAT 5003	SPUR HINTERRAEDER EINSTELLEN	2	50		27,00
0690	A	DAT 0301	WAGEN AUSSEN + INNEN REINIGEN	1	50	*	23,50
0691	E	51 01 49 00	KAROSSERIE-UNTERBODENSCHUTZ				
			NACHARBEITEN	2	100	*	54,00
			0693 E				
			0694 E				
			0697 E				
	A		SCHMUTZFAENGER HT.AUS+EINBAUEN	1*	60	*	28,20

LACKIERUNG: 1ZE = 0,62 DM(RS3)   INDEX 130% = 0,98 DM/MP
===========

DVN	RC	ARB.POS.NR.	ARBEITSGANG	LS	RS	MP	ZE	DM
			5825 E					
5812	E#53	55 61 24	1 SEITENTEIL TEILSTUECK	4	3	49	470	291,40
			MIT ABSCHLUSSBLECH					
			-NEUTEILLACKIERUNG					
5401	E	55 59 61 50	RUECKWANDKLAPPE	4	3	17	190	117,80
			-NEUTEILLACKIERUNG					
			(AUSGEBAUT)					
			5305 E					
5302	I	53 55 79 02	1 KOTFLUEGEL HINTEN /	2	3	18	170	105,40
			SEITENTEIL - REPARATUR -					
			LACKIERUNG (VERBUNDARBEIT)					
			5251					
5223	E	51 01 61 50	RADHAUS HINTEN	1	3	6	30	18,60
			LINKS LACKIEREN					
5207	I	DAT 9003	SEITENWAND INNEN OBEN	1	3	6	30	18,60
			LINKS LACKIEREN					
5161	E	51 01 61 50	LAENGSTRAEGER HINTEN	1	3	4	30	18,60
			LINKS LACKIEREN					
			5061 E					
5055	E	51 01 61 50	KOFFERBODEN LACKIEREN	1	3	10	30	18,60

Anlage 2

```
                  INGENIEUR BUERO FUER KRAFTFAHRZEUGTECHNIK
                    DIPL.-ING. A.MAIER  -  ING. B.SCHULZE

R E P A R A T U R K O S T E N   K A L K U L A T I O N          SEITE  04

AKTENZEICHEN 04711 / 14.09.82


ENDSUMMENKALKULATION:
====================


   ERSATZTEILE:

      LT. EINZELAUFSTELLUNG                                   1.630,80
      + 2%KLEINTEILEANTEIL                                       32,62
      ------------------------------------------------------------
                                                                        1663,42


   ARBEITSLOHN:     1STD. = 100 ZE

      REP.STUFE 1 =   140 ZE X    0,47 DM    =                   65,80
      REP.STUFE 2 =   890 ZE X    0,54 DM    =                  480,60
      REP.STUFE 3 =  3470 ZE X    0,60 DM    =                 2082,00
      ------------------------------------------------------------
      GESAMT         4500 ZE                                            2628,40


   LACKIERUNG:

      LOHN:  1 STD.=   100 ZE
                       950 ZE X    0,62 DM    =                 589,00

      MATERIAL: INDEX 130% = 0,98 DM/MP
                       110 MP X    0,98 DM    =   107,80
      + KONSTANTE =      9 MP X    0,98 DM    =     8,82       116,62
      ------------------------------------------------------------
      GESAMT                                                             705,62

                                                                     ----------

VORAUSSICHTLICHE REPARATURKOSTEN (OHNE MWST)                            4997,44
============================================


MEHRWERTSTEUER (13,0%)                                                   649,67
                                                                     ----------

                                                                        5647,11
                                                                     ==========



ZEICHENERKLAERUNG:
-----------------
                         ET-NR.     MIT  *    =    NICHT ZUR BESTELLUNG GEEIGNET
                         ET-PREIS   MIT  *    =    EINGABE SV
                         AW         MIT  *    =    EINGABE SV
                         ET-PREIS   MIT  #    =    DAT - EIGENERMITTLUNG
```

Anlage 2

WIEDERHOLBAUGRUPPEN, WIEDERHOLBAUTEILESYSTEM

H. Senger

Einleitung

Die wirtschaftlichen Rahmenbedingungen haben in den letzten Jahren gravierende Veränderungen für das dienstleistende und produzierende Gewerbe gebracht. Die mittelständische Industrie ist wie nie zuvor gezwungen, noch mögliche Rationalisierungsnischen zu erkunden und zu definieren. Die Vergangenheitszahlen zeigen, daß der Produktivitätsergebnis-Index je Beschäftigtenstunde von 1976 = 100 auf lediglich 115 im Jahre 1981 gestiegen ist. Vergleicht man für den gleichen Zeitraum die Löhne und Gehälter je Beschäftigtenstunde, so ist hier eine Indexsteigerung von 1976 = 100 auf 140 festzustellen. Ordnet man Löhne und Gehälter einer Produktionseinheit zu, so beläuft sich der Index auf 130 im Zeitraum von 6 Jahren. Mit diesen Vergleichen soll gesagt werden, daß allgemein die Möglichkeit geschaffen werden muß,

a) bereits vorhandenes Wissen systematisch und gezielt anzuwenden,
b) die Kostenanteile pro Produkt zu senken,
c) technische Errungenschaften zu fixieren und in Neukonzeptionen, soweit vertretbar, zu implementieren.

Mit diesen Know-how-Parametern werden eine Reihe von Kostenfaktoren/-arten in ihrer Höhe gemindert und die Möglichkeiten geschaffen, in kürzerer Zeit ein wettbewerbsfähigeres Produkt auf den Markt zu bringen. Dies soll die Zielsetzung eines Wiederholbauteile-Systems sein.

1. ERLÄUTERUNGEN ZUM WIEDERHOLBAUTEILESYSTEM

In der Praxis sind eine Anzahl von Begriffen zur gleichen Zielsetzung bekannt, u. a. sind diese:

- Gleichteile-Kataloge
- Ähnlichkeits-Kataloge
- Wiederholteil-Kataloge
- Sachmerkmaldaten oder -leisten für die Konstruktion

Alle Begriffe oder Wortverbindungen hierzu haben zum Ziel, Baugruppen oder Bauteile zu identifizieren, wobei die Anzahl der zu identifizierenden Charakteristiken und Kenngrößen von erheblicher Bedeutung ist. Die systematische Erkennung, d. h. technische Identifizierung von Konstruktionsteilen, Zukaufteilen und sonstigen objektbezogenen Informationen, steht im Vordergrund bei der Nutzung von bestehendem Know-how und dessen laufendem Zugewinn. Dieser Zugewinn kann als Neukonzeption oder Modifikation betrachtet werden unter Einschluß des Gesamtkomplexes Vorrichtungen, Werkzeuge, Meß- und Prüfmittel. Im Rahmen dieser Tagung kann in den nachfolgenden Ausführungen lediglich auf wesentliche Elemente dieses WBS-Systems eingegangen werden.

2. SACHSTAND IN DER INDUSTRIE

Der zunehmende Such- und Arbeitsaufwand bei der Produktgestaltung und der Produktion selbst stellt die Unternehmen im Rahmen der technischen und administrativen Kommunikationsprozesse vor große Entscheidungen. Wie bekannt, werden in der Industrie, vorwiegend für Produktionsunternehmen, zum Teil Wiederholteile-Kataloge für bestimmte Teilefamilien angewendet. Des weiteren finden nach den DIN-4000-Sachmerkmalleisten, überwiegend für DIN-Teile und für ausgewählte Teilefamilien, Applikationen statt. Hierbei sei bereits angemerkt, daß nach dieser Verfahrensweise maximal nur 9 technische, identifizierende Sachmerkmale je Bauteil DV-technisch verarbeitbar sind, welche nach unseren Erfahrungen für Konstruktionsbauteile nicht ausreichend sein dürften. Ein praktischer Vergleich soll dies am Beispiel Tellerfedern aufzeigen.

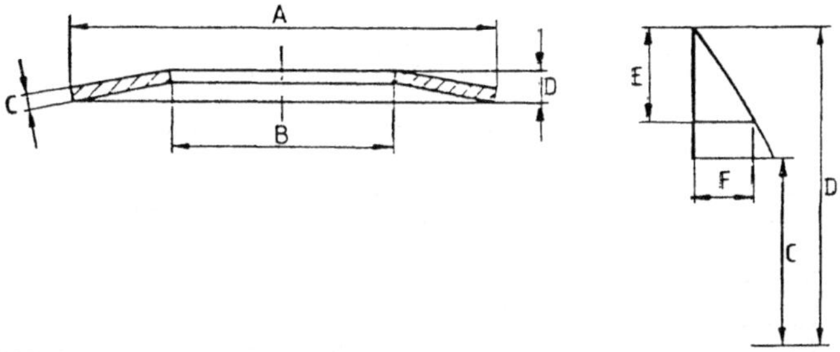

Sachmerkmal-Leiste DIN 4000 – 11 – 4										
Sachmerkmal-Schlüssel	Kennbuchstabe	A	B	C	D	E	F	G	H	J
	Bedeutung	Ø-Außen	Ø-Innen	Dicke	Bauhöhe unbelastet	Federweg	Federkraft bei E	Federrate	Werkstoff	Oberfläche und/oder Schutzart
Maßbuchstabe										
Einheit		mm	mm	mm	mm	mm	N	N/mm	–	–

Abb.1 KONSTRUKTION/SACHMERKMALLEISTEN GEM.DIN-REIHE 4000

2.1 Komplexität von Bauteilen

Wie komplex Konstruktionsteile wirklich gestaltet sein können, soll an verschiedenen Beispielen aufgezeigt werden (Bild 2 und 3).

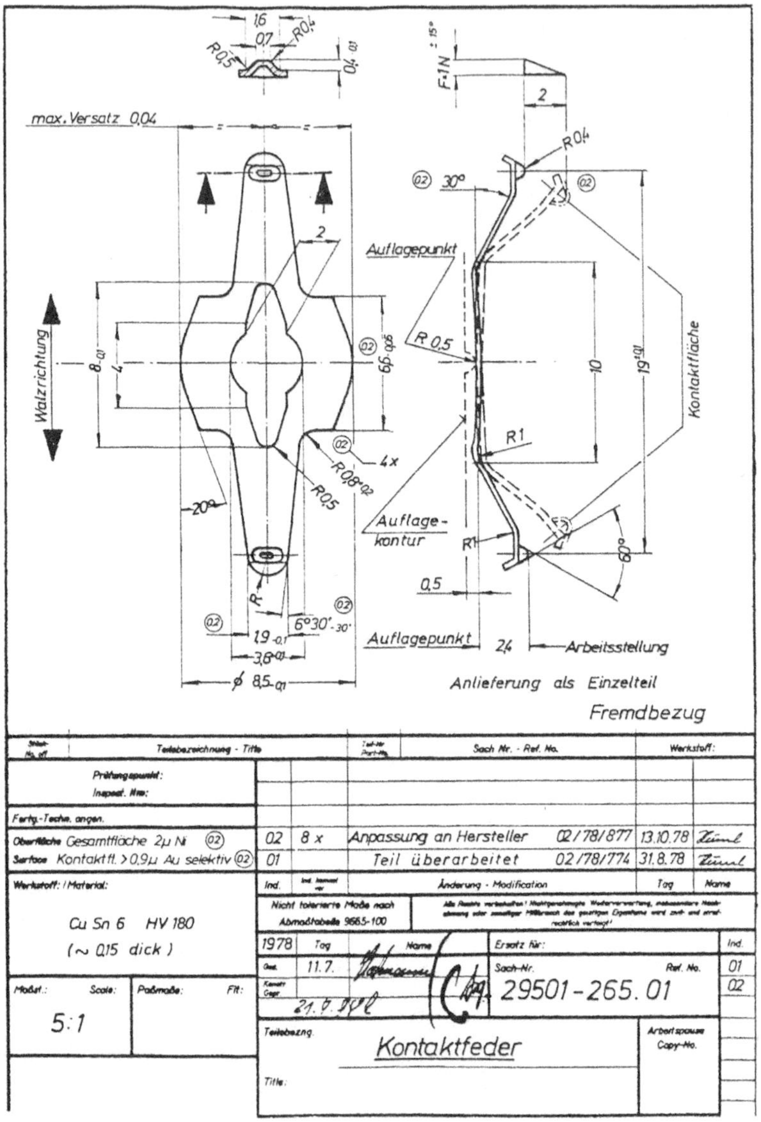

Abb.2

Weitaus extremere, technisch relevante Charakteristiken und Kenngrößen sind bei allen Bauteilen zu verzeichnen, die einer speziellen Konstruktion unterworfen wurden. Am Beispiel der gezeigten EINGANGSKUPPLUNG (Bild 3) soll das Aufkommen an unterschiedlichen Schwierigkeitsgraden bezüglich konstruktiver Auslegung aufgezeigt werden.

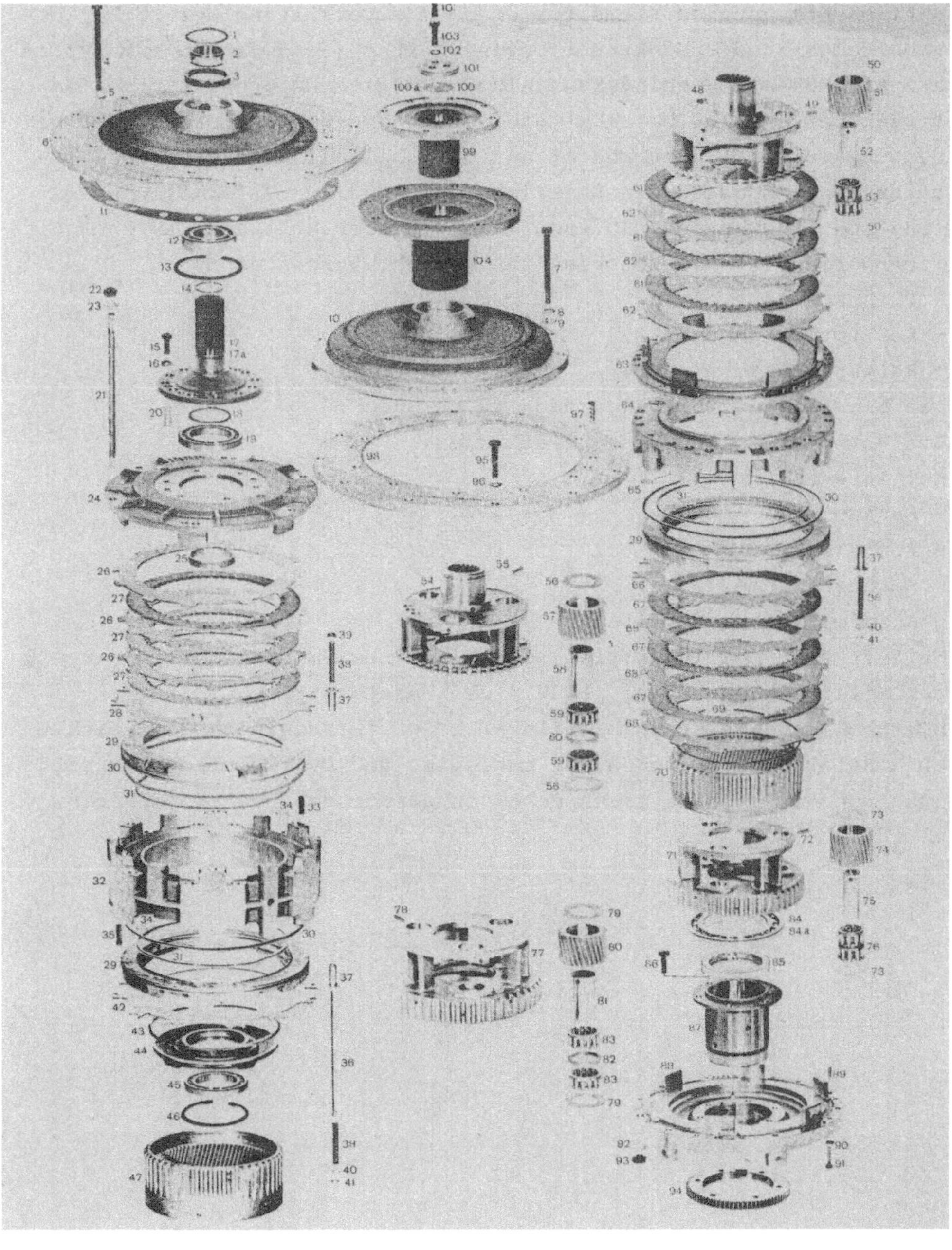

Abb.3 EINGANGSKUPPLUNG IN AUSEINANDERGEZOGENER DARSTELLUNG

Wie eingangs angesprochen, steht bei der Nutzanwendung eines derartigen Erkennungssystems zum einen die Verkürzung der Such-, Bearbeitungs- und Produktausbringungszeiten (Zusammenbau zum System), zum anderen die Verhinderung einer unnötigen Neukonstruktion an vorderster Stelle. Dabei ist folgende Kostenverantwortung von Bedeutung (Bild 4). Betrachtet man ausschließlich während des Konstruktionsprozesses den zeitlichen Aufwand für Informationssammlung und -auswertung, so kann man folgendes erkennen: durchschnittlich werden 20 - 25 Informationsgruppen während der

- Planungsphase,
- Konzeptionsphase,
- Entwurfsphase

bis hin zur Ausarbeitungsphase durchlaufen.

Ein Beispiel soll dies verdeutlichen.

Der Aufwand für

- Suchen,
- Koordinieren,
- Datenentnahme,
- Informationsaufbereitung

beläuft sich bei Industriefirmen mit einem Umsatz von kleiner einer Milliarde DM auf ca. 0,16 % des Umsatzes.

Die nachstehende Graphik (Bild 5) zeigt im Vergleich die zeitlichen Relationen zwischen der manuellen und DV-technischen Ermittlung von vorhandenen technischen Informationen bei Kfz-Kühlern.

Kostenverantwortung bei Konstruktionsteilen

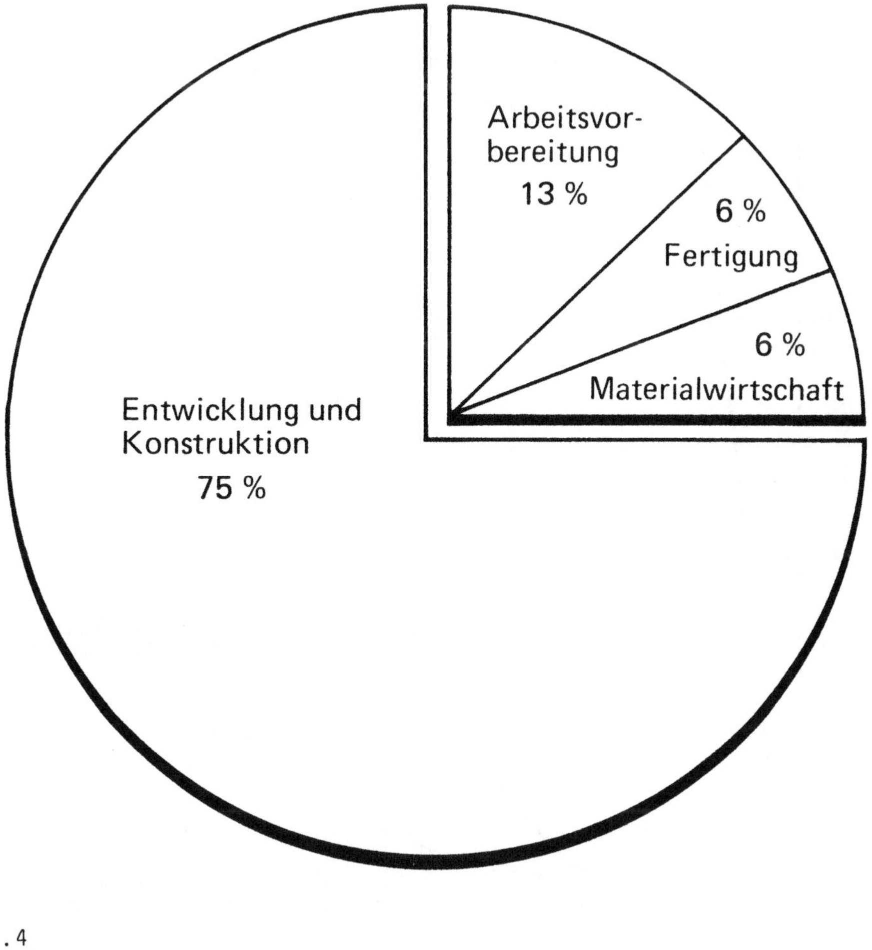

Abb.4

Suchzeit in Abhängigkeit von der Anzahl vorhandener Ähnlichteile (2 Beispiele)

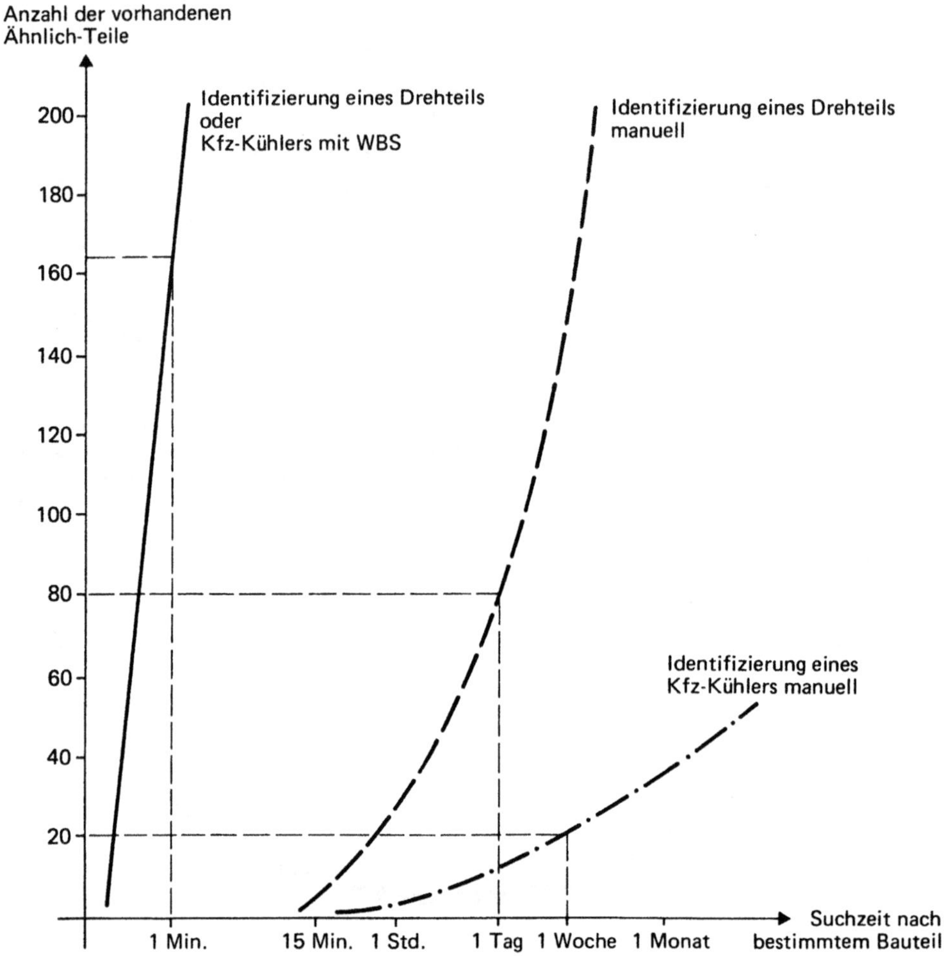

Abb.5

2.2 Mengenübersicht

Typische Mengenverhältnisse von Konstruktions- und Kaufteile für den Produktionsbereich werden im Beispiel der Abb.6 aus der Automobilindustrie wiedergegeben.

Mengenangaben über Konstruktionsteile

Beispiel aus der Automobilindustrie

600.000	verschiedene Artikel
davon	
350.000	Konstruktionsteile – eigengefertigte und – fremdgefertigte
20.000	Neukonstruktionen pro Jahr
600	verschiedene Teilefamilien
z.B. 500	verschiedene Wellen und Achsen
z.B. 500	verschiedene Muffen und Buchsen
z.B. 1200	verschiedene Winkel
z.B. 1500	Unterlagen, Platten und Laschen

Abb.6

3. AUFBAU DES WBS-SYSTEMS ZUR IDENTIFIZIERUNG VON BAUGRUPPEN ODER -TEILEN

Voraussetzung für den Einstieg in ein derartiges WBS-System ist eine Einteilung des Materials über die Teilefamilien hinausgehend in

- o Hauptgruppen,
  - oo Untergruppen und evtl.
    - ooo Gruppen.

Als weiterer Schritt sind pro zu identifizierender Teilefamilie, z. B. Kfz-Kühler, die Hauptmerkmale (Primärcharakteristiken) und Merkmale (Sekundärcharakteristiken) zu den jeweiligen Gruppen eindeutig zu bestimmen. Diese Bestimmung kann erfahrungsgemäß nicht ohne analytische Auswertung der praxisbezogenen Zeichnungsunterlagen oder Technischen Datenblätter erfolgen. Soll das System den gewünschten Rationalisierungserfolg unter Beweis stellen, so ist genauestens zu prüfen, wie groß die Vielfalt der artikelspezifischen und produktneutralen Charakteristiken und Kenngrößen tatsächlich ist. Die Betrachtung eines Teilefamilienkomplexes, z. B. Wasserkühler, bedingt im Durchschnitt 28 unterschiedliche Charakteristiken, d. h. Merkmale.

Abb.7 EINTEILUNG DES "MATERIALS" AM BEISPIEL KFZ-INDUSTRIE

~~(BILD 8)~~

Hauptgruppen (1. Ebene)

01. Schrifttum des KD
02. Testvorschriften des KD
03. Generelle Grundsätze für KD
04. Allgem. Betriebsmaterial
05. Montageanleitungen
06. Werkzeuge, Sondervorrichtungen

.
.
.

10. Motor
11. Elektrik Motor

.
.

25. Getriebe

.
.
.
.
.

26. Kühler

Untergruppen (2. Ebene)

26.1 Wasserkühler
26.2 Ölkühler
26.3 Jaloúsie
26.4 Lüfter

Gruppen (3. Ebene)

26.1.1 Motorkühler mit Befestigung
26.1.2 Kühlwasserleitungen
26.1.3 Zubehör
26.2.1 Ölkühler mit Befestigung
26.2.2 Ölkühlerleitungen
26.3.1 Kühlerjalousie mit Befestigung
26.3.2 Kühlerjalousie mit Betätigung
26.4.1 Zusatzlüfter

Anmerkung: Für einheitliche Begriffe und Definitionen sind im Kfz-Ausrüstungsbereich Fachbücher veröffentlicht.

Ist die Einteilung in Teilefamilien und diese wiederum in Gruppen erfolgt, so kann mit der Erstellung des teilefamilienabhängigen "Menüs" begonnen werden. Die methodische Kodierung ist in den nächsten 3 Bildern (Bild 8 , 8 .1 und 8 .2) andeutungsweise dargestellt. Anhand der Vielfalt der unterschiedlichen und möglichen Charakteristiken und Kenngrößen ist die "Methodische Kodierung" für den gesamten Kühlerkomplex vorzunehmen. Bei der Vornahme der "Methodischen Kodierung" ist besonders der Vorteil der Universalität pro Teilefamilie hervorzuheben. Darunter ist zu verstehen, daß für sämtliche Kühlerarten das gleiche "Menü" zur Anwendung gelangt, unter Zugrundelegung der "Methodischen Kodierung", ohne zusätzlich hohem Aufwand in der DV-Programmerstellung.

RELEVANTE CHARAKTERISTIKEN FÜR EINEN KFZ-WASSERKÜHLER

HAUPTMERKMALE (PRIMÄRCHARAKTERISTIKEN)	KODE HAUPTMERKMALE	KODE KENNGRÖSSEN
(1) Beschreibungsmerkmale (allgemein)		
Ordnungsbegriff, Materialeinteilung	AAA	26.1
Bezeichnung	XAA	
Hersteller	XAB	
Herstellerkode	XAG	
Technische Stückliste	XAC	
Zeichnungsnummer	XAD	
Register-/Blattnummer	XAE	
Preis	XAH	
Preiskode	XAI	
(2) System-Art der Baugruppe		
Sondermerkmale	XBA	
o Bauform	XBB	
o Werkstoff	XBC	
o Anzahl der Kühlerrippen/dm	XBJ	
o Rohrleitung	XBK	
Getriebeölkuhler ist Bedingung	XBL	
o Lage der Anschlüsse		
oo unten senkrecht	XBM	
oo unten schräg angesetzt	XBN	
oo rechtsseitig	XBP	
oo linksseitig	XBQ	
Thermoschalter-Anschluß ist Bedingung	XBR	
(3) Grenzmaße		
o Dicke	XCA	
o Breite	XCB	
o Höhe	XCC	
(4) Blockmaße		
o Dicke	XCE	
o Breite	XCF	
o Höhe	XCG	

Detailangaben, pro Hauptmerkmal, wenn zutreffend mehrere möglich

Abb.8

FORTSETZUNG

	KODE HAUPTMERKMALE	KODE KENNGRÖSSEN
(5) Form und Lage der Funktionselemente		
o Lage und Form des W-Ablaufstutzens	XDA	
oo Ausführung des W-Ablaufstutzens	XDB	
oo Ausführung des W-Zulaufstutzens	XDD	
oo Durchmesser der Stutzen	XDE	
oo Breite des Achsenabstandes der Bohrungen	XEA	
oo Höhe des Achsenabstandes der Bohrungen (von der Grundkante bzw. Meßebene)	XEB	
(6) Leistungsmerkmale		
o Durchflußmenge (Wasser)	XFA	

Detailangaben gemäß Vorblatt

Die Auflösung der Ziffer 5 "Ausführung des Wasserablaufstutzens", Kode-Element XDB, ist im nächsten Bild aufgezeigt.
Bei den übrigen Hauptmerkmalen wird sinngemäß verfahren.

BILD 9.2

DETAILANGABEN ZU: AUSFÜHRUNG, FORM UND LAGE DES WASSERABLAUFSTUTZENS GEMÄSS ZIFFER 5, HAUPTMERKMAL: XDB

Parallel nach links	A10
Parallel nach rechts	A12
Außen links, schräg 30°	A14
Außen rechts, schräg 30°	A16
Links nach hinten 90°	A18
Rechts nach hinten 90°	A20
Links nach hinten 90° + ↑ oben 15°	A22
Rechts nach hinten 90° + ↑ oben 10° - 12°	A24
Rechts, Bogen 90° + ↖ oben 45°	A26
Rechts, gekröpft 90° + 15° nach hinten + gedreht ↖ 20° nach innen	A28
Rechts, gekröpft ← 90° + ↖ 45° nach oben	A30
Rechts, gekröpft ↙ 35°	A32

Abb.8.1 und Abb. 8.2

Nachdem für sämtliche Kfz-Wasserkühler das "Menü" in Tabellenform im Datenbanksystem abgespeichert ist, kann mit der gezielten Eingabe der interessierenden technischen Werte in das System begonnen werden. Diese Tätigkeit kann in Bildschirm-Direkteingabe erfolgen und beurteilt den gesamten Wasserkühler-Datenbestand.
Bei der nachfolgenden Fragestellung mit 5 interessierenden Fragen wird durch Markierung der relevanten Datenelemente im "Menü" aus einem erfaßten Kühlerdatenbestand der Teilefamilie 26.1 mit 96 Stück ausschließlich auf die Datenelemente zugegriffen, die gefragt wurden.
Als Ergebnis werden 2 Kühlertypen ausgewiesen, die die gestellte Frage beantworten, dies bedeutet einen Verdichtungs-Prozentsatz von nahezu 2 %.
Können bei der Fragestellung keine exakten Werte eingegeben werden, so ist jede Bereichsangabe, z. B. größer gleich, von bis, zulässig.

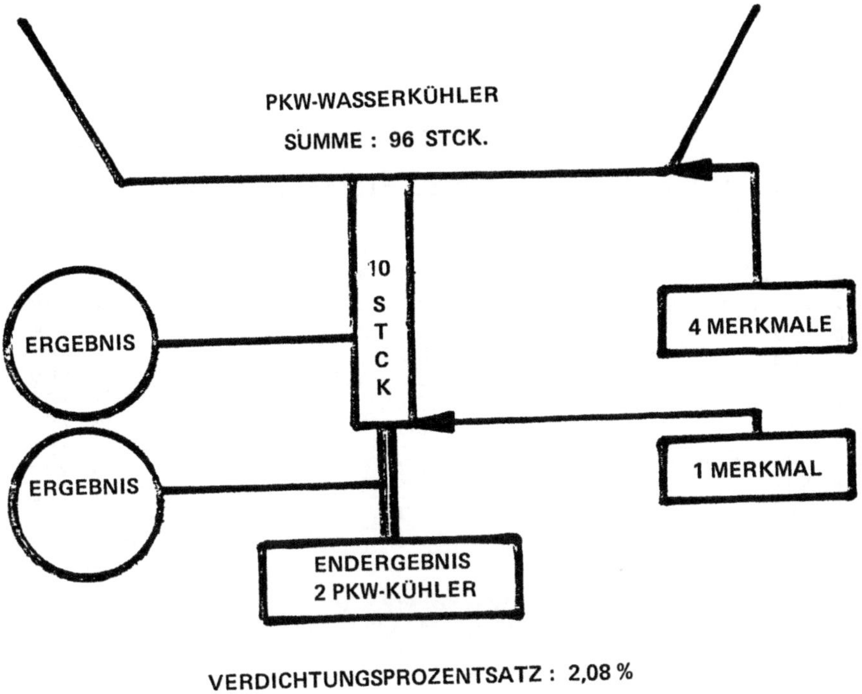

Abb.9

BILDSCHIRMTERMINAL-ABFRAGE FÜR PKW-WASSERKÜHLER

Gemäß Teilefamilieneinteilung ist der Hauptgruppe 26 und der Untergruppe 26.1 der Wasserkühler zugeordnet.

Gesucht wird:

1. ein geschlossenes Kühlersystem
2. die Einbaumöglichkeit eines Getriebe-Ölkühlers
3. ein Thermoschalter-Anschluß
4. die Lage des Wasserablauf-Stutzens unten rechts

```
S  AAA 26.11          & XAA  BIS  XAH
& XBA  A20            & XBB                & XBC
& XBJ                 & XBK                & XBL  A00
& XBM                 & XBN                & XBP
& XBQ                 & XBR  A00           & XBS
& XCA                 & XCB                & XCC
& XCE                 & XCF                & XCG
& XDA  A20            & XDB                & XDC
& XDD                 & XDE                & XDF
& XEA                 & XEB                & XFA
ENDE  Z


0000010 ANTWORTEN GEFUNDEN,LESEN AUS TD MIT "T "
```

Weitere Restriktion: gewünschte Durchflußmenge 48 m³/h

```
S  AAA 26.11          & XAA  BIS  XAH
& XBA  A20            & XBB                & XBC
& XBJ                 & XBK                & XBL  A00
& XBM                 & XBN                & XBP
& XBQ                 & XBR  A00           & XBS
& XCA                 & XCB                & XCC
& XCE                 & XCF                & XCG
& XDA  A20            & XDB                & XDC
& XDD                 & XDE                & XDF
& XEA                 & XEB                & XFA  A20
ENDE  Z


0000002 ANTWORTEN GEFUNDEN,LESEN AUS TD MIT "T "
```

Abb.10

Änderung:

Frühere Ausgaben:

September 1980

Übersichtsblatt 17. 11. 02

Blatt 14 von Blatt

Wasserkühler, Wasserkühler mit Getriebeölkühler (m. Klimaanlage)

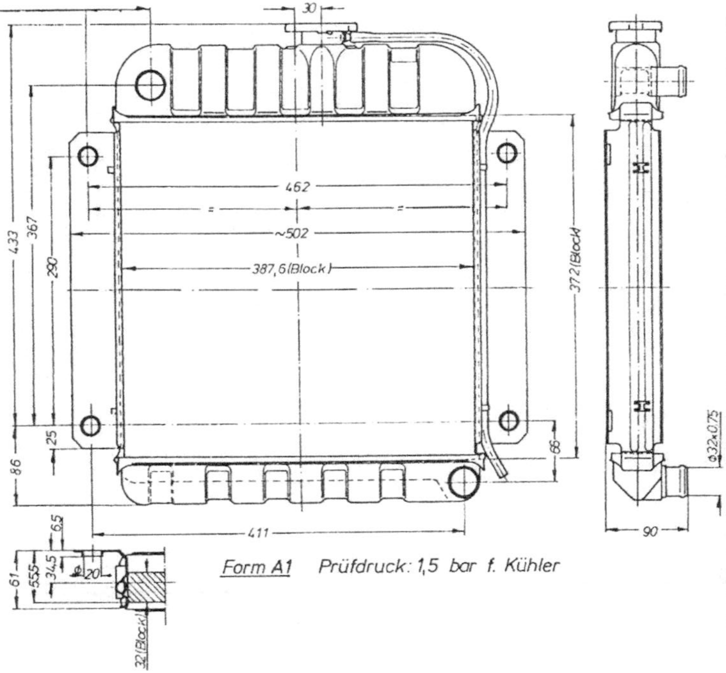

Form A1 Prüfdruck: 1,5 bar f. Kühler

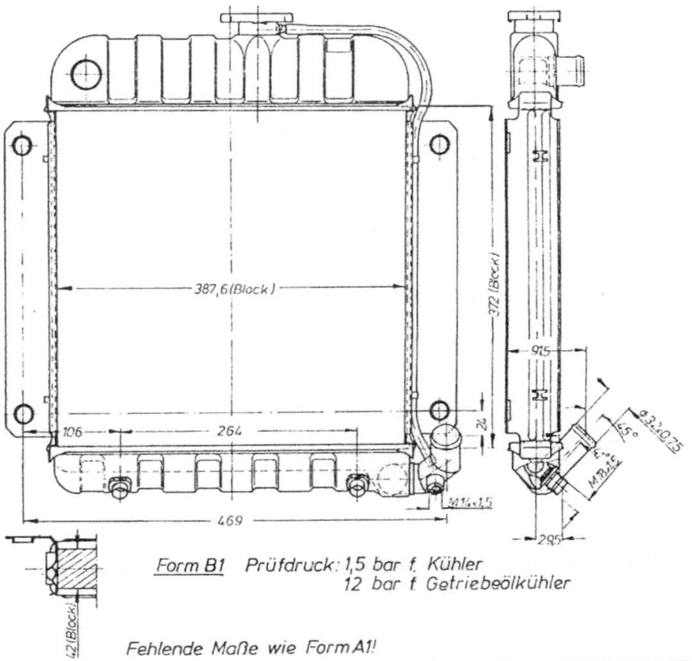

Form B1 Prüfdruck: 1,5 bar f. Kühler
12 bar f. Getriebeölkühler

Fehlende Maße wie Form A1!

Form	Ko.Gr.	Teil Nö.	St	Rohrteilung	Anzahl der Rippen	Durchflußmenge	Werkstoff	Betriebsdruck (bar)	Hergestellt von Fa.	Typ	Hubraum (cm³)
A1	26.1	1152748			56/dm	0,8 l/sec		1,15 bar	Längerer & Reich	E12	1800
B1	26.1	1152690			50/dm	0,8 l/sec		1,15 bar	Längerer & Reich	E12	

Bemerkung:

BILD 10.1

16

Normenstelle

ANTWORTEN FÜR KÜHLERTYP 1 UND 2
(BILD 10.2)

```
AAA TEILE-NUMMER            : 26.11-1152748
XAA BEZEICHNUNG             : WASSERKUEHLER + GTH
XAB HERSTELLER              : CHAUSSON
XAC TECHN.STUECKLISTE-NR    : E28
XAD ZEICHNUNGS-NUMMER       : 1152748
XAE BLATT NUMMER            : 0027
XAF ORDNER-NUMMER           : 100-12
XAG HERSTELLER-KODE         : 12070
XAH PREIS-KODE              : 10075
XBA SYST.FORM               : A20
XBB BAU-FORM                : X1
XBC WERKSTOFF               : A12
XBJ SONDER-MERKMAL-1        : A26
XBK SONDER-MERKMAL-2        : A15
XBL SONDER-MERKMAL-3        : A00
XBM SONDER-MERKMAL-4        :
XBN SONDER-MERKMAL-5        :
XBP SONDER-MERKMAL-6        : A12
XBQ SONDER-MERKMAL-7        :
XBR SONDER-MERKMAL-8        : A00
XBS SONDER-MERKMAL-9        : A20
XCA LAENGE-1                :
XCB BREITE-1                :
 F B  : FOLGEBILD, TASTE "DUE1" DRUECKEN
XCC HOEHE-1                 : A16
XCE LAENGE-2                : A12
XCF BREITE-2                : A38
XCG HOEHE-2                 : A31
XDA FUNKTION-1              : A20
XDB FUNKTION-2              : A24
XDC FUNKTION-3              : A10
XDD FUNKTION-4              : A10
XDE FUNKTION-5              : A22
XDF FUNKTION-6              : A40
XEA ANSCHL.MASS-1           : A22
XEB ANSCHL.MASS-2           : A15
XFA LEIST.MERKMAL-1         : A20
```

Ergebnis: Kühlertyp 1

```
AAA TEILE-NUMMER            : 26.11-1151549
XAA BEZEICHNUNG             : WASSERKUEHLER + GTH
XAB HERSTELLER              : BEHR
XAC TECHN.STUECKLISTE-NR    : E28
XAD ZEICHNUNGS-NUMMER       : 1151549
XAE BLATT-NUMMER            : 0027
XAF ORDNER-NUMMER           : 100-12
XAG HERSTELLER-KODE         : 12050
XAH PREIS-KODE              : 10075
XBA SYST.FORM               : A20
XBB BAU-FORM                : X1
XBC WERKSTOFF               : A12
XBJ SONDER-MERKMAL-1        : A30
YBK SONDER-MERKMAL-2        : A17
XBL SONDER-MERKMAL-3        : A00
XBM SONDER-MERKMAL-4        :
XBN SONDER-MERKMAL-5        :
XBP SONDER-MERKMAL-6        : A12
XBQ SONDER-MERKMAL-7        :
XBR SONDER-MERKMAL-8        : A00
XBS SONDER-MERKMAL-9        : A20
XCA LAENGE-1                :
XCB BREITE-1                :
 F B  : FOLGEBILD, TASTE "DUE1" DRUECKEN
XCC HOEHE-1                 : A16
XCE LAENGE-2                : A16
XCF BREITE-2                : A38
XCG HOEHE-2                 : A31
XDA FUNKTION-1              : A20
XDB FUNKTION-2              : A24
XDC FUNKTION-3              : A10
XDD FUNKTION-4              : A10
XDE FUNKTION-5              : A22
XDF FUNKTION-6              : A40
XEA ANSCHL.MASS-1           : A22
XEB ANSCHL.MASS-2           : A15
XFA LEIST.MERKMAL-1         : A20
 F A  : FOLGEANTWORT, TASTE "DUE1" DRUECKEN
```

Ergebnis: Kühlertyp 2

Zunächst ist das WBS-System als rein technisches System zur Erkennung von ähnlichen, gleichen oder modifizierbaren Konstruktionsteilen anzusehen. Jedoch zeigt die Praxis, daß nicht nur technische Informationen zu einem Bauteil von Interesse sind, sondern gleichzeitig die Verbindung zu objektbezogenen Managementdaten wie

Preis,
Hersteller (Eigen oder Fremd),
Zeichnung, Konstr.-Stand,
Stückliste,
Normen,
CAD-Nummer etc.

hergestellt wird.

4. DAS WBS-SYSTEM ALS SCHWACHSTELLEN-ERKENNUNGSSYSTEM

Das Problem der Erkennung von spezifischen Baugruppen- oder Bauteilen mit behafteten Schwachstellen innerhalb einer KD-Stelle im Kfz-Bereich kann auf das WBS-System übertragen werden. Der modulare Aufbau des WBS-Systems erlaubt eine objektbezogene Zuordnung von Ausfalldaten zu einem Teil. Die anschließenden Auswertungen mit wahlfreiem Datenzugriff können wie folgt aufgebaut sein:

z. B. o Diesel-Einspritzpumpe (1. Version)
- oo Spritzverstellereinheit
- oo Kraftstofförderpumpe
- oo Drehzahlregler

o Diesel-Einspritzpumpe (2. Version)
- oo Regelantrieb
- oo Hubschraube
- oo Überströmdrossel
- oo Drucksteuerventil
- oo Spannhebel
- oo Fliehgewichte
- oo Verteilerkolben

Es obliegt dem Anwender, welche Version der Geräte-Aufgliederung er wählt und welche notwendigen Schwachstellenmerkmale er zugeordnet haben möchte.

Über die erfaßten Materialien, im WBS-System gespeicherten Identifizierungsdaten kann wöchentlich oder monatlich ein Schwachstellen-Analyse-Bericht, unterteilt nach Wertüberschreitungsgrenzen, ausgedruckt werden. Dieser Analysebericht kann für gezielte Abhilfemaßnahmen beim Hersteller des Fahrzeuges verwendet werden, um die Qualität und damit das Ausfallverhalten der Fahrzeuge verbessern zu helfen.

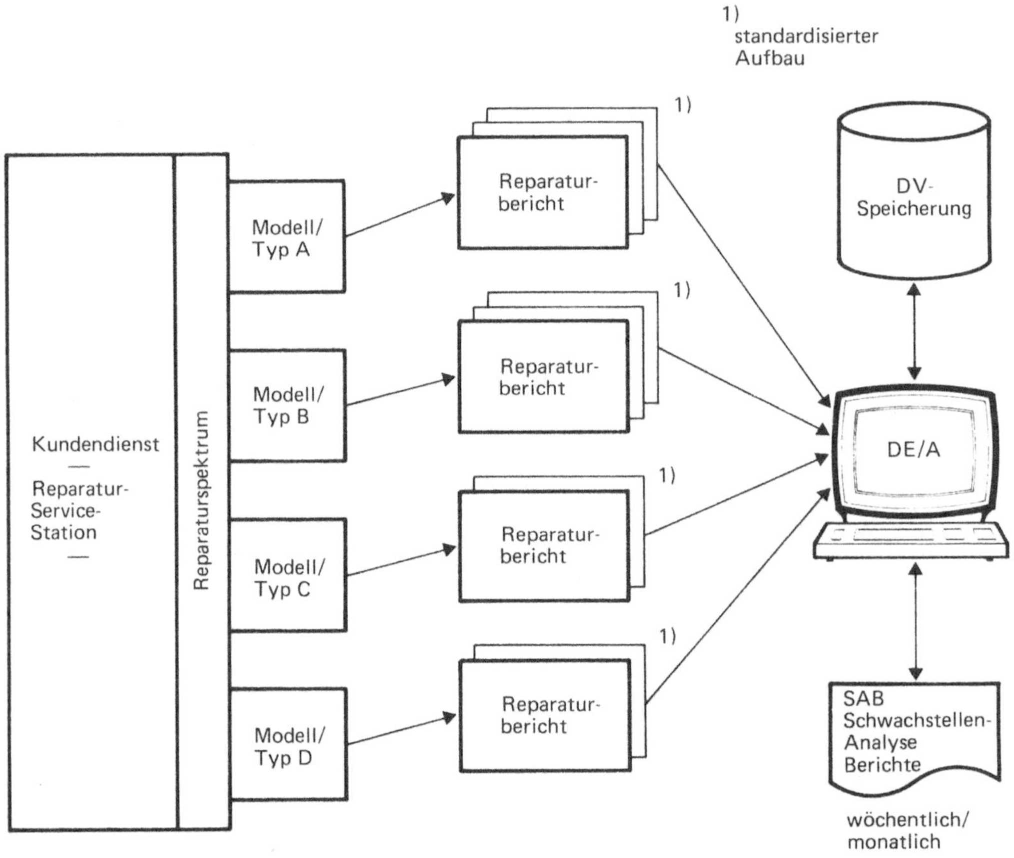

Abb. 11

5. ZUSAMMENFASSUNG

Das vorgestellte Gleichteile-Erkennungs- oder Wiederholbauteilesystem bietet zusammengefaßt eine Anzahl vielschichtiger, dislozierter Kosteneinsparungen, die sich nicht nur auf den Produktionsbetrieb auswirken, sondern ebenso für den Dienstleistungsbetrieb von kostensparendem Vorteil sind.

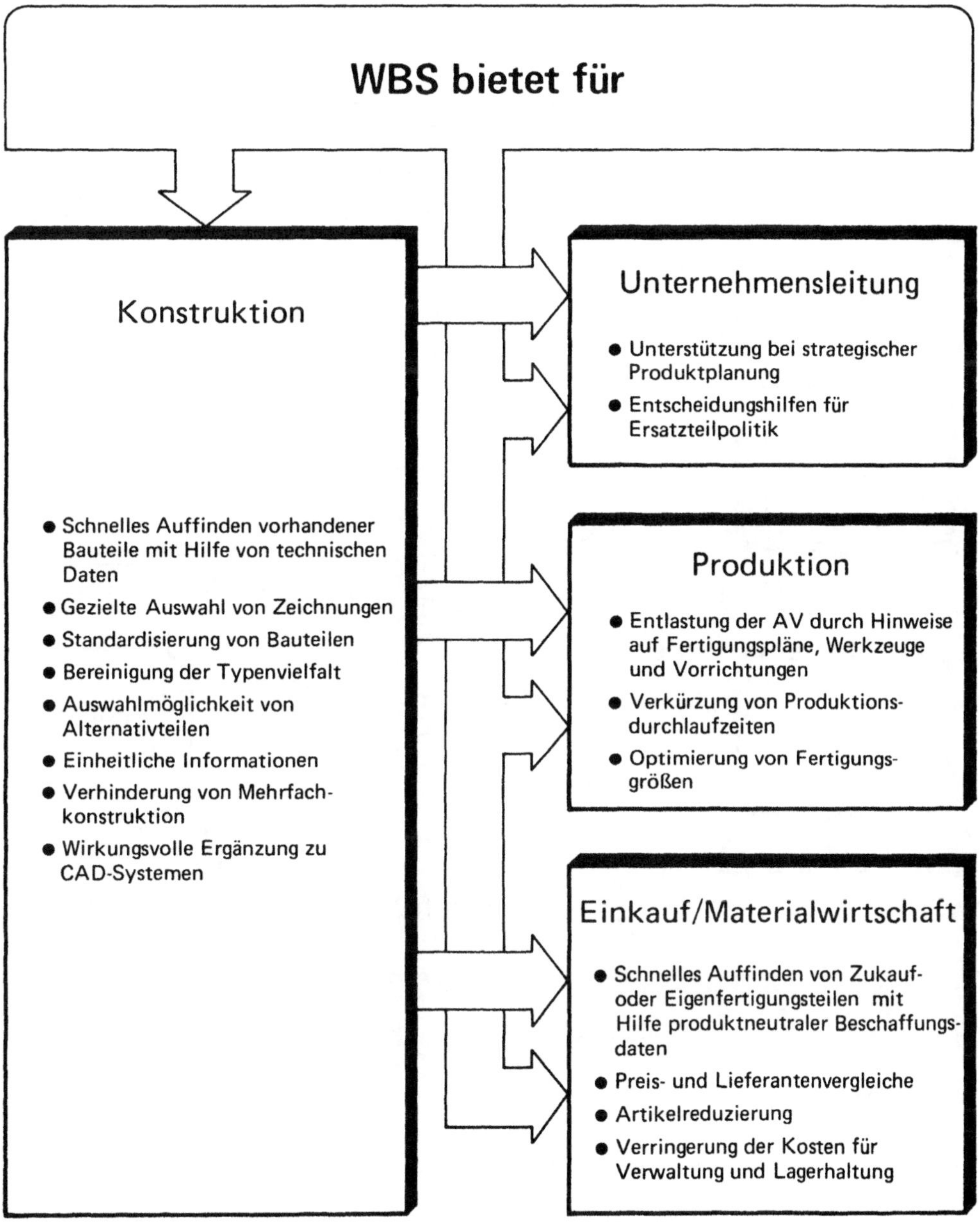

Abb.12

Die anzustrebende Idealisierung des modular aufgebauten Systems, mit wahlfreiem Datenzugriff, ist dann als gegeben anzusehen, wenn, wie im nächsten Bild (Bild 13) aufgezeigt, die jeweiligen Unternehmensbereiche am Kommunikationsprozeß über Bildschirmterminals beteiligt sind.

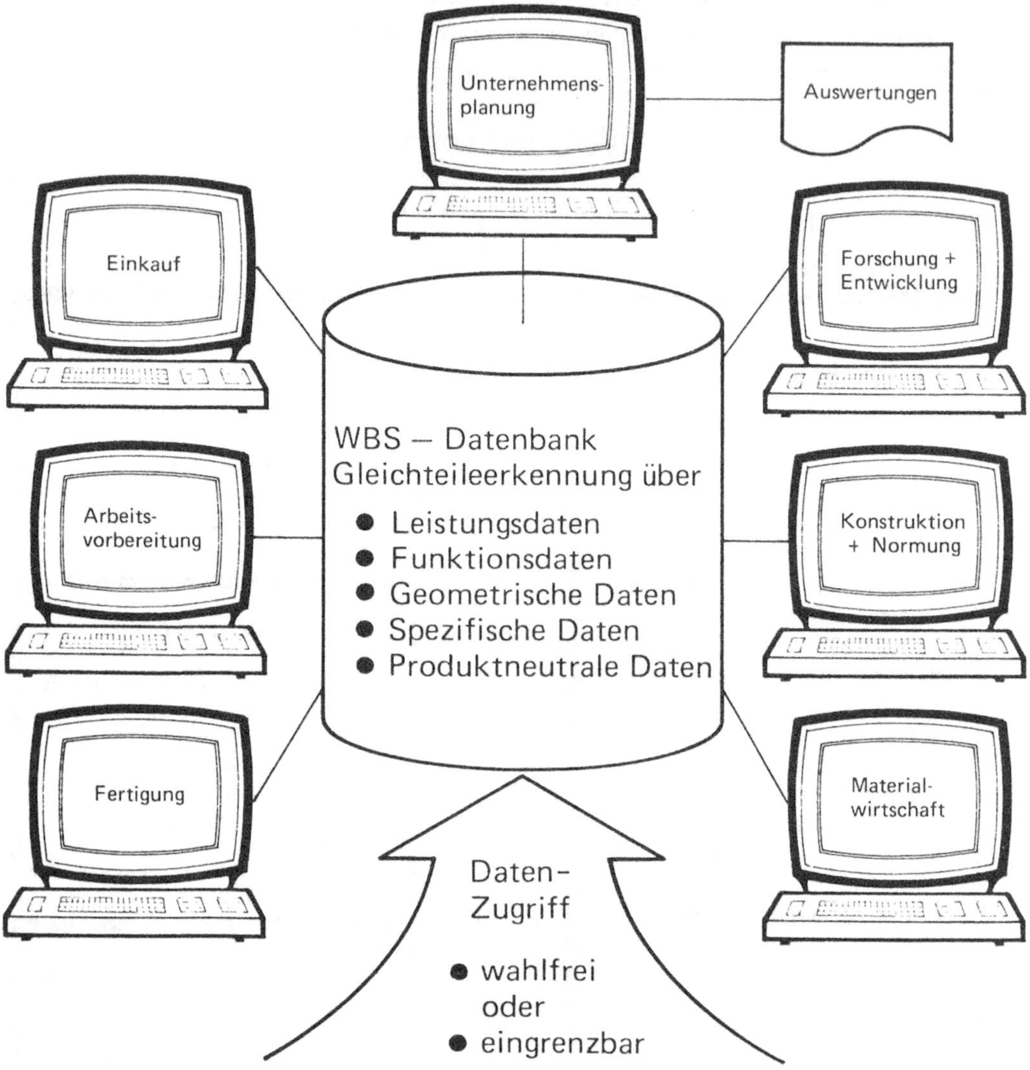

Abb.13

KONZEPTION FÜR DIE DATENKOMMUNIKATION MIT DER HANDELSORGANISATION IN- UND AUSLAND DER FIRMA BMW

K.Bekelaer

E I N L E I T U N G

Die BMW AG ist mit einer Produktion von rund 370.000 Automobilen und 35.000 Motorrädern pro Jahr der kleinste nach Porsche der sechs in der Bundesrepublik produzierenden Fahrzeughersteller.
Die Betriebsstätten verteilen sich auf die Orte München und Dingolfing für Automobile, Berlin für Motorräder, Landshut für Kunststoffteile sowie ab Mitte 82 Steyr im Bereich der Motorenproduktion.
Das Geschäftsjahr 1981 des BMW Konzerns wurde abgeschlossen mit einem Gesamtkonzernumsatz von ca. 10 Mrd., einer Bilanzsumme von ca. 5 Mrd., bei 44.648 Mitarbeitern.
Im folgenden werden die Ausführungen in fünf Kapitel unterteilt:
Das erste Kapitel zeigt die Struktur des BMW Konzerns, während im Kapitel zwei die Vertriebswege In- und Ausland dargestellt werden.
Kapitel drei beschreibt die Ist-Situation der heutigen Kommunikationsbeziehungen mit den vorhandenen Datenverarbeitungs-Projekten und ihren Problemen.
Kapitel vier zeigt die Konzeption für die zukünftige Datenkommunikation mit den Zielen und den von BMW angedachten Netzwerken.
Im fünften und letzten Kapitel gebe ich nochmals eine kurze Zusammenfassung des Gesamtvortrages.

1. STRUKTUR DES BMW KONZERNS

Der BMW Konzern wird unterteilt in die BMW AG, die Vertriebs- und Produktionsgesellschaften sowie in die restliche Konzernorganisation.

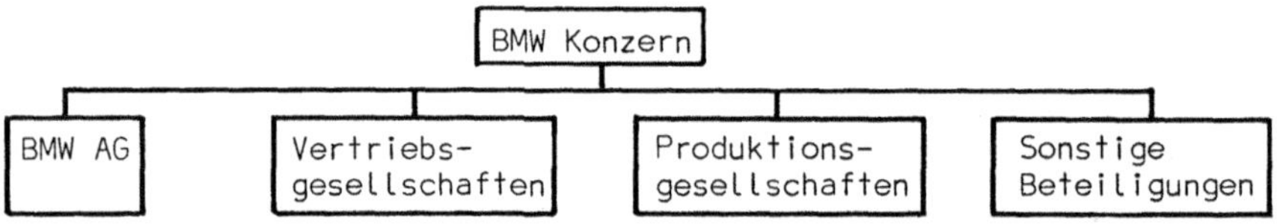

1.1. BMW AG

Die BMW AG gliedert sich in 7 Vorstandsbereiche: Vorstandsvorsitzender, Forschung und Entwicklung, Finanz- und Betriebswirtschaft, Logistik und Einkauf, Personal- und Sozialwesen, Technik, Vertrieb.

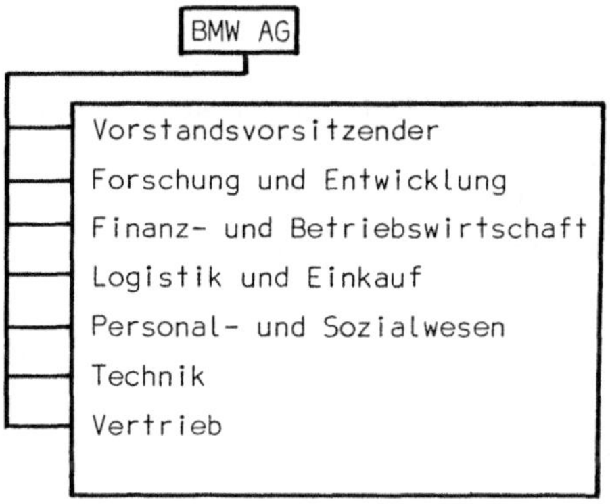

1.2. Vertriebsgesellschaften

Zu dem BMW Konzern gehören zwölf Vertriebsgesellschaften in folgenden Ländern:

- Europa - Belgien(Kontich), Frankreich (Bois d'Arcy/Strasbourg), Großbritannien (Bracknell), Italien (Verona/Mailand), Niederlande (Den Haag), Österreich (Salzburg), Schweiz (Dielsdorf), Spanien (Madrid)
- Amerika - USA (Montvale/Dallas/Los Angeles/Chicago)

- Australien (Melbourne)
- Asien - Japan (Tokyo, Jokohama)

Es sind hundertprozentige Tochtergesellschaften und sie haben die Aufgabe, Automobile, Motorräder, Teile und die ebenfalls im Konzern produzierten Marine Motoren zu vertreiben.

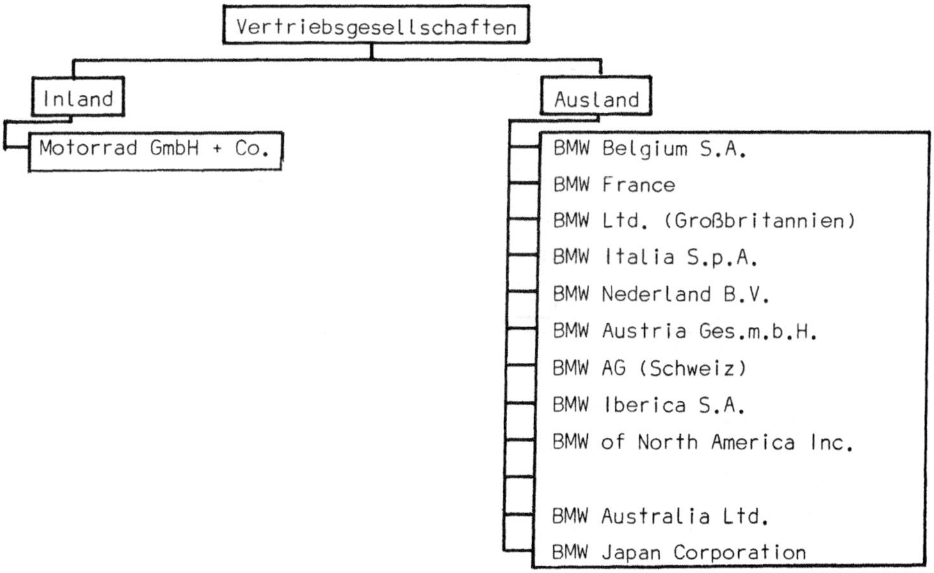

1.3. Produktionsgesellschaften

Zu dem BMW Konzern gehören folgende in- und ausländischen Produktionsgesellschaften

- BMW Marine GmbH in München
- BMW Steyr Motorengesellschaft m.b.H. (ZY) als Produktionsbetrieb für die BMW AG sowie für andere Automobilgesellschaften.
- CKD-Gesellschaften (= Completly Knocked Down Automobile) als ausländische Montagewerke des BMW Konzerns, die in Deutschland hergestellte Fahrzeugteile zu kompletten Automobilen montieren und diese in ihrer Region vertreiben. Das größte Werk mit einer Jahresproduktion von ca. 12.000 Automobilen befindet sich in Südafrika.

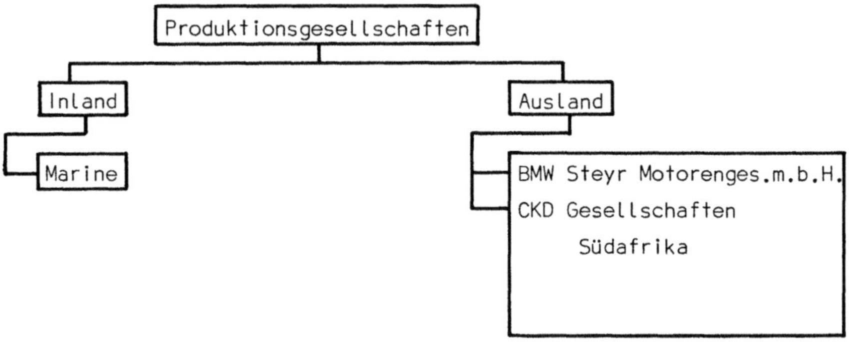

1.4. Konzernorganisation

Zu den bereits oben erwähnten Vertriebs- und Produktionsgesellschaften gehören innerhalb des BMW Konzerns noch die nachfolgenden Dienstleistungsgesellschaften, die **100 %ige Beteiligungsgesellschaften sind.**

- BMW Kredit GmbH - Finanzierung für BMW Händler und Kunden bezogen auf Neu- und Gebrauchtfahrzeuge
- BMW Leasing GmbH - Leasinggeschäfte für BMW Händler
- Bavaria Wirtschaftsagentur - Agentur für Versicherungsgeschäfte des BMW Konzerns, der BMW Mitarbeiter und privaten Kunden

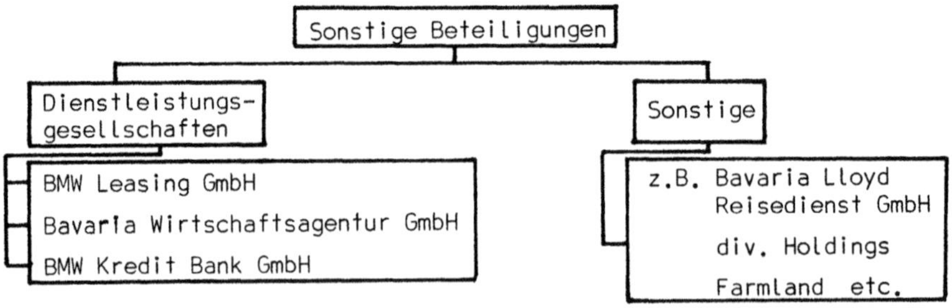

Die oben aufgeführten Dienstleistungsgesellschaften spielen in der Datenkommunikation eine untergeordnete Rolle und werden daher nur am Rande in die Betrachtungen mit einbezogen.
Lassen Sie mich nun zum zweiten Kapitel meiner Ausführungen kommen, nämlich den Vertriebswegen, denen sich der BMW Konzern bedient und hier zuerst zu den Vertriebswegen Inland.

2. VERTRIEBSWEGE

2.1. Vertriebswege Inland

2.1.1. Automobile und Teile

Die BMW AG bedient sich zum Vertrieb ihrer Produkte Automobile und Teile im Inland eines zweistufigen Systems.

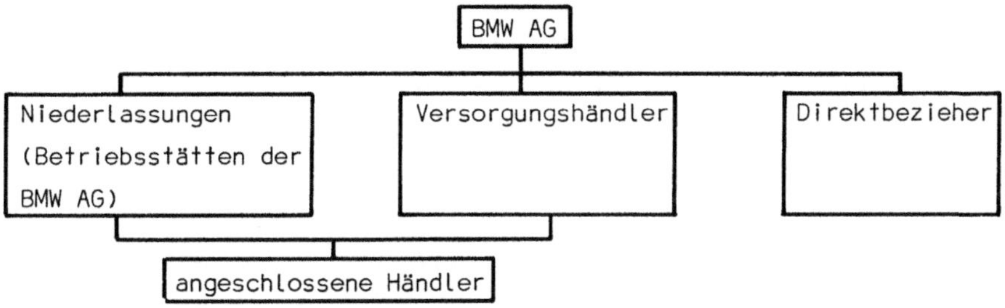

2.1.2. Motorräder

Im Gegensatz dazu werden die in der BMW AG produzierten Motorräder über eine gesonderte Vertriebsgesellschaft, die BMW Motorrad GmbH + Co., im Inland vertrieben. Diese Gesellschaft bedient sich eines einstufigen Händlersystems, welches aus den bereits oben erwähnten Niederlassungen und Direktbeziehern besteht.

2.2. Vertriebswege Export

Die BMW AG und die Motorrad GmbH + Co. vertreiben im Ausland ihre Produkte gemeinsam über ein mehrstufiges System.

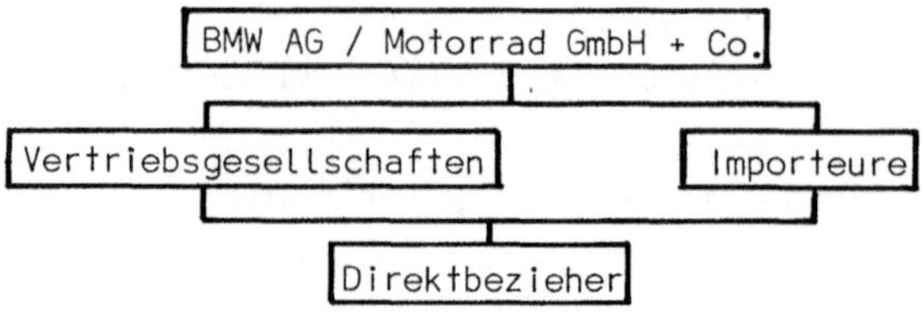

Die BMW Händler im Ausland pflegen enge Kontakte zu ihren für sie zuständigen Vertriebsgesellschaften bzw. Importeuren. Unmittelbare Kontakte der Händler mit der BMW AG gibt es im Sinne der hier betrachteten Kommunikationsbeziehungen nicht.

3. IST-SITUATION

3.1. Kommunikationsbeziehungen

Die Datenkommunikation zwischen den Partnern ist abhängig von Datenverarbeitungs-Projekten, die bereits realisiert bzw. in Zukunft geplant sind und daher die Möglichkeit bieten, maschinell erstellte Daten allen beteiligten Stellen zu übermitteln. Ich möchte detailliert über diese Projekte in dem Abschnitt "Konzeption" berichten.

3.1.1. Kommunikationsbeziehungen zur Handels- und Vertriebsorganisation In- und Ausland

Der Kontakt zwischen dem Zentralen Rechenzentrum der BMW AG und der Handels- und Vertriebsorganisation In- und Ausland wird heute in hohem Maße über den "Umweg" eines Sachbearbeiters hergestellt, der die schriftlich oder mündlich eingehenden Informationen bzw. Anfragen entgegennimmt, aufbereitet bzw. beantwortet und einen Teilumfang schließlich anwendungsbezogen in die zentralen Datenverarbeitungs-Systeme manuell eingibt. Ein Großteil dieser Sachbearbeitertätigkeit, z.B. Entgegennahme von Bestellungen oder Erteilen von Auskünften über Teilebestand, Lieferpreise und -termine, kann als Routine bezeichnet werden und läßt gute Rationalisierungsansätze erkennen.
Neben der konventionellen Form der Datenkommunikation mittels Korrespondenz, Telefon und Fernschreiben wird in Teilbereichen und -umfängen der Informationsaustausch zwischen der Zentrale und den Handels- und Vertriebsorganisationen über maschinell lesbare Datenträger, wie Disketten, Magnetbänder, Lochkarten, Journalstreifen und Klarschriftbelege abgewickelt. Lediglich mit zwei Vertriebsgesellschaften in England und USA findet ein Datenaustausch per Wählleitung bzw. über angebotene Netze,

wie Mark III von General Electric, statt, wobei aber nur gewissen Daten über diesen Weg übermittelt werden. Neben der aufwendigen Mehrfachbearbeitung der heute äußerst heterogenen, eingehenden Daten wird auch die Qualität der Informationen negativ beeinflußt.

3.1.2. Kommunikationsbeziehungen zu externen Gesellschaften

Die Kommunikationsbeziehungen zu externen Gesellschaften, wie z.B. Banken, anderen Rechenzentren, Speditionen, Reedereien etc. werden zum größten Teil manuell und erst in den Anfängen steckend über maschinell lesbare Datenträger abgewickelt. Eine Wähl- oder Standleitung zu den o.g. Institutionen ist nicht vorhanden und wegen der oftmals nicht gegebenen Wirtschaftlichkeit auch nicht geplant.

3.2. Probleme der heutigen Kommunikationsbeziehungen

Durch die noch weit verbreitete, manuelle Kommunikation zwischen der BMW AG und der Handels- und Vertriebsorganisation In- und Ausland ergeben sich folgende Probleme:
- Konventionelle Datenträger, z.B. Briefe, Telex, Telefon, Listen etc. sind durch Mehrfacherfassung, -verarbeitung und -ablage
  . kostenintensiv . personalintensiv . zeitintensiv

Trotz des hohen Aufwandes, der für die Ver- und Bearbeitung der Daten aufgewandt wird, sind . mangelnde Aktualität . uneinheitliche Dateninhalte . fehlende Datenkonsistenz . uneinheitliche Schnittstellen . Informationsverluste . mangelnde Transparenz . Infomationsbedarf nicht voll abgedeckt . nicht alle Informationen werden verarbeitet (Papierflut) zu verzeichnen.

Auch durch den Einsatz von maschinell lesbaren Datenträgern wie: - Band - Diskette - Lochkarte - Klarschriftbeleg etc. lassen sich nicht alle negativen Auswirkungen beseitigen. Man erhält zwar zum Teil geprüfte Daten und Doppelerfassungen sind nicht mehr notwendig, aber durch nur teilweise Verbreitung dieser Medien ist ein relevanter Rationalisierungseffekt zur Zeit noch nicht erreicht. Da diese Situation sich in der Zukunft durch das erhöhte Informationsbedürfnis noch verschlechtern wird, sind innerhalb der BMW AG die Überlegungen einer zukünftigen Datenkommunikation in ein konkretes Stadium getreten.

4. KONZEPTION DER ZUKÜNFTIGEN DATENKOMMUNIKATION

Im folgenden möchte ich Ihnen die Geanken darstellen, die in der BMW AG bzgl. der zukünftigen Datenkommunikation vorhanden bzw. in einigen Datenverarbeitungsprojekten bereits im produktiven Einsatz sind.

4.1. Zielsetzungen

Die vorstehend skizzierte Situation ist für die BMW AG sowie für ihre Kommunikationspartner im Händler- und Vertriebsbereich unbefriedigend, da sie nicht geeignet ist, den wachsenden Informationsbedarf abzudecken. Die BMW AG beabsichtigt daher, in enger Abstimmung und Zusammenarbeit mit den Handels- und Vertriebsorganisationen ein überwiegend hierarchisches Datennetz aufzubauen, das diese Organisationen mit der Zentrale und gegebenenfalls untereinander verbindet, um einen optimalen Informationsaustausch zu ermöglichen.
Die Vernetzung der ausländischen Händler mit ihren jeweils für sie zuständigen Vertriebsgesellschaften bzw. Importeuren ist wesentlicher Bestandteil der Gesamtmaßnahme des Aufbaus eines Netzes, über welches der Datenaustausch zwischen den in unmittelbaren Kommunikationsbeziehungen stehenden Gesellschaften und Organisationen erfolgen soll.
Diese Vernetzung ist jedoch keine Aufgabenstellung für die BMW AG, da die ausländischen Händler nicht unmittelbar mit der AG kommunizieren sollen, was auch aus vertraglichen Gründen nicht möglich ist, sondern mit ihren zuständigen Vertriebsgesellschaften bzw. Importeuren.
Ich möchte Ihnen nun kurz die Zielsetzungen für die Vernetzung aus Sicht der BMW AG darstellen:

- Schaffung eines Online-Kontaktes zwischen der BMW AG, den Vertriebsgesellschaften und der Handelsorganisation In- und Ausland.
- Wegfall von konventionellen Datenträgern.
- Einsparung von administrativen Tätigkeiten in der BMW AG, den Vertriebsgesellschaften und der Handelsorganisation In- und Ausland.
- Rationalisieren des Informations-Austausches durch . Beschleunigung des Informationsflusses . Bereitstellung umfassender und aktueller Informationen . gezielter Abruf und gezielte Zuleitung von Informationen, unabhängig von bestimmten Zeiten
- Schnelle und flexible Reaktionen der Kommunikationspartner
- Wirtschaftliche Datenübertragung durch Nutzung des jeweils kostengünstigsten Kommunikationsdienstes, angepaßt an das Informationsbedürfnis.
- Standardisierte Form der Datenkommunikation.
- Herstellung einer Datenvernetzung über alle Ebenen der BMW Handelsorganisation In- und Ausland und externen Stellen, wie z.B. Lieferanten, Banken etc.

Lassen Sie mich nun im Anschluß die Vorgehensweise darlegen, mit der wir die o.g. Zielsetzungen erreichen wollen.

4.2. Vorgehensweise

Allgemein kann dieses Vorgehen wie folgt gekennzeichnet werden:

Stufenweise Vernetzung der - Vertriebsgesellschaften - Handelsorganisation - Produktionsgesellschaften - Dienstleistungsgesellschaften - externen Stellen (Lieferanten, Banken, RZ etc.)
im In- und Ausland mit der BMW AG.

4.3. Mittel

Die Mittel, die zur definierten Vorgehensweise von der BMW AG eingesetzt werden, sind - Datenverarbeitungs-Projekte - nationale Netze - internationale Netze sowie Bildschirmtext/Computersprachausgabe.

4.3.1. Datenverarbeitungs-Projekte

Lassen Sie mich im folgenden auf die für diese Aufgabenstellung wichtigsten Datenverarbeitungs-Projekte und die darin enthaltenen, auszutauschenden Informationen eingehen. Um die Daten wirtschafltich zu erhalten, aufzubereiten, zu verwalten und auszugeben, hat die BMW AG zentrale, dezentrale Systeme sowie Händlerabwicklungssysteme geschaffen, bzw. befinden sich diese Systeme in der Planung und Entwicklung.

4.3.1.1. Zentrale Systeme

- Fahrzeugsystem mit den Datenaustausch für . Ordereingang . Rechnungen . Modell- und Preisinformationen
- Gewährleistungs-Informations-System mit . Gewährleistungsanträgen . Gutschriften und . Qualitätsinformationen
- Teiledienstsystem mit Datenaustausch über . Auftragsannahme . Lieferpapiere . Preisinformationen sowie . den Teilekatalog mit allen teilebezogenen Informationen
- Maschinelle Bestandsführung und Disposition . Zu- und Abgänge von Teilen . Bestände beim Händler . Dispositionsdaten
- Absatzsicherung Inland mit dem Datenaustausch für . Zulassungen von Automobilen und Motorrädern und . verkaufsbezogenen Plandaten

4.3.1.2. Dezentrale Systeme

Internationale Systeme - Bei der Entwicklung der internationalen Systeme handelt es sich um Systeme, die für folgende Teilgebiete bei den Vertriebsgesellschaften im

Ausland zum Einsatz kommen sollen - Gewährleistung - Fahrzeuge - Teile - Marketing. Sie werden in ein Kernsystem, was von allen Vertriebsgesellschaften genutzt wird und in nationale Module unterteilt. Das Kernsystem wird von Delegierten der Vertriebsgesellschaften und BMW AG eigenen Datenverarbeitungs-Mitarbeitern gemeinsam in Deutschland entwickelt und zentral gewartet. Bei der Entwicklung wird die Datenfernübertragung als der einzige Datenkommunikationsweg zwischen BMW AG und den ausländischen Vertriebsgesellschaften eingesetzt.

4.3.1.3. Abwicklungssysteme für die Handelsorganisation In- und Ausland

Um einen gesicherten Datenaustausch zwischen den Kommunikationspartnern zu gewährleisten, ist es unabdingbar notwendig, sich in der Handelsorganisation und bei den Vertriebsgesellschaften auf eine begrenzte, übersehbare Zahl von Datenverarbeitungs-Systemen - sowohl hard- als auch softwareseitig - zu beschränken.
Für die Vertriebsgesellschaften Export hat sich die BMW AG daher entschlossen, in allen Ländern Systeme der Serie IBM 4300 einzusetzen.

Bei unseren inländischen Niederlassungen werden nur Systeme der Siemens 6000 Serie eingesetzt.
Für die inländischen Händler spricht die BMW AG Werksempfehlungen aus, nachdem von den Fachabteilungen Softwarepakete in Zusammenarbeit mit den entsprechenden Datenverarbeitungs-Herstellern erarbeitet und geprüft werden.

Die Prüfungen der hardwaretechnischen Voraussetzungen werden von den entsprechenden Stellen der Datenverarbeitung vorgenommen. Positive und negative Erfahrungen mit den verschiedenen Werksempfehlungen sowie technische Veränderungen auf dem Datenverarbeitungs-Markt führen zu permanenten Änderungen, Verbesserungen bzw. Reorganisationen der Werksempfehlungen.
Zur Zeit sind folgende Datenverarbeitungs-Hersteller mit Systemen in der Werksempfehlung, die für bestimmte Händlergrößen ausgerichtet sind: - Siemens 6.000 Serie - Nixdorf 8870/1/3 - NCR 8150/9000 - Triumph Adler TA 22 - IBM 5280 in der Pilotphase.
Die Software für diese Datenverarbeitungs-Systeme umfaßt folgende Abwicklungen: - Teiledienst - Kundendienst (Service) - Verkauf von Neu- und Gebrauchtwagen - Buchhaltung wobei ein abgestufter Einsatz dieser Module von der Händler- und Maschinengröße abhängt. Bei kleineren Händlern wird der Komplex der Buchhaltung nicht auf der eigenen Anlage abgewickelt, sondern im Rechenzentrum der IBM bzw. bei Datev durchgeführt.
Im Bereich der Händler mit unter 50 Neufahrzeugen, für die der Einsatz einer eigenen Anlage wirtschaftlich nicht gerechtfertigt ist, wird momentan ein DFÜ-fähiges System zur intelligenten Datenerfassung und -übermittlung der wichtigsten Daten gesucht.

Als weitere Mittel darf ich nun zu den nationalen und internationalen Netzen übergehen.

4.3.2. Nationale Netze

Die in den bisherigen Abschnitten skizzierte Situation sowie der Umstand, daß ein Teil der Kommunikationspartner über eigene Datenverarbeitungs-Systeme verfügen bzw. verfügen werden und damit einige Aufgabenumfänge autonom, d. h. unabhängig von den Ressourcen der Zentrale abwickeln können, lassen in bezug auf das geplante Netzwerk nachstehende Aussagen zu:

- Es wird ein im wesentlichen hierarchisch strukturiertes Netz sein.
- Es wird vornehmlich ein Wählnetz sein.
- Standleitungen sind am ehesten bei der Vernetzung der Vertriebs-, Produktionsgesellschaften und Niederlassungen zu erwarten.

Aus vorliegendem Bedarfsfall kann weiter gefolgert werden, daß mehrere Datexdienste der DBP in Frage kommen, nämlich - das öffentliche Fernsprechwählnetz - das öffentliche Datexnetz mit Leitungsvermittlung (Datex-L) - das öffentliche Datexnetz mit Paketvermittlung (Datex-P)

Eine Entscheidung zugunsten eines der in Frage kommenden Netze muß für jedes der zu vernetzenden Datenverarbeitungs-Systeme auf Basis der jeweils existierenden Bedingungen getroffen werden. Dabei sind folgende Parameter zu berücksichtigen: - Standort Datenverarbeitungs-Systeme - Entfernungen zur Zentrale - angeschlossene Datenverarbeitungs-Systeme - grenzüberschreitender Datenverkehr - Betriebszeiten - Datenvolumina - Übertragungsmodus (Batch, Dialog) - Reaktionszeiten für Verbindungsherstellung etc.

Bei diesen Parametern ist neben der aktuellen Situation auch der mittelfristig geplante bzw. prognostizierte Zustand zu berücksichtigen. Unbeschadet der vorstehend angedeuteten Entscheidungsfindung können jedoch bereits jetzt Aussagen über die Bedeutung der einzelnen öffentlichen Netze für den vorliegenden Anwendungsfall anhand einiger die Netze grob unterscheidender und charakterisierender Merkmale gemacht werden.

Es sei an dieser Stelle aber nochmals darauf hingewiesen, daß zur Entscheidung für eines der öffentlichen Netze eine Gesamtkostenbetrachtung, d. h. einschließlich der Kosten für evtl. erforderliche nachgeschaltete Elemente wie Muliplexer, Konzentratoren, Protokollkonverter etc. durchgeführt werden muß. Darüber hinaus sind auch die qualitativen und technischen Anforderungen an die Datenübertragung zu berücksichtigen.

Aus der Gebührenstruktur lassen sich als Anhaltswerte folgende Faustregeln ableiten:

- Das Fernsprechnetz ist wirtschaftlich nur bei kleinem Verkehrsaufkommen und geringen Entfernungen (100 km).

- Im Ortsnetz bzw. Nachbereich ist fast immer die Telefonleitung die wirtschaftliche Lösung.
- Datex-L (< 50 km) bis zu ca. 3 Betriebsstunden pro Tag günstiger als Datex-P.
- Datex-L (> 50 km) nur in Ausnahmefällen wirtschaftliche als Datex-P.
- Datex-P (Nachttarif II; 22 - 24 und 0 - 6 Uhr) interessant für Stapelübertragung im Nah- und Fernbereich.
- Für Fernübertragung (> 100 km) ist Datex-P selbst bei höheren Datenvolumina (mehrere Mio Segmente/Monat) eine wirtschaftliche Alternative.

4.3.3. Internationale Netze

Internationale Fernmeldewege für Datenübertragung sind gegeben entweder durch - internationale Mietleitungen (z.B. Mark III) - das Datex-L-Netz - das Datex-P-Netz - das Fernsprechnetz - das Telexnetz - handvermittelte Leitungen über . die öffentlichen Fernsprechnetze . die öffentlichen Telexnetze . die öffentlichen Datennetze mit Leitungsvermittlung nach den USA
Es würde sicherlich den Rahmen dieses Referats sprengen, wollte man bereits jetzt festlegen, über welches Netz jeweils die Kommunikation mit einem Teilnehmer im Ausland erfolgen sollte. Diese Entscheidung setzt eine detaillierte Analyse der jeweiligen Kommunikationsbedürfnisse voraus. Trotz dieser Vorbehalte zeichnet sich jedoch ab, daß dem Datex-P-Netz aufgrund der Verknüpfungen mit einer Vielzahl von paketvermittelnden Netzen in anderen Ländern eine große Bedeutung zukommt.

4.3.4. Bildschirmtext/Computersprachausgabe

Bildschirmtext ist eine technische Entwicklung, die für die 80er Jahre ein weitverbreiteter, interessanter Fernmeldedienst für jedermann werden könnte. Dabei nutzt Bildschirmtext den Fernsehempfänger zur Darstellung geschriebener oder grafischer Informationen, die über das Fernsprechnetz übermittelt werden. Bildschirmtext ist ein Dialogsystem zwischen den angeschlossenen Teilnehmern. Da die BMW AG an dem seit Juni 1980 in Düsseldorf und Berlin stattfindenden Großversuch teilnimmt, werden die Überlegungen für den großflächigen Einsatz von Bildschirmtext als Kommunikationssystem zwischen den Partnern forciert. Zu einer endgültigen Aussage hierüber ist die BMW AG jedoch noch nicht gekommen.
Die Computer-Sprachausgabe, die sehr erfolgreich in unserer Vertriebsgesellschaft in England seit 2 Jahren im Einsatz ist, wird wahrscheinlich bis Ende des Jahres innerhalb der Bundesrepublik für einen geringen Teil der Datenkommunikation zwischen den Händlern und der BMW AG eingesetzt werden, wobei der Verbreitungsgrad von der noch zu ermittelnden Wirtschaftlichkeit abhängig ist.

5. ZUSAMMENFASSUNG

Grundsätzlich lassen sich alle oben erwähnten Überlegungen zur Kommunikationsstrategie der BMW AG in folgenden Aussagen zusammenfassen:
Die BMW AG verfolgt das Ziel einer gesteuerten Dezentralisierung, d. h.
- alle Systeme, die mit gemeinsamen Datenbeständen arbeiten bzw. komplexe Abläufe, die nur mit einer Groß-Datenverarbeitung realisierbar sind, sollen zentral im Rechenzentrum der BMW AG oder in anderen Rechenzentren abgewickelt werden, wobei der Datenaustausch zwischen den Kommunikationspartnern sowohl batch als auch online über DFÜ erfolgen soll.
- Alle Systeme, denen unabhängige Datenbestände zu Grunde liegen, deren Abläufe für alle beteiligten Partner identisch sind, sollen auf dezentralen Systemen ablaufen, wobei die Software unter Steuerung der BMW AG entwickelt wird.
- Bei Systemen, die individuellen Anforderungen genügen müssen, liegt die volle Verantwortung bei dem jeweiligen Anwender; sind Schnittstellen zu anderen Systemen betroffen, ist die Zentrale von diesen Anwendungen zu informieren.

Zukünftige Hauptaufgaben im Bereich der Kommunikation sind daher mittelfristig wie folgt zu charakterisieren:
- Schaffung der Voraussetzungen zur gesamthaften Planung der verfügbaren Techniken
- Aufbau von integrierten Daten- und Kommunikationsnetzen und die
- optimale Steuerung der Informationen innerhalb dieser Netze.

Unter Berücksichtigung aller Anforderungen und den gegebenen Rahmenbedingungen ist eine sukzessive Realisierung des Gesamtkonzepts als Aufgabe anzusehen, die sich bis in die neunziger Jahre hinziehen wird.

S C H L U S S B E M E R K U N G

Lassen Sie mich zum Abschluß meiner Ausführungen nochmals darauf hinweisen, daß das Vorhaben der BMW AG bzgl. der Datenkommunikation mit der Handelsorganisation In- und Ausland ein Projekt ist, was uns die nächsten Jahre beschäftigen wird und durch neue Technologien wie etwa Bildschirmtext und Kabelfernsehen entscheidend beeinflußt werden wird.

NASA-PROGRAMMPAKET FOR DIE BMW-HÄNDLERORGANISATION DER BMW AG MONCHEN

H.-J. Hildebrand

1. Ausgangssituation
1.1. Bei BMW-Niederlassungen
1.2. Bei BMW-Händlern

2. Sinn und Zweck
2.1. Generelle Zielsetzungen
2.2. Zielsetzungen im einzelnen
2.3. Kosten für den Anwender
2.4. Installation
2.5. Hardware

3. Lösung am Beispiel BMW AG
3.1. Teiledienst/Kundendienst
3.2. Verkauf (Neu- und Gebrauchtwagen)
3.3. Verwaltung (Debitoren, Kreditoren, Sachkosten)

4. Ergebnis und Probleme
4.1. Ergebnis
4.2. Probleme

5. Zukunftsaspekte
5.1. Datenfernübertragung (Datenaustausch mit BMW AG)
5.2. Akustikkoppler (zur Fehlerdiagnose u.-Behebung durch zentrale Wartungsstelle)
5.3. Lesestift (zur Auftragserfassung)
5.4. Microverfilmung (von aufbewahrungspflichtigem Material)

6. Zusammenfassung

1. Ausgangssituation

1.1 Bei BMW-Niederlassungen

Zwei von neun Niederlassungen hatten noch keine DV-Systeme bis zum Einsatz der NASA-Anwendersoftware, dies bedeutete einen hohen manuellen Aufwand in der täglichen Abwicklung, von Teiledienst, Kundendienst, Verkauf und Verwaltung.

Die restlichen Niederlassungen hatten teilweise bereits seit 10 Jahren DV-Systeme im Einsatz, diese waren jedoch mehr oder weniger nur reine Fakturierautomaten mit Lochkartenziehkarteien.

Der Aufwand zum Ziehen der Lochkarten war ebenfalls relativ hoch, eine Möglichkeit die Daten für spätere Auswertungen zu speichern bestand nicht.

1.2 Bei BMW-Händlern

Die wenigsten BMW-Händler hatten eigene DV-Systeme installiert, mit wachsendem Mengengerüst stieg auch die Nachfrage nach solchen Systemen.

Richtigerweise haben die Interessenten sich an die BMW AG gewandt, mit der Bitte um Prüfung und entsprechende Empfehlung einer Hardware die auch den Datenaustausch per Datenträger vom und zum Werk ermöglicht.

Nach Überprüfung der Situation und Zusammenarbeit mit verschiedenen Herstellern wurden werksseitig folgende Hersteller, in Abhängigkeit von der Größenordnung, empfohlen:

- NIXDORF	MODELL	8870/1,3,5
- SIEMENS	MODELL	6.620, 6.640, 6.660
- NCR	MODELL	3150/8250
- TRIUMPF	ADLER	MODELL TA22

(Kleinsystem zur Fakturierung)

2. Sinn und Zweck

Im Jahr 1977 wurde durch eine Vorstandsvorlage entschieden, ein "NIEDERLASSUNGS-, ABRECHNUNGS- und SERVICE-ANWENDUNGS-SYSTEM" (kurz NASA) als Standard-Software für Niederlassungen und Händler zu entwickeln (Teilprojekte siehe Abbildung 1).

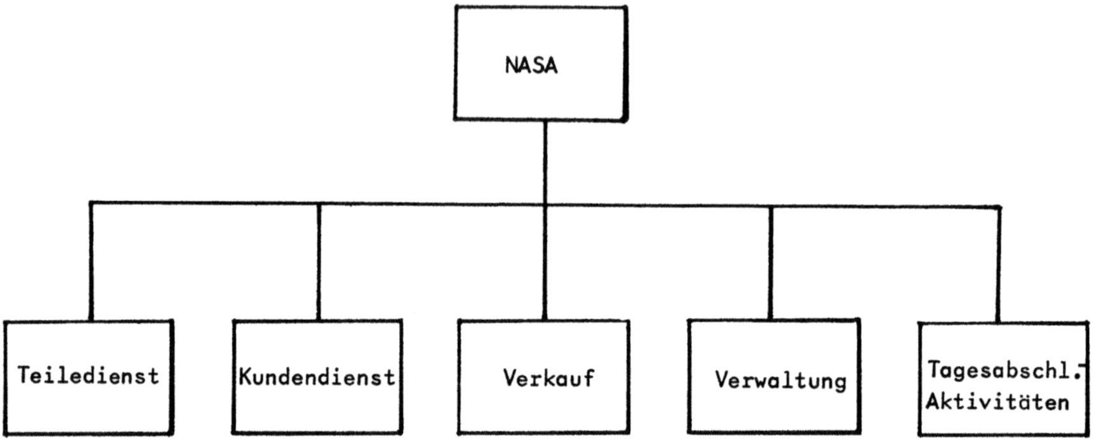

Abbildung 1

2.1 Generelle Zielsetzungen:

- Einheitliche Hard- und Software, dadurch Reduzierung des Wartungsaufwandes
- Vereinheitlichung des Berichtswesens
- Reduzierung des Erfassungsaufwandes
- bessere und schnellere Managementinformation
- Ablösung der bei den meisten BMW-Niederlassungen installierten alten Anlagen mit reiner Lochkartenabwicklung durch ein dialogorientiertes, modernes System auf dem neuesten Stand der Technik.

2.2 Zielsetzungen im einzelnen:

- reduzierte Datenerfassung bei der Auftragsannahme
- kein Lochkartenhandling mehr
- Benutzerführung bei Datenerfassung am Bildschirm
- sofortige Überprüfung der eingegebenen Daten
- schnellerer Zahlungseingang durch laufende Überwachung der Debitorenkonten

- wirtschaftliche Lagerhaltung durch Bestandsführung und Teiledisposition
- Abfragemöglichkeit aller wichtigen Datenbestände im Dialog per Bildschirm
- tägliche Ergebnisanalyse durch Ausgabe von Erfolgsübersichten
- beschleunigter Datenaustausch zwischen Werk, Niederlassungen und Händlern

2.3 Kosten für den Anwender

Um o.g. Ziele verwirklichen zu können, wurde das System "NASA" auf Kosten der BMW AG entwickelt.

Die Anwender-Software wird den Benutzern (Niederlassungen, Händler) kostenlos überlassen.

Pflege und Wartung wird durch die BMW AG kostenlos sichergestellt, die Kosten für die Hardware (Kauf, Miete oder Leasing) und Systemsoftware trägt der jeweilige Anwender.

Die Schulung der Anwender wird durch die jeweils zuständige Fachabteilung (Teiledienst, Kundendienst, Verkauf, Verwaltung, DV-Abteilung) sichergestellt.

2.4 Installation

Installationen werden gemeinsam mit künftigem Anwender, Hersteller, DV-Abteilung und der betroffenen Fachabteilung geplant und durchgeführt.

Durch oben genannte Vorgehensweise wird ein einheitlicher Wissensstand aller Anwender sichergestellt.

2.5 Hardware

Da die Hardware und die Software (DV-Anlage, und Anwendungsprogramme) überall identisch ist, besteht auch die Möglichkeit, im Krankheitsfall Personal von einem Anwender aushilfsweise zu einem anderen zu schicken.

Dies ist umso wichtiger, als bei relativ kleinen Anwendern auch nur ein bis zwei Mitarbeiter mit der Abwicklung vertraut sind.

Unterschiede gibt es lediglich in der Speicherkapazität, sowie in der Zahl der angeschlossenen peripheren Geräte (Drucker, Bildschirme, Plattenlaufwerke).

Die Anzahl dieser Geräte richtet sich nach den örtlichen Gegebenheiten, dem organisatorischen Arbeitsablauf sowie der Größe des Betriebes bzw. der Nebenbetriebe.

Ein typisches Beispiel für einen mittelgroßen BMW-Händler incl. Kosten zeigt die Abbildung 2.

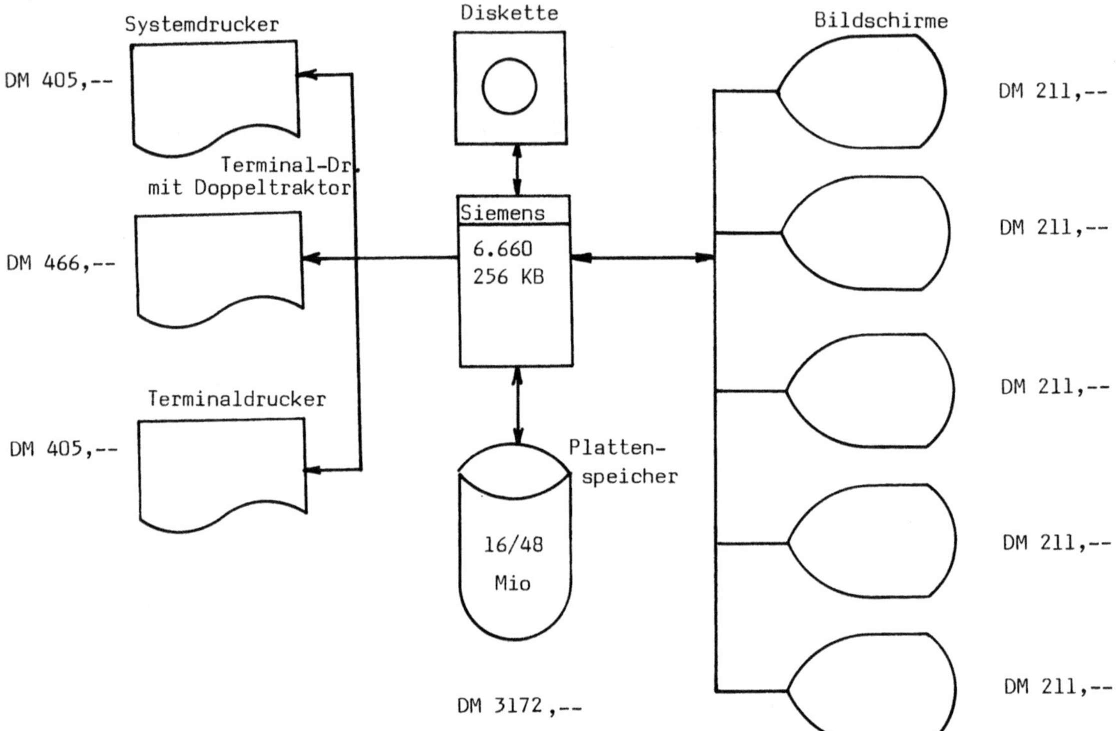

Abbildung 2 Konfigurationsbeispiel
(Gesamtkosten für Monatsmiete incl.Wartung: DM 5.503,--)

3. Lösung am Beispiel BMW AG

Nach Vorstandsbeschluß und damit verbundener Freigabe für den Projektbeginn wurde gemeinsam mit den Fachabteilungen der BMW AG und Vertretern der Niederlassungen der fachliche Anforderungskatalog für das Projekt erstellt.

Das Resultat war eine Angebotsausschreibung im Mai 1977 für unterschiedliche Hersteller.

Nach Eingang der entsprechenden Angebote haben wir uns entschieden, das Projekt unter Verwendung einer MDT-Anlage der Firma Siemens zu realisieren.

Es handelt sich hierbei um die Modelle 6.620, 6.640 und 6.660, die Basis für diese dialogorientierte Anlage der mittleren Datentechnik war, der in vielen Installationen erprobte Prozessrechner der Serie Siemens 300.

Anfängliche Probleme mit den Plattengeräten und dem Systemhandling, sowie mit der Ersatzteilversorgung, wurden durch großen Einsatz seitens des Herstellers, und Verständnis bzw. Geduld bei den Anwendern mit ständiger Kontrolle der Hardwareverfügbarkeit aller installierten Anlagen beseitigt.

3.1 Teiledienst/Kundendienst

Entwickelt wurden zuerst die Teilprojekte Teiledienst und Kundendienst. Beteiligt waren die Mitarbeiter der BMW AG, ein Softwarehaus und die Firma Siemens.

Die Erfahrungen haben gezeigt, daß der Anteil externer Mitarbeiter zu internen Mitarbeitern in einem Projekt möglichst nicht zu hoch sein sollte, da sonst mit dem Weggang der Externen zuviel "know how" verlorengeht, was den Wartungsaufwand der Programme, die durch Externe erstellt wurden, erheblich erhöht.

Der Inhalt der Systeme Teiledienst und Kundendienst deckt den gesamten Ablauf der Abwicklung ab (siehe Abbildung 3 und 4).

Lediglich die Teile-Disposition (Bestellvorschläge zur Wiederbeschaffung) wird in einem separaten System als Service bei der BMW AG abgewickelt.

Die erforderlichen Schnittstellen bezüglich der Bestandsbewegungen sind im Projekt NASA realisiert.

Der Grund für die separate Abwicklung sind wirtschaftliche Überlegungen, denn eine erhebliche zusätzliche Speicherkapazität wäre erforderlich um z.B. die 12 Monatsverbräuche je Teile-Nr. als Basis für eine Teile-Dispo zu speichern.

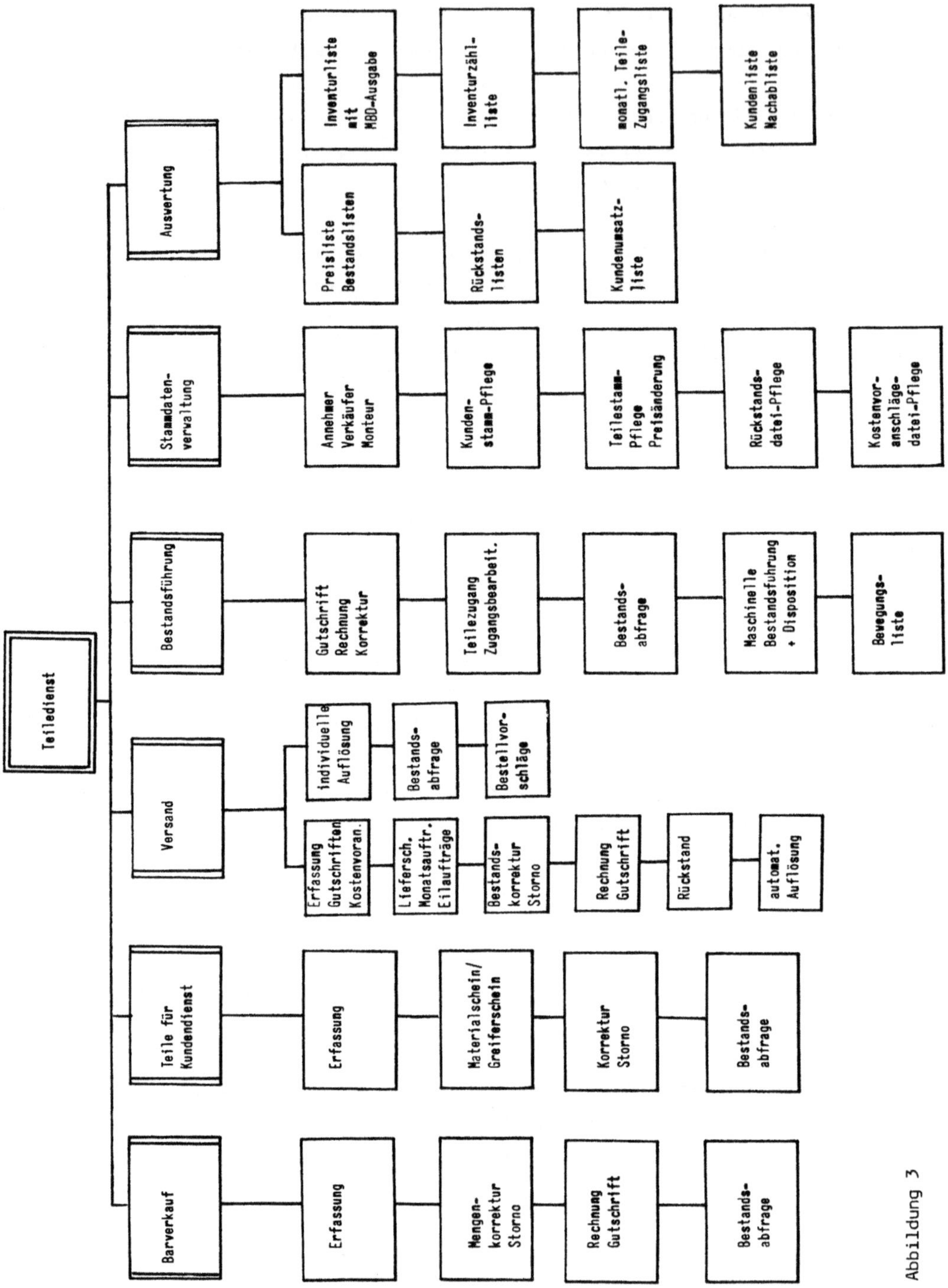
Teiledienst
Barverkauf
Erfassung
Mengen-
korrektur
Storno
Rechnung
Gutschrift
Bestands-
abfrage
Teile für
Kundendienst
Erfassung
Materialschein/
Greiferschein
Korrektur
Storno
Bestands-
abfrage
Versand
Erfassung
Gutschriften
Kostenvoran.
Liefersch.
Monatsauftr.
Eilaufträge
Bestands-
korrektur
Storno
Rechnung
Gutschrift
Rückstand
automat.
Auflösung
individuelle
Auflösung
Bestands-
abfrage
Bestellvor-
schläge
Bestandsführung
Gutschrift
Rechnung
Korrektur
Teilezugang
Zugangsbearbeit.
Bestands-
abfrage
Maschinelle
Bestandsführung
+ Disposition
Bewegungs-
liste
Stammdaten-
verwaltung
Annehmer
Verkäufer
Monteur
Kunden-
stamm-Pflege
Teilestamm-
Pflege
Preisänderung
Rückstands-
datei-Pflege
Kostenvor-
anschlöge-
datei-Pflege
Auswertung
Preisliste
Bestandslisten
Rückstands-
listen
Kundenumsatz-
liste
Inventurliste
mit
MBD-Ausgabe
Inventurzähl-
liste
monatl. Teile-
Zugangsliste
Kundenliste
Nachabliste

Abbildung 3

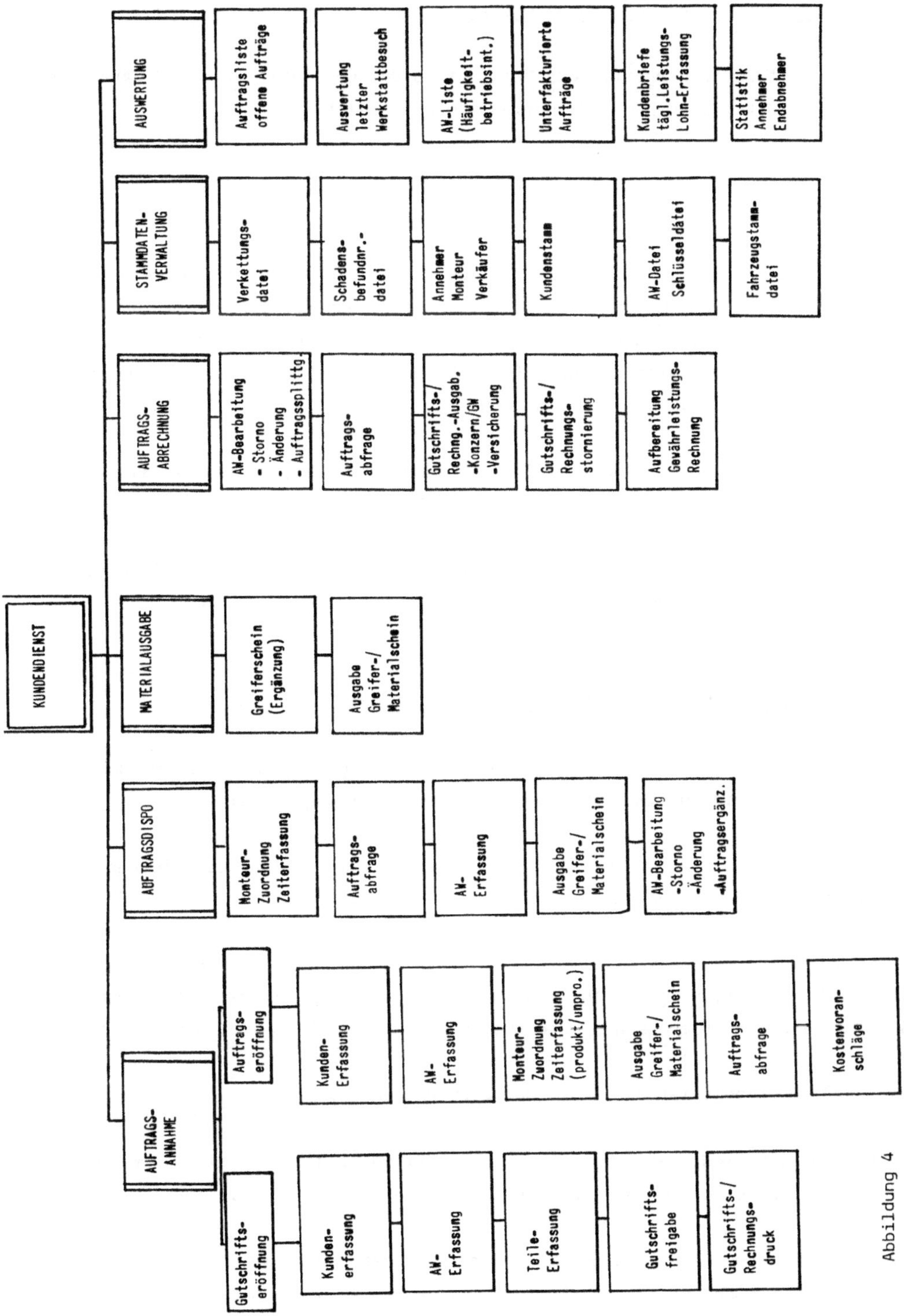
KUNDENDIENST
AUFTRAGS-ANNAHME
Gutschrifts-eröffnung
Kunden-erfassung
AW-Erfassung
Teile-Erfassung
Gutschrifts-freigabe
Gutschrifts-/Rechnungs-druck
Auftrags-eröffnung
Kunden-Erfassung
AW-Erfassung
Monteur-Zuordnung Zeiterfassung (produkt/unpro.)
Ausgabe Greifer-/Materialschein
Auftrags-abfrage
Kostenvoran-schläge
AUFTRAGSDISPO
Monteur-Zuordnung Zeiterfassung
Auftrags-abfrage
AW-Erfassung
Ausgabe Greifer-/Materialschein
AW-Bearbeitung -Storno -Änderung -Auftragsergänz.
MATERIALAUSGABE
Greiferschein (Ergänzung)
Ausgabe Greifer-/Materialschein
AUFTRAGS-ABRECHNUNG
AW-Bearbeitung - Storno - Änderung - Auftragssplittg.
Auftrags-abfrage
Gutschrifts-/Rechng.-Ausgab. -Konzern/GW -Versicherung
Gutschrifts-/Rechnungs-stornierung
Aufbereitung Gewährleistungs-Rechnung
STAMMDATEN-VERWALTUNG
Verkettungs-datei
Schadens-befundnr.-datei
Annehmer Monteur Verkäufer
Kundenstamm
AW-Datei Schlüsseldätei
Fahrzeugstamm-datei
AUSWERTUNG
Auftragsliste offene Aufträge
Auswertung letzter Werkstattbesuch
AW-Liste (Häufigkeit-betriebsint.)
Unterfakturierte Aufträge
Kundenbriefe tägl.Leistungs-Lohn-Erfassung
Statistik Annehmer Endabnehmer

Abbildung 4

3.2 Verkauf (Neu-, Gebrauchtwagen und Agenturabwicklung)

Die Vorgaben für die Programme des Verkaufs wurden gemeinsam mit der Fachabteilung der BMW AG und Vertretern der Niederlassungen erstellt.

Die Programme wurden jedoch von Siemens bzw. einem beauftragten Softwarehaus entwikkelt.

Da zwischen der Erstellung der Vorgaben, der Entwicklung und der Übernahme der fertigen Programme durch BMW ca. 2 Jahre vergingen (wegen der laufenden Installationen der Teilprojekte Teiledienst und Kundendienst) waren natürlich Anpassungen bzw. Änderungen in einem größeren Umfang erforderlich. Der heutige Inhalt des Verkaufssystems ist aus der Abbildung 5 ersichtlich.

Dieser Umfang ist von der Fachabteilung abgenommen worden, diese erstellt mit Unterstützung der DV-Abteilung z. Zt. das Anwenderhandbuch.

Eine Pilotanwendung läuft seit Mai/Juni 82 bei einem Händler, nach erfolgreichem Abschluß werden weitere Installationen bei den NL und Händlern vorgenommen.

3.3 Verwaltung (Debitoren, Kreditoren, Sachkonten)

Die Vorgaben für den fachlichen Inhalt der Verwaltungsprogramme wurden ebenfalls von der DV-Abteilung in Zusammenarbeit mit der Fachabteilung erstellt.

Aus Zeitgründen wurden jedoch nicht diese Vorgaben wie geplant von Siemens realisiert, sondern auf ein vorhandenes Paket zurückgegriffen.

Dieses wurde, da es nicht in allen Punkten unseren Vorstellungen entsprach, entsprechend geändert, es ging dabei vor allem um Änderungen in der Dateiorganisation, die dann eine wesentlich schnellere Abwicklung auf der DV-Anlage ermöglichten.

Der fachliche Inhalt ist der Abbildung 6 zu entnehmen.

Die Programme befinden sich bereits im produktiven Einsatz bei einem BMW-Händler seit 11.81 und bei der BMW-Niederlassung in München seit 04.82.

Nach Freigabe und Erstellung der Anwenderhandbücher durch die Fachabteilung wird die Verwaltung auch bei den restlichen Siemens-NASA-Anwendern eingeführt.

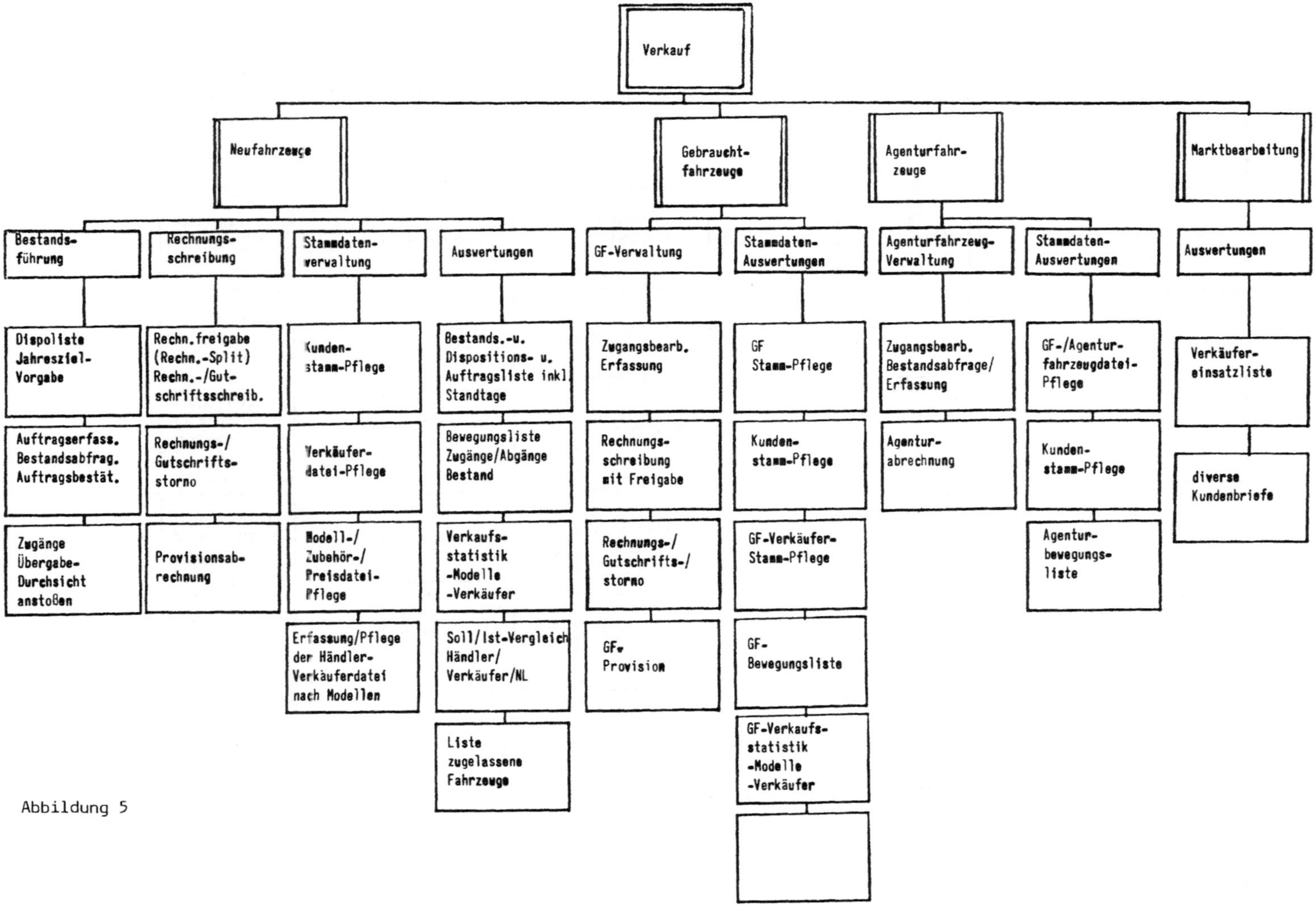
Verkauf
Neufahrzeuge
Gebraucht-fahrzeuge
Agenturfahr-zeuge
Marktbearbeitung
Bestands-führung
Rechnungs-schreibung
Stammdaten-verwaltung
Auswertungen
GF-Verwaltung
Stammdaten-Auswertungen
Agenturfahrzeug-Verwaltung
Stammdaten-Auswertungen
Auswertungen
Dispoliste Jahresziel-Vorgabe
Auftragserfass. Bestandsabfrag. Auftragsbestät.
Zugänge Übergabe-Durchsicht anstoßen
Rechn.freigabe (Rechn.-Split) Rechn.-/Gut-schriftsschreib.
Rechnungs-/ Gutschrifts-storno
Provisionsab-rechnung
Kunden-stamm-Pflege
Verkäufer-datei-Pflege
Modell-/ Zubehör-/ Preisdatei-Pflege
Erfassung/Pflege der Händler-Verkäuferdatei nach Modellen
Bestands.-u. Dispositions- u. Auftragsliste inkl Standtage
Bewegungsliste Zugänge/Abgänge Bestand
Verkaufs-statistik -Modelle -Verkäufer
Soll/Ist-Vergleich Händler/ Verkäufer/NL
Liste zugelassene Fahrzeuge
Zugangsbearb. Erfassung
Rechnungs-schreibung mit Freigabe
Rechnungs-/ Gutschrifts-/ storno
GF- Provision
GF Stamm-Pflege
Kunden-stamm-Pflege
GF-Verkäufer-Stamm-Pflege
GF-Bewegungsliste
GF-Verkaufs-statistik -Modelle -Verkäufer
Zugangsbearb. Bestandsabfrage/ Erfassung
Agentur-abrechnung
GF-/Agentur-fahrzeugdatei-Pflege
Kunden-stamm-Pflege
Agentur-bewegungs-liste
Verkäufer-einsatzliste
diverse Kundenbriefe

Abbildung 5

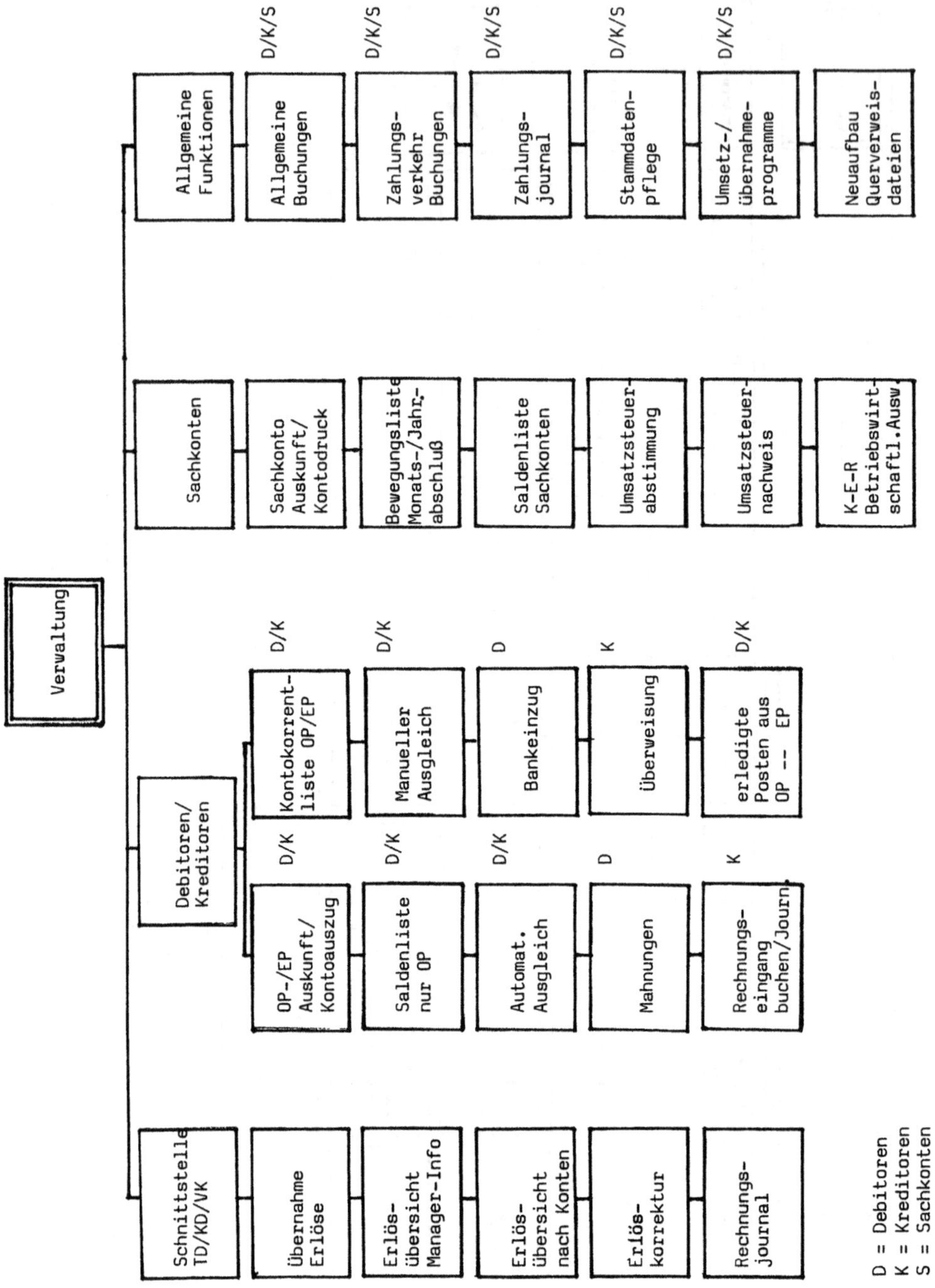
Verwaltung
Schnittstelle TD/KD/VK
Übernahme Erlöse
Erlös-übersicht Manager-Info
Erlös-übersicht nach Konten
Erlös-korrektur
Rechnungs-journal
Debitoren/ Kreditoren
OP-/EP Auskunft/ Kontoauszug
D/K
Saldenliste nur OP
D/K
Automat. Ausgleich
D/K
Mahnungen
D
Rechnungs-eingang buchen/Journ.
K
Kontokorrent-liste OP/EP
D/K
Manueller Ausgleich
D/K
Bankeinzug
D
Überweisung
K
erledigte Posten aus OP -- EP
D/K
Sachkonten
Sachkonto Auskunft/ Kontodruck
Bewegungsliste Monats-/Jahr.-abschluß
Saldenliste Sachkonten
Umsatzsteuer-abstimmung
Umsatzsteuer-nachweis
K-E-R Betriebswirt-schaftl.Ausw.
Allgemeine Funktionen
Allgemeine Buchungen
D/K/S
Zahlungs-verkehr Buchungen
D/K/S
Zahlungs-journal
D/K/S
Stammdaten-pflege
D/K/S
Umsetz-/ übernahme-programme
D/K/S
Neuaufbau Querverweis-dateien
D = Debitoren
K = Kreditoren
S = Sachkonten

Abbildung 6

Dabei gibt es zwischen den NL und Händlern in diesem Fall ein unterschiedliches Programmpaket.

Bei den NL wird gemäß genereller Entscheidung die Kreditorenabwicklung zentral im Werk durchgeführt.

Bei den Händlern werden die Kreditorenprogramme mit ausgeliefert und dezentral eingesetzt.

4. Ergebnis und Probleme

4.1 Ergebnis

Der augenblickliche Stand ist folgender:

- Teiledienst bei da. 30 Installationen im Einsatz
- Kundendienst bei ca. 30 Installationen im Einsatz
- Verkauf als Pilotanwendung im Einsatz
- Verwaltung im Einsatz bei einer NL und bei einem Händler
- weitere Installationen für TD/KD laufend
- weitere Installationen für Verkauf und Verwaltung nach Freigabe durch die Fachabteilung geplant für Oktober, November und Dezember 1982
- offizielles Ende des Projektes NASA als Entwicklungsprojekt bis Ende des Jahres 1982, danach Übernahme der Programme durch die Wartungsgruppe.

Folgende Verbesserungen wurden mit dem Einsatz der NASA-Software erzielt:

- vermiedene Neueinstellungen bei gestiegenem Umsatzvolumen
- Personaleinsparungen durch Entfall der bei den Niederlassungen im alten System notwendigen Ziehkarteien.
- Reduzierung der Fehlerquote durch Prüfung bei der Erfassung am Bildschirm
- schnellere und bessere Managementinformation
- bessere Kundenkontakte durch automatische Briefschreibung zu besonderen Gelegenheiten
- weiterer Ausbau der Möglichkeiten bzw. Auswertungen, da Daten gespeichert werden

4.2 Probleme

Es ist nur natürlich, daß bei einer derart langen Entwicklungsphase des Projektes erhebliche Probleme entstehen.

Vor allem dadurch, daß sich die Installationen der ersten Teilprojekte nach ihrer Fertigstellung mit der Weiterentwicklung von Verkauf und Verwaltung überschneiden.

Durch die Schulung, Einführung und Wartung (notwendige Änderungen) der Teilprojekte Teiledienst und Kundendienst, geht dem Entwicklungsteam Personalkapazität verloren, die jedoch dringend nötig wäre, um die restlichen Teilprojekte Verkauf und

Verwaltung endgültig fertig zu stellen.

Durch die große Zahl von Anwendern gibt es viele unterschiedliche Meinungen über die Art und Weise, wie die Anwendungen realisiert sein sollten.

Es erfordert einen gewissen Aufwand und kooperatives Verhalten aller Beteiligten einschließlich des Herstellers um ein einheitliches System trotz unterschiedlicher Auffassungen zu erhalten.

Um den Änderungsaufwand zu reduzieren und zu koordinieren, werden alle Wünsche der Anwender beim Fachprojektleiter gesammelt und geprüft.

Nur Änderungen die machbar und sinnvoll sind, werden mit Prioritäten versehen an die DV-Abteilung zur Aufwandschätzung und Realisierung weitergegeben. Für die Verfolgung und Rückmeldung an die Fachabteilung wurde eine Wartungsstrategie entwickelt, um auch diesen Vorgang zu standardisieren und überschaubar zu machen.(Vergl.Anl.7) "Strategie Systembetreuung"

Aus den Änderungswünschen und ihren Prioritäten wird von der DV-Wartung ein Personaleinsatz- und Terminplan erstellt.

Dieser wird 1 x wöchentlich einen Soll/Ist-Vergleich unterzogen, um Abweichungen rechtzeitig zu erkennen und Steuerungsmaßnahmen ergreifen zu können.

Der dafür erforderliche Zeitaufwand rentiert sich in jedem Fall - wie die Erfahrungen der Vergangenheit gezeigt haben.

Starke persönliche Konflikte können ein ganzes Projekt scheitern lassen, wenn sie nicht rechtzeitig beseitigt werden.

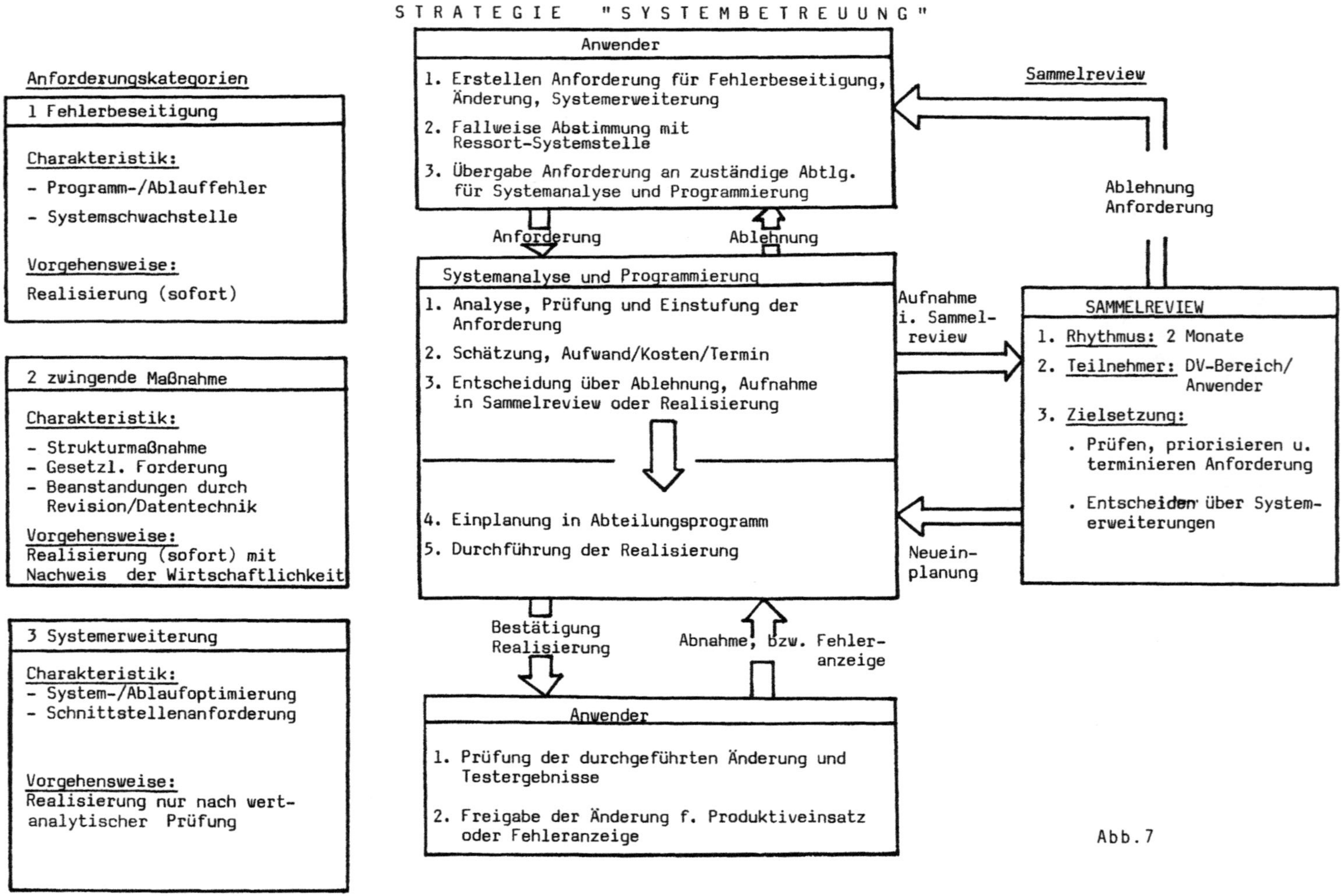
S T R A T E G I E "S Y S T E M B E T R E U U N G"
Anforderungskategorien
1 Fehlerbeseitigung
Charakteristik:
- Programm-/Ablauffehler
- Systemschwachstelle
Vorgehensweise:
Realisierung (sofort)
2 zwingende Maßnahme
Charakteristik:
- Strukturmaßnahme
- Gesetzl. Forderung
- Beanstandungen durch Revision/Datentechnik
Vorgehensweise:
Realisierung (sofort) mit Nachweis der Wirtschaftlichkeit
3 Systemerweiterung
Charakteristik:
- System-/Ablaufoptimierung
- Schnittstellenanforderung
Vorgehensweise:
Realisierung nur nach wertanalytischer Prüfung
Anwender
1. Erstellen Anforderung für Fehlerbeseitigung, Änderung, Systemerweiterung
2. Fallweise Abstimmung mit Ressort-Systemstelle
3. Übergabe Anforderung an zuständige Abtlg. für Systemanalyse und Programmierung
Anforderung
Ablehnung
Systemanalyse und Programmierung
1. Analyse, Prüfung und Einstufung der Anforderung
2. Schätzung, Aufwand/Kosten/Termin
3. Entscheidung über Ablehnung, Aufnahme in Sammelreview oder Realisierung
4. Einplanung in Abteilungsprogramm
5. Durchführung der Realisierung
Bestätigung Realisierung
Abnahme, bzw. Fehleranzeige
Anwender
1. Prüfung der durchgeführten Änderung und Testergebnisse
2. Freigabe der Änderung f. Produktiveinsatz oder Fehleranzeige
Sammelreview
Ablehnung Anforderung
Aufnahme i. Sammelreview
Neueinplanung
SAMMELREVIEW
1. Rhythmus: 2 Monate
2. Teilnehmer: DV-Bereich/Anwender
3. Zielsetzung:
. Prüfen, priorisieren u. terminieren Anforderung
. Entscheiden über Systemerweiterungen

Abb.7

5. Zukunftsaspekte

5.1 Datenfernübertragung (Datenaustausch mit BMW AG)

Ein besonderes Problem ist die Kommunikation zwischen dem Werk und der Handelsorganisation.

Daten müssen möglichst schnell, bei jedem Partner verfügbar sein, sie wurden in der Vergangenheit per Brief, Telex, Telefon, Lochkarte, Band oder Diskette verteilt.

Die Probleme bei dieser Art der Datenübermittlung sind:

- sehr hoher Zeitaufwand
- Fehlinterpretation
- falscher Versand
- Lesefehler
- zusätzlicher Erfassungsaufwand

Übermittelt werden z.B.:

- Preisänderungen
- Teile-/Fahrzeugbestellungen
- Änderungen von Stammdaten
  (Arbeitswerte, Teile-Informationen usw.
- Gewährleistungsanträge
- Modelländerungen
- Rechnungen
- Gutschriften
- Schadensbefund-Nummern

Heute gibt es unterschiedliche Systeme der Datenfernübertragung, die eine schnelle und sichere Übertragung von Daten ermöglichen.

Die Auswahl des jeweils passenden Systems erfolgt nach den Gesichtspunkten:

- Wirtschaftlichkeit
- Sicherheit der Übertragung
- Art und Mengengerüst der zu übertragenden Daten
- batch oder online-Übertragung
- Kompatibilität (Verträglichkeit) mit vorhandener Hardware

Folgende Systeme stehen u.a. zur Verfügung:

a) von der Post
  - DATEX-L
  - DATEX-P

b) von General Electric
  - MARK III mit einem weltweiten Netz von Standleitungen und der Möglichkeit Daten zu speichern und zu verarbeiten

Die Vorteile sind:

- hohe Übertragungsgeschwindigkeit
- schnelle Verfügbarkeit an jedem Ort
- kein zusätzlicher Erfassungsaufwand da maschinell lesbar
- hohe Sicherheit der Datenübertragung
- eindeutige Information

Kosten entstehen je nach Art der Übertragung für:

- Anpassung der DV-Programme auf beiden Seiten für Ein- bzw. Ausgabe der Daten
- erforderliche Systemsoftware (DFÜ-Prozeduren)
- evtl. Erweiterung der Hardware (Speicherkapazität)
- Modems zum modulieren bzw. demodulieren der übertragenen Signale auf beiden Seiten
- Gebühren für die Benutzung von:
  Leitungen, Datentelefon, Speicherung, Sicherung über einen bestimmten Zeitraum (b. MARK III)

Die ungefähren Kosten für die Übertragung von 1000 Datensätzen mit je 100 Zeichen sind bei

- DATEX-P	DM 7,00 f. batch
- DATEX-L	DM 3,45 Entf. bis 50 km, sonst 7,00
- MARK III	DM 20,-- bis 25,-- auf jeder Seite, jedoch mit Speicherung bzw. Verarbeitung
- STANDLEITUNG	DM 4,00 je 100 m bis 50 km Monatsmiete ohne Berücksichtigung des zu übertragenden Datenvolumens
- WAEHLLEITUNG	DM 7,00 - 10,00 bei Entfernungen von mehr als 100 km

Die angegebenen Kosten sind grobe Schätzungen, bei einer Übertragungsgeschwindigkeit von 2400 Baud, hinzu kommen noch feste Monatsbeträge für verschiedene Übertragungseinrichtungen.
In jedem Fall, empfiehlt sich für den Anwender eine Angebotsausschreibung mit anschließendem Vergleich der eingegangenen Angebote.

5.2 Akustikkoppler (Teleservice zur Fehlerdiagnose u. -behebung durch zentrale Wartungsstelle)

Der neuerdings von fast allen Herstellern angebotene Akustikkoppler eröffnet eine Reihe von Möglichkeiten:

- Ablauf der Testhilfsmittel
- Software-Korrekturen von der Zentrale
- Bedienerführung bei schwierigen Systembedienungen
- Ablauf von Hardware-Prüfprogrammen
- Fehlerdiagnose und -behebung

Alle oben aufgeführten Aktivitäten können beliebig weit vom Kunden entfernt durchgeführt werden. Es können somit Reisekosten und was noch wichtiger ist, Reisezeiten vom Spezialisten zum Kunden eingespart werden.

Aus folgenden Gründen wurde bei BMW entschieden, bei Neu-Installationen im Bereich der Handelsorganisation den Teleservice zu installieren:

- bei den wenigsten Händlern sind ausgebildete DV-Fachleute verfügbar, dies bedeutet eine zeitweise Hilfestellung durch die Zentrale ist dringend erforderlich
- bei Fehlern durch falsche Handhabung kann von der zentralen Wartung der BMW AG über Ferndiagnose der Fehler lokalisiert und behoben werden

- ohne diese Möglichkeit würde u.U. der Betrieb länger stillstehen, bis zur Bereinigung vor Ort.

Voraussetzungen/Kosten	Hardware	Kosten		
Beim Anwender:	- Akustik-Koppler	DM	5120	(Kauf)
	- Amtsberechtigtes Telefon	DM	200	Install.
	- Grundgebühren	DM	27	(mtl.)
	- Bildschirm bereits vorhanden			
Bei der zentralen Wartung:	- Modem D 300 s	DM	80	(mtl.)
	- Datentelefon	DM	200	Install.

- Grundgebühren	DM	27 (mtl.)
- Bildschirm	DM	229 (mtl.)
- Hardcopy z. Drucken	DM	180 (mtl.)

Die Übertragungsgeschwindigkeit beträgt z. Zt. 300 Baud, daher ist eine Übertragung von größeren Datenbeständen damit nicht sinnvoll.

Die Bildschirme können alternativ auch für normale Aktivitäten (z.B. Datenerfassung) benutzt werden, das Hardcopy-Gerät ist nicht zwingend erforderlich.

Der technische Aufbau ist aus der Abbildung 8 ersichtlich.

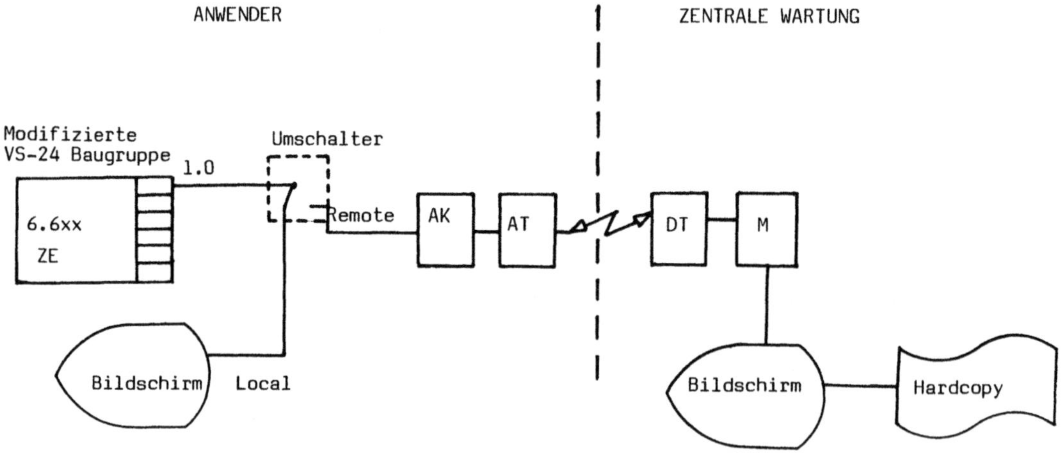

AK = Akustik-Koppler
AT = Amtsberecht. Telefon

M = Modem D 300S
DT= Datentelefon

Abbildung 8 Technischer Aufbau des AK

5.3 Lesestift (zur Auftragserfassung)

Der Lesestift wird bei der BMW AG bereits mit Erfolg eingesetzt. Die zu lesenden Daten sind in einem Balkencode aufgezeichnet und mit der Lesepistole zu lesen.

In der Montage wird der jeweilige Auftragsstatus des Fahrzeuges erfaßt, dies gibt dem Hersteller die Möglichkeit kurzfristig Auskunft über den aktuellen Status der bestellten Fahrzeuge zu erteilen.

Um den Lesestift auch bei der Auftragserfassung von Teilenummern verwenden zu können, ist eine Umstellung des Teilekataloges auf Balkencode erforderlich.

Diese und weitere Anwendungsmöglichkeiten für die Handelsorganisation werden z. Zt. untersucht.

5.4 Microverfilmung (von aufbewahrungspflichtigem Material)

Da die Papierflut auch bei der BMW AG erheblich und der Raumbedarf sowie die Personalkapazität zur Ablage der aufbewahrungspflichtigen Unterlagen ebenfalls sehr groß ist, werden immer mehr dieser Daten auf Bändern ausgegeben und verfilmt.

Da die Voraussetzungen jedoch in der Handelsorganisation nicht gegeben sind (Ausgabe von Magnetbändern), werden im Moment mögliche Alternativen untersucht.

Folgende Alternativen stehen zur Auswahl:

1. Ausgabe auf Disketten und umsetzen auf MICROFILM-Bänder in der Zentrale.

2. Ausgabe auf einer Druckdatei (Spool) und Versand von Magnetplatten nach München zur Umsetzung auf Bänder.

3. Installation von Magnetbandeinheiten bei den BMW-Niederlassungen und Erstellung der Bänder für die Verfilmung direkt beim Anwender.

4. Installation einer Kleinstfilmstelle zum Verfilmen von maschinell und/oder manuell erstellten Unterlagen.

Bewertung der Alternativen:

1. Da nur ca. 25 Seiten-Druckausgabe auf einer Diskette mit normaler Kapazität Platz haben, wären zu viele Disketten zu erstellen.
   Bei den bekannten Problemen mit dem Diskettenhandling (falscher Versand, falsche Beschriftung usw.) erscheint diese Version für ein größeres Volumen nicht sinnvoll.

2. Die Ausgabe der Daten auf einer Plattendatei mit anschließendem Umsetzen auf Band würde Kapazitätsprobleme bei knapp bemessener Spooldatei und eventuell zusätzliche Kosten für die zu versendenden Plattenstapel bedeuten. Eine Überwachung des Plattenrücklaufes wäre ebenfalls erforderlich.

3. Eine Installation von Magnetbandgeräten kommt eventuell für unsere Niederlassungen in Frage. Die Kosten sind ca. DM 950,--/mtl. Eine Wirtschaftlichkeitsrechnung wird z.Zt. durchgeführt.

4. Die Installation einer MICRO-Kleinstfilmstelle bedeutet eine Investition von ca. DM 25.000,-- bis 27.000,--. Diese hat jedoch den Vorteil, daß auch manuell erstellte Unterlagen verfilmt und auf kleinstem Raum aufbewahrt werden können. Auch diese Alternative wird von uns z.Zt. überprüft.

Kosten (für die Verfilmung)

1 MICRO-FICHE	= DM 2.76	für das Original
	= DM 0.23	für eine Kopie

Summe:	1 MICRO-FICHE = 207 Seiten à 72 Zeilen zu je 72 Zeilen (mit 132 Zeichen/Zeile)	= DM 3.00

6. Zusammenfassung

Wir sind der Meinung, daß wir mit der Entwicklung der NASA-Software den Niederlassungen und Händlern ein brauchbares Instrument zur Bewältigung ihrer täglichen Aufgaben geschaffen haben. Durch ein Standardpaket mit einheitlicher Abwicklung und identischem Berichtswesen bei allen Anwendern, wird auch der Wartungsaufwand wesentlich geringer, als bei unterschiedlichen Lösungen. Damit reduzieren sich insgesamt auch die Kosten, die bei der Pflege und Weiterentwicklung solcher Systeme ganz erheblich sein können.

DARTS - Das Datenverarbeitungssystem für Ford-Händler in Europa

R. Bertuleit

1. DARTS - Ein europäisches Konzept

2. Hardware Komponenten

3. Anwendungssoftware mit integriertem Datenaustausch

4. Gründe für den Einsatz von DARTS im Ford-Händlerbetrieb

5. Personelle und organisatorische Vorbedingungen für den Einsatz von DARTS

6. Ausblick auf zukünftige Formen der interaktiven Datenkommunikation

1. DARTS - Ein europäisches Konzept

DARTS ist die Abkürzung für "Dealer Application Remote Terminal System". Es ist ein integriertes Datenverarbeitungs- und Kommunikationssystem, das den direkten Zugriff zu den gespeicherten Daten in alle Bereiche eines Ford Händlerbetriebs hineinträgt und Datenkommunikation mit dem Hersteller betreibt.

Von Anfang an war der Gedanke einer europäischen Entwicklung maßgebend für die Auswahl der Realisierungskonzeption. Die Zielgruppe für DARTS sind die über 2.000 Ford-Haupthändler in Europa, die in der Entscheidung des Einsatzes von Datenverarbeitung völlig ungebunden sind. Ford spricht lediglich eine Empfehlung aus und trägt damit der Tatsache Rechnung, daß die Ford-Haupthändler in Europa selbständige Unternehmen sind.

Nach sorgfältiger Auswahl des Hardware-Herstellers im Jahre 1974, und zwar der Fa. Datapoint, wurde die Software in Zusammenarbeit zwischen Ford, den Händlern und Datapoint entwickelt. Überall in Europa wurden DARTS Arbeitskreise gebildet, an denen Vertreter der Händlerschaft teilnahmen, um möglichst von Anfang an die Belange der Praxis voll in das geplante System einfließen zu lassen.

Die damals begonnene Zusammenarbeit hält auch heute noch an und rückblickend kann gesagt werden, daß es im großen und ganzen eine recht positive war. Mittlerweile haben sich 320 Händler für das System entschieden.

2. Hardware Komponenten

Die im DARTS Rahmen verwendeten Mini-Computer der Fa. Datapoint gibt es in unterschiedlichen Größenordnungen (Datapoint 5500, 6600, 1800, 1560) und setzen sich im Wesentlichen wie folgt zusammen:

- der Zentraleinheit von 64 K bis 256 K

- der Plattensteuereinheit mit den entsprechenden Magnetplatten (Fest- oder Wechselplatten), auf die die Daten des Unternehmens abgespeichert werden und sich dort im direkten Zugriff für das Tagesgeschäft befinden

- den Bildschirmgeräten mit Tastatur, die am Arbeitsplatz des jeweiligen Sachbearbeiters stehen.
  Mit Hilfe der Bildschirmgeräte erfolgt der Programmaufruf, die Bedienersteuerung, der Datenaufruf und die Dateneingabe

- den Druckern, die je nach Ausstattung zwischen 60 und 330 Zeichen pro Sekunde drucken können und die für den Ausdruck gewünschter Informationen (Rechnungen, Pickerzettel, Dispositionslisten, Lohn-/Gehaltsabrechnung usw.) benötigt werden

- dem Netzanschaltgerät, das erforderlich ist, um die automatische An- und Ausschaltung der Zentraleinheit und der Platteneinheit in den Nachtstunden ohne Bediener durchführen zu können. Dieses ist deshalb wichtig, weil die Firma Datapoint mit dem Händler-Computer in den Zeiten des niedrigsten Telefontarifs ("Mondscheintarif") den Datenaustausch vornimmt.

- dem Modem (2400 Baud, BSC), mit dessen Hilfe die Daten, die der Händler-Computer empfängt bzw. abgibt übertragen werden können.

3. Anwendungssoftware mit integriertem Datenaustausch

Das DARTS-Konzept sieht den Datenaustausch als integralen Bestandteil des Systems vor. Jeder DARTS-Händler ist mittels DFÜ mit dem lokalen Datapoint-Service-Büro verbunden, welches die Daten nachts vom Händler abruft bzw. übergibt und morgens die Daten gebündelt mit der Ford-Motor-Company des jeweiligen Landes in Europa austauscht. Für den direkten Verkauf des Systems, Wartung und Kunden-pflege ist die Fa. Datapoint verantwortlich. In Deutschland z.B. kümmern sich 11 Systemberater telefonisch und vor Ort um die 120 angeschlossenen DARTS-Händler.

Eine übergeordnete Überwachung der Hard- und Software-Zuverlässigkeit erfolgt durch die Datapoint-Zentrale und durch die Ford-Organisation. Aufgrund von täglich durch den Händler erstellten und mittels DFÜ übermittelten Performance Kriterien werden die Werte händlerbezogen und summarisch festgehalten, so daß jederzeit eine Aussage über den Stand der System Performance möglich ist.

Folgende Anwendungssoftware ist im Augenblick realisiert:

- Rechnungsschreibung
  - Teile
  - Fahrzeuge
  - Werkstattaufträge
  - Gutschriften
- Garantieabwicklung
- Buchhaltung
  - Finanzbuchhaltung
  - Mahnwesen
  - Überweisungsverkehr
  - Finanzbericht
- Lohn- & Gehaltsabrechnung
- Teiledisposition und Bestellwesen
- Kundendienst- und Interessentensystem (Pilot-Phase)
- Tägliche Erfolgsrechnung

Dabei werden täglich folgende Daten zwischen Händler und Ford ausgetauscht:

- an die Händler:
  - Fahrzeugrechnungen
  - Fahrzeugorderstatusmeldungen
  - Teilerechnungen
  - Ersatzteilpreisänderungen
  - Garantievergütungsmeldung

- an Ford:
  - Teilebestellungen
  - Garantievergütungsanträge
  - Verkaufsmeldedaten
  - Ordereingangsdaten
  - Finanzberichte (im Test)
  - Performancemeldungen

4. Gründe für den Einsatz von DARTS im Ford Händlerbetrieb

Folgende Gründe sprechen für den Einsatz von DARTS in einem Ford Händlerbetrieb:

- Die DARTS Software ist speziell auf die Belange der Ford Händler abgestimmt und bietet viele Möglichkeiten einer innerbetrieblichen Rationalisierung und Kostensenkung.

- DARTS arbeitet mit einer modernen, erweiterungsfähigen und preiswerten Hardware.

- Gute Response Zeiten durch leistungsfähige Hardware und guter Basis-Software.

- Die Ford-Werke AG beteiligt sich an der Überwachung und der konzeptionellen Weiterentwicklung. Sie kann Einfluß nehmen auf Beseitigung eventueller Hard- und Software-Probleme.

- Die große Anzahl der eingesetzten Computer ermöglicht eine schnelle und frühzeitige Fehlererkennung zum Wohle aller DARTS-Anwender.

- Der relativ große Divisor, der durch die Anzahl der teilnehmenden Händler gebildet wird, ermöglicht eine kostengünstige Entwicklung neuer Systeme.

- Der Datenaustausch per DFÜ mit der Ford-Werke AG bringt dem Händler auf dem Teile- und Fahrzeugsektor erhebliche Vorteile. Seit Einführung der Garantieabrechnung und der Verkaufsmeldung sind die Vorteile noch erheblich ausgeweitet worden.

- Um die Notwendigkeit der Veränderung von Programmen aufgrund gesetzlicher Vorschriften und organisatorischer Veränderung bei Ford braucht sich der einzelne Händler nicht zu kümmern - sie wird ihm zentral abgenommen. Sonstige Programmverbesserungen kommen ihm automatisch zugute.

- Ein DARTS-Händler-Komitee vertritt die Interessen der DARTS-Anwender.

- Da die Programme zentral geschrieben werden, benötigt der Händler keine qualifizierten System-Analytiker und Programmierer.

- Durch die Kooperation zwischen den Fachleuten der Ford-Werke AG und der Firma Datapoint können Fragen, die sich auf die Organisation im Händlerbetrieb beziehen, besser beantwortet werden als dies einem Systemberater eines fachfremden Hardware/Software Herstellers möglich wäre.

- Die größere Anwendungsbreite von DARTS ermöglicht es, in Zweifelsfragen einen Händlerkollegen anzusprechen und mit ihm die Probleme zu diskutieren.

5. Personelle und organisatorische Vorbedingungen

Wenn sich ein Händler für DARTS entschieden hat, stellen sich eine ganze Reihe von organisatorischen Fragen, auf die im Folgenden etwas näher eingegangen werden soll:

Auswahl des Personals sofort nach Bestellung der Anlage

- Wer übernimmt die Gesamtverantwortung? DARTS strahlt mit seinen Funktionen in praktisch alle Betriebsbereiche hinein. Um dem Hersteller einen Mitarbeiter als Ansprechpartner zur Abwicklung von Störungsmeldungen Austausch von Informationen, etc. zu geben, ist es unbedingt erforderlich einen leitenden Mitarbeiter des Händlerbe- triebes (z. B. den Verwaltungsleiter) als DARTS Verantwortlichen zu benennen, der direkt dem Unternehmer bzw. dem Geschäftsführer berichten sollte. Wegen seiner abteilungsübergreifenden Funktion muß er die Fähigkeit besitzen, mit Menschen gut umgehen zu können ohne autoritär zu wirken. Er muß sich in die verschiedenen Arbeitsabläufe hineinfinden können und in der Lage sein, seine Arbeitszeit und die Computerbenutzung diszipliniert zu verwalten. Hitzköpfe, Tüftler und Introvertierte gehören nicht an diesen Platz. Er braucht und soll auch kein Computer-Fachmann sein, sondern Organisator und Koordinator.

- Wer wird voraussichtlich die Terminals bedienen? Neben dem DARTS-Verantwortlichen, der wahrscheinlich auch zeitweise die Zentraleinheit bedient, werden in nahezu allen Abteilungen bisher manuelle Tätigkeiten computer-unter- stützt. Daher sollten alle Mitarbeiter in diesen Abteilungen mit dem System arbeiten können und möglichst frühzeitig in der Handhabung des Systems und der Bedienung der Drucker bzw. Bildschirme eingewiesen werden.

Anhand der Garantieabwicklung soll exemplarisch der überaus positive Wert eines integrierten Systems verbunden mit dem Datenaustausch zwischen Händler und Herstellerwerk dargestellt werden:

> Bei der internen Fakturierung der Garantievorfälle sind die meisten Daten, die für einen Garantievergütungsantrag an Ford erforderlich sind, bereits vorhanden. Diese Daten werden abgespeichert und vom Garantiesachbearbeiter am Bildschirm vervollständigt (z.B. Ursachenteil, Defekt-Code etc.). Der so erstellte Garantie-Vergütungsantrag wird zunächst automatisch als Forderung an die Ford-Werke in die DARTS-Finanzbuchhaltung eingebucht und zur DFÜ bereitgestellt. Nachts werden die Daten eingesammelt und über das Datapoint-Service-Büro an Ford weitergeleitet. Dort finden die Daten Eingang in das Garantieabwicklungssystem und werden im Regelfall maschinell geprüft. Die so entstandene Garantievergütungsmeldung wird mittels DFÜ an den Händler zurückgeleitet. DARTS prüft nun im Händlersystem den Vergütungsbetrag gegen die vorher eingebuchte Forderung und gleicht diese bei Übereinstimmung automatisch aus. Bei Abweichungen, die über dem vom Händler individuell einzustellenden Abweichungsparameter liegen, wird der Fall nochmals ausgedruckt und dem Garantiesachbearbeiter zur Kenntnis gebracht. Dieser überprüft den Fall und sendet die korrigierten Daten erneut an Ford. In diesem Fall beginnt die oben beschriebene Routine noch einmal von neuem.

Die DARTS-Software ist für große und kleine Händler pro Land identisch. Der größte Händler arbeitet zur Zeit in England mit 33 angeschlossenen Terminals, und der kleinste Händler arbeitet in Spanien mit 2 Bildschirmen und einem Drucker. Hierin zeichnet sich die hohe Flexibilität der Hard- und Software aus, die es ermöglicht, mehrere Rechner in einem lokalen Netz (ARC net) miteinander zu verbinden. Es gibt prak- tisch keine Grenze der Ausbaufähigkeit nach oben hin. Nach unten hin wird die Hardware von einem softwarekompatiblen Micro-Computer (Z80A) abgedeckt, auf dem mit Ausnahme von Datensicherungsprozeduren die gleiche Software läuft.

Die letztere Alternative steht erst seit kurzer Zeit zur Verfügung und man verspricht sich davon eine erhebliche Zunahme der kleineren und mittleren DARTS-Anwender.

Information und Motivation des Personals sofort nach Bestellung

Die Einführung eines Datenverarbeitungs-Systems bedeutet für jede Organisation einen erheblichen Eingriff. Die Umstellung auf DARTS macht hierbei keine Ausnahme. Sie kann je nach der Vertrautheit mit Datenverarbeitung (z. B. durch externe Buchhaltung) relativ leicht vonstatten gehen. Es kann aber auch bedeuten, daß die Mitarbeiter erhebliche Schwierigkeiten mit der Umstellung haben. Nicht nur daß Dateninhalte, die man früher mit Bleistift oder Kugelschreiber auf Papier hatte, in einem rotierenden Magnetplattenstapel verschwinden, auch weiß man ja nicht, ob der neu hinzukommende "Kollege Computer" Freund oder Feind sein wird. Wird er Mitarbeiter verdrängen, überflüssig machen, ihnen untergeordnete Tätigkeiten zuweisen? Wird der alte Chef auch der neue sein? Werden die alteingesessenen Abteilungsleiter Funktionen verlieren? Wird ihr Image leiden? Werden Mitarbeiterbeziehungen auseinander gerissen? Kurz, geht nicht das ganze altbewährte Organisationsgefüge in die Brüche?

Sicher sind einige Einschnitte nicht auszuschließen, aber im Großen und Ganzen bewegen sich die Änderungen in vertretbaren Bahnen. Die Erfahrung zeigt, daß der "Kollege Computer" sehr bald zum geschätzten Mitarbeiter wird, der hilft, geisttötende Arbeit zu vermeiden und die Zeit erwirtschaftet, die man zum kreativen Schaffen benötigt.

Aber wer weiß das schon vorher so genau? Deshalb ist eine gründliche Information aller Mitarbeiter des Betriebes, zumindest aber aller Abteilungsleiter und der künftigen Terminal-Bediener erforderlich. Hierbei muß DARTS den Mitarbeitern "verkauft" werden. Ängste um den Arbeitsplatz sind dadurch auszuräumen, daß klare Feststellungen von Seiten des Unternehmers getroffen werden. Die neue Organisation ist darzulegen und fortfallende bzw. neue Funktionen sind zu beschreiben.

Vielfach wird der Unternehmer hierzu nicht allein in der Lage sein. Dann sollte er sich aus dem Kreis der vielen DARTS-Anwender Hilfe erbitten. Sicherlich wird gerne ein Händler-Kollege bereit sein, ihn an seinen Erfahrungen mit dem System partizipieren zu lassen.

Schließlich sollte man auch mit allen betroffenen Mitarbeitern einen Betrieb besuchen, in dem DARTS schon gut funktioniert. Ein Gespräch von Kollege zu Kollege und eine Demonstration im Tagesgeschäft kann Zweifler überzeugen.

Datenverarbeitung bedeutet eine erhebliche Investition. Ob es eine erfolgreiche Investition war, hängt auch davon ab, ob die Mitarbeiter alle von vornherein richtig motiviert sind, um die Aufgabe der Umstellung von manuellen Arbeitsabläufen auf Datenverarbeitung zu bewältigen.

6. Ausblick auf zukünftige Formen der interaktiven Datenkommunikation

Während DARTS den Datenaustausch in Form von nächtlichen Batch-Übertragungen betreibt, ist ein zunehmender Bedarf an interaktivem Datenaustausch zu verzeichnen. Dieser Bedarf soll in Zukunft in Europa mittels Videotex-Verfahren gedeckt werden. Videotex (in Deutschland 'Bildschirmtext') wird wegen der Einfachheit, Benutzerfreundlichkeit und der günstigen Kostenlage sowohl der Hardware- als auch der Übertragungskosten als das potentiell am besten geeignete Medium zur interaktiven Kommunikation mit Händlerbetrieben betrachtet. In England sind heute alle Ford Händler an ein Privates Videotex-System angeschlossen. Es ist geplant, dieses System mit DARTS zu verbinden, so daß Informationen zwischen DARTS und dem Videotex System bei Bedarf ausgetauscht werden können.

Auf das Medium Videotex möchte ich etwas genauer eingehen und in einer Live-Demonstration das von Ford bei allen englischen Händlern eingesetzte System vorführen.
Dazu bedarf es einiger grundlegender Erklärungen:

Was ist Bildschirmtext?

Bildschirmtext ist die Bezeichnung für ein neues besonders problemloses und kostengünstiges Informations- und Kommunikations-System der Deutschen Bundespost, das auf dem in England entwickelten PRESTEL System aufbaut. Der Teilnehmer kann mit öffentlichen Bildschirmtextzentralen oder angeschlossenen privaten Datenverarbeitungsanlagen in Verbindung treten. Der Datenaustausch findet über das öffentliche Telefonnetz statt.

Dabei werden weitgehend vorhandene Einrichtungen benutzt: Farbfernsehgerät und Telefon. Für die Informationsumsetzung werden lediglich noch ein Modem und ein Decoder benötigt. Mit diesen Systemkomponenten und der Fernbedienung des Fernsehgerätes kann der Bildschirmtext Benutzer den Dialog mit dem angewählten BTX-Rechner der Bundespost führen, d. h. Informationen abfragen und Transaktionen durchführen. Bildschirmtext wird im endgültigen Ausbauzustand flächendeckend arbeiten, so daß der Teilnehmer das gesamte Bildschirmtext Informationsangebot zum Ortsnetztarif nutzen kann.

Gegenwärtiger Stand

In Deutschland wurde Bildschirmtext zum ersten Mal 1977 auf der internationalen Funkausstellung in Berlin durch die Bundespost vorgestellt. Zur Zeit laufen Feldversuche in Berlin und Düsseldorf, an denen über 6 000 private und gewerbliche Nutzer teilnehmen. Die Anbieterverzeichnisse in Berlin und Düsseldorf enthalten zur Zeit insgesamt etwa 2 500 Informationsanbieter mit insgesamt etwa einer halben Million gespeicherten Seiten.

Die bundesweite Einführung von Bildschirmtext ist für 1983 geplant. Die Bundespost geht davon aus, daß 1986 etwa 1 Million bundesdeutsche Haushalte und etwa 40 000 gewerbliche Nutzer Bildschirmtextanschlüsse besitzen werden.

Bildschirmtext in der Praxis

Die Abspeicherung von Informationen im Bildschirmtextsystem erfolgt in Blöcken, sogenannten Seiten. Der Benutzer hat Zugriff auf diese Seiten über

- Anbieterverzeichnisse
- Schlagwörterverzeichnisse
- direkte Seitenwahl
- Suchbäume

Beispiele für Informationsangebote sind Nachrichten, Börseninformationen, Versicherungsinformationen, Warentestergebnisse, Preisvergleiche, Produktangebote, etc. Über den reinen Informationsabruf hinaus können Rückmeldungen durch den Benutzer erfolgen und damit Bestellungen von Produkten und Dienstleistungen durchgeführt werden.

Ist der firmeneigene Rechner des Informationsanbieters mit dem Bildschirmtextrechner der Bundespost verbunden, so können Bestellungen sofort bestätigt werden bzw. die Nichtlieferbarkeit angezeigt werden.

Für die Teilnehmer am laufenden Feldversuch ist es bereits heute möglich, per Bildschirmtext Bestellungen beim Versandhandel durchzuführen, Reisen bei Reiseunternehmen zu buchen und Banküberweisungen vom eigenen Konto vorzunehmen.

Ein weiterer Bildschirmtextdienst ist das Übermitteln von Nachrichten zwischen Bildschirmtextteilnehmern. Dabei werden Mitteilungen für einen Teilnehmer im BTX Rechner gespeichert (Briefkastensystem) und können dort von ihm abgerufen werden.

Anwendung von Bildschirmtext in der Automobilindustrie

Durch die verhätlnismäßig niedrigen Kosten und durch die konsequente Standardisierung ist zu erwarten, daß Bildschirmtext Eingang in die Kommunikationsabläufe von Handel, Industrie und Dienstleistungsgewerbe finden wird.

Es ist anzunehmen, daß auch in der deutschen Automobilindustrie dieses Medium Eingang finden wird. In England, wo die Einführung dieses Mediums bereits vor 2 Jahren stattfand, ist nahezu die gesamte Automobilindustrie dabei, Videotex im interaktiven Datenaustausch zwischen Handler und Hersteller einzusetzen.
Dabei geht es hauptsächtlich um Fahrzeugspezifikationen, Eil-Bestellungen für Ersatzteile, Suchanfragen für Fahrzeugverkäufe vom Lager Eingabe von Verkaufsmeldungen etc.

Ford in England hat als erster Hersteller alle Händler an ein solches System angeschlossen. Im Gegensatz zum öffentlichen Videotex System (PRESTEL) hat Ford aus Kostengründen ein privates System aufgebaut, bei dem die Ford Händler direkt den Computer der Ford-Motor-Company anrufen. Da die Technologie jedoch identisch mit der des öffentlichen Systems ist, können die Händler mit ihrem Gerät auch PRESTEL für eigene Zwecke benutzen. Aus den gleichen Kostengründen gibt es in England zahlreiche private Videotex Systeme, die auf eine Teilnahme an dem öffentlichen PRESTEL verzichten.

Konzeption des Informationsverbundes zwischen der Händlerorganisation und der Firma Adam Opel AG

H.Skrinjar

Kurzfassung

Unternehmerische Entscheidungen bedingen umfassende und schnelle Information über alle Geschäftsvorfälle. Deshalb hat die Adam Opel AG frühzeitig Wege gesucht, um die Kommunikation zwischen dem Werk und der Vertriebsorganisation in allen Bereichen zu beschleunigen. Das Ergebnis ist das "European Dealer Information and Communication System", organisationsintern kurz EDICS genannt.
Heute übertragen bereits über 250 Opel Vertragshändler regelmäßig Daten aus den Bereichen Neuwagen, Kundendienst, Teile- und Zubehör mit Datex L in das Werksrechenzentrum.
Voraussetzung dafür ist die Installation einer den Übertragungsspezifikationen entsprechenden Hard- und Software.
Das Referat behandelt die Themen:

- Planungsphase
- Implementation
- zukünftige Planung

Anmerkungen zum Vortrag (R.Thome)

Da die Firma Adam Opel AG der Veröffentlichung des Vortragsmanuskriptes von Herrn Skrinjar im Tagungsband nicht zustimmen wollte, ist hier nur die Kurzfassung abgedruckt.

Ergänzend ist festzustellen, daß EDICS offenbar ein bereits sehr weit entwickeltes Kommunikationsinstrument darstellt. Auf Grund der Zufriedenheit bei den heutigen Anwendern ist OPEL optimistisch bezüglich der weiteren Entwicklung und geht davon aus, daß sich der größte Teil der Vertragshändler an das System anschließen wird. Dazu stehen von verschiedenen Anbietern Hard- und Softwarealternativen zur Verfügung, die sich auch in den Konfigurationsgrößen deutlich unterscheiden. EDICS arbeitet geprüft mit fünf verschiedenen Systemen.

Zum Kommunikationsumfang gehören insbesondere Bestellungen und Lieferterminrückmeldungen. Die Übertragungsinhalte werden aus der Sicht des Anwenders im Referat von E.W.Bonacker beschrieben.

KUNDENDIENSTINFORMATIONSSYSTEME

M. Brossmann

Abstrakt

Gesättigte Märkte, verstärkter Konkurrenzdruck und differenzierte Kundenbedürfnisse führten dazu, den Kundendienst als bedeutendes Marketinginstrument zu betrachten. In diesem Zusammenhang entstanden für alle Entscheidungsträger des Kundendienstes auf den unterschiedlichen Organisationsebenen erhebliche Koordinationserfordernisse und Informationsbedürfnisse.

Auch in der Kraftfahrzeugindustrie sehen sich die Marktpartner diesen gestiegenen Anforderungen gegenübergestellt: der Produzent als Hersteller kundendienstbedürftiger Güter und der Händler, bei dem im wesentlichen die verschiedenen Kundendienstleistungen vollzogen werden.

Dem erhöhten Informationsbedürfnis schnell und zuverlässig zu entsprechen, bedarf es einer geeigneten Computerunterstützung. Es stellt sich die Frage, welche Anforderungen an Kundendienst-Informationssysteme zu stellen sind, damit die spezifischen Belange sowohl des Händlers als auch des Herstellerkundendienstes berücksichtigt werden.

Eine wirkungsvolle Kooperation zwischen beiden Absatzstufen führt zwangsläufig zu dem Problem, wie eine für den Herstellerkundendienst und Händler gleichermaßen nutzbringende Lösung eines regelmäßigen Informationsaustauschs und Kommunikkationsprozesses beschaffen sein sollte, welche Vorteile daraus für beide Teile erwachsen bzw. welche Informationsauswertungen und damit Entscheidungen erst ermöglicht werden.

Abstract

Saturated markets, increased competition and distinctive customer needs resulted in a thorough look at service as an important marketing instrument. In this connection the need developed - for all decision-making personnel within the service department's various organizational levels - to acquire a considerable and constant supply of coordination aids and encompassing information.

The market partners in the automotive industry, as well, are confronted with these increased requirements. The manufacturer as a producer of service-dependent goods and the dealers who is to execute the various service operations.

In order to respond quickly and reliably to this increased need for information, it is imperative to utilize a computer aided system. The question is, which conditions must be met by a service information system that is to be suitable for the specific requirements of the dealer's as well as the manufacturer's service departments.

The objective for an effective cooperation between these two different interests automatically raises the problem as to how a system of regular information exchange and communication must be designed, in order to be equally profitable for the manufacturer's and the dealer's service needs. The question arises, as to which advantages may be realized by both sides, respectively which kind of information evaluation and consequently which decisions may finally by possible on account of utilization of this system.

1. Einführung

Jährlich werden allein in der Bundesrepublik Deutschland für Marketingmaßnahmen etwa 25 Mrd. DM verausgabt. Während diese mit dem Absatz von Konsum- und Investitionsgütern zusammenhängenden Aktivitäten einen breiten Raum in Theorie und Praxis einnehmen [1], wurde häufig in der Vergangenheit einem Segment des Marketing wenig Beachtung geschenkt - ja teilweise als "fünftes Rad am Wagen" betrachtet - dem Kundendienst.

Inzwischen fand bei vielen Unternehmen eine Revision der bisherigen Auffassung statt, so daß heute eine Betrachtungsweise dominiert, bei der sich die kundendienstpolitischen Aktivitäten konsequent an den Erfordernissen des Marktes und den Wünschen der Kunden zu orientieren haben und damit als Marketinginstrument zu interpretieren sind [2].

Für die Kraftfahrzeugwirtschaft ist die Bedeutung des Kundendienstes schon seit ihrem Beginn gegeben und resultiert aus dem Charakter des Kraftfahrzeuges als technisch kompliziertem, hochwertigem Markenartikel mit der Notwendigkeit langfristiger technischer Betreuung. Diese Eigenart bewirkt, daß mit der Übergabe des Fahrzeugs an den Kunden die Geschäftsbeziehung eigentlich erst den Anfang nimmt. Bereits Henry Ford vertrat die Auffassung "der Fabrikant ist mit seinem Kunden durchaus nicht fertig, wenn der Kauf perfekt geworden ist. Ihre Beziehungen haben im Gegenteil erst begonnen" [3], eine für die damalige Zeit neue Erkenntnis, sie begründet jedoch seine ungewöhnlichen Absatzerfolge. Bis heute hat sie ihre unbeschränkte Gültigkeit behalten, denn bei Imageanalysen nimmt der Kundendienst einen der ersten Ränge unter den Kaufentscheidungskriterien ein.

Um Marketingmaßnahmen optimal planen, organisieren und realisieren zu können, bedarf es vielfältiger Informationen, deren Verarbeitung einen entsprechenden Computereinsatz erfordern. Mit der Dämpfung der Euphorie für die Schaffung von totalen Management-Informationssystemen (Totalkonzeption) und der Entwicklung zu überschaubaren Systemen haben sich auch spezielle Marketing Informationssysteme für die Konsum- und Investitionsgüterindustrie in Theorie und Praxis durchgesetzt [4].

Betrachtet man allerdings die modulartig aufgebauten Programmteile dieser Marketing-Informationssysteme aus der Sicht eines Herstellerkundendienstes, dann stellt man fest, daß die mit dem Kundendienst zusammenhängenden Aufgabenstellungen größtenteils überhaupt nicht berücksichtigt werden. Allenfalls sind Teilaufgaben aus dem Bereich von Distribution und Logistik behandelt, ohne dabei auf die spezifischen Gegebenheiten des Kundendienstes einzugehen.

Es fragt sich daher, wie zukünftig den erheblichen Anforderungen und Koordinationserfordernissen des Kundendienstes durch eine geeignete Computerunterstützung begegnet werden kann, d.h. inwiefern lassen sich für die Kraftfahrzeugwirtschaft eigenständige Kundendienst-Informationssysteme abgrenzen und entwickeln, und wie sollte ein Zusammenwirken zwischen den Marktpartnern konzipiert sein, damit die Informationen, die bei den Beteiligten anfallen bzw. bei Bedarf speziell erfaßt werden müssen, verarbeitet und gegenseitig zur Verfügung gestellt werden können, um beiderseitigen Nutzen daraus zu ziehen.

Obgleich bereits heute Kundendienstentscheidungen teilweise computerunterstützt realisiert werden, fehlt bisher für den Kundendienstbereich ein geschlossenes theoretisches Gesamtkonzept, das auch die verschiedenen Kundendienstträger berücksichtigt. Ziel ist es somit für die zukünftigen Entwicklungen auf diesem Gebiet, einen Bezugsrahmen zu schaffen sowie Thesen und Anhaltspunkte vorzustellen.

2. Kundendienst-Informationssysteme - Abgrenzung, Interdependenzen und Informationsgewinnung

Die Entwicklung von Kundendienst-Informationssystemen, die Problem- und Praxisorientierung voraussetzen, erfordert ein Mindestmaß an Kenntnissen über die marktliche Unternehmensumwelt, insbesondere die Beziehungszusammenhänge in der Realität, d.h. es muß zunächst die informationelle Grundstruktur des gesamten Kundendienstmarktes untersucht werden. Erst eine Systemanalyse läßt die grundsätzlichen Verhältnisse sowie die speziellen Strukturen und Elemente der Kraftfahrzeugindustrie, die auf diesem Kundendienstmarkt vorherrschen, erkennen und welche Informations- und Kommunikationsbeziehungen daraus resultieren.

Es würde zu weit führen, hier eine vollständige Analyse des Kundendienstmarktsystems vorzunehmen, das alle aktiven Elemente berücksichtigt, die vor, während oder nach der Transaktion unterstützend oder verhaltensbeeinflussend mitwirken. Zwei wesentliche Marktpartner, zwischen denen eine enge Bindung besteht, heben sich bei einer Systemanalyse des Kundendienstmarktes der Kraftfahrzeugindustrie besonders ab: der Produzent als Hersteller kundendienstbedürftiger Kraftfahrzeuge und der Händler, bei dem im wesentlichen die Kundendienstleistungen vollzogen werden. Dabei zeigt sich, daß bei beiden trotz unterschiedlicher Aufgabenstellung und teilweise gegensätzlicher Interessen [5] eine gemeinsame Zielvorstellung existiert. Intention muß es daher sein, Kundendienst-Informationssysteme zu entwickeln, die jeweils den speziellen Bedürfnissen des Herstellers und des Händlers Rechnung tragen und darüber hinaus durch die Möglichkeit eines permanenten Kommunikationsprozesses beiderseitigen Vorteil verschaffen.

Es wurde bereits angedeutet, daß die unrealistische Totalkonzeption nur noch von wenigen Unternehmen verfolgt wird und inzwischen partielle Informationssysteme für spezielle Anwendungs- und Unternehmensbereiche realisiert wurden [6]. Dabei bezieht sich bei einem partiellen Kundendienst-Informationssystem das System nur auf den Teilausschnitt des gesamten im Rahmenplan für die Entwicklung von Kundendienst-Informationssystemen umrissenen Informationsangebots- und Informationsbedarfskomplexes.

Demnach soll vorab von einem Kundendienst-Informationssystem dann gesprochen werden, wenn computerunterstützte Informationssysteme ein Informationsangebot für Kundendienst-Entscheidungen bereitstellen.

Verschiedentlich wird bei einem System der betriebswirtschaftlichen Datenverarbeitung in Industrieunternehmen zwischen den vier Teilsystemen

(1) Administrationssysteme

(2) Dispositionssysteme

(3) Informationssysteme und

(4) Planungssysteme

unterschieden [7].

Während bei Administrationssystemen die Rationalisierung der Massendatenverarbeitung in der Verwaltung und damit der Rationalisierungsnutzen, insbesondere die Kostensenkung und Entlastung des Personals von Routineaufgaben im Vordergrund stehen, zielen Dispositionssysteme darauf ab, menschliche Entscheidungen vorzubereiten oder zu erübrigen, indem die Rechenanlage die Entscheidung selbst trifft. Computerunterstützte Führungsinformationssysteme haben die Aufgabe, den Entscheidungsträgern in Unternehmen Informationen zu präsentieren; d.h. sie unterstützen die höheren Ebenen der Führungshierarchie. Die konsequente Weiterentwicklung der industriellen Datenverarbeitung besteht darin, im Rahmen entsprechender Planungssysteme das elektronische System und insbesondere seine Datenbank für spezielle Planungsaufgaben zu nutzen.

Administrations- und Dispositionssysteme dienen in der Regel als Basisinformationssysteme, da sie quasi als Kuppelprodukte Daten für Informationssysteme bereitstellen. Als Abgrenzung dieser Typen von Datenverarbeitungsaufgaben, die sich teilweise voraussetzen, ist neben dem unterschiedlichen Strukturierungsgrad der Entscheidungen und damit deren Programmierbarkeit die hierarchische Ebene maßgeblich für die die Informationen verarbeitet und bereitgestellt werden.

Die hier vorgenommene Taxonomie der Teilsysteme greift diese Abgrenzungskriterien auf, jedoch soll für die unterschiedlichen Typen von Datenverarbeitungsaufgaben einheitlich der Begriff Informationssysteme verwendet werden. Folglich werden unter einem Kundendienst-Informationssystem sämtliche im Kundendienstbereich durch den Computer abzuwickelnden Datenverarbeitungsprozesse subsumiert. Als Gliederungspunkt dient dabei die Aufgabenstellung der verschiedenen Ebenen der Organisationshierarchie. Drei Typen von partiellen Kundendienst-Informationssystemen lassen sich feststellen:

1. Partielle Kundendienst-Informationssysteme für die Massenarbeiten, die im Bereich des Kundendienstes gegeben sind.
2. Partielle Kundendienst-Informationssysteme für Dispositionsentscheidungen (wohl strukturierte Entscheidungen, die einen hohen Grad an Programmierbarkeit aufweisen).

3. Partielle Kundendienst-Informationssysteme im Bereich der strategischen Planung (innovative Prozesse der administrativen und politischen Ebene unter Einbeziehung von externen Informationen).

Die Informationsprozesse im Kundendienstmarktsystem gliedern sich auf in die den Kundendienstleistungsvollzug begleitenden Informationen wie beispielsweise Auftragsannahme, Rechnungs- und Bearbeitungspapiere, den marktbezogenen Informationsstrom mit den quantitativen (Absatzmengen, Preise, Umsätze etc.) und den qualitativen (Qualitätsdaten der Produkte) Marktdaten sowie die Verhaltensbeeinflussung und -steuerung, d.h. beispielsweise Informationen über Hinweise zur Vermeidung zukünftiger Kundenfehler bei der Produktverwertung, Angebotsbriefe für bestimmte Kundendienstleistungen sowie Kontaktbesuche.

Abbildung 1 zeigt die Grundzüge, die einer computergestützten Informationsverar-

Abb. 1 Ansätze für Informationssysteme beim Herstellerkundendienst und Absatzmittler

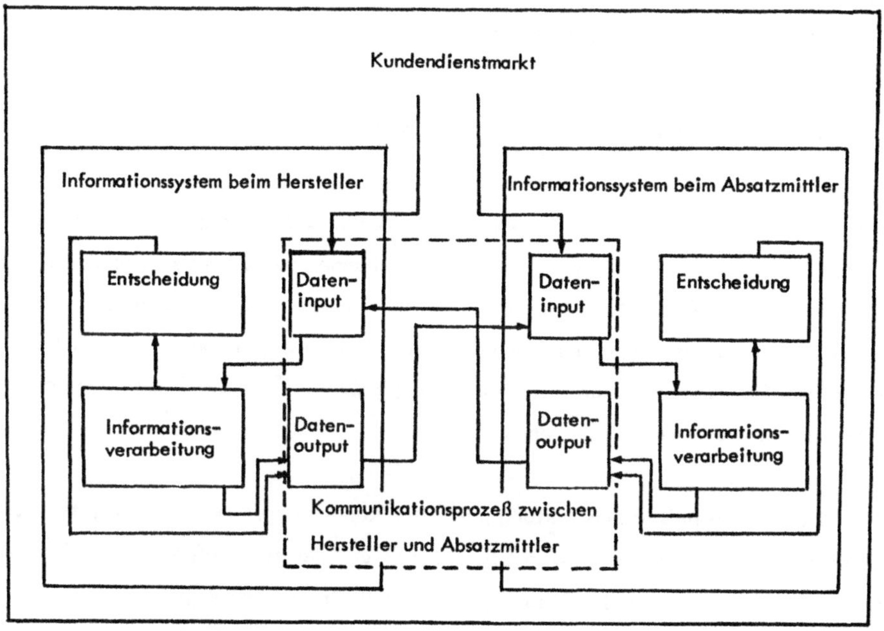

beitung des Kundendienstbereichs zugrunde liegen, indem modellartig auf zwei Absatzstufen, eine erste Spezifikation für den jeweiligen Aufbau des Kundendienst-Informationssystems mit der Informationsgewinnung und den interdependenten Beziehungen zwischen den Absatzstufen, verdeutlicht wird. Sowohl der Herstellerkundendienst als auch der Absatzmittler sollten über ein unabhängiges Kundendienst-Informationssystem verfügen. Der jeweils eingehende Informationsstrom wird einer Verarbeitung zugeführt mit dem Ziel, die Ergebnisse als Grundlage zur Entscheidungsfindung auf allen hierarchischen Ebenen zu benutzen.

Während die Basisinformationen für den Absatzmittler primär aus dem Kundenkreis resultieren, stammen die von dem Herstellerkundendienst zu verarbeitenden Daten überwiegend von den zusätzlich auf dem Kundendienstmarkt vertretenen Marktpartner. Darüber hinaus entsteht ein beträchtlicher Teil der Informationen aus der engen vertraglichen und wirtschaftlichen Verknüpfung zwischen den beiden Absatzstufen, die einen regelmäßigen Informationsaustausch bzw. Kommunikationsprozeß voraussetzen.

3. Ein Konzept für computergestützte Kundendienst-Informationssysteme für Absatzmittler der Kraftfahrzeugindustrie

3.1 Entwicklungsgrundsätze und Systemkomponenten

Notwendige Voraussetzung für ein Konzept ist zunächst das Aufzeigen von Systemkomponenten und die Feststellung, welche Beziehungen zwischen den einzelnen Elementen bestehen (Abb. 2). Erst diese Festlegung erlaubt es, ein Konzept zu erarbeiten, das bei einer praktischen Realisierung dann auf die jeweiligen händlerspezifischen Gegebenheiten zu modifizieren ist. Vorab ist jedoch kurz auf die Gestaltung der Informationsverarbeitung einzugehen.

Grundsätzlich sollte die Entwicklung partieller Kundendienst-Informationssysteme sich an einem erstellten Rahmenentwurf [8] orientieren, der eine stufenweise Implementierung von Moduln zuläßt. Zusätzlich erlaubt die in der Vergangenheit erfolgte Weiterentwicklung der Hard- und Software, besonders im Bereich der beim Händler eingesetzten mittleren Datentechnik, daß durch die Vernetzung von mehreren Programmen mittels gemeinsamer Benutzung von Daten die einzelnen, miteinander in

Abb. 2 Konzept für ein Kundendienst-Informationssystem beim Absatzmittler

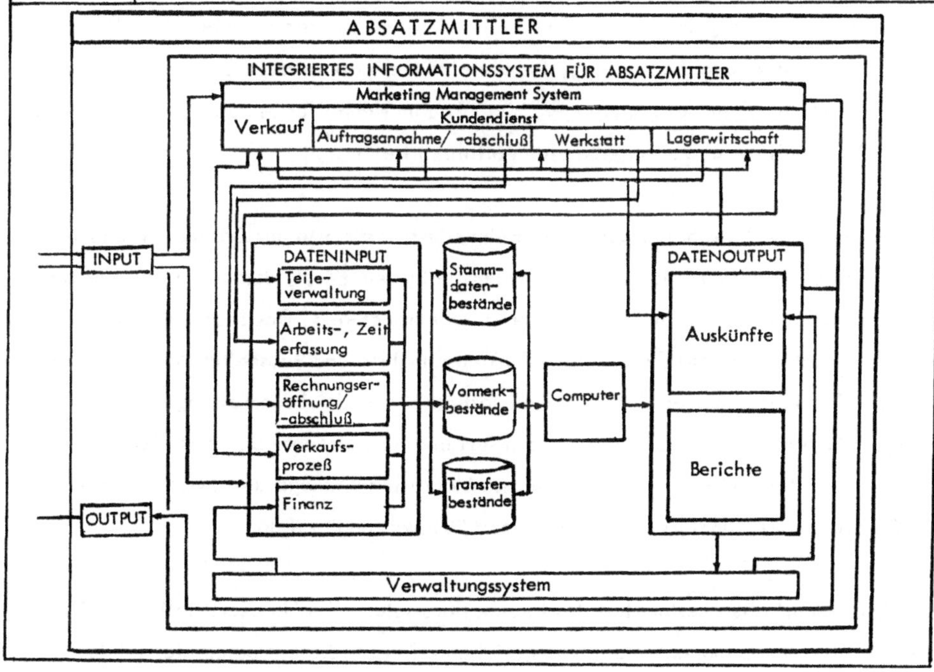

Zusammenhang stehenden Betriebsbereiche stufenweise zu einem integrierten Gesamtkonzept verbunden werden können. Dies setzt nicht nur eine Abstimmung zwischen den verschiedenen Aufgabenbereichen des Kundendienstes voraus, sondern aller beim Händler gegebenen Arbeitsbereiche. Daher wird hier die These vertreten, daß partielle Kundendienst-Informationssysteme integralen Bestandteil des Gesamt-Informationssystems des Absatzmittlers bilden sollten, um die günstigsten Voraussetzungen für das Zusammenwirken aller Aktionsbereiche zu schaffen. Als zusätzliche Determinanten, die maßgeblich den jeweiligen Rahmenentwurf des Absatzmittlers bestimmen und somit direkt und indirekt auf Kundendienst-Informationssysteme wirken, sind hervorzuheben

- die Größe und der Leistungsumfang, d.h. Höhe des jährlichen Fahrzeugabsatz- und Kundendienstleistungsvolumen sowie der Ersatzteilumschlag,

- die organisatorischen Gegebenheiten, d.h. eine Implementation muß möglichst geringe Änderungen im Betriebsablauf verursachen und sich nahtlos in bestehende Verfahren einfügen,
- die strukturellen und örtlichen Voraussetzungen, d.h. inwiefern sind Filialen und sonstige an den Händler gebundene Absatzstufen gegeben und welche Standortprobleme ergeben sich im Händlerbetrieb und bei den sonstigen Beteiligten,
- die Art der Aufgabenstellung, für die eine Computerunterstützung erfolgen soll,
- die rechtlichen Vereinbarungen, die mit dem Hersteller bestehen, da dieser dem Absatzmittler u.U. Vorgaben für Verfahren liefert.

Übergeordnetes Entscheidungszentrum beim Händler für alle mit Absatz verbundenen Aktivitäten bildet das Marketing-Management System [9], dem auf vertikaler Ebene die Subsysteme Verkauf und Kundendienst zugeordnet sind. Das Subsystem Kundendienst gliedert sich auf in die Teilbereiche Auftragsannahme und -abschluß, Werkstatt und Lagerwirtschaft. Realiter sind der Werkstattsektor und der Lagerhaltungssektor als eigenständige Geschäftsbereiche organisiert und als getrennte Kostenstellen zu führen. Auf horizontaler Ebene werden neben dem Marketing-Management System alle weiteren Aktivitäten des Händlers in dem Subsystem "Verwaltung" erfaßt.

Einen wesentlichen Bestandteil des Informationssystems des Händlers stellen die Hard- und Software-Komponenten dar, die gleichermaßen für die computerunterstützten Kundendienstentscheidungen relevant sind. Primär umfaßt die Hardware die Zentraleinheit, den Bildschirmarbeitsplatz, den Drucker und die Magnetplatte. Die Zentraleinheit setzt sich aus dem Rechner, dem Hauptspeicher und den Steuereinheiten für alle zusätzlichen Systemkomponenten zusammen. Über den Bildschirmarbeitsplatz führt der Kundendienstsachbearbeiter den Dialog mit dem System, dabei ist die Anlagenkonfiguration so auszuwählen, daß mehrere Anschlüsse möglich sind, die u.U. auch räumlich voneinander getrennt aufgestellt werden können.

Weiterhin ist darauf zu achten, daß mehrere Drucker unterschiedlicher Druckleistung angeschlossen werden können, die bedarfsweise zentral oder dezentral genutzt werden können. Die Magnetplatte als Speichermedium für die Daten und Programme muß wegen der unterschiedlichen Datenmengen der Händler über entsprechende Kapazitätserweiterungsmöglichkeiten verfügen.

Die notwendige System-Software ist für die Koordination und Steuerung des Ablaufs zwischen Zentraleinheit, Peripherie und Anwendungsprogrammen zuständig. Die Verwirklichung des hier vorgeschlagenen Konzepts setzt Interaktivität voraus sowie eine Verwaltung der Bildschirmarbeitsplätze im Time-Sharing-Modus, damit gleichzeitig mit unterschiedlichen oder denselben Programmen im Dialog gearbeitet werden kann. Darüber hinaus muß sich für den Kundendienst-Sachbearbeiter eine sichere und unkomplizierte Bedienungsweise ergeben, d.h. im einzelnen ist zu fordern:

- dem Kundendienstberater durch eine möglichst mehrstufige Programmauswahl ein übersichtliches Arbeiten zu ermöglichen,
- durch Verkettung mehrerer Programme Zwangsabläufe zu schaffen, die den jeweiligen Kundendienst-Anwender, die in der Regel über keine speziellen DV-Kenntnisse verfügen, das schrittweise Arbeiten erlaubt,
- einen fehlerfreien Ablauf sicherzustellen, auch bei gleichzeitiger Teilnahme durch mehrere evtl. räumlich voneinander getrennte Anwender, da beispielsweise vom Lageristen Aufträge Teile zugebucht werden, während simultan von weiteren Kundendienstsachbearbeitern andere Aufträge eröffnet oder abgeschlossen werden.

Für die Datenspeicherung ist üblicherweise eine Datenbank notwendig, auf die jedoch erst im Rahmen des Kundendienst-Informationssystems des Herstellers eingegangen werden soll. Für das Verständnis des Kundendienst-Informationssystems des Absatzmittlers sind jedoch folgende Speichertypen [10] zu unterscheiden:

- Stammdatenbestände: Dabei handelt es sich um alle jene Datenbestände, die nur in Ausnahmefällen verändert werden. Einige wichtige Stammdatenbestände für den Kundendienst sind: Fahrzeug, Kunden, Teile und Arbeitsdatei. Die Stammdatenbestände müssen - wie bereits angedeutet - in direktem Zugriff gehalten werden, da sie sehr oft von unterschiedlichen Programmen zu nicht vorherbestimmbaren Zeitpunkten herangezogen werden.

- Transferbestände: Sie enthalten Daten, die von einem Programm generiert oder bearbeitet wurden und anschließend einem anderen Programm bereitgestellt werden. Beispielsweise stellt das Programm "Monteuerleistungserfassung" die für die Entlohnungsabrechnung relevanten Daten in einem Transferspeicher bereit, wo sie bei Bedarf abgerufen werden können.

- Vormerkbestände: Charakteristisch für Vormerkbestände ist, daß sie nur vorübergehend benötigt werden. d.h. bei Eintreten eines erwarteten Vorgangs oder eines geplanten Zeitpunktes gelöscht werden. Als Beispiel lassen sich erfaßte aber noch nicht abgerechnete Kundenaufträge anführen oder Wareneingänge, für die noch die Lieferantenrechnung aussteht.

Es bleibt darauf hinzuweisen, daß die getroffene Unterscheidung eine logische ist, physisch können zwei Speichertypen allerdings eine Einheit bilden.

3.2 Systemgestaltung

3.2.1 Vorbemerkung

Es wurde bereits ausgeführt, welche Arten von Informationen in Kundendienst-Informationssystemen verarbeitet werden und angedeutet, welche Informationen speziell beim Absatzmittler verarbeitet werden. Gemäß ihrer Entstehung lassen sich drei Kategorien feststellen

1. Alle Informationen, die im Rahmen des Geschäftsverkehrs mit den
   - Endverbrauchern entstehen (z.B. alle Informationen, die beim Kundendienstleistungsvollzug auftreten)
   - sonstigen Marktpartnern anfallen (z.B. Daten, die aus Geschäftsbeziehungen mit freien Werkstätten oder mit Wettbewerbern resultieren)

   Primär müssen diese Informationen für Kundendienstentscheidungen auf der operativen Ebene verarbeitet werden. Zusätzlich können sie Grundlage bilden für

Kundendienstentscheidungen auf der administrativen und strategischen Ebene. Insgesamt bilden diese Daten den Hauptanteil der beim Absatzmittler zu verarbeitenden Informationen.

2. Alle Daten, die von den Herstellerkundendiensten zur Verfügung gestellt werden (z.B. Arbeitsoperationen mit den zugehörigen Arbeitswerten).

3. Externe Informationen, die von den sonstigen auf dem Kundendienstmarkt vertretenen Marktpartnern herrühren (z.B. Informationen, die für die Kalkulation für Fahrzeugschäden notwendig sind [11]).

3.2.2 Automatisierung der Massenarbeiten - operative Ebene

Bei den informationsverarbeitenden Prozessen der operativen Ebene handelt es sich um wohl-definierte Probleme, die sich eindeutig beschreiben lassen wie Massenarbeiten und Routineentscheidungen und somit eine Computerunterstützung ermöglichen. Relevante Massenarbeiten entstehen durch die Auftragsabwicklung beim Kundendienstleistungsvollzug. Weiterhin fallen Massenarbeiten im Bereich der Lagerwirtschaft und im Kundendienst-Marketing an. Wichtigstes Gestaltungskriterium ist die Erzielung von Rationalisierungseffekten, die zur Kostensenkung und Entlastung des Personals führen.

Ein wesentlicher Aufgabenkomplex für den Händler ist der Kundendienstleistungsvollzug, der primär Inspektion, Wartung, Reparatur und die Durchführung von Gewährleistungsarbeiten umfaßt. Dabei bilden die im Rahmen der computerunterstützten Auftragsabwicklung gewonnenen Informationen entscheidende Voraussetzung und Basis für das Kundendienst-Informationssystem sowohl des Absatzmittlers als auch des Herstellers.

Im Rahmen der Abwicklung des Auftrages wird zunächst dialogorientiert unter Zugriff auf die bereits beim Verkauf erfaßten Kunden- und Fahrzeugstammdaten nach Aktualisierung und Ergänzung die jeweilige Auftragsart bestimmt und der Auftrag mit den aus dem Kundendienstleistungsvollzug resultierenden spezifischen Angaben eröffnet. Eine Erweiterung wegen zusätzlich notwendiger Arbeitsoperationen oder Teile kann jederzeit von den verantwortlichen Aktionsträgern vorgenommen werden. Darüber hinaus können alle zusätzlich anfallenden Informationen wie Arbeitszeiten der Monteure etc. an die tangierten Aktionsbereiche weitergeleitet werden. Unmittelbar nach Auftragsabschluß erfolgt die Erstellung der Rechnung.

Diese skizzenhaften Ausführungen deuten bereits an, daß für die am Kundendienstleistungsvollzug beteiligten Aktionsträger durch den minimalen Eingabeaufwand und der damit verbundenen Reduzierung von Fehlerquellen eine erhebliche Arbeitserleichterung eintritt. Daneben zwingt die computerunterstützte Auftragsabwicklung zu einem straffen Betriebsablauf, der zwangsläufig zu einer besseren Betriebsführung führt und damit zusätzlich die Voraussetzung für eine effiziente Leistungskontrolle geschaffen wird. Auch die Vorteile für den Kunden sind evident, da beispielsweise die unmittelbar nach Auftragsabschluß verfügbare Rechnung zur Transparenz beiträgt und damit zur Kundenzufriedenheit führt.

Als weiterer Bereich des Subsystems Kundendienst auf vertikaler Ebene ist die Lagerwirtschaft in den von einem Kundendienst-Informationssystem unterstützten Kundendienstleistungsvollzug einzubinden. Dazu ist es erforderlich, die für den Betriebsablauf notwendigen Informationen zur Lagerhaltung bereitzustellen, d.h. es muß der bei Reparaturen, Instandsetzungen, Inspektionen entstehende Informationsbedarf in die Auftragsabwicklung integriert werden. Dabei ergeben sich als Teilprozesse die Bestandsführung und die Auswertung der Bestände.

Die Verwendung der in den Kunden- und Fahrzeugstammdaten stets aktuellen Informationen erlauben ein individuelles Marketing. Hier besteht die Möglichkeit, dem Kunden gezielt Werbetexte über spezielle Leistungsarten oder über Zubehör, abgestimmt auf die speziellen Voraussetzungen, in die Rechnung einfließen zu lassen. Darüber hinaus ist das System so auszulegen, daß ein umfangreiches direct mail Programm durchgeführt werden kann, bei dem nach einem festen Rhythmus Kunden über aktuelle Angebote sowie notwendige Wartungs- und Inspektionsarbeiten informiert werden.

3.2.3 Teilautomatisierung der Dispositionsentscheidungen - administrative Ebene

Wesentlichstes Unterscheidungsmerkmal zwischen den aufgezeigten Massenarbeiten und den Dispositionsentscheidungen besteht darin, daß der Entscheidungsträger im zweiten Fall einen gewissen Handlungsspielraum hat.

Für die dispositiven Entscheidungen des Kundendienstes, bei denen die Wahrscheinlichkeit besteht, daß die Programmierkosten und die permanente Abwicklung über den Computer geringer sind als die Kosten einer personell-manuellen Erledigung, ergeben sich zwei typische Problemkreise: die Auslastungsplanung der Werkstatt und die Disposition von Ersatzteilen. Beide Aufgabenkomplexe enthalten Routineentscheidungen, die von ihrer Problemstruktur her als programmierbar zu bezeichnen sind, d.h. sie unterliegen einer vollständig-rationalen Entscheidungsregel. Die Programmierung besteht dabei in der Entwicklung eines geeigneten Algorithmus.

Im Rahmen der Werkstattkapazitätsplanung müssen täglich Entscheidungen getroffen werden, die von der Vorplanung der Kundenbesuche, der Zeiterfassung von Arbeitsleistungen, der Zuordnung der Arbeiten zu einem bestimmten Monteur, bis zur Auslastungsprüfung und -kontrolle der Arbeitsnachweisprüfung und der Bereitstellung der erfaßten Zeiten für die Lohn- und Gehaltsbuchhaltung sowie der Fakturierung reichen.

Voraussetzung für die Teile-Disposition ist die Berücksichtigung des letzten Perioden-, des Mindest- und des Maximalbestandes, der Bestellwertgrenze, der Verpackungsmenge und dem Servicegrad. Weiterhin muß der Disponent Informationen über Teileüberstandsangebote, Auswahl förderungsbedürftiger Teile und die Analyse der geführten Ersatzteilpositionen erhalten.

Die Ausführungen lassen vermuten, daß für die Lösung der anstehenden Probleme es eine Reihe von Kriterien gibt, die nicht rechenbar und im allgemeinen nicht quantifizierbar sind und somit dem "Fingerspitzengefühl" des Disponenten unterliegen. Das Kundendienst-Informationssystem soll ihn dabei unterstützen und weitgehend Routineentscheidungen abnehmen.

4. Ein Konzept für computergestützte Kundendienst-Informationssysteme für den Herstellerkundendienst der Kraftfahrzeugindustrie

4.1 Die Einbettung in die betriebliche Informationsverarbeitung und die Elemente des Kundendienst-Informationssystems

Nachdem aufgezeigt wurde, wie ein für den Absatzmittler ausgerichtetes Kundendienst-Informationssystem gestaltet sein kann, ist nunmehr ein für die Belange des Herstellerkundendienstes zugeschnittenes Kundendienst-Informationssystem zu entwickeln. Vorab ist jedoch zu untersuchen, wie ein Kundendienst-Informationssystem am wirkungsvollsten in den betrieblichen Informationsverarbeitungsprozeß einbezogen werden kann. Entscheidend für die Stellung innerhalb des betrieblichen Informationsverarbeitungsgefüges sind - neben den zu verarbeitenden Informationen, die u.U. im Betrieb von weiteren Unternehmensbereichen für ähnlich gelagerte Aufgabenstellungen verwendet werden - die Kenntnisse um die notwendigen Elemente für ein Kundendienst-Informationssystem beim Hersteller.

Hier wird die These vertreten, das Kundendienst-Informationssystem als Teil des Marketing-Informationssystems zu organisieren, da

- die Verschiebung der Unterstellung des Kundendienstes vom Produktionsbereich zum Marketingbereich nahezu in allen Unternehmen vollzogen ist - besonders in der hier betrachteten Kraftfahrzeugindustrie - (organisatorische Gründe),

- das Tätigkeitsfeld des Kundendienstes mit dem Aufgabenkomplex des Marketings eng verwandt ist und wegen der Notwendigkeit des arbeitsteiligen Vollzugs komplexer betrieblicher Funktionen somit der Kundendienst Subsystemen des Marketing-Management-Systems bildet (sachliche Gründe),

- die für Kundendienst- und Marketingzwecke zu verarbeitenden Informationen teilweise identisch sind und die bereits im Rahmen von Marketing-Informationssystemen gegebenen Elemente auch für Kundendienst-Informationssysteme notwendig sind (DV-technische und organisatorische Gründe).

Alternativ läßt sich das Kundendienst-Informationssystem auch als vollständig unabhängiges Informationssystem des Herstellerkundendienstes organisieren.

Grundsätzlich werden beim Hersteller vom Marketing-Management-System alle innerbetrieblichen Elemente und Aktivitäten des Herstellers erfaßt, die mit dem Absatz der Fahrzeuge verbunden sind. Zentrale Aufgabenstellung des hier betrachteten Subsystems Kundendienst ist dabei, Entscheidungen zu treffen über Kombination und Integration der verschiedenen Kundendienstaktivitäten zum optimalen Kundendienst Mix. Dabei ergeben sich drei Schwerpunkte:

1. Steuerung und Regelung der Information der Marktpartner aller mit dem Kundendienstleistungsvollzug zusammenhängenden Aktivitäten. Erfassung und Aufbereitung des marktbezogenen Informationsstroms, um als Basis für kundendienstpolitische Entscheidungen dienen zu können.

2. Fehlererfassung und -auswertung von Feldausfällen und Kundenreklamationen bei technischen Produkten.

3. Abschätzung der Reaktion der Marktpartner des Herstellerkundendienstes auf die eingesetzten Kundendienstinstrumente. Eine Prognose von Entscheidungskonsequenzen ermöglicht, kundendienstpolitische Maßnahmen zu bewerten, so daß strategische und taktische Kundendienstaktivitäten festgelegt werden können.

Daneben ist eine für die Informationsverarbeitung geeignete Computerunterstützung mit den entsprechenden Anwendungsprogrammen relevant. Diese gliedern sich auf in

- Individualprogramme, die auf die spezifischen Bedürfnisse eines einzelnen Herstellerkundendienstes zugeschnitten sind.

- Einfache Standardprogramme, die ebenfalls bezüglich der Anforderungen an die Hardware-Konfiguration der Daten und Formate usw. weitgehend festgelegt sind, so daß eine Anpassung an spezifische Benutzerwünsche nur durch Programmänderung möglich ist.

- Modulare Standard-Anwendungsprogramme, die derzeit weitestgehenden Möglichkeiten der Anpassung an unterschiedliche Benutzerfordernisse durch Auswahl bzw. Änderung von Modulen und Erweiterung um selbsterstellte Bausteine bieten.

Voraussetzung zur Deckung des Informationsbedarfs ist eine Basis Datenbank, die regelmäßig durch aktuellen Input ergänzt wird. Sie umfaßt hier den gespeicherten Datenbestand, aus dem entscheidungsorientierte Kundendienst-Informationen wiedergewonnen werden können. Realiter werden die kundendienstspezifischen Daten in die Marketing Datenbank aufgenommen werden können.

Weiterhin dürften auch für ausgewählte Kundendienstprobleme das Vorhandensein einer Modell- und Methodenbank [12] von Interesse sein.

Abb. 3 Konzept für ein Kundendienst-Informationssystem beim Hersteller

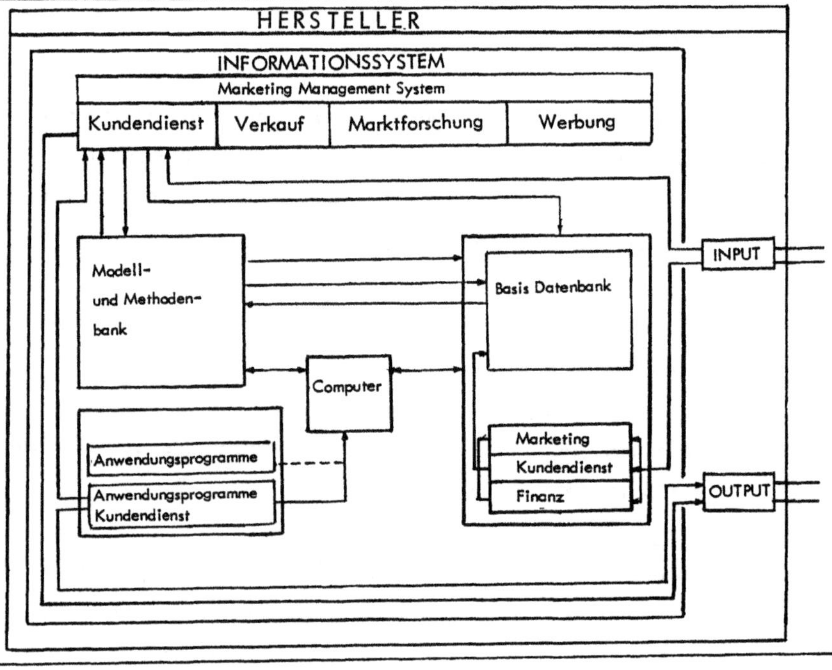

Dabei umfaßt die Methodenbank die Gesamtheit der programmierten Informationsverarbeitungsprozesse für Aufbau (z.B. Parameterauswahl), Wartung (z.B. statistische Prüfverfahren) und Betrieb (z.B. Algorithmen) von Marketing- und Kundendienst-Modellen sowie die Summe aller modellunabhängigen Problemlösungsprozeduren (im Sinne von programmierten Informationsverarbeitungsprozessen).

Die Modellbank wird als die Zusammenfassung aller Kundendienst- bzw. Marketing-Modelle interpretiert, die programmiert rechenbare Sachzusammenhänge abbilden und zur Unterstützung von (Marketing- und) Kundendienstentscheidungen dienen sollen.

Abb. 3 zeigt das Zusammenwirken der Elemente des Kundendienst-Informationssystems beim Hersteller.

4.2 Systemgestaltung

4.2.1 Vorbemerkung

Ziel ist es, ähnlich wie bei den Kundendienst-Informationssystemen von Absatzmittlern, den modularen Aufbau der verschiedenen Kundendienst-Anwendungsprogramme zu demonstrieren.

Gemäß den verschiedenen festgestellten Entscheidungstypen erfolgt auch hier eine Trennung in Routineentscheidungen bei Massenarbeiten auf der operativen Ebene, Unterstützung von Entscheidungen auf der administrativen Ebene sowie politische Entscheidungen durch das Kundendienstmanagement. Dabei haben die zur Unterstützung von administrativen Entscheidungen ermittelten Daten zwar auch prognostischen Charakter, der Unterschied gegenüber diesen Informationen für politische Entscheidungen liegt jedoch in der zugrunde liegenden Informationsgewinnung, die durch entsprechende Bildung von ausgewählten Modellen zustande kommt.

Entscheidend für die Realisierung von partiellen Kundendienst-Informationssystemen beim Herstellerkundendienst ist natürlich auch hier die Frage nach der Herkunft der

Daten. Entsprechend ihrer Entstehung lassen sich die zu verarbeitenden Informationen wiederum in drei Kategorien aufteilen:

1. Informationen, die beim Absatzmittler im Rahmen dessen Geschäftsbeziehungen mit dem Kunden anfallen und für den Kundendienstleistungsvollzug erforderlich sind, bei denen sich allerdings aus der Sicht des Händlers keine zwingenden sachlichen Gründe für eine Weiterverarbeitung beim Herstellerkundendienst ergeben, so daß eine Weitergabe auf Freiwilligkeit basiert (z.B. alle quantitativen Marktdaten wie sie bei Reparaturen, Inspektionen und Wartung auftreten). Häufig ist Voraussetzung für eine Verarbeitung, daß diese Informationen vom Händler um vom Herstellerkundendienst gewünschte Angaben ergänzt werden (z.B. qualitative Marktdaten wie schadensverursachendes Teil etc.). Darüber hinaus fallen hierunter alle Informationen, die vom Händler gänzlich erfaßt werden müssen (z.B. qualitative Marktdaten wie Anfragen über die Gebrauchsfähigkeit bestimmter Aggregate).

   Da größtenteils keine vertragliche Vereinbarung zwischen den Marktpartnern über die Erfassung bzw. Ergänzung dieser Daten besteht, müssen seitens des Herstellers Anreize geschaffen werden, daß der Händler die benötigten Informationen ermittelt.

2. Alle Informationen, die beim Absatzmittler durch Geschäftsbeziehungen mit den Marktpartnern entstehen und die vom Händler aufgrund von Eigeninteresse (z.B. die wirtschaftlichen Ergebnisse des Kundendienstbereiches für einen Vergleich gegenüber anderen Händlerbetrieben - quantitative Marktdaten), geschäftlicher Notwendigkeit (z.B. Bestellung von Teilen und Zubehör - quantitative Marktdaten) und vertraglicher Vereinbarung (z.B. die Gründe für das Auftreten von Gewährleistungsfällen - qualitative Marktdaten) dem Herstellerkundendienst lückenlos gemeldet werden müssen.

3. Informationen, die vom Herstellerkundendienst selbst ermittelt werden und teilweise
   - aus externen Quellen, d.h. von Beeinflussern des Kundendienstmarktes stammen (z.B. verhaltensbeeinflussende Informationen von Meinungsführern, Wettbewerbern etc.)
   - internen Ursprung haben, indem sie aufgrund von Sachzusammenhängen gänzlich neu entstehen (z.B. Arbeitswerte pro Arbeitsoperation).

4.2.2 Unterstützung der Entscheidungsfindung auf der operativen Ebene

Für die Unterstützung der operativen Ebene läßt sich zwischen dem automatisierten Verfahren zur Sicherstellung und Verbesserung des Kundendienstleistungsvollzugs und dem des Kundendienst-Marketing trennen.

Eine bedeutende Aufgabe im Rahmen des Kundendienstleistungsvollzugs nimmt die Gewährleistungsbearbeitung und -vergütung ein. Betrachtet man die Beträge, die jährlich von den Herstellerkundendiensten für Gewährleistungen und Kulanz aufgewendet werden, dann ist schnell erkennbar, daß sich dies nur durch entsprechende automatisierte Verfahren bewältigen läßt.

Weiterhin ist es notwendig, ein automatisiertes Verfahren zu entwickeln, mit dessen Hilfe die vom Absatzmittler als fehlerhaft reklamierten Teile, die vom Herstellerkundendienst einer Prüfung unterzogen werden einer statistischen Auswertung unterzogen und eine Belastung der entsprechenden Lieferanten vorgenommen werden kann.

Damit der Händler im Rahmen des Kundendienstleistungsvollzugs eine Richtlinie für den Zeitaufwand (Arbeitswert(e) = AW) pro Leistungseinheit (Arbeitsoperation(en) = AOP) hat, ist ein automatisiertes Verfahren zu entwickeln, das deren Ermittlung unterstützt. Die Festlegung der AW erfolgt nach Refa-Methoden. Dabei zeigt sich, daß bei unterschiedlichen Kraftfahrzeugen für bestimmte AOP teilweise gleiche Arbeitsschritte auftreten und sich eine wiederholte Ermittlung dieser Elemente erübrigen kann, wenn die abgespeicherten Arbeitsschritte sich wie Bausteine zusammenfügen lassen.

Daneben ist eine permanente Aktualisierung und Aufbereitung dieser Informationen für den Absatzmittler erforderlich, da sie unmittelbar in dessen Stammdaten einfließen.

Im Rahmen des Kundendienst-Marketings ist besonders häufig eine zwischen Hersteller und Absatzmittler existierende enge werbliche Kooperation hinsichtlich der direkten Ansprache (direct mail) der Endverbraucher gegeben [13].

Ziel muß es daher sein, stufenweise ein System zu entwickeln, womit durch die Möglichkeit der Verknüpfung und Auswahl der von den Händlern gelieferten und zentral gespeicherten und verwalteten Daten, der Kunde im Auftrag des Händlers unter dessen Namen über das Angebot der verschiedenen Kundendienstleistungen informiert wird. Dazu ist es notwendig, daß grundsätzlich ein Zugriff auf die gespeicherten Kundenanschriften nach alters-, fahrzeug- und modellspezifischen sowie postalischen Kriterien erfolgen kann. Daneben bedingt die spezifische Situation - viele verschiedene Händler, deren Werbeziele zentral koordiniert und realisiert werden sollen - hohe Anforderungen an die Individualisierung der Werbemittel, die auch eine entsprechend vollkommene Hard- und Software-Ausstattung verlangen.

4.2.3 Unterstützung der Entscheidungsfindung auf der administrativen Ebene

Bei den administrativen Entscheidungen beim Herstellerkundendienst mit Hilfe von partiellen Kundendienst-Informationssystemen, die der Unterstützung administrativer Entscheidungen dienen, kristallisieren sich zwei Schwerpunkte heraus:

- partielle Kundendienst-Informationssysteme, die zu einer beschleunigten Fehlererfassung und -auswertung beitragen und
- partielle Kundendienst-Informationssysteme, die Marktforschungszwecken dienen können.

Eine frühzeitige Voraussage ist besonders wichtig, wenn man die hohe Stückzahl täglich produzierter Fahrzeuge bedenkt, und eingetretene Fehler schnell sehr hohe Kosten verursachen können. Das unmittelbare Erkennen von Mängeln ist ganz besonders entscheidend beim Produktionsanlauf eines neuen Modells, da hier in der Regel keine oder nur geringe Erfahrungswerte über die einzelnen Aggregate vorliegen [14].

Insofern ist ein partielles Kundendienst-Informationssystem notwendig, das es erlaubt, schon relativ kurze Zeit nach Produktion und Auslieferung an den Kunden eine Aussage über das Zuverlässigkeitsverhalten des Produktes zu machen. Dies ist notwendig für jedes Einzelteil, Unterzusammenbaugruppen als auch für das gesamte Automobil; darüber hinaus natürlich auch für alle im Fahrbetrieb auftretenden Fehler und Mängel.

Voraussetzung für ein entsprechendes Auswertungssystem ist, daß alle Daten der beanstandeten Teile und ihre Ausfalls- bzw. Beanstandungsmonate bekannt sein müssen - Informationen also, die bereits im Rahmen der Gewährleistungsabwicklung anfallen, beim Händler erfaßt und dem Herstellerkundendienst gemeldet werden.

Als Auswertungssystem bietet sich die Weibull-Analyse an, eine ursprünglich als Berechnungsgrundlage für Lebensdauer-Berechnungen bei Prüfstandversuchen entwickelte Methode, die sich durch entsprechende Modifizierung und Computerunterstützung zur Auswertung und Analyse von Gewährleistungsbeanstandungen eignet [15].

Ziel ist es, für alle auftretenden Fehler einen zuverlässigen Indikator zu besitzen, mit dem alle Abweichungen von einem festzulegenden und damit bekannten "Normalpegel" festgestellt werden können und damit Impulse für Maßnahmen der Qualitätsverbesserung geben bzw. Entscheidungsgrundlage bilden, ob bei Qualitätsänderungen zusätzlicher Aufwand gerechtfertigt ist oder nicht.

Daneben ist es wichtig, daß aus den Informationen von Gewährleistungsbeanstandungen und der Kulanzfälle sowie aller sonstigen aus dem Feld gemeldeten Fehler durch eine variable Verknüpfung und einer abgestuften Verdichtung ein wirkungsvolles Auskunfts- und Berichtswesen entsteht, das interne Informationsgrundlage bildet und zur Steuerung des Außendienstes dient.

4.2.4 Kundendienst-Prognosemodelle als partielle Kundendienst-Informationssysteme zur Verbesserung von Entscheidungen auf der strategischen Ebene

Zentraler Gegenstand von kundendienstpolitischen Informationen ist grundsätzlich das Verhalten der Marktpartner des Herstellerkundendienstes. Dabei handelt es sich insbesondere um das Verhalten der Kunden, der Absatzmittler und freien Werkstätten im Zusammenwirken mit den kundendienstpolitischen Aktivitäten des Herstellers. Es ist ihre Reaktion auf die eingesetzten Kundendienstinstrumente abzuschätzen. Diese Prognose von Entscheidungskonsequenzen ermöglicht eine Bewertung (alternativer) kundendienstpolitischer Aktivitäten und dient daher der Festlegung von strategischen und taktischen Kundendienstaktivitäten.

Es gilt daher, in einem Kundendienst-Informationssystem auch die Modellbildung für Kundendienstprognosen zu berücksichtigen. Dabei lassen sich Entwicklungs- und Wirkungsprognosen unterscheiden [16] .

Entwicklungsprognosen versuchen Gesetzmäßigkeiten im Verlauf der Prognosegröße aus einer zeitreihenanalytischen Betrachtung von historischen Daten abzuleiten. Diese Datenreihen entstammen in der Regel internen sowie allgemeinen Wirtschafts- und Branchenstatistiken. Sie sagen die Prognosegröße von nicht direkt kontrollierten Variablen des Kundendienstes voraus. Voraussetzung zur Konstruktion eines Kundendienst-Prognosemodells ist die Festlegung der zu prognostizierenden Größe. Mittels Entwicklungsprognosen können beispielsweise Kundendienstaufträge vorausgesagt werden.

Dagegen wird bei Wirkungsprognosen explizit die Wirkung des Aktivitätsniveaus der Kundendienstinstrumente und damit eine weitere, für den Kundendiensterfolg wesentliche Gruppe von Determinanten erfaßt. Sie messen den Zielerreichungsgrad der eingesetzten Kundendienstinstrumente und befassen sich mit einem Kernproblem des Kundendienst-Managements, der Abschätzung der Marktreaktion auf kundendienstpolitische Maßnahmen.

Hierbei treten besonders zwei Ansatzpunkte hervor:

1. Die Messung ökonomischer Wirkungen der Kundendienstinstrumente. Damit können etwa die wirtschaftlichen Folgen festgestellt werden, die beispielsweise aus der Veränderung von Inspektionsintervallen resultieren.

2. Die Messung psychographischer Wirkungen. Damit kann beispielsweise das Image und die Einstellung der Kunden zum Kundendienst ermittelt werden.

Bei der konkreten Ausgestaltung von Marktreaktionsmodellen im Kundendienst muß die Ebene der Reaktionsmessung sowie der Abstraktionsgrad bei der Erfassung der Reaktionsvorgänge berücksichtigt werden.

Die Ebene der Reaktionsmessung bezieht sich auf das Aggregationsniveau der Meßwerte zu den Reaktions- und Instrumentvariablen. Demnach können Marktreaktionsmodelle auf der Ebene von Kundenaggregaten (Makromodelle: Meßwerte können aus individuellen Messungen an Einzelpersonen durch Aggregation abgeleitet werden) oder der von Individuen (Mikromodelle, bei denen die Reaktionsmessung als auch die Datengewinnung an einzelnen Zielpersonen erfolgt) konzipiert werden.

Der Abstraktionsgrad bringt zum Ausdruck, inwieweit Marktreaktionsmodelle des Kundendienstes Details des Reaktionsprozesses der Kraftfahrzeugbesitzer auf Kundendienststimuli erfassen und erklären.

Mikroanalytische Reaktionsmodelle setzen beträchtliche qualitative und quantitative Datenanforderungen voraus. Dagegen haben Makroansätze Vorteile bezüglich der Anforderungen an die Detailliertheit der Datenstruktur als auch hinsichtlich des Aufwandes bzw. der Kosten für die Datenbeschaffung. Es bleibt festzustellen, welche Daten vom Hersteller selbst und welche vom Absatzmittler beschafft werden.

Als Fazit läßt sich festhalten, daß aufgrund der vielfältig benötigten Informationen und der häufig heute noch gegebenen Datenarmut Prognosemodelle erst am Anfang der Entwicklung stehen. Gegenwärtig scheint die Implementierung von Entwicklungsprognosen im Rahmen von Kundendienst-Informationssystemen noch am erfolgversprechendsten, während erst zu einem späteren Zeitpunkt Wirkungsprognosen für die Vorhersage von Kundendienstleistungen herangezogen werden sollten.

5. Kommunikationsprozeß zwischen Hersteller und Absatzmittler

Die aufgezeigten Kundendienst-Informationssysteme wirken bereits als eigenständige Lösung vorteilhaft für die jeweilige Absatzstufe auf allen hierarchichischen Ebenen. Die volle Wirksamkeit ist jedoch erst dann gegeben, wenn zwischen den beim Hersteller und Händler installierten Kundendienst-Informationssystemen ein regelmäßiger Informationsaustausch bzw. Kommunikationsprozeß stattfinden kann. Damit muß die konsequente Weiterentwicklung zwangsläufig zu einem Kundendienst-Informationsübermittlungssystem führen.

Hier soll nur thesenartig auf einige Zielvorstellungen der Beteiligten mit den daraus erwachsenden Anforderungen und Besonderheiten aufmerksam gemacht werden.

Zunächst ist unter einem Kundendienst-Informationsübermittlungssystem ein Datenaustauschverfahren zu verstehen, das es erlaubt, die im Rahmen der beim Absatzmittler (Hersteller) gewonnenen Informationen und die für den Hersteller (Absatzmittler) von Bedeutung sein könnten, wechselseitig zur Verfügung zu stellen sowie den durch den Geschäftsablauf zwischen beiden notwendigen Kommunikationsaustausch unterstützt unter Berücksichtigung aller technischen und organisatorischen Notwendigkeiten.

Grundsätzlich resultieren aus den spezifischen Gegebenheiten einige Besonderheiten, die für die Entwicklung von Kundendienst-Informationsübermittlungssystemen zu berücksichtigen sind.

1. Die am System beteiligten Händler sind vom Hersteller in ihrer wirtschaftlichen Entscheidung frei, d.h. die Wahl der eigenen Computerunterstützung ist vom jeweiligen Absatzmittler abhängig und der Hersteller hat keinen direkten Einfluß auf die Gestaltung des Kundendienst-Informationssystems, so daß sich auch für den Hersteller hinsichtlich des Datenaustauschs und des Kommunikationsprozesses das Problem ergibt, daß unter Umständen viele verschiedenartige Kundendienst-Informationssysteme mit seinem System in Kontakt treten wollen.

2. Es existiert im Rahmen der Datenübermittlung keine Automatik, wie sie bei festgekoppelten Systemen gegeben ist, wo z.B. zu einem bestimmten Zeitpunkt Meßdaten abgerufen und diese zentral verarbeitet werden.

3. Die wirtschaftliche Unabhängigkeit des Händlers läßt eine Entscheidung darüber zu, welche Daten dem Herstellerkundendienst überhaupt zur Verfügung gestellt werden sollen.

Für die Gestaltung des Kundendienst-Informationsübermittlungssystems wird die These vertreten:

- die Übermittlung der kundendienstspezifischen Informationen in ein Gesamt-Informationsübermittlungssystem einzubinden, das weitere neben dem Kundendienstaufgabenbereich mögliche Geschäftsbereiche unterstützt,

- das Übertragungsverfahren als Off-line-Verfahren zu konzipieren, bei dem die Daten wahlweise vom Händler über Anwählen gesendet und/oder abgerufen werden können, oder der Hersteller übermittelt dem Absatzmittler die Informationen zu einem festgelegten Zeitpunkt. Im Fall der Übertragung vom Entstehungsort werden die Daten sofort auf maschinenlesbaren Datenträgern (Transferdateien) zwischengespeichert,

- den Erstellern der Softwarepakete für die Kundendienst-Informationssysteme der Absatzmittler einen Rahmenentwurf an die Hand zu geben und besonders bezüglich der Datenübermittlung entsprechende Spezifikationen vorzuschreiben, um das Auftreten von Schnittstellenproblemen zu minimieren.

Als Vorteile eines an einem derartigen Rahmenentwurf orientierten Kundendienst-Informationsübermittlungssystems ergeben sich für beide Absatzstufen:

- eine allgemeine Zeitersparnis, da kein Postweg einzuhalten ist, der Schriftverkehr und der Formularaustausch eingeschränkt werden können und sowohl der Hersteller als auch der Händler die Informationen nicht neu erfassen muß,

- Sicherheit im Kommunikationsprozeß, da die durch Datenfernübertragung übermittelten Informationen bereits für die Weiterverarbeitung in den entsprechenden Kundendienst-Informationssystemen aufbereitet sind, Plausibilitätskontrollen unterzogen wurden und zudem nicht nochmals neu erfaßt werden müssen mit allen dabei möglichen Fehlerquellen. Damit begleitet sind also Zeit, Kosten und Personalersparnis.

Als spezielle Vorteile für den Händler wären anzuführen, daß

- durch die vereinfachte Bestellabwicklung von Teilen eine Kostensenkung damit einhergeht und eine geringere Lagerhaltung bei gleichwertiger Verfügbarkeit möglich ist,

- bei der häufig 5-stelligen Anzahl zu verwaltender Teile Preisänderungen nicht oder nicht rechtzeitig ausgeführt werden, so daß dem Kunden nicht der aktuelle Preis in Rechnung gestellt wird; ein automatisches Aktualisieren kann hier entgegenwirken,

- Gewährleistungsansprüche gegenüber dem Hersteller beschleunigt abgewickelt werden können, ein frühzeitiges Recherchieren im Fall von Fehlern beim Abwicklungsprozeß und eine effiziente Kontrolle des Abwicklungsstandes möglich ist. Dies führt zu einer schnellen und verkaufsfördernden Abwicklung von Kulanzen gegenüber dem Kunden.

Dagegen wirken sich für den Herstellerkundendienst vorteilhaft aus:

- durch das schnelle und genaue Erhalten von Informationen frühzeitig Fabrikationsfehler erkannt werden und damit Einfluß auf die Produktion genommen werden kann,

- ein beträchtlicher Abbau administrativer Arbeiten

- die Verwirklichung eines Kundendienst-Informationsübermittlungssystems das den einzelnen Händler veranlaßt, an diesem Kommunikationsprozeß teilhaben zu wollen, um die Vorteile zu nutzen. Damit geht zwangsläufig die Notwendigkeit zur Realisierung von partiellen Kundendienst-Informationsübermittlungssystemen einher. Eine automatisierte Verarbeitung des Kundendienstinformationsstromes bedingt eine(n) straffe(n) Betriebsorganisation und -ablauf und hat damit auch für den Hersteller den Vorteil, über einen wirkungsvollen Kundendienst im Feld zu verfügen, der beim Kunden einen positiven Ausstrahlungseffekt auf den Produzenten hat.

6. Schlußbetrachtung

Eine geeignete Computerunterstützung kann dazu beitragen, den Kundendienst als "fünftes Rad am Wagen" zu vergessen. Mit Hilfe von partiellen Kundendienst-Informationssystemen und durch ein entsprechendes Datenaustauschverfahren kann er insgesamt effektiver gestaltet werden und damit einen größeren Einfluß erhalten. Die aufgestellten Thesen und die skizzierten Anwendungsbereiche sollen dabei Anhaltspunkte für die zukünftige Entwicklung liefern. Wichtigstes Element ist es dabei, daß die Planungen und Rahmenentwürfe für partielle Kundendienst-Informationssysteme aufeinander abgestimmt sind, da erst dadurch eine sinnvolle und wirkungsvolle Gesamtkonzeption entsteht. Daraus resultieren nicht nur für Hersteller und Händler Vorteile sondern auch für den Kunden. Und ein guter Kundendienst ist die beste Voraussetzung für einträglichen Neuwagenabsatz.

Literaturverzeichnis

[1] Vgl. dazu auch die zusammenfassenden Ergebnisse der Fachtagung: Datenverarbeitung im Marketing Heidelberg 9.-10. Oktober 1980, hrsg. von R.Thome, Berlin, Heidelberg, New York, 1981,

[2] Vgl. dazu ausführlich MEFFERT, H.: Der Kundendienst als Marketinginstrument - Einführung in die Problemkreise des Kundendienst-Managements, S. 25 f in : Kundendienst-Management Schriften zum Marketing, Bd. 5, hrsg. von H.Meffert, Frankfurt/Main, Bern, 1982,

[3] FORD, H.: Mein Leben und Werk, Leipzig 1924, S. 47 f.

[4] HEINZELBECKER, K.: Partielle Marketing-Informationssysteme, Zürich - Frankfurt - Thun, 1977,

[5] Vgl. STEFFENHAGEN, H.: Konflikt und Kooperation in Absatzkanälen, Wiesbaden, 1968,

[6] Vgl. KÖHLER, R./HEINZELBECKER, K.: Informationssysteme für die Unternehmensführung, in: Die Betriebswirtschaft, 37 Jg. (1977), S. 267 ff.,

[7] Vgl. ausführlich MERTENS, P.: Industrielle Datenverarbeitung Bd. 1 Administrations- und Dispositionssysteme 3. Aufl. Wiesbaden 1978, S. 22 ff.

[8] HEINZELBECKER, K.: a.a. O. S. 21 f.

[9] Dies gilt natürlich nur für größere Händlerbetriebe. Bei kleineren Betrieben ist häufig Absatz-, Kundendienst- und Teileleitung zusammengefaßt.

[10] Vgl. auch MERTENS, P.: a.a. O. S. 28 ff.

[11] Vgl. dazu EDELHOFF, H.: Kalkulation von Fahrzeugschäden, in diesem Band,

[12] Vgl. KRAUTTER, J. SCHOLZ, P.: Entwicklung computergestützter Marketing-Informations-Systeme in: Die Betriebswirtschaft, 1978, S. 233 ff.

[13] Vgl. BROSSMANN, M.: Individualisierung von Computerwerbemitteln im Rahmen eines kooperativen Direct-Marketings zwischen Hersteller und Handel (Dealer Indentified - Direct-Marketing) in: Datenverarbeitung im Marketing, hrsg. von R. Thome, Heidelberg 1981, S. 251-279; vgl. ders. Individualisierte Computerbriefe in: IBM-Nachrichten 254, S. 47 f.

[14] Vgl. OHL, H.L.: Zuverlässigkeit im Automobilbau, S. 11 f., in: Schriftenreihe der Adam Opel Aktiengesellschaft, 2. Aufl., hrsg. von Adam Opel AG, 1977,

[15] OHL, H.L.: Weibull-Analyse, S. 5 f., in: Schriftenreihe der Adam Opel Aktiengesellschaft, 3. Aufl., hrsg. von Adam Opel AG, 1977,

[16] Vgl. ausführlich LO, L.: Prognoseinformationen für kundendienstpolitische Entscheiduhgen - dargestellt an Beispielen des Fotomarktes, Diss. Münster 1979, ders. Prognoseinformationen für kundendienstpolitische Entscheidungen, S. 37 f, in: Kundendienst-Management Schriften zum Marketing Bd. 5, hrsg. von H. Meffert, Frankfurt/Main, Bern, 1982.

NIXDORF SOFTWARE - Lösung für den KFZ-Markt

P. Seidl

Verteuerung des Rohöls, größeres Umweltbewußtsein und stagnierende Realeinkommen sind Rahmenbedingungen der KFZ-Branche.

Zu einem verschärften Wettbewerb im KFZ-Markt kommt es aber auch durch stagnierende Wachstumsraten, durch den allgemeinen Trend zu kleinen Fahrzeugen sowie z.B. auch der Zunahme der Anbieterzahlen. Der KFZ-Vertragshändler sieht sich selbst einer starken Kostenflut, verschärftem Wettbewerb und erhöhten Auflagen vom jeweiligen Herstellerwerk ausgesetzt. All diese Einflußfaktoren zwingen den KFZ-Vertragshändler zu den notwendigen Reaktionen. Notwendig in erster Linie ist der Punkt der Rationalisierung sowie eine verstärkte Kundenorientierung. Die erfolgreiche Unternehmensführung eines KFZ-Betriebes setzt heute voraus, daß dem Unternehmer betriebswirtschaftliche Informationen in Form von betrieblichen Kennzahlen jederzeit kurzfristig zur Verfügung stehen. Mit zunehmender Betriebsgröße gewinnt dieser Aspekt immer größere Bedeutung. Um auf die Belange des Marktes entsprechend reagieren zu können, die Rentabilität des Betriebes zu gewährleisten und ein sofortiges Erkennen und Beseitigen von Schwachstellen zu ermöglichen, bedarf es der Planung und Kontrolle in den einzelnen Abteilungen des KFZ-Betriebes. Dies kann jedoch dem Unternehmer nur dann gelingen, wenn er durch aussagekräftige Kennzahlen seine Unternehmensziele planen, kontrollieren und steuern kann.

Gerade hier bietet der Einsatz von EDV die Möglichkeit, alle benötigten Informationen zeitnah zu liefern. Aktuelle Informationen stehen Ihnen mit Hilfe der elektronischen Datenverarbeitung sofort zur Verfügung und geben Ihnen damit wichtige Entscheidungshilfen, die Ihnen dann die Grundlage geben, am Markt zu agieren, statt zu reagieren.

Wer heute als KFZ-Vertragshändler wettbewerbsfähig bleiben will, muß seinen Kunden gegenüber jederzeit auskunftsbereit sein. Es gilt aber auch, nicht nur Fahrzeugdaten präsent zu haben, auch Rechungen müssen schnell und zuverlässig gestellt und Zahlungseingänge präzise überwacht werden.

Dieses schon am Anfang ein Blick ins Detail. Doch muß heute mehr noch Informationstechnologie durch Geräte und Verfahren endbenutzerorientiert eingesetzt werden. Die Systeme müssen geeignet sein, Anpassungen an Veränderungen im Sinne aktiver Neuerungen unter Minimierung von Unsicherheiten und Risiken durchzuführen.

Die Forderung nach Endbenutzerorientierung setzt ein Konzept voraus, das die unterschiedlichen Benutzeranforderungen von der Unternehmensleitung über den Abteilungsleiter bis hin zum Sachbearbeiter erfüllt und ein koordiniertes Zusammenwirken der Einzelaktivitäten sicherstellt. Voraussetzung hier ist ein Arbeitsplatz, der unter den Gesichtspunkten leichter Bedienung, Ergonomie und Multifunktionalität, mit gerätetechnischen Komponenten modular ausgestattet werden kann.

Kurz - der Computer gehört dorthin, wo er gebraucht wird - an den Arbeitsplatz. Mit dieser Philosophie ist das Unternehmen Nixdorf groß geworden. Heute zählen wir zu den führenden EDV-Herstellern. Wir betätigen uns in 32 Ländern, wobei die Märkte in Europa und in den USA Schwerpunkte bilden. Wer von Anfang an den Arbeitsplatz in den Mittelpunkt seiner Aktivitäten gestellt hat, kennt sich natürlich dort auch aus. Mit z.B. der Systemfamilie 8870 sind rund 15.000 Installationen ein Beweis dafür. Der Dialog-Computer Nixdorf 8870 eignet sich gleichermaßen für den Einsatz in Klein- und Mittelbetrieben, wie für dezentrale Aufgaben in Großunternehmen. Dieses Computer-System ist auch der Computer, der bei über 40 Prozent der KFZ-Händler, die sich bereits der elektronischen Datenverarbeitung bedient, eingesetzt ist.

In enger Zusammenarbeit mit den Herstellerwerken, den Verbänden der KFZ-Betriebe sowie den Händlern entstanden bei NIXDORF KFZ-SOFTWARE-PAKETE, die in allen Bereichen auf die spezifischen Belange der KFZ-Branche abgestimmt sind. Wir bieten heute Komplett-Lösungen für:

BMW - OPEL - VW - MAN - MAGIRUS - FIAT - DAIMLER BENZ - PEUGEOT - CITROEN - TALBOT - ZWEIRADHANDEL

und NIXDORF-Software-Pakete für alle anderen Marken mit individuellen Anpassungen.
Spezielle Lösungen stehen für den Reparaturbetrieb, Teile- Groß- und Einzelhandel zur Verfügung.

Die Branchenlösung für BMW-Vertragshändler ist Nixdorf VERIS. Das Programmpaket VERIS (BMW-Vertragshändler-Informationssystem) wurde von der Nixdorf Computer AG in Zusammenarbeit mit der BMW AG und engagierten BMW-Vertragshändlern entwickelt und stellt somit eine Lösung dar, die aus der Praxis für die Praxis entstand. Durch das BMW-Software-Zentrum in München ist gewährleistet, daß die Nixdorf Lösung VERIS immer auf dem neuesten Stand ist. Und 60 Nixdorf-Geschäftsstellen sorgen dann dafür, daß betriebswirtschaftliche und programmtechnische Änderungen sofort realisiert werden können. Die Forderung nach erhöhter Wirtschaftlichkeit in allen Unternehmensbereichen, hohe Auskunftsbereitschaft durch sofortigen Informationsabruf und die direkte Verbindung zum Werk sind Komponenten, die von dem Nixdorf-System und dem Programmpaket Nixdorf VERIS in vollstem Umfang erfüllt werden.

Der Einsatz der Lösung bedeutet für den Unternehmer eine höhere Transparenz des Unternehmens. Das bedeutet z.B., daß durch jederzeit abrufbare Gängikeits-Analysen eine Überalterung des Ersatzteil-Lagers verhindert werden kann. Der Lagerbestand wird dadurch verringert, der Lagerwert reduziert und die Zinsbelastung abgebaut. So wird der einzelne BMW-Vertragshändler liquider und bei Investitionen kann das eigene Kapital genutzt werden, statt teurer Kredite. Dank der direkten Verbindung zum Werk durch Datenträgeraustausch werden auch die Beschaffungszeiten durch die Branchenlösung wesentlich kürzer als bei manuellen Bestellungen.

Die Organisation ist speziell auf die Belange der BMW-Vertragshändler abgestimmt. VERIS zeichnet sich durch schnelle Datenerfassung, rationale Verarbeitung und ständige Auskunftsbereitschaft aus. Z.B. unmittelbar nach dem Erfassen, Prüfen und Verarbeiten der Daten werden die Ergebnisse angezeigt oder stehen anderen Programmen zur Weiterverarbeitung zur Verfügung. Diese volle Integration ermöglicht die Mehrfachverarbeitung von einmal erfaßten Daten. Dadurch wird der Erfassungsaufwand erheblich verringert. Geprüfte und für richtig befundene Daten werden in alle Arbeitsbereiche übernommen.

Arbeitsplatzorientierung und einfache Bedienungsfunktionen bedingen eine komfortable Ausstattung mit System-Programmen.
Das Betriebssystem NIROS (NIXDORF Interactive Realtime Operating System) steuert und kontrolliert die Vielzahl von Funktionen, die zum reibungslosen Ablauf zwischen Zentraleinheit, Peripheriegeräten, Anwender-Programmen und Bedienung beitragen. So sorgt NIROS z.B. dafür, daß von jedem angeschlossenen Bildschirmarbeitsplatz gleichzeitig mit unterschiedlichen Programmen gearbeitet werden kann. Der Aufruf dieser Programme erfolgt im Dialog zwischen Bildschirmarbeitsplatz und Zentraleinheit. Zusätzlich zu den Verarbeitungsprogrammen der Bildschirmarbeitsplätze ermöglicht NIROS den Batchbetrieb. Somit kann also immer ein Programm mehr ablaufen, als Bildschirmarbeitsplätze angeschlossen sind.

Das Bedienungssystem TAMOS (Terminal Autooperator und Monitor-System) ist der Teil des Betriebssystems, der die Aufgabe der Bedienerführung übernimmt. TAMOS steuert und überwacht nach folgenden Aspekten:

Schutz vor unbefugtem Zugriff (Datenschutz) über entsprechenden dreistufigen Schutz mit Kennworten, die prüfen, wer auf welche Dateien zugreifen darf, wer was lesen, kopieren und verändern darf. Sicherheit in der Bedienerführung, wobei der Bediener mit leicht verständlichen Formulierungen durch das jeweilige Sachprogramm geführt wird. TAMOS kontrolliert nicht nur die Eingaben, sondern sagt auch, welche Stelle des Programmes gerade bearbeitet wird und was der Bediener als nächstes zu tun hat.

Überwachung des Mehrprogrammbetriebes, damit das System verschiedene Aufgaben an dezentral aufgestellten Bildschirmarbeitsplätzen gleichzeitig erledigen kann, z.B. Aufträge erfassen, Zahlungseingänge buchen, Lieferscheine drucken, Lagerbestände abfragen oder Daten mit anderen Computersystemen austauschen.

Automatische Überwachung der Datensicherung. Die Probleme der Datensicherung kennen alle, die mit Tonbändern umgehen und wissen, daß Bedienungsfehler beim Überspielen zu unbeabsichtigtem Löschen führen können. Das gleiche gilt für Magnetplatten. Ihnen ordnet TAMOS je eine Archivnummer zu und prüft jede Archivnummer, ehe die Magnetplatte zum Überschreiben freigegeben wird. Damit sind Bedienungsfehler beim Kopieren ausgeschlossen.

Das Softwarepaket VERIS besteht aus folgenden Programmbausteinen:

- Stammdatenverwaltung
- Kundendienst
- Lagerwirtschaft
- Neuwagen
- Gebrauchtwagen
- Verkaufsförderung
- Finanzbuchhaltung
- Lohn- und Gehaltsabrechnung
- Datenaustausch

Die Grundlage jeder Software-Anwendung bilden die Speicherung und Pflege bestimmter Stamminformationen über Kunden, Fahrzeuge, Sachkonten usw. in Stammdateien.

Die Kundendatei dient zur Aufnahme, bei automatischer Vergabe der Kundennummer, aller über den Stammkunden benötigten Daten.

Die Pflege dieser Daten erfolgt entweder
- automatisch durch die Programme der Fakturierung (z.B. Umsatz, getrennt nach Ersatzteilen, Werkstatt und Fahrzeugen), oder
- automatisch durch die Programme der Finanzbuchhaltung (z.B. Verkehrszahlen), aber auch durch

- direkte Eingabe oder Veränderung (z.B. Telefonnummer, Adresse, etc.) oder durch
- Eingabe von Kontaktdaten (z.B. geplanter Kundenkontakt) im Rahmen der Verkaufsförderung.

Die Fahrzeugdatei enthält alle wichtigen Informationen über die Kundenfahrzeuge.

Es erfolgt eine autmatische Pflege, z.B. des Datums der letzten Inspektion, des Kilometerstandes, der letzten Werkstattbesuche im Rahmen der Fakturierung, so daß jederzeit ein Überblick über die Fahrzeughistorie gegeben ist.

Die gespeicherten Ersatzteildaten entsprechen in Umfang und Aufbau den Anforderungen der BMW-Lagerbestandsrechnung. Die Preise werden über Datenaustausch direkt aktualisiert. Der aktuelle Bestand, die Verbräuche der laufenden sowie der letzten acht Perioden werden gespeichert und bei der maschinellen Disposition herangezogen, eine wichtige Voraussetzung, um den Lagerbestand und damit die Kapitalbindung zu minimieren.

Sämtliche, für den Händler erforderlichen Arbeitsoperationen sind auf einer Magnetplatte im direkten Zugriff gespeichert.

Bei der Fahrzeugbestellung werden die Daten der Neuwagen analog dem BMW-Verfahren angelegt. Bei Auftragsbestätigung und bei Lieferung des Fahrzeuges werden die entsprechenden Daten auf den neuesten Stand gebracht.

Die Neuaufnahme eines Gebrauchtwagenstammsatzes erfolgt entweder

o durch direkte Eingabe der Gebrauchtwagendaten am Bildschirm, oder

o teilweise automatisch durch das Programm bei Erfassung einer Neuwagen-Kundenbestellung unter gleichzeitiger Inzahlungnahme eines Gebrauchtwagens (Vorlauf).

Als Basis für die spätere Agenturabrechnung werden in der Agentur-Datei die erforderlichen Daten gespeichert.

Die Anlage eines Agenturstammsatzes erfolgt nach Abschluß eines Agenturvertrages unter Angabe von Datum des Agenturvertrages, vereinbarter Agenturbetrag usw. über Eingabe am Bildschirm. Die Pflege erfolgt automatisch durch die Fakturierung (Werkstattaufwendungen), Agenturrechnung und die Agenturabrechnung.

Für verkaufsfördernde Maßnahmen kann der Händler Interessentenadressen (z.B. Fremdfabrikate, Gebrauchtwagenkunden etc.) speichern.

Außer den näher beschriebenen Stammdateien werden Stammdaten gespeichert für:

- Lieferanten
- Händlertabellen
- Fakturierungstexte
- Verkäufer
- Fahrzeugdisposition
- Sachkonten
- Kostenstellen
- Budget
- Gruppenkonten
- Personal
- Lohnarten

Der Programmbereich Kundendienst:

Mit der Nixdorf-Lösung VERIS werden Aufträge schnell und unkompliziert abgewickelt. So sind nur wenige Angaben notwendig, um einen Reparatur-Auftrag anzulegen, denn die Stammdaten sind gespeichert und stehen dem Benutzer im direkten Zugriff zur Verfügung. Die Eingabe der Fahrgestell-Nr. z.B. reicht, um die Zuordnung der erforderlichen Kunden- und Fahrzeug-Stammdaten vorzunehmen. Das passiert dann automatisch, wie auch eine Kreditlimit-Überprüfung bei der Auftragseröffnung. Lediglich Bewegungsdaten sind dabei zu ergänzen. Bei Lauf- oder Neukunden werden die Stammdaten (Name, Anschrift, Fahrzeugdaten etc.) einmalig angelegt. Sie stehen danach allen Programmen bei Bedarf zur Verfügung.

Es besteht die Möglichkeit, folgende Auftragsarten abzuwickeln: externer Werkstattauftrag, Gewährleistungs-Auftrag, Teile-Rechnung, Neuwagen-Rechnung, Gebrauchtwagen-Rechnung, sonstige externe Rechnungen, Agentur-Rechnungen, Angebot, Auftragsbestätigung sowie der Kostenvoranschlag. Auftragsergänzungen können jederzeit vorgenommen werden. Dadurch wird erreicht, daß sofort nach Fertigstellung des Wagens in der Werkstatt sämtliche Positionen und Angaben im System gespeichert sind. Die Rechnung kann sofort gedruckt werden. Also: Wagen fertig - Rechnung fertig. Ein Wettbewerbsvorteil, mit dem der Kundenservice erheblich verbessert und die offene-Posten-Buchhaltung entlastet wird. Ebenfalls stehen Fahrzeugdaten jederzeit abrufbereit zur Verfügung und auf Knopfdruck kann der Kunde auf fällige Inspektionen oder TÜV-Termine hingewiesen werden.

Der Programmbereich Lagerwirtschaft:

Wer heute mit aktuellen Lagerbestandszahlen disponiert, erhöht die Liquidität des eigenen Unternehmens. Voraussetzungen sind aktuelle Informationen, wie z.B. Bestände oder Preise, die jederzeit verfügbar sein müssen. Mit der Nixdorf-Lösung wird der Lagerbestand sekundengenau geführt. VERIS sorgt für eine permanente Überwachung des Lagerbestandes und eine exakte Bestellermittlung. Das Modul Lagerwirtschaft besteht aus den folgenden Teilbereichen: Bestandsführung, Teiledisposition, Inventur, Unternehmenstatistiken und Auswertungen. Auch im Bereich der Lagerwirtschaft kommt dem Anwender die direkte Verbindung vom Händler zum Werk mittels Diskette zugute. Die Verbuchung der Teilezugänge im Teilestamm kann sofort erfolgen.

Abfragen und Änderungen über Bestände, Preise etc. können jederzeit vorgenommen werden. Ebenfalls können vom Händler individuelle Preisveränderungen durchgeführt und Teilepreislisten unterschiedlichster Form erstellt werden. Und wenn dann wieder die Inventur ins Haus steht, werden die erforderlichen Inventurlisten vom Computer-System erstellt.

Der Programmbereich Verkaufsabwicklung:

Das Modul Verkaufsabwicklung beinhaltet insgesamt folgende Teilbereiche:

Neufahrzeuge und Disposition, Neufahrzeug-Bestellwesen, Neufahrzeug-Bestandswesen, Gebrauchtwagenfahrzeug-Bestandswesen, Agenturgeschäft, Werkstattaufwendungen für Neu-, Gebraucht- und Agenturfahrzeuge, Fahrzeug-Fakturierung, Listen und Auswertungen sowie Bildschirmabfragen.

Für die händlerinterne Verwaltung können aufgrund des Bestellsatzes jederzeit Auftragsbestätigungen und Angebote erstellt werden. Beim Verkauf von Lagerfahrzeugen werden Kundendaten und Konditionen nachträglich erfaßt. Neben Neufahrzeugbestellsätzen wird für jedes Fahrzeug ein Bestandsatz geführt. Dadurch können jederzeit Neufahrzeugbestell- und -bestandslisten nach den unternehmensindividuellen Sortierkriterien erstellt werden. Die Bildung eines Gebrauchtfahrzeug-Bestandssatzes kann aufgrund von Inzahlungnahme bei Neufahrzeugbestellungen erfolgen. Und zwar hat der Händler ebenfalls die Möglichkeit, noch nicht am Lager befindliche Gebrauchtfahrzeuge auszuwerten.

Die Provisionsermittlung für die Verkäufer erfolgt automatisch nach Fakturierung von Neu- oder Gebrauchtfahrzeugen.

Der Programmbereich Verkaufsförderung:

Bei der Gewinnung neuer Kunden und der Festigung des alten Kundenstammes spielt vor allem die Verkaufsförderung eine große Rolle. Hier gilt es, zündende Ideen, die oft vorhanden sind, auch zu realisieren. Damit sind dann aber die Unternehmensleitung und die Mitarbeiter oft über Tage bis in den späten Abend beschäftigt. Die Nixdorf-Lösung entlastet hier in erheblichem Maße. Alle Kunden- und Fahrzeugdaten sind stets abrufbereit gespeichert. So können z.B. ganz bestimmte Kunden, Interessenten oder Fahrzeuge ausgewählt und kurzfristig Aktionen wie Beleuchtungswochen, Hinweise auf fällige TÜV-Termine usw. ohne Mehraufwand gestartet werden.

Der Nixdorf Computer schreibt bis zu 99 verschiedenartige, individuelle Aktionsbriefe. Dabei ist es natürlich zusätzlich möglich, kunden- und fahrzeugspezifische Daten maschinell in den Text einzustreuen. Ergänzend können dann z.B. zu den Werbebriefen die ausgewählten Kunden für die Telefonaktion in Listenform ausgedruckt werden.

Finanzbuchhaltung

Für die Abwicklung der Finanzbuchhaltung wird ein Programmpaket eingesetzt, das unter Berücksichtigung der gesetzlichen Bestimmungen des Datenschutzes entwickelt wurde. Die integrierte Finanzbuchhaltung basiert auf einem Konzept, das von der Nixdorf Computer AG bundesweit eingesetzt wird. Die Finanzbuchhaltung ist mandantenfähig, d.h. der Händler kann mehrere Buchhaltungen parallel, z.B. für Zweigbetriebe, Tochterfirmen usw. führen. Selbstverständlich ist die überlappte Verbuchung in zwei Perioden gewährleistet.

Finanzbericht
Die aktuellen Monats- sowie die kumulierten Jahresumsätze des Sachkonten- und Kostenstellenbereiches werden in dem für BMW-Händlerbetriebe bekannten Umfang und Inhalt in der Form eines Finanzberichtes monatlich ausgewiesen. Der Finanzbericht ist flexibel aufgebaut, so daß Informationserweiterungen möglich sind, z.B. aufgrund von Erweiterungen des BMW-Standard-Kontorahmens.

Debitorenbuchhaltung
Das Prinzip der Offene-Posten-Buchhaltung gewährleistet Aktualität und stete Auskunftsbereitschaft des Systems. Während bei herkömmlicher Organisation häufig nur unter erschwerten Bedingungen und nach längerer Zeit Informationen darüber zu erhalten waren, welche Buchungen bei einem bestimmten Kunden in einem definierten Zeitraum anfielen, kann ein derartiger Kontoauszug heute auf Knopfdruck über den Bildschirm abgerufen werden. Das macht erst eine gezielte Kundenpflege möglich.
Neben dem automatischen Mahnwesen erhält der Händler umfangreiche Auswertungen zur Kundensteuerung.

Kreditorenbuchhaltung
Aktualität und Auskunftsbereitschaft werden auch hier durch das Prinzip der Offene-Posten-Buchhaltung garantiert. Das Programm stellt dem Anwender die Art der Zahlungsregulierung frei. Nach der Anwender-Entscheidung nimmt es die Regulierung automatisch nach Fälligkeit vor. Es erstellt wahlweise Überweisungsträger oder Schecks und die Banksammelliste. Ein Kontoauszug pro Lieferant gibt aktuelle Auskunft über alle Buchungen. Die Offene-Posten-Liste dient der Überprüfung und Bearbeitung der offenen Posten. Die Verbindlichkeitenliste gibt dem Anwender Aufschluß über fällige Zahlungen in bestimmten Perioden.

Sachkontenbuchhaltung
Im System ist der BMW-Kontenplan gespeichert. Eine Beschränkung des eingesetzten BMW-Kontenplanes gibt es nicht, d.h. der Händler kann beliebig eigene Sachkonten zusätzlich speichern. Die Budgetierung der einzelnen Konten erlaubt den ständigen Soll-/Ist-Vergleich in fester und variabler Budgetierung. Darüberhinaus liefert das System weitere wesentliche Informationen zur Planung, Steuerung und Kontrolle des Händlerbetriebes.

Der Programmbereich Lohn- und Gehaltsabrechnung:

Ebenso wie bei der Finanzbuchhaltung berücksichtigt die Lohn- und Gehaltsbuchhaltung die gesetzlichen Bestimmungen des Datenschutzes. Auch dieser Programmbereich basiert auf dem Konzept, das von der Nixdorf Computer AG bundesweit eingesetzt wird. Die gesamten Schlüsselsysteme sind einheitlich festgelegt. Lohnarten, Kostenarten, Kostenstellen und Personalnummern können wahlfrei vergeben werden. Die Abrechnung kann nach Arbeitnehmergruppen geordnet und als Einzelabrechnung vorgenommen werden. Die leistungsbezogenen Löhne fließen aufgrund der Monteurleistungsberichte automatisch in die Lohnabrechnung ein.

Der Programmbereich statistische Übersichten und unternehmensindividuelle Auswertungen:

Aktuelle Informationen stehen durch die Nixdorf-Lösung dem Anwender im direkten Zugriff zur Verfügung. So kann der Händler z.B. auf folgende statistische Übersichten und Auswertungen zurückgreifen: Monteurleistungsberichte, tägliche Brutto-Ertrags-Analyse, Gängigkeits-Analyse, Auslieferungs-Statistik, Auftragseingangs-Statistik, Neufahrzeug-Dispositionsliste, Neufahrzeug-Bestell- und -Bestandsliste, Gebrauchsfahrzeug-Bestandsliste und die Verkäuferprovisions-Statistik. Besondere betriebliche Belange können durch zusätzliche unternehmensindividuelle Auswertungen und Listen, deren Form und Inhalt der Anwender selbst bestimmt, abgedeckt werden.

Der Programmbereich Datenträgeraustausch:

Mit der direkten Verbindung zwischen Händler und Werk mittels Datenträgeraustausch wird die Kommunikation für beide Seiten wesentlich vereinfacht. Der Informationsaustausch erfolgt durch Diskette mit dem Werk in folgenden Bereichen: Teile-Informationsaustausch in den Bereichen Disposition, Teilezugang, Teileabgang, Preisänderung, MBD-Sätze, kurzfristige Erfolgsrechnung, z.B. der Betriebsvergleich, die Gewährleistung sowie Neuwagen-Bewegungsdaten.

Dieses war nun in einem Überblick die Nixdorf-Lösung VERIS und ihre Programmbausteine. Die Einflüsse der Informationstechnologie auf Unternehmen und auf Organisationen sind sehr vielschichtig. Hier gilt es, die Notwendigkeit des Einsatzes von EDV in KFZ-Händler-Betrieben deutlich zu machen und somit das vorhandene Informationsdefizit der Unternehmer zu kompensieren. Einige Schritte auf diesem Weg sind bereits getan. So haben Automobil-Hersteller EDV-Beratungen in den Werken eingerichtet bzw. Händler-Berater vor Ort eingesetzt. Von der Verbandsseite werden z.B. Informationssgespräche über EDV-Einsatz im KFZ-Bereich angeboten.

In Zusammenarbeit mit dem Verband plant die Nixdorf Computer AG KFZ-EDV-Seminare. Die Nixdorf Computer AG führt Unternehmensgespräche mit Anwendern, Interessenten und Werksmitarbeitern. Auch dieses sind Dienstleistungen von der Nixdorf Computer AG, die dann noch konkretisiert werden durch die direkten Kontakte zu den Hauptwerken oder aber auch durch die eigenen KFZ-Software-Zentren ein Dienstleistungsnetz von 60 Geschäftsstellen und einem eigenen Schulungszentrum in Wiesbaden. Und diese Faktoren haben uns im gesamten KFZ-Markt mit über 1.200 Installationen einen Marktanteil von 40 Prozent verschafft.

DATENVERARBEITUNG IM KFZ-BETRIEB MIT KIENZLE COMPUTERN

S. Dietel

Einleitung und Gliederung

Einleitung

Das Referat zeigt im Rahmen der Integration des Gesamtsystems KIENZLE KFZ 9000 schwerpunktmäßig das Ersatzteilwesen im KFZ-Betrieb.

1. Zielsetzung

Mit dem Programmpaket KIKFZ 9000 bietet KIENZLE den Kfz-Betrieben, Kraftfahrzeughändlern und -werkstätten ein Instrument mit der Zielsetzung, Straffung und Verbesserung aller Funktionsbereiche, wie:

- Ersatzteilverkauf
- Werkstattbereich
- Fahrzeughandel
- Lagerbestandsförderung und Disposition
- Verkaufsförderung für Werkstatt und Handel.

KIKFZ ist aus der Praxis heraus entstanden und zielt darauf ab, dem Anwender alle Erfahrungen und Erkenntnisse weiterzugeben, die KIENZLE durch die langjährige Präsenz in dieser Branche in die Weiterentwicklung des KIKFZ einfliesen lassen konnte.

KIKFZ besteht aus Basis- und Ausbaumoduln (Programmbausteinen) sowie Ergänzungsprogrammen.
Es kann dadurch stufenweise eingeführt werden und auch auf Teilbereiche begrenzt eingesetzt werden.

Der Funktionsumfang läßt sich somit in jeder Phase auf die Bedürfnisse des Anwenders abstimmen.
Das bedeutet langfristige Sicherheit im Anwendungsbereich.

KIKFZ orientiert sich primär an den organisatorischen und strukturellen Gegebenheiten, die im Kfz-Betrieb anzutreffen sind. Die Praktikabilität und die Wirtschaftlichkeit stehen im Vordergrund. Durch die Gliederung des KIKFZ in Funktionsbereiche und Funktionen erfüllt es die wesentlichen Forderungen der Organisationsportabilität, allerdings nur auf der vorgegebenen Datenbasis (Elemente und Struktur).

Das bedeutet, das KIKFZ paßt sich an den Betrieb und nicht der Betrieb an den Computer an.

KIKFZ bietet dem Anwender soviel Informationen und Rationalisierung, wie im entsprechenden Einsatzfall nötig und wirtschaftlich.
KIKFZ ist in kleinen, mittleren und großen Kfz-Betrieben ohne Änderungen einsetzbar.
KIENZLE bietet mit dem KIKFZ 9000 eine preiswerte, sinnvolle und anwendbare Lösung.

2. Funktionumfang KIKFZ 9000

Der Funktionsumfang des KIKFZ 9000 gliedert sich grundsätzlich in folgende Funktionsbereiche:
- Werkstattbereich, Ersatzteilverkauf
- Fahrzeughandel
- Verkaufsförderung für Werkstatt, ET- und Fahrzeughandel
- Ersatzteilwesen, Lagerüberwachung und Disposition.

2.1 Werkstattbereich, Ersatzteilverkauf

Der Ersatzteilverkauf (z.B. Thekenverkauf) und die Bereitstellung von Ersatzteilen oder Material für Werkstattaufträge erfolgt über die gleichen Programme der Auftragsbearbeitung und Fakturierung.

Unterschiede in der Abwicklung ergeben sich dabei z.B.abhängig von den Anforderungen eines Teilegroß- und Einzelhandels (bedingt durch die große Menge der ET-Aufträge und Positionen), durch den Einsatz eines entsprechenden Programmes.

In der Auftragsbearbeitung wird der wesentliche Teil der Lagerbestandsführung abgewickelt.
Bei Materialentnahme und Belastung eines Auftrages werden folgende Funktionen (Prüfungen und Aktionen) durchgeführt:

- Bestandsveränderung (Minusbestand möglich !)
- Mindestbestandsprüfung
- Nüllbestands-/Minusbestandsprüfung
  (Null-/Unternull Meldung)
- Bereitstellung der Lagerabgangsmeldung
- Bereitstellung der Verbräuche zur Bestelldisposition

Unter Berücksichtigung der Kundengruppe, Material-/Rabattgruppe, Preisgruppe und möglicher Zuschlagsfaktoren (Werkstatt/Theke) erfolgt die Preisfindung und die Bereitstellung der Werte für den Wareneinsatz und die Erlösabspeicherung.

Werkstattaufträge werden zusätzlich zu den eingebauten Ersatzteilen mit den Arbeitsleistungen der Monteure belastet.
Dabei bietet das KIKFZ eine Untergliederung der Werkstatt in zehn Kostenstellen, die jede unabhängig von der Kundengruppe und Auftragsart einen anderen Verrechnungssatz für Stunden oder Arbeitswerte haben kann.
Die Auftragsbearbeitung ermöglicht die Speicherung der Arbeitswerte (Richtzeitenbuch) und die freie Eingabe für Texte und Zeiten.
Dabei können die Monteurleistungen einer AW-Position auf bis zu fünf Monteure verteilt werden.

Die Auftragsbearbeitung für den Werkstattbereich erfüllt im wesentlichen folgende Funktionen:
- Bereitstellung der Monteurleistungsdaten für die Fakturierung
- Bereitstellung der Monteurleistungsdaten für die separate Monteurabrechnung und Statistik
- Bereitstellung von Kunden- und Fahrzeuginformationen für die Verkaufförderung
- Bereitstellung der Daten für die Erlösabspeicherung.

Bei der Klassifizierung der ET- und AW-Positionen als Garantie, Kulanz und Normal, werden von der Fakturierung automatisch auf der Basis eines Auftrages die
- normale Rechnung
- Garantie-Abrechnung
- Kulanz-Aufstellung

ausgegeben.

2.2 Fahrzeughandel

Der Funktionsbereich Fahrzeughandel umfaßt die Funktionen:
- Neuwagenverkauf
- Gebrauchtwagen An- und Verkauf
- Agenturwagenabrechnung
- Fahrzeugdisposition
- Vertreterabrechnung
- Verkaufsstatistik, Nachkalkulation.

Auf eine nähere Erläuterung dieser Funktionen wird hier verzichtet, da dieser Funktionsbereich keine direkten Schnittstellen zum Ersatzteilbereich hat.
Der Fahrzeughandel hat eigene Anforderungen bezüglich dem Bestellwesen und der Bestandsführung gegenüber dem Ersatzteilwesen. Hier muß allerdings darauf hingewiesen werden, daß die Kostenstelle/Abteilung Fahrzeughandel ein interner Kunde des Ersatzteillagers ist. In der Regel werden die Zugaben beim Neuwagen- und Gebrauchtwagenverkauf und gegebenenfalls auch bestimmte Sonderausstattungen im ET-Lager verwaltet.
Alle Teile, die vom ET-Lager an den Fahrzeughandel ausgegeben werden, müssen auf einem internen Auftrag erfaßt werden, damit eine Entlastung des Lagers und eine Belastung des Fahrzeughandels erfolgt.
Der Funktionsbereich Fahrzeughandel kann auch ohne den Funktionsbereich Werkstatt eingesetzt werden. Allerdings ist dies bisher nicht erfolgt, da alle Händler mehr oder weniger gezwungen sind, auch eine Werkstatt zu betreiben.

2.3 Verkaufsförderung

Der Funktionsbereich Verkaufsförderung bietet ein Marketinginstrument, das gezielte Werbemaßnahmen und andere verkaufsfördernde Aktionen ermöglicht.

Der Funktionsbereich umfaßt folgende Funktionen:
- Auswahl von Kunden-/Kfz-Informationen (mit/ohne Sortierung)
- Werbebrief-Erstellung (mit Änderung)
- Probedruck der Werbebriefe
- Druck der Werbebriefe
- Werbebriefempfängerliste
- Interessentenbericht
- Aktionsliste
- Etikettendruck.

Speziell im Vertriebsbereich wird ein Höchstmaß an Informationen durch Zugriffsmöglichkeiten auf alle Datenelemente der Kunden-, Kfz- und Interessentenstammsätze benötigt. Das KIKFZ bietet dies. Es können alle Stammsätze gleichzeitig nach zehn verschiedenen Merkmalen selektiert und nach einem Merkmal sortiert werden. Diese Selektionstiefe gewährleistet, daß wirklich nur diejenigen Kunden bzw. Interessenten ausgewählt werden bzw. angeschrieben werden, die mit einer bestimmten Aktion angesprochen werden sollen.

3. Ersatzteilwesen in der Integration KIKFZ 9000

Das Ersatzteilwesen hat folgende Schnittstellen:
- Innenverhältnis KIKFZ
  - Auftragsbearbeitung
    Die Lagerabgänge werden normal durch die Auftragsbearbeitung abgewickelt.
- Rechnungswesen, Finanzbuchhaltung
  - Lieferscheinprüfliste zur Rechnungskontrolle
  - Lagerbewertungs-/Abschreibungsliste
  - Lagerbestand
- Außenverhältnis
  - Bestellwesen
    - Bestellung zum Lieferanten
    - Lieferung vom Lieferanten (Datenträgeraustausch).

Grundsätzlich könnte der Funktionsbereich Ersatzteilwesen ohne die anderen Funktionsbereiche eingesetzt werden. Aber es ist dann nur eine mengenmäßige Bearbeitung möglich. Auf den automatischen Ablauf in der Integration Auftrag-Bewertung-Lagerabgang-Rechnung-Finanzbuchhaltung wird dann verzichtet.

4. Ersatzteilwesen

Das Ersatzteilwesen hat einen hohen Stellenwert in jedem Kfz-Betrieb, denn es bindet sehr viel Kapital. Allein die Finanzierung des Lagers macht so manchem Betrieb heute schon Schwierigkeiten. Einen wesentlichen Einfluß hat die Lieferbereitschaft des lagers (Liefergrad) auf den Servicegrad der Werkstatt und auf den ET-Verkauf. Die Folgen eins zu niedrig gehaltenen Lagerbestandes können sein:

- im Innenverhältnis:
  - die Werkstatt wird durch halbfertige Reparaturen blockiert, es entstehen Wartezeiten
  - die Monteure werden sauer auf die Lageristen
- im Außenverhältnis:
  - dem Kunden entstehen durch diese "unnötigen" Wartezeiten Verluste, speziell bei Nutzfahrzeugen
  - der Kunde ist über die Wartezeit verärgert und bleibt weg
  - es spricht sich herum, daß man in diesem Betrieb warten muß und keine Ersatzteile bekommt
  - der Vertragswerkstatt wird im Extremfall vom Hersteller der Vertrag gekündigt.

Die meisten Betriebe führen deshalb ein viel zu großes Lager.

Dabei ist in der Regel kein Überblick über den wahren Lagerbestand, den Lagerwert und die historische Entwicklung von Teilen für die verschiedenen Fahrzeugtypen gegeben, auch wenn eine manuelle Lagerkartei geführt wird.

Eine von Datenverarbeitung unterstützte Lagerführung muß dem für das ET-Lager Verantwortlichen die notwendigen Informationen liefern, damit er auf der Basis seiner Erfahrungen den Lagerbestand abhängig von

- der Wiederbeschaffungszeit (Liefergrad des Lieferanten)
- der Wirtschaftlichkeit (Einkaufspreis, Beschaffungswert, Finanzierung)
- des Kundenprofils (Fahrzeugtypen im Kundenbestand, Freie Werkstätten, Unterhändler)

so minimieren kann, daß Lagerteile und kurzfristig beschaffte Teile zusammen zu einem zufriedenstellenden Liefergrad führen. Der Kfz-Betrieb sollte versuchen, das Risiko der Lagerhaltung auf den Hersteller und Lieferanten zu verlegen, und sich nicht den lagerbestand und das Sortiment von diesem vorschreiben lassen.

4.1 Bestandsführung

4.1.1 Abgangsbuchungen

Das Buchen der Lagerabgänge wird im Normalfall bei der Auftragsbelastung innerhalb des Funktionsbereiches Auftragsbearbeitung durchgeführt. Andere Abgänge vom Lager, z. B. Rücklieferungen an Lieferanten, werden im Funktionsbereich Ersatzteilwesen abgewickelt. Dabei ist zu beachten, daß in der Regel diese Sonder-Lagerabgänge auch gesondert behandelt werden müssen, da sie nicht die Datenbasis für die Bestell-Disposition verfälschen dürfen.

4.1.2 Zugangsbuchungen

Alle Zugänge zum Lager werden im Funktionsbereich Ersatzteilwesen verbucht, abgesehen von Retouren (Gutschriften), die auch von der Auftragsbearbeitung abgewickelt werden.

Bei den Zugangsbuchungen wird nach zwei Buchungsarten unterschieden:

- Einzelbuchung
- Sammelbuchung

Einzelbuchungen werden bei Zugängen durchgeführt, die aufgrund von

- Einzel-Bestellung (Expreß)
- Sammel-Bestellung (Monat)
- ohne Bestellung

zustande kommen.
Bei einer Einzelbuchung zu einer Monatsbestellung/Lieferung handelt es sich um Korrekturen. Es müssen die Abweichungen der Monatsbestellung zur tatsächlichen Lieferung vor dem Lauf der Sammelbuchung in der Bestelldatei berichtigt werden (Rückstand).
Normale Einzelbuchungen unterscheiden sich lediglich durch das Buchungskennzeichen.
Eine automatische Übernahme der Lagerzugänge in das Rechnungswesen erfolgt nicht.
Das KIKFZ 9000 bietet ein Lieferschein-Prüfprogramm. Die Lagerzugänge werden pro Lieferant, Bestellung, Lieferschein gesammelt und bewertet. Aus dieser Lieferschein-Prüfdatei werden für die Prüfung der Lieferantenrechnungen die Lieferschein-Prüflisten erstellt.

4.1.3 Lagerjournal - Bewegungsliste

Alle Lagerbewegungen werden in einer Datei gespeichert. Von dieser Datei wird der Lagerjournal gedruckt, als Nachweis wohin Teile vom Lager abgegangen bzw. zugegangen sind.

4.1.4 Unternullmeldung

Wird der Mindestbestand eines Teiles unterschritten, oder wird der Bestand negativ, wird eine entsprechende Hinweisliste als Bestellvorschlag und Lagerüberwachung ausgegeben.

4.2 Ersatzteil-Disposition

Die Basis für die Ersatzteil-Disposition ist die Qualität der vorhandenen Datenbasis und hier speziell die Aussagen über den historischen Werdegang der Bestandsveränderungen.

Die Grundlagen dieser Datenbasis werden von der Auftragsbearbeitung gestellt.
Das KIKFZ 9000 schreibt einen festen Funktionsablauf für die Abwicklung der Ersatzteildisposition vor:
- Lieferantenauswahl
- Bestellrechnung
- Bestellvorschlagsdruck
- Bestellkorrektur
- Bestellung

unabhängig vom Ablauf der Perioden-Bestellung funktioniert die
- Einzelbestellung (Erfassung)
- Einzelbestellung (Ausdruck).

4.2.1 Lieferantenauswahl

Es werden die Lieferanten ausgewählt, für die ein Bestellvorschlag erstellt werden soll.
Dabei können entweder alle Lieferanten berücksichtigt werden oder nur ein bestimmter oder nur die Lieferanten, bei denen der Bestellrhythmus mit der laufenden Betriebswoche übereinstimmt.

4.2.2 Bestellrechnung

Vor dem Ablauf der Bestellvorschlagsrechnung muß sichergestellt sein, daß die notwendigen Verwaltungsprogramme zur Pflege der historischen Entwicklung gelaufen sind. Bei der Bestellrechnung werden alle Artikel in der Stammdatei geprüft, ob sie zur Bearbeitung anstehen. Die Kriterien sind:
- Bestellkennzeichen
- Saisonkennzeichen
- Sperrvermerke.

Für die anstehenden Artikel wird eine Bestellrechnung durchgeführt, die im wesentlichen folgende Faktoren berücksichtigt:

- auf den einzelnen Artikel bezogen:
  - Sicherheitsfaktor (bezogen auf die Liefertreue und Wiederbeschaffungszeit)
  - Mindestmenge/Sicherheitsbestand
  - durchschnittlichen Verbrauch der letzten 4 Perioden
  - (- hochgerechneter Jahresverbrauch)
  - aktueller Lagerbestand
- auf das Lager bezogen:
  - Lagerfaktor (bezogen auf die Wiederbeschaffungszeit).

Das Ergebnis der Bestellrechnung wird als Bestellsatz in die Bestelldatei gespeichert.
Im Rahmen der Bestellrechnung werden außerdem die Daten für die Gängigkeitsanalyse ermittelt und gespeichert.

4.2.3 Bestellvorschlagsdruck

Das durch die Bestellrechnung ermittelte Ergebnis wird als Bestellvorschlag ausgedruckt.
Diese Liste ist das Arbeitspapier für den Disponenten und enthält alle zur Entscheidung notwendigen Daten artikelbezogen.

Nach der Bestellvorschlagsliste wird die Gängigkeitsanalyse ausgedruckt.

4.2.4 Bestellkorrektur

Auf der Grundlage der Bestellvorschlagsliste und der Meldungen des Minusbestandes und der Unterschreitung der Mindestbestände werden die errechneten Bestellmengen korrigiert.
Aktzeptpositionen müssen zur Bestellung freigegeben werden.
Zusätzliche Bestellpositionen können dem Vorschlag hinzugefügt werden.

4.2.5 Bestellung

Die Bestellung wird auf jeden Fall ausgedruckt.
Hat der Lieferant die Möglichkeit, die Bestellung auch über den Datenträgeraustausch anzunehmen, wird eine Datei im vom Lieferanten vorgeschriebenen Format ausgegeben.
Als Datenträger steht Magnetband und Diskette zur Auswahl.

Die Bestellung bleibt bis zu Lieferung und Zugangsbuchung in der Bestelldatei gespeichert, damit Rückstand und Bestellausstand jederzeit abgerufen werden kann.

4.2.6 Einzelbestellung

Die Positionen, die im Laufe des Tages per Expreß bestellt werden, müssen unbedingt mit dieser Funktion erfaßt werden, damit eine Überwachung des Bestellausstandes und der Bestimmung der bestellten Positionen möglich ist.

Der Ausdruck der Expreßbestellungen (Sammlung eines Tages) enthält unter anderem die Datenelemente:

- Kunden-Nummer
- Auftrags-Nummer
- Anzahlungsbetrag.

Die Zuordnung von gelieferten Teilen zu Aufträgen/Kunden erfolgt manuell. Eine automatische Rückstandsauflösung zum Kunden ist geplant.
Die Rückstandsauflösung ist ein besonderes Problem des reinen Ersatzteilhandels.

4.3 Lager-Bewertung

Die Lagerbewertungsliste enthält für jeden Artikel mit dem Bestand größer Null eine Positionszeile. Dabei werden der Lagerwert (durchschnittlicher EK-Preis x Menge), der Bestand und die errechneten Abschläge ausgewiesen.

Zur Festlegung der Abschläge gibt es im wesentlichen zwei Versionen:

- pauschaler Abschlag auf alle Teile
- gestaffelter Abschlag, abhängig von der Gängigkeit/ Lagerzeit (über Tabelle gesteuert)

Der Lagerwert nach aktuellem EK-Preis und VK-Preis wird im Funktionsbereich Statistik mit der Lagerbestandsliste ausgegeben.

4.4 Lagerüberwachung

Die Inventurzähllisten können nach verschiedenen Kriterien, mit oder ohne Bestand ausgedruckt werden. Somit ist eine Überprüfung des Lagerbestandes jederzeit, auch stichprobenmäßig möglich. Diese Funktion ist die Grundlage für die permanente Inventur.

Die Auswahlkriterien für die Zähllisten sind:

- Lagernummer
- Lieferantennummer
- letztes Zähldatum
- Artikelnummer von - bis oder
  Lagerort oder
  EK-Preis größer als.

Die ermittelten und auf der Inventurliste eingetragenen Bestände werden erfaßt. Das Programm vergleicht die gezählte Menge mit dem Sollbestand. Das Inventurdatum und mögliche Differenzen werden im Artikellagerstamm gespeichert.
Für jede Inventurbuchung wird in die Lagerbewegungsdatei ein Satz gespeichert.
Nach Abschluß der Inventurerfassung wird aus der Lagerbewegungsdatei das Inventurprotokoll geschrieben.

4.5 Statistik und Verwaltung

Abhängig von den Anforderungen des jeweiligen Anwenders können aus vorhandenen Stamm- und Bewegungsdateien Statistiken über die Entwicklung im Lager erstellt werden. Aus der Praxis der Anwender sind verschiedene Funktionen realisiert, die bei Bedarf eingesetzt werden können.

Für den Preisänderungsdienst und für die Neuauflage von Artikelstamm und Lagersätzen ist der Datenträgeraustausch zu verschiedenen Lieferanten realisiert. Die Anpassung der vorhandenen Funktionen an weitere Lieferanten wird kostengünstig und kurzfristig durchgeführt.

DIALOGSYSTEM FÜR VERTRAGSPARTNER DER DAIMLER BENZ AG

M. Teichmann

1. Gezieltes Marketing in der EDV
2. Kfz-Händlermarkt/Teilmarkt DB-Vertragspartner
3. Leistungsmerkmale des für DB-Vertragspartner entwickelten Anwender-Systems
4. Der Hardware Stufenplan
5. Leistungsumfang
6. Beispiele aus den Programmen

6.1 Programmabruf

6.2 Werkstatt

6.3 Auftragseröffnung

6.4 Auftragsergänzung

6.5 Auftragsabschluß/Rechnungserstellung

6.6 Tagesabschluß

6.7 Werkstattakquisition

7. Beispiel einer Einzelinstallation

1. Gezieltes Marketing in der DV

Ein rauher gewordenes Wirtschaftsklima und der schnell zunehmende Wettbewerb haben in den letzten Jahren zu ständig steigenden Anforderungen auf der Anwenderseite der DV geführt.

EDV-Hersteller konzentrieren ihre Resourcen auf immer enger werdende Märkte. Dazu werden die Aktivitäten der verschiedenen Unternehmensbereiche, von der Produktentwicklung bis zur Kundenpflege, auf diese Märkte ausgerichtet.

Bei NCR sind dies beispielsweise 88 Entwicklungs- und Forschungsstätten und 1200 Geschäftsstellen in mehr als 120 Ländern.

Der konsequente Schritt zur Kunden- bzw. Zielmarktorientierung erhöht die Effizienz und Produktivität - zum Nutzen des Kunden.

Das beginnt bei der Produktentwicklung und Fertigung. Sie sind - ebenso wie der Vertrieb und die Kundenpflege - auf Märkte spezialisiert. Durch den engeren Kontakt zum Markt erhalten die Produktentwickler genauere Marktkenntnisse und können damit konzentrierter branchen- und kundenspezifische Lösungen erarbeiten.

Die Zielmarkt-Organisation bringt dem Interessenten und Kunden insbesondere auch Vorteile bei der Beratung und Unterstützung. Sie kann aufgrund der Spezialisierung im erforderlichen Umfang gegeben werden - vor, während und nach der Systeminstallation. Kompetente Gesprächspartner sind zur Stelle, wann immer Rat und Tat für eine effiziente Problemlösung in der Informationsverarbeitung benötigt werden.

Die Kfz-Dienstleistungsbetriebe waren bei NCR schon in den 50er Jahren Gegenstand gezielter Vertriebsstrategie, z. B. durch die Produktion spezialisierter hochwertiger Kassensysteme für Opel-Händler, wobei die Leistungen zusammen mit der Zentrale von Opel detailliert festgelegt wurden.

Dabei handelt es sich bei den Händlerbetrieben ausschließlich um Unternehmen mit selbständigen Investitionsentscheidungen, die jedoch - und dies ist ein besonderes Kriterium dieses Marktes - von den Kfz-Herstellerfirmen stark beeinflusst werden.

Gerade für die immer aufwendiger werdende Anwendersoftware-Entwicklung ist diese Hilfsfunktion bei der Festlegung der Kriterien der Software-"Pakete" von entscheidender Bedeutung.

2. KfZ-Händlermarkt / Teilmarkt DB-Vertragspartner

Eine Veröffentlichung des Zentralverbandes von 1976 zeigt ein Volumen von rd. 30.000 Händlern und Werkstätten in Westdeutschland und West-Berlin.

Die wichtigsten Kfz-Hersteller - rd. 2/3 der Händler sollen an Hersteller gebunden sein - nach Größe ihres Händlernetzes geordnet:

VW / AUDI	2.900
OPEL / GM	2.100
FORD	1.900
RENAULT	1.500
DB	1.000
BMW	1.000

Die überaus starke Spezialiserung der Anwendersoftware bedeutet für NCR gleichzeitig die Konzentration auf wenige Hersteller.

Die wesentlichen sind derzeit Daimler-Benz Vertragspartner und BMW-Händler, für die eine spezielle Software entwickelt wurde.

Die Strategie der Kfz-Hersteller geht hier im allgemeinen davon aus, mit drei/vier EDV-Firmen zusammenzuarbeiten, ein Kompromiss, um einerseits möglichst einheitliche Systementwicklungen zu garantieren, aber auch den Wettbewerb unter den DV-Herstellern, evtl. auch einigen Software-Häusern und Rechenzentren zu erhalten.

Planziel speziell der DB-Zentrale seit ca. 1977 ist die Einführung einer einheitlichen EDV-Konzeption innerhalb der Vertragspartner-Firmen. Von den EDV-Herstellern sind dabei folgende Grundforderungen zu erfüllen:

A - Mittlere und größere Betriebe

Hardware	Plattenorientierte Mehrplatz-Dialogsysteme
Anwender-Software	Komplettes Programmpaket für integrierte Datenverarbeitung nach DB-Spezifikationen
Datenkommunication	1. Stufe Diskette 2. Stufe DFÜ (ab 1983)

B - Kleinere Betriebe

Hardware	Diskettensysteme
Anwender-Software	Programmpaket für Datenerfassung (COMPARTS) im Ersatzteilwesen und Fakturierprogramme. Buchhaltung, Lohn und Gehalt IBM-Rechenzentrum.

Die Schulung und Programmpflege haben ebenfalls durch den EDV-Hersteller zu erfolgen.

Wesentliche Merkmale dabei sind:

1. Konzentration auf leistungsfähige Rechenzentren

2. Entwicklung und Einsatz von EDV-Systemen in Zusammenarbeit mit mehreren leistungsfähigen EDV-Herstellern.

Die eingesetzten EDV-Lösungen verbinden vor allem die Aspekte, daß sie

- Daimler-Benz-Vertragspartner-spezifische Programme beinhalten
- den Einsatz von Dateien (z. B. Ersatzteile, Arbeitstexte etc.), die Daimler-Benz zur Verfügung stellt, ermöglichen
- den Anschluß an Daimler Benz-System bieten
- für den direkten Datenaustausch mit Systemen der DB-Zentrale geeignet sind. Folgende Datenträger sind dabei berücksichtigt:

  a) Diskette
  b) Magnetband
  c) Magnetbandkassette

3. <u>Leistungsmerkmale des für DB-Vertragspartner entwickelten Anwender-Systems:</u>

Die Konzeption der Progamme erlauben eine direkte Datenverarbeitung am Arbeitsplatz des Sachbearbeiters. Die Vorgänge werden über die Tastatur von Bildschirmgeräten erfaßt. Alle relevanten Datenbestände (z. B. Kunden, Fahrzeuge, Ersatzteile, Arbeitskataloge, offene Posten, Garantieanträge usw.) sind auf Magnetplatten gespeichert und ständig zugriffsbereit.

Diese Konzeption ermöglicht:

- Sofortiges Erfassen der anfallenden Geschäftsvorgänge
- Jederzeit aktuelle Auskunftsbereitschaft
- Anfallende Daten müssen nur einmal erfaßt werden und stehen dann bei allen anderen Arbeitsgebieten zur Verfügung.

Dadurch wird die Forderung nach einer Sofort-Fakturierung im Werkstattbereich ermöglicht mit dem Effekt:

'''Wagen fertig - Rechnung fertig'''

Die Programme sind grundsätzlich für den "Mehrprogramm-Betrieb" (Multiprogramming), konzipiert. Dies bedeutet, daß zur gleichen Zeit verschiedene Programme auf dem System ablaufen können und an mehreren Bildschirmen das gleiche Programm verarbeitet werden kann. Zum Beispiel: Erfassen Aufträge an mehreren Bildschirmen und Fakturierung zur gleichen Zeit.

Das gesamte "Programm-Paket" ist in verschiedene Arbeitsgebiete, auch "Module" genannt, aufgeteilt. Diese Konzeption bietet jedem Vertragspartner die Möglichkeit der stufenweisen Einführung einer integrierten Datenverarbeitung, abgestellt auf die individuellen Anforderungen seines Betriebes.

Der Datenaustausch zu den verschiedenen "Daimler-Benz-Systemen" ist über Diskette und/oder DFÜ/Datenfernverabeitung (z. B. Tele-COMPARTS) realisiert.

Wichtige Vorteile in Stichworten:

- Mit der Daimler-Benz AG, VOI/H-WO abgestimmte Programme

- Sachbearbeiter-orientierte Datenverarbeitung mit Bildschirmterminals

- Direktzugriff auf alle Datenbestände für aktuelle Auskünfte

- Gleichzeitige Verarbeitung von mehreren Programmen

- Optimale Datensicherung mit auswechselbaren Magnetplatten

- Systemkonzeption unter Einbeziehung von Zweigbetrieben (Belegverarbeitung, Autonome Systeme, DFV- (Datenfernverarbeitungs) Anschluß)

- Problemlose Erweiterung bei steigenden Anforderungen

- Rationeller Datenaustausch mit der Daimler-Benz AG mittels Disketten und/oder Datenfernübertragung

- Fachkundige Beratung durch NCR-Spezialisten für Partnerbetriebe der "Daimler-Benz-Organisation"

- Branchenorientierte Service-Leistungen und Schulungen

- Eine praxisbewährte Lösung. Besichtigung bei mehr als 120 Partnerbetrieben (Stand 10/82)

4. Der Hardware Stufenplan

Aus den ersten Installationen wurde nach und nach ein Stufenplan der Hardware-DV-Familien entwickelt. Die Anzahl der Werkstattaufträge pro Tag und die Organisation des Vertragspartners bestimmen die Wahl des Hardware-Systems und die Konfiguration.

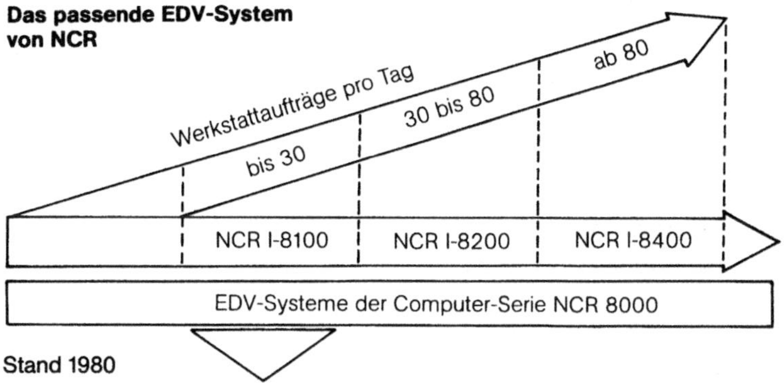

Hardware NCR I-9000 (Basisanlage)

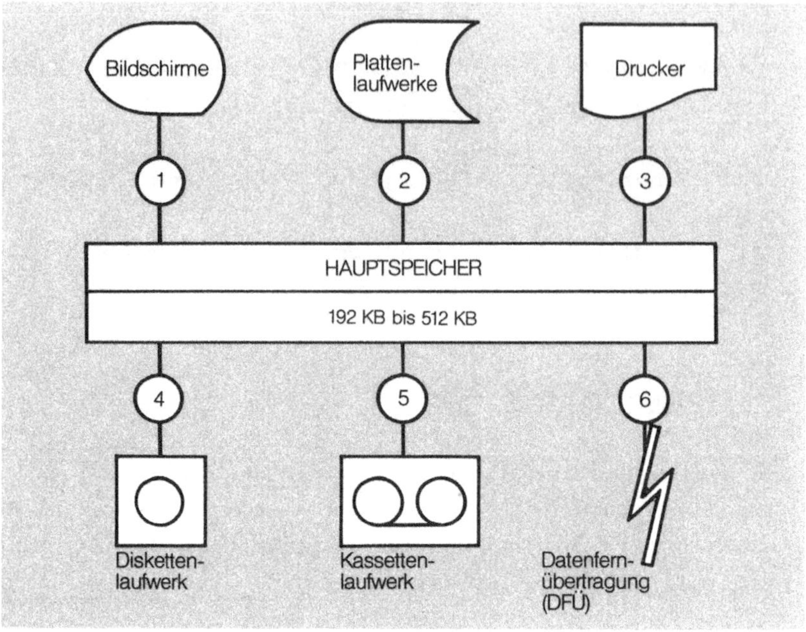

1 15 Bildschirme
(1920 Zeichen) und/oder Ferndrucker

2 Plattenspeicherkapazität
10 MB - 324 MB

3 Matrixdrucker
70 oder 125 Zeilen/min

Zeilendrucker
bis 600 Zeilen/min

4 Diskettenlaufwerk
243 KB

5 Kassettenlaufwerk

6 RBC-Anschluß

5. Im wesentlichen bieten die einzelnen Programmteile des Daimler-Benz-Programmpaketes folgende Leistungen und Vorteile:

1. Reparatur-/Ersatzteilfakturierung
- ☐ Werkstattaufträge PKW/LKW
- ☐ Unfallaufträge
- ☐ Teilerechnungen Bar und Kredit
- ☐ Lieferscheine, Sammelrechnungen
- ☐ Kostenvoranschläge
- ☐ Interne Aufträge
- ☐ Stamm-/Laufkundenabwicklung
- ☐ Kreditprüfung bei Auftragseröffnung
- ☐ Laufendes Erfassen der angefallenen Arbeiten und Ersatzteile mit sofortiger Lagerbestandsfortschreibung
- ☐ Vollständigkeitskontrollen (AW/Teile)
- ☐ Individuelle Rechnungsgestaltung

2. Teilebestandsführung
- ☐ Führen der Teilebestände für mehrere Lager
- ☐ COMPARTS-Anschluß
- ☐ Automatische Weitergabe der Ersatzteile aus der Fakturierung
- ☐ COMPARTS-Erfassung im Dialog
- ☐ Diskettenerstellung
- ☐ Statusanzeigen der Teilebestände für alle Lager
- ☐ Preisänderungen über COMPARTS-Disketten
- ☐ Teilebewegungs- und Preislisten in COMPARTS-Druckaufbereitung
- ☐ Inventur mittels COMPARTS-Zähldisketten

3. Tagesabschluß
- ☐ Ermitteln der Erlöse mit automatischen Buchungen für Sachbuch, Debitoren, Einsatzwerte und Fibu-Nullkontrollen
- ☐ Fortschreiben von Kfz-Daten und Kundenstatistikdaten
- ☐ Individuelle Auswahl der gewünschten Listen/Auswertungen
- ☐ Rechnungsausgangsjournal
- ☐ Teile-Null-Liste
- ☐ Liste offener Aufträge
- ☐ Meldung der Teilebewegungen an COMPARTS
- ☐ Reparatur-Ein-/Ausgangsbuch mit Kennzeichnung nach Konstruktionsgruppen
- ☐ Werkstatt-Umsatzdaten
- ☐ Drucken neuer Werkstattaufträge
- ☐ Verkaufshinweise für Alt-Kfz

4. Finanzbuchhaltung
- ☐ Debitoren, Kreditoren, Sachbuch
- ☐ Filialverarbeitung
- ☐ Offene Postenbuchhaltung im Dialog
- ☐ Statusanzeigen über Bildschirm
- ☐ Individuelle Mahnverarbeitung
- ☐ Monatsabschluß
- ☐ DB-Standardkontenrahmen mit Kostenstellen
- ☐ Betriebs- und Finanzberichte mit Diskettenausgabe für ISVI
- ☐ Monatlicher Umsatz- und Kostenvergleich

5. Lohn- und Gehaltsabrechnung
- ☐ Brutto- und Nettoabrechnung
- ☐ Überweisungsträger
- ☐ Krankenkassen- und Rentenversicherungslisten
- ☐ Lohnkostenverteilung
- ☐ Automatische Buchungen für die Finanzbuchhaltung

6. Leistungslohnabrechnung
- ☐ Gruppenleistungslohn und vereinfachter Prämienleistungslohn
- ☐ Automatische Übernahme der AW aus der Fakturierung
- ☐ Erfassen der Zeiten im Dialog mit gleichzeitigen Prüfungen
- ☐ Monatslohn-Abrechnungsbogen je Arbeitnehmer
- ☐ Verarbeitung von Springern
- ☐ Werkstattübersicht und Gruppenübersicht nach DB-Empfehlung

7. Garantie- und Kulanz-Abrechnung (SEAG)
- ☐ Antragstellung mit automatischer Übernahme aus der Fakturierung
- ☐ Diskettenaustausch
- ☐ Automatisches Buchen der Garantieanträge
- ☐ Datenträger-Begleitschreiben
- ☐ Antragskopie für Kundenakte
- ☐ Gutschriftserteilung
- ☐ Automatisches Buchen der Gutschriften für Garantie und Kulanz
- ☐ Rückstandsauswertungen

8. Werkstattakquisition
- ☐ Selektieren von Kunden und Kfz-Daten nach über 25 Kriterien
- ☐ Drucken der Etiketten
- ☐ Werkstatt-Akquisitionsliste
- ☐ Verkäufer-Akquisitionsliste
- ☐ Werbebriefe

9. MBVS (Mercedes-Benz Vertriebssteuerung)
- ☐ Kunden und Interessenten-Verwaltung (Adressen, Fuhrpark/Bestellung, Kontaktberichte)
- ☐ Verkäufereinsatzsteuerung (Tageseinsatzprogramm, Kontaktaufforderungen)
- ☐ Werbeaktionen
- ☐ Datenaustausch mit DB-Zentrale

Ausbildungsplan für DB-Vertragspartner

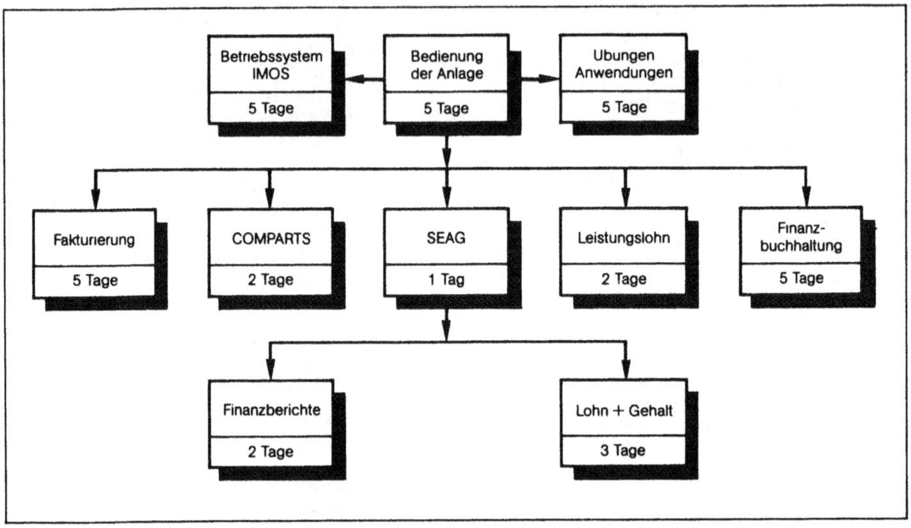

Das NCR Systemangebot (Stufenplan) für Vertragspartner der Daimler-Benz AG

NCR Dialogsystem für Vertragspartner der Daimler Benz AG.

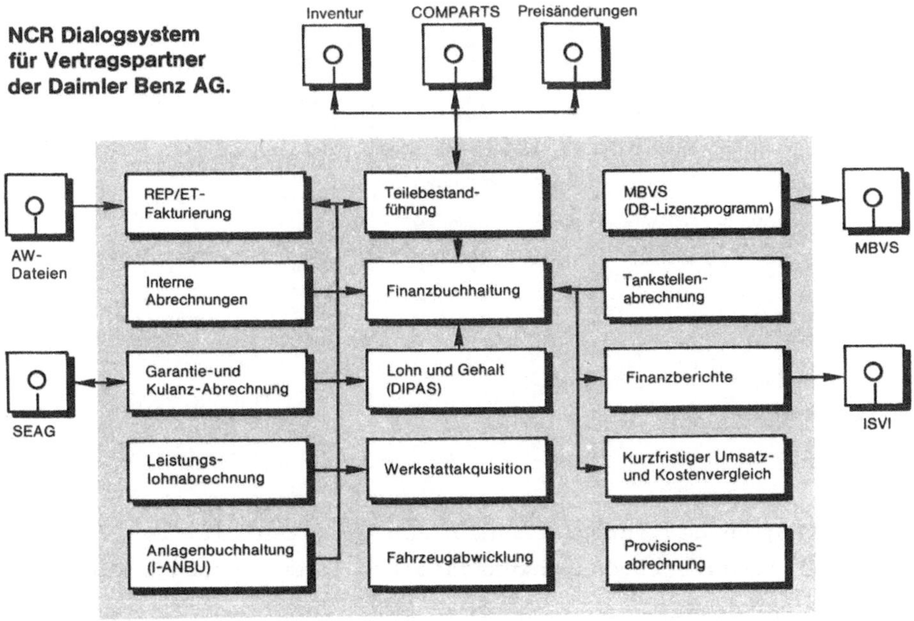

6. Beispiele aus den Programmen

6.1 Programmabruf

Beim Start des Systems wird über den Bildschirm eine Gesamt-Programmübersicht (Abbildung 1) zur Verfügung gestellt.

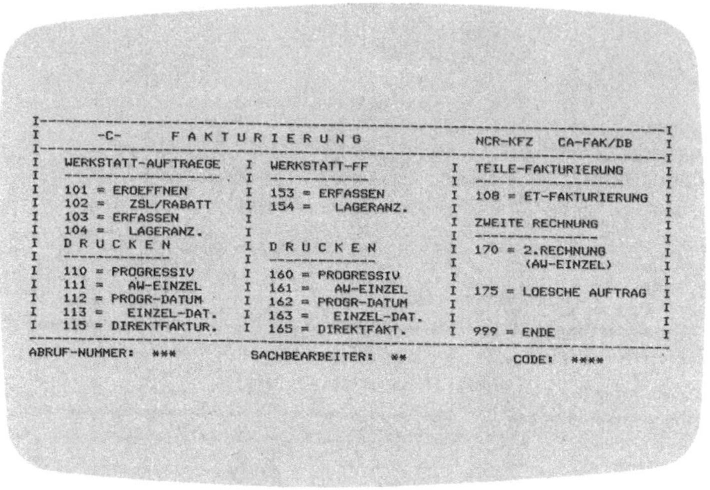

Programmübersicht

Durch Eingabe der entsprechenden Schlüsselzahl (z. B. 1Ø3) ruft die Bedienungskraft das gewünschte Programm (Auftragserfassung) ab.

Zugang zu dem ausgewählten Programm besteht jedoch nur unter der Voraussetzung, daß die Bedienungskraft sich durch die richtige Eingabe der Sachbearbeiter-Nummer und eines Kennwortes als autorisierter Benutzer ausgewiesen hat.

Damit bietet das System maximale Sicherheit gegen unbefugte Einsichtnahme in die Datenbestände bzw. ermöglicht nicht deren Änderung ohne Befugnis.

6.2 Werkstatt

Das NCR System ermöglicht im Werkstattbereich eine schnelle, präzise und aktuelle Abwicklung aller Kundenaufträge. Die Vorteile des Systems finden ihren Ausdruck in verkürzten Wartezeiten und zufriedenen Kunden.

6.3 Auftragseröffnung

Da alle für die Auftragsabwicklung benötigten Stammdaten auf Plattendateien gespeichert sind, erfordert die Eröffnung eines Werkstattauftrages für Stammkunden nur noch wenige zusätzliche Angaben.

Nach Eingabe des Kfz-Kennzeichens oder der Kunden-Nummer erscheinen die Kunden- und Fahrzeugdaten auf dem Bildschirm (Abbildung 2). Die Fahrzeug-Stammdatei ist so aufgebaut, daß die Daten von mehreren Fahrzeugen pro Kunde gespeichert werden können.

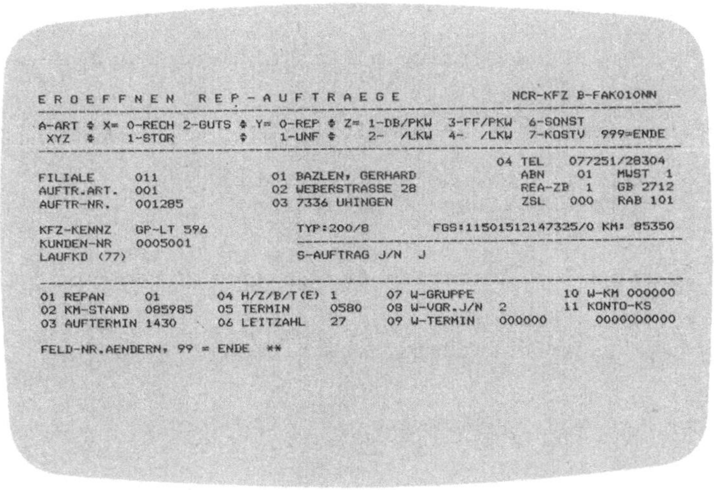

Auftragseröffnung

6.4 Auftragsergänzung

Im Laufe des Tages fallen während der Durchführung der Reparaturarbeiten im Werkstattbereich (Arbeitspositionen) und dem Teilelager (Teileentnahmen) Daten an. Jederzeit können diese Daten in beliebiger Reihenfolge mit der entsprechenden Auftrags-Nummer eingegeben und dem bereits gespeicherten Auftrag zugeordnet werden.

Das Programm ermöglicht das ERFASSEN, ÄNDERN, ANZEIGEN und LÖSCHEN einzelner Positionen (Abbildung 3).

Durch die laufende Bearbeitung aller Auftragsdaten werden Arbeitsspitzen am Tagesende vermieden. Damit ist die Forderung nach einer schnellen Rechnungserstellung bei der Abholung der Kraftfahrzeuge weitgehend erfüllt.

Das Programm "Auftragsergänzung" weist im einzelnen folgende Leistungsmerkmale aus:

- Erfassen der Einzelpositionen durch Verarbeitungsarten

- Vollständigkeitskontrolle aller Teile- und Arbeitspositionen

- Automatischer Abruf DB-Arbeitstexte

- Automatische Arbeitswerte-Ermittlung

- Kennzeichnen von Garantie- und Kulanzaufträgen

- Sofortige Lagerbestandsfortschreibung

- Verarbeiten von Agenturware

- Automatische Bereitstellung der Daten für COMPARTS

- Erstellen einer zweiten Rechnung für einen Auftrag

- Wahlweise Berechnung mit progressiver AW-Tabelle
- Festpreise für Wartungsarbeiten
- Zuschlag für Kleinteile; prozentual oder Festbetrag
- Verwendung von AW-Fremdkatalogen
- Abruf von Werbetexten
- Eingabemöglichkeit von Rabatten je Einzelposition
- Fakturierfreigabe

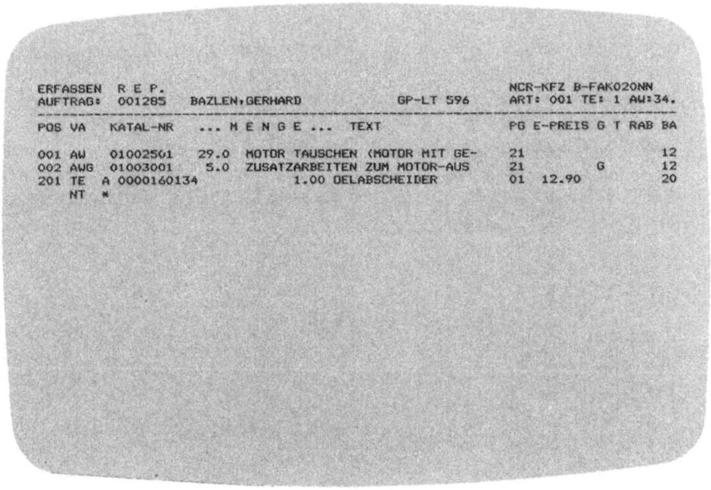

Auftragsergänzung

6.5 Auftragsabschluß/Rechnungserstellung

Durch Eingabe der Auftragsnummer werden die Auftragsdaten auf dem Bildschirm sichtbar gemacht. Vor dem Druck der Rechnungen können diese Daten nochmals überprüft werden.

Das Programm weist u. a. folgende Leistungsmerkmale aus:

- Stapeldruck (alle Aufträge) oder Einzelabruf
- Druck von Rechnungskopien
- Errechnen des voraussichtlichen Rechnungsbetrages mit Bildschirmanzeige
- Fakturierung, interne Aufträge
- Druck von Lieferscheinen und Kostenvoranschlägen
- Durchführung von Stornierungen und Gutschriften
- Beschriftung mit TÜV-Hinweisen
- Drucken Gesamt-AW-Menge je Auftrag
- Wahlweise progressive AW-Tabelle oder Einzelberechnung

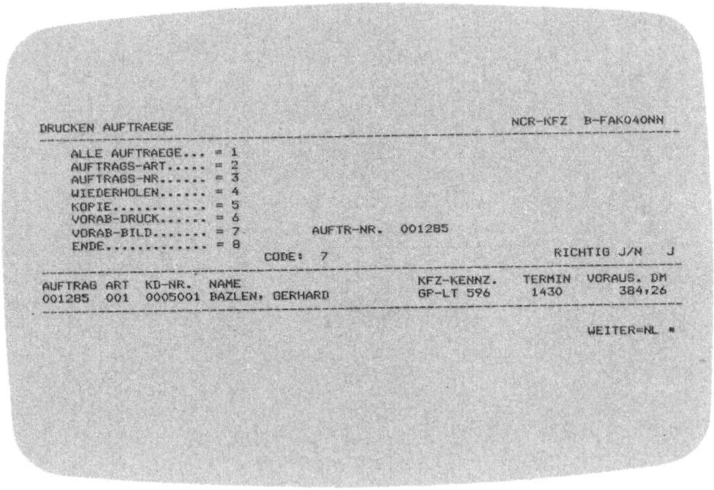

Auftrag darstellen

6.6 Tagesabschluß

Der Tagesabschluß für den Werkstattbereich (Auftragsbearbeitung) stellt einen automatischen Arbeitsablauf dar.

Hierbei werden Buchungssätze für die weitere Verarbeitung im Debitoren- und Sachkontenbereich gebildet und die Ergebnisse von Werkstatt- und Kundendienst fortgeschrieben. Es erfolgt außerdem die Datenausgabe (Diskette) für das COMPARTS-Verfahren mit Perioden-Abgrenzung.

Jeder Benutzer des Systems kann die Zuordnung der Konten individuell, d. h. entsprechend der Gliederung seines Kontenplanes, vornehmen.

Das Programm erlaubt den wahlweisen Ausdruck folgender Listen:

- Rechnungsausgangs-Journal
- Teile-Null-Liste
- Reparatur-Eingangs-/Ausgangsbuch
- Verkaufshinweise für Alt-Kfz
- Erstellung neuer Aufträge (Auftragsvorbeschriftung)
- Werkstatt-Umsatzdaten
- Reparaturannehmer-Umsätze
- Liste offene Aufträge

Tagesabschluß

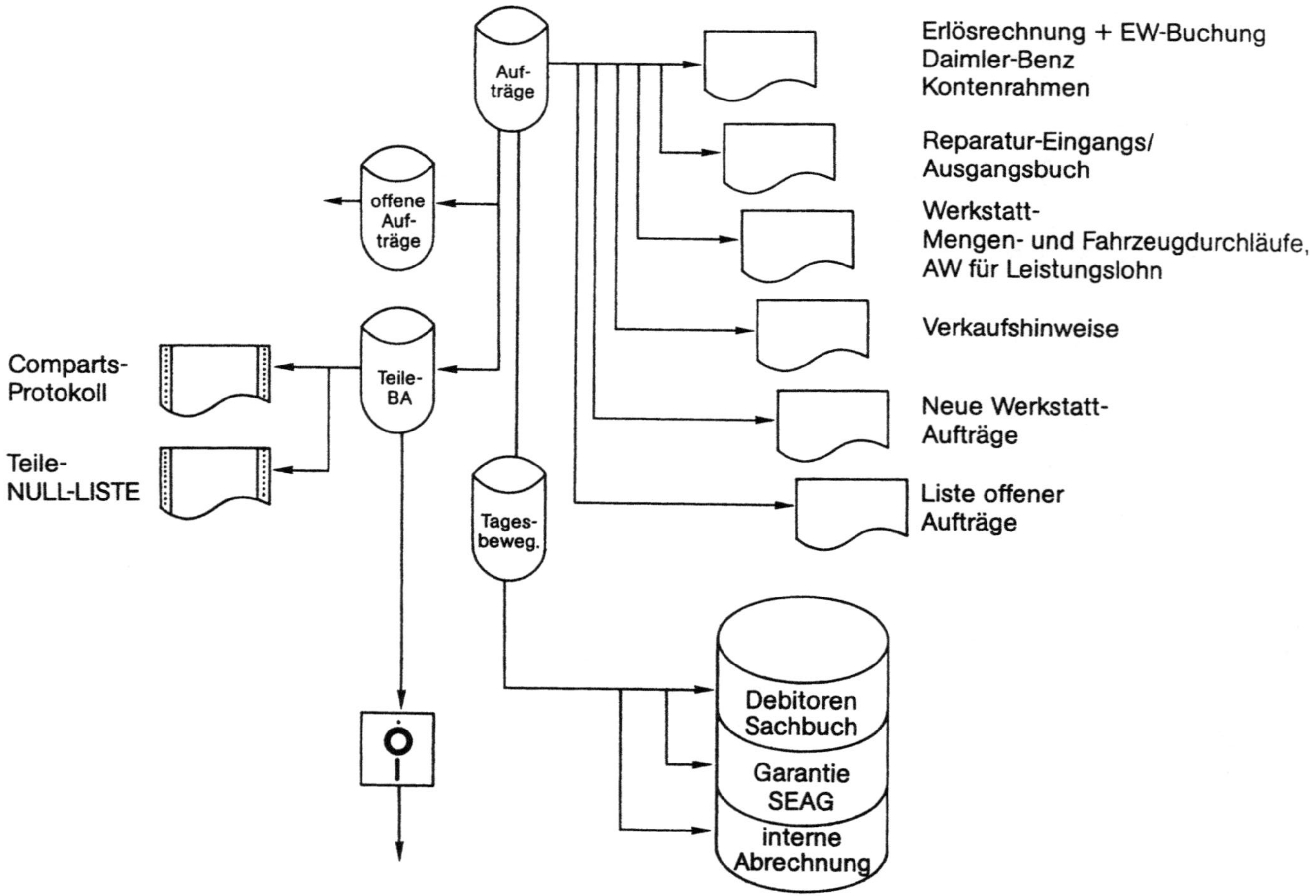

6.7 Werkstattakquisition

Mit diesem Programm-Modul lassen sich die in der Kunden- und Fahrzeugdatei gespeicherten Daten nach verschiedenen Kriterien auswerten. Diese Auswertungen liefern der Geschäftsleitung und dem Verkauf wertvolle Informationen zur Unterstützung des Vertriebs. Sie bilden darüber hinaus die Basis für gezielte Werbemaßnahmen.

Programmgesteuert werden folgende Informationen zur Verfügung gestellt:

- Adressen für Werbebriefe
- Letzter Werkstattbesuch
- Letzter Verkäuferbesuch
- TÜV-Termin
- Berufsgruppen-Kennziffer
- Branchen-Kennziffer
- Kilometerleistung
- Selektionen nach Verkäufern
- Selektionen nach Postleitzahlen usw.

Der Ausdruck der Adressen kann wahlweise in Listenform oder auf Etiketten erfolgen. Werbebriefe können in Groß- und Kleinbuchstaben ausgedruckt werden.

7. Beispiel einer Einzelinstallation

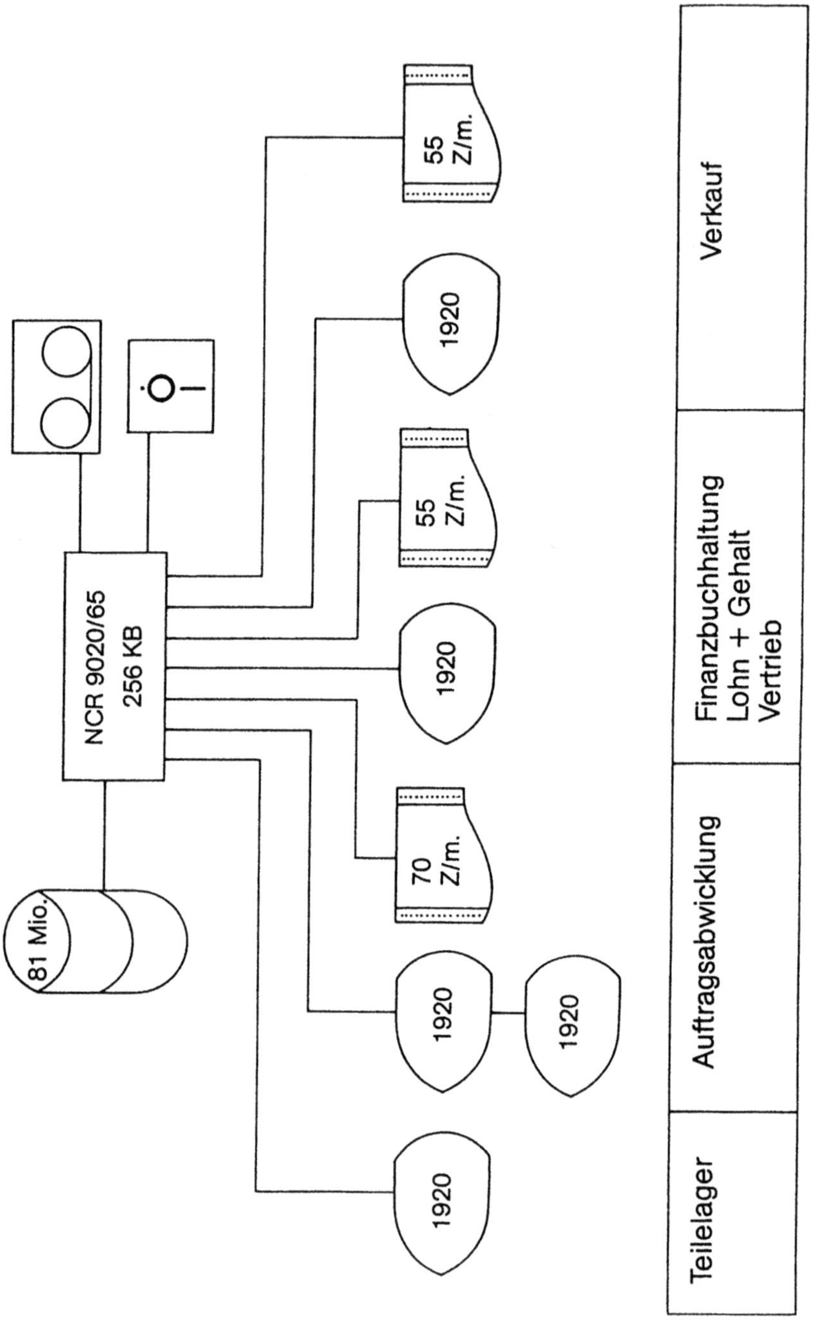

NCR

DB

DATENVOLUMEN:	Firma X		
KUNDEN	4.000		
KFZ	5.000		
ARBEITSTEXTE	11.000		
ARBEITSWERTE	15.800		
ANZAHL LAGER	3		
Ersatzteile Lager 1	16.000		
Lager 2	6.000		
Lager 3	5.000		
Lager 4	-		
Lager 5	-		
Gesamt	26.000		
TEILEBEWEGUNGEN/MONAT	Filiale 1	Filiale 2	Filiale 3
Abgang	3.200	1050	1350
Zugang	1.700	600	700
FILIALEN	2		
WERKSTATT-DURCHLÄUFE/TAG	Filiale 1	Filiale 2	Filiale 3
DB-PKW	ca. 35	10 - 15	10
FF-PKW	-	-	-
DB-LKW	ca. 10	-	5
FF-LKW	-	-	-
	Gesamt: 70 bis 80		

SOFTWARE FÜR KFZ-BETRIEBE

L. Fischer

Vorstellung

Aufgabenstellung

Problemlösung

Stammdatenpflege

Auftragsabwicklung

Lagerwirtschaft

Bestellwesen

Rechnungswesen

Schlußbemerkung

SOFTWARE FÜR KFZ-BETRIEBE

Vorstellung

Im Rahmen unserer Beratertätigkeit lernten wir bereits vor der Gründung des Rechenzentrums im Jahre 1968 die Sorgen und Nöte der Klein- und Mittelbetriebe kennen.
Vielerorts wurde von den enormen "Rationalisierungseffekten" und dem "wirkungsvollen Steuerungselement" EDV gesprochen und geschrieben.
Den wenigsten war klar, wo und wie man sich dieses Hilfsmittels bedienen konnte.

In vielen Klein- und Mittelbetrieben ist die Chefin/der Chef bzw. beide recht aktiv am Tagesgeschehen beteiligt. Abteilungen mit klaren Aufgabenabgrenzungen und Verantwortlichkeiten sind oft noch nicht sehr stark ausgeprägt. Der Inhaber muß sich ständig mit den Neuerungen auf seinem eigenen Fachgebiet beschäftigen, so daß kaum mehr Zeit verbleibt, sich mit der Materie "EDV" und ihren rasanten Neuerungen zu beschäftigen.
So kam es oft zu Fehlentscheidungen bezüglich der Größenordnung oder Einsatzmöglichkeit einer EDV-Anlage.

Fast jeder von uns hat von den Auswirkungen dieser Fehlentscheidungen gehört, falls nicht sogar im eigenen Betrieb miterlebt.
Wir hatten es nie als unsere alleinige Aufgabe betrachtet, dem Kunden Maschinenzeit und Programme zur Verfügung zu stellen. Selbstverständlich mußte man seinen Kunden auch z. B. bei Fragen der Formulargestaltung, Ablage und vieles mehr helfen.

In den vergangenen Jahren haben wir für die unterschiedlichsten Branchen und Kunden die Abwicklung ihrer Aufgaben - Stammdatenpflege, Fakturierung, Stücklistenauflösung, Bruttobedarfsermittlung, Buchhaltung, Statistik, Lohn, etc. - in unserem Rechenzentrum durchgeführt.
Schon gegeben durch den Postweg - wir sind im wesentlichen überregional tätig - muß der Kunde 2 - 3 Tage auf die Ergebnisse warten.
Einige Aufgaben - wie Lagerbestandsführung - sind aus diesem Grund zwar technisch durchführbar aber wenig sinnvoll, da die gegebenen Informationen nicht aktuell sind.

Der Anschluß über Standleitung ist - bedingt durch die teilweise großen Entfernungen - wiederum meistens zu teuer.
Die vor Ort für die Datenerfassung eingesetzten Terminals - im wesentlichen Diskettengeräte - bieten nicht die erforderliche Speicherkapazität, die für manche Aufgaben benötigt wird.

Nachdem der Preisverfall für die Hardware im verstärkten Maße eintrat, lag es auf der Hand, daß die Aufgabenabwicklung immer stärker vor Ort verlegt wurde.
Als Organisatoren reizten uns die technischen Möglichkeiten, die diese neuen Dialoganlagen bieten, z. B. Anschluß von Kassen, Uhren, Waagen. Selbstverständlich gab es auch in der Vergangenheit diese Möglichkeit, aber nur auf EDV-Anlagen, die preislich weit über dem Rahmen eines Klein- oder Mittelbetriebes lag.

Aufgabenstellung

In größeren Betrieben ist es Aufgabe von ausgebildetem Fachpersonal, vor der Einführung von EDV bzw. deren Ablösungen, sich monate- wenn nicht sogar jahrelang um alle damit zusammenhängenden Fragen zu kümmern. Forderungskataloge für Hard- und Software werden aufgebaut, Installations- und Zeitpläne und vieles andere mehr erstellt.

Viele der darin angeschnittenen Probleme und Fragen ergeben sich natürlich auch bei der Einführung der EDV in einem kleineren Betrieb.
Somit war für uns klar, daß es nicht nur galt, ein umfassendes Programmpaket zu entwickeln, sondern es galt auch, eine EDV-Anlage zu finden, die es gestattet, sehr klein anzufangen - z. B. mit nur einem Aufgabengebiet bzw. mit nur einem Bildschirm - und ohne Austausch der Hardware und Änderung der Software problemlos zu erweitern.
Das Datenvolumen von unterschiedlich großen Betrieben mußte bewältigt werden. Die EDV sollte zu erschwinglichen Preisen an den Arbeitsplatz gebracht werden.
Die Anlage mußte absolut problemlos sein bezüglich der Anforderungen an den Aufstellungsort, Klima, Strom und Bedienung der Anlage, denn es war den Kunden nicht zuzumuten, sowohl vom Ort als auch vom Personal einen Rechenzentrumsbetrieb aufzubauen.
Andererseits sollte die Anlage aber Möglichkeiten von Großanlagen bieten, d. h. wir forderten eine normierte Programmiersprache, compatibel zu großen Anlagen bezüglich der Datenträger und aller Komponenten für die Datenfernverarbeitung. Die Installation sollte problemlos sein, die Bedienung der Anlage keine besondere Schulung erfordern und es sollte

auch sicher gestellt sein, daß die Umstellungskosten bei der Einführung von EDV möglichst niedrig gehalten werden.

Problemlösung

Wir haben uns nach einigem Suchen für das System 6 des Herstellers Honeywell Bull entschieden und haben für diese Anlage unser Dialog-System "AUDIAS" für den KFZ-Betrieb entwickelt.

Die Tatsache, daß alle uns bekannten Hersteller schon seit langem den Mikrofiche auf dem Sektor Teileverwaltung einsetzen und unsere Kunden es somit bereits gewohnt waren, mit Teilenummern in numerischer bzw. alphanumerischer Form zu arbeiten, kam unserer Problemlösung sehr entgegen. Dank des jeweiligen Autoherstellers konnten sowohl die komplette Teilestammdatei als auch Richtzeitenwerte dem Kunden mit den Programmen zur Verfügung gestellt werden. Auf diese Weise war lediglich die Erfassung der aktuellen Bestände zum Zeitpunkt der Installation erforderlich. Alle Kunden- bzw. PKW-Daten konnten Zug um Zug je nach Bedarf eingegeben werden.

Wir haben das Programmpaket modular aufgebaut, um dem Kunden die Möglichkeit zu geben, sich Schritt für Schritt mit der EDV vertraut zu machen, andererseits - aufgrund unserer Erfahrungen im Rechenzentrumsbetrieb - schnell und leicht Anpassungen vornehmen zu können.

Bevor wir die einzelnen Programmodule unseres Dialogsystems für den KFZ-Betrieb näher erläutern, möchten wir noch auf einen wichtigen Punkt hinweisen.
Dank der hardware- und softwaremäßigen Voraussetzungen des Systems 6 konnten wir ein echtes Dialogsystem entwickeln. Das ist bei einem Mehrplatzsystem von besonderer Wichtigkeit, da unmittelbar nach einem Vorgang - z. B. Materialausgang - allen Arbeitsplätzen bereits aktualisierte Informationen zur Verfügung stehen.
Unser Programmpaket deckt folgende Arbeitsgebiete ab:

- Stammdatenpflege
- Auftragsabwicklung
- Lagerwirtschaft
- Bestellwesen
- Rechnungswesen

Nachfolgend möchten wir in einem kurzen Abriß die jeweiligen Aufgabengebiete vorstellen.

Stammdatenpflege

Für die Abwicklung in den einzelnen Aufgabengebieten werden im wesentlichen folgende Dateien benötigt:

- Teilestammdatei
- Richtzeitendatei
- Bestandsdatei
- Adressdatei
- PKW-Datei

Der Vorteil, die ersten beiden Dateien vom Hersteller zur Verfügung gestellt zu bekommen, sollte nicht unterschätzt werden. Es erleichtert nicht nur die Umstellung auf EDV, auch später ist die Übernahme von Modell- oder Preisänderungen keine zeitaufwendige Angelegenheit mehr. Zudem ist gewährleistet, daß immer für alle Teile und für alle Modelle die aktuellsten Preise eingesetzt werden, und die absolute Übereinstimmung mit den Mikrofiches gegeben ist. Selbstverständlich können auch nicht herstellerbezogene Teile mit einbezogen werden. Neben den vom Hersteller vorgegebenen Richtzeiten können auch hausinterne Arbeitscodes aufgebaut und gespeichert werden.

Sowohl die Adress- als auch die PKW-Datei können - neben den für die Auftragsabwicklung erforderlichen Daten - zusätzliche Informationen aufnehmen, die z. B. für Werbezwecke genutzt werden können. Die Adressdatei steht auch gleichzeitig der Buchhaltung zur Verfügung. Die PKW-Merkmale, wie z. B. Neuwagen, Gebrauchtwagen, Agentur, etc., sind unter anderem auch Steuerungskriterien zur Preisfindung und Verbuchung.

Auftragsabwicklung

Alle für die Auftragsabwicklung notwendigen Informationen - gleichgültig, ob sie den Kunden, den PKW, die Teile oder die Arbeitswerte betreffen - stehen am Arbeitsplatz über den Bildschirm im Dialog zur Verfügung. Damit entfallen zeitraubende Such- und Schreibarbeiten.

Vom Programm wird beim Anlegen eines Auftrags überprüft, ob für den angegebenen PKW mit gleicher Auftragsart bereits ein Auftrag gespeichert ist. Das ermöglicht die Erstellung von Monatsrechnungen, außerdem muß insbesondere auch bei Stammkunden nicht für jede Kleinigkeit eine Rechnung erstellt werden.

Sofort bei Ausgabe eines Teiles aus dem Lager wird dieses seinem Auftrag zugeordnet, desgleichen wird unmittelbar nach Durchführung einer

Leistung diese mit dem entsprechenden Richtzeitenwert dem Auftrag angefügt. Über den Fortschritt der Arbeit an einem Auftrag - sowohl Verbrauch an Material als auch Leistung - kann man sich jederzeit am Bildschirm informieren.

Die Daten brauchen nicht erst nach Fertigstellung eines Auftrags zusammengetragen zu werden. Damit wird erreicht, daß jede Rechnung sofort mit dem PKW ausgehändigt werden kann. Nicht nur das eingesparte Porto bedeutet einen zusätzlichen Vorteil.

Alle fakturierten und verbuchten Aufträge können in einer sogenannten Historiendatei gespeichert bleiben. Diese Datei kann die in vielen Betrieben geführte Kundenmappe je PKW ersetzen. Auf diese Weise sind Auskünfte über zurückliegende Garantieleistungen, Inspektionen und Reparaturen schneller und umfassender zu erhalten. Durch den Wegfall einer Kopie im Rechnungssatz werden erhebliche Formularkosten eingespart.

Im Rahmen der Auftragsabwicklung ist die Erstellung von Kostenvoranschlägen möglich. Selbstverständlich kann man sich jederzeit sowohl über offene Kostenvoranschläge als auch noch laufende Aufträge informieren, wodurch die Disposition in der Werkstatt erleichtert wird.

Lagerwirtschaft

Das System erlaubt die gleichzeitige Speicherung mehrerer Herstellerdateien. Zur Zeit werden maximal 26 Herstellerdateien parallel zugelassen.

Die vom jeweiligen Hersteller zur Verfügung gestellte Teilestammdatei bleibt im vollem Umfang erhalten und wird nur bei Modell- oder Preisänderungen ersetzt.

Eine individuelle Preisgestaltung ist natürlich jederzeit möglich, wobei sowohl auf einzelne als auch Gruppen von Teilen Preisaufschläge in Prozent und/oder Betrag möglich ist. Alle für den Betrieb wichtigen Daten stehen in der Bestandsdatei zur Verfügung.

Beim Aufrufen eines Teiles wird unter anderem auch der Lagerort mit angezeigt, was sowohl bei der Ausgabe als auch beim Einlagern kostbare Sucharbeit einspart. Die Bestimmung des Lagerortes erfolgt nicht automatisch vom Programm sondern wird vom Lageristen im Rahmen der Stammdatenpflege vorgegeben.

Außer dem aktuellen Lagerbestand und Lagerwert eines Teiles werden ebenso die laufenden Bestellungen angezeigt sowie die Preise und die in 12 Vormonaten verkauften Mengen. Die Ausgabe des Materials wird bei der Entnahme sofort in der Bestandsdatei verbucht und die Abgangsmengen je Monat aktualisiert. Die entnommenen Teile werden mit Menge und Betrag dem Auftrag zugeordnet. Nicht lieferbare Mengen können als Rückstand gebucht werden.

Das Erreichen der Sollmenge wird automatisch beim Abbuchen angezeigt und bietet die Möglichkeit, sofort eine Notierung in der Bestelldatei vorzunehmen. Die Bestandsführung stellt eine permanente Inventur dar. Bestandsberichtigungen laut Inventurabweichung können jederzeit vorgenommen werden. Die gespeicherten Preise, Rabatte und Preiseinheiten erlauben die Ermittlung des Lagerwertes, wobei Abweichungen zum Sollbestand angezeigt werden.

Zur Lagerbewertung stehen derzeit zwei Methoden zur Verfügung:
Beim Zugang wird mit Hilfe des zu diesem Zeitpunkt gültigen Einstandspreises und unter Berücksichtigung der Lagerbestände und -werte ein gemittelter Einstandspreis errechnet. Frachtzuschläge, etc. werden allerdings zur Zeit dabei noch nicht berücksichtigt. Die andere Methode nutzt den jeweils letzten gültigen Einstandspreis. Die gespeicherten monatlichen Abgangsmengen erlauben detaillierte Lageranalysen.
Die Tatsache, daß jederzeit kurzfristig der aktuelle Lagerwert ermittelt werden kann, dient einer intensiven Überwachung und einem Abbau von Kapitalbindung. Der allein dadurch zu erzielende Einsparungseffekt ist schnell sichtbar.

Bestellwesen

Das Bestellwesen erlaubt sowohl Eil- als auch periodische Bestellungen. Die gespeicherten monatlichen Abgangsmengen und die Vergleichszahlen aus den vorangegangenen zwei Jahren dienen zur Festlegung der Bestellmenge. Die Bestellung ist im Rahmen der Lagerentnahme bei Erreichen des Mindestbestands in der jeweiligen Bestelldatei vorgemerkt. Zum Zeitpunkt der Bestellung werden diese Vormerkungen zunächst im Bildschirm aufgelistet und können vom Disponenten noch ergänzt und verändert werden. Zu Kontrollzwecken wird vor dem Drucken der eigentlichen Bestellliste der gesamte Wert der Bestellung ermittelt und im Bildschirm angezeigt. Auch danach besteht noch die Möglichkeit, die Bestellung zu überprüfen und gegebenenfalls zu korrigieren. Die Bestellübermittlung kann über Listen, Disketten oder Datenfernübertragung ausgeführt werden.

Zum Aufbau der Bestellung auf Diskette bzw. für die Datenfernübertragung werden die vom Hersteller angegebenen Satzaufbauten verwendet. Dadurch erübrigt sich ein Ablochen der Bestellung beim Hersteller.

Beim Wareneingang wird die gesamte gespeicherte Bestelliste zusammen mit den Rückständen im Bildschirm aufgerufen. Die Anzeige des Lagerortes erleichtert die Einlagerung der Teile. Nur bei Abweichung zwischen bestellter und gelieferter Menge ist ein Eingriff erforderlich. Im übrigen erfolgt die Verbuchung des Lagerzugangs aufgrund der gespeicherten Bestelliste automatisch.

Nicht gelieferte Teile verbleiben in der Bestelldatei. Es wird überprüft, ob durch die Lieferung rückständige Kunden-Aufträge erledigt werden können. Es kann eine Kundenbenachrichtigung erstellt werden.

Rechnungswesen

Durch die bisher beschriebene Abwicklung stehen alle Informationen - gleich ob sie von der Materialausgabe oder der Werkstatt stammen - zur Erstellung der Rechnung zur Verfügung. Die Rechnung steht abrufbereit im Speicher. Sie kann im Bildschirm angezeigt, überprüft und gegebenenfalls korrigiert werden. Sowohl Kostenvoranschläge als auch Rechnungen können durch Werbetexte ergänzt werden.

Wahlweise kann man ein gespeichertes Textelement automatisch andrucken lassen, oder es durch Abruf anderer gespeicherter Texte gezielt erweitern.

Das Formular wurde so gestaltet, daß sowohl Materialrechnung, Werkstattrechnung, PKW-Rechnung als auch Kostenvoranschlag und Werbebrief ohne Formularwechsel gedruckt werden können. Über den gleichen oder auch über einen zweiten Bildschirm steht die Rechnung sofort der Buchhaltung zur Verfügung, so daß eine Zahlung bei dem entsprechenden offenen Posten registriert werden kann. Der Übergang zur OP-Buchhaltung und Finanzbuchhaltung geschieht ohne manuellen Eingriff.

Die Möglichkeit, bereits bei der Auftragsannahme nach den verschiedenen Auftragsarten - Normal-, Garantie-, Agentur-, Interner Werkstattauftrag usw. - zu unterscheiden, gestattet für die Buchhaltung und für statistische Auswertung umfangreiche Aufgliederungen vorzunehmen. Die Aufgliederungen werden nach betrieblichen Erfordernissen bzw. entsprechend den für einen Betriebsvergleich erforderlichen Gliederungsschema individuell

gestaltet. Monats- und Quartalsmeldungen können sowohl auf Listen als auch auf Disketten erstellt werden.
Es stehen eine Reihe von statistischen Auswertungen zur Verfügung.

Schlußbemerkung

Wir haben auf den vorliegenden Seiten versucht, einen kurzen Einblick in unsere Problemlösung für den KFZ-Betrieb zu gewähren. Sicherlich sind hiermit keine großen Neuheiten vorgestellt worden. Wir glauben aber gerade dem Betrieb mittlerer Größenordnung ein Rationalisierungsinstrument in die Hand geben zu können, das die Automatisierung von vielfältigen Verwaltungsarbeiten gewährleistet.

Mit nur einer EDV-Anlage - und nicht mit vielen Insellösungen - werden die unterschiedlichsten Problemstellungen gelöst. Es stehen auch integrierte Lösungen für Finanzbuchhaltung, OP-Buchhaltung, Lohn- und Gehalt und Textprogramme zur Verfügung.

Durch den möglichen Anschluß verschiedener Bildschirme und Drucker wird der Computer an den jeweiligen Arbeitsplatz gebracht.

Die Kompatibilität zu Großanlagen ermöglicht den problemlosen Datenaustausch zwischen KFZ-Betrieb und Hersteller auch über Datex-L und Datex-P.

Auch die Einbeziehung von Bildschirmtext bietet noch viele Lösungsmöglichkeiten, die an dieser Stelle nur angedeutet werden können.

ENTSCHEIDUNGSHILFEN FÜR DEN EINSATZ EINER RECHNERUNTERSTÜTZTEN ORGANISATION BEI KFZ-DIENSTLEISTUNGSUNTERNEHMEN AUF DER BASIS EINES MINICOMPUTERS.

B. Röhr

1. Warum gerade jetzt die Entscheidung für den Einsatz einer EDV gestützten Organisation

   - Situation und Problematik im Automobilmarkt
   - Konsequenzen für die Unternehmensleitung
   - Perspektiven für die Zukunft

2. Beurteilung kommerzieller Minicomputer

   - Was ist ein Minicomputer
   - Vorteile und Möglichkeiten eines solchen Hilfsmittels
   - Beurteilung der dialogfähigen Software
   - Beurteilung eines Mehrplatzsystems
   - Rechtfertigung des Systems

3. Fallbeispiel KDS - dialogorientiertes Abrechnungs- und Informationssystem für den KFZ-Diensthandel

   - Ausgangslage 1977
   - Überblick über das Gesamtsystem und seine autonomen Bereiche
   - Individuelle Anwendung und Organisation trotz standardisierter Programme
   - Organische Umstellung der Betriebsorganisation und motivierende Umschulung des Fachpersonals (Aktion vor Reaktion)
   - Einhaltung der für Organisationsumstellungen betriebsnotwendigen Grundsätze: Flexibilität, Benutzerfreundlichkeit und Ausbaufähigkeit
   - Heutiger Anwenderkreis

1. Warum gerade jetzt die Entscheidung für den Einsatz einer EDV gestützten Organisation?

Sowohl KFZ-Handel- als auch KFZ-Reparaturunternehmen sehen sich heute einer verschärften Wettbewerbssituation, einem eher stagnierenden Markt und erhöhten betriebswirtschaftlichen Anforderungen gegenüber. Diese Problematik zwingt die Geschäftsführungen dieser Branche zu knappster Kalkulation, worunter primär die Ertragsseite leidet. Somit ist es für die Unternehmen, die künftig erfolgreich bestehen wollen, notwendig, einerseits den bestehenden Marktanteil durch optimale Kundenbetreuung und -bearbeitung zu sichern und auszuweiten, und andererseits die Ertragsseite zu verbessern sowie die Aufwandskosten zu senken. Die Forderungen nach einer Beschleunigung der betriebsinternen Arbeitsabläufe und nach Aktualisierung der Informationen sind nur durch den Einsatz einer rechnerunterstützen Organisation zu erfüllen. Diese Anforderungen können durch eine "EDV ausser Haus" - also durch die Zusammenarbeit mit einem Rechenzentrum - nicht oder nur teilweise erfüllt werden, da die notwendigerweise besonders standardisierten Programme den betriebsspezifischen Belangen des einzelnen Unternehmens nicht immer Rechnung tragen können. Ebensowenig kann die Aktualität der zur Verfügung stehenden Informationen gewahrt werden. Eine arbeitsplatzorientierte EDV bietet sich als modernes und flexibles Führungsinstrument an, nicht nur, um sowohl aktuelle und zuverlässige Informationen für die Unternehmensleitung und den Verkauf zu erhalten, sondern auch um die Kapitalbindung im Ersatzteil- und Wagenlager in den Griff zu bekommen. Zwar darf man von diesem Hilfsinstrument nicht die Lösung aller Probleme erhoffen, wohl aber sind eine schnellere Übersicht und der automatische Ablauf vieler Arbeiten bei einer sinnvoll eingesetzten EDV möglich.

Die Entscheidung für den Einsatz einer derartigen Organisation muss das Ziel vor Augen haben, eine Basis zu schaffen, die auf höchstmögliche Nutzung, Entlastung und Wirtschaftlichkeit des Betriebes ausgerichtet ist; d.h. die Verbesserung des Informationsflusses und die sofortige Bereitstellung aktueller betriebswirtschaftlicher Daten aus allen Unternehmensbereichen vermag Ihre Fach- und Führungskräfte zu entlasten und einen besseren Überblick über das ganze Unternehmen und seine einzelnen Teilbereiche zu gewährleisten. So verhindern u.a. laufende Lageranalysen über Gängigkeit und Umschlagshäufigkeit eine Überalterung des Ersatzteillagers, wodurch wiederum das Unternehmen aufgrund verringerten Bestandes und damit verminderter Zinsbelastung liquider wird und die Lieferbereitschaft duch mögliche Investitionen verbessert werden kann. Ein in dieser und ähnlicher Form hilfreiches System muss neben der Rationalisierung der anfallenden administrativen Tätigkeiten auch für die Erweiterungen der internen Steuerungs- und Kontrollinstrumente, für die Verkaufsförderung sowie für die Kostendegression des Händlers Sorge tragen.

Hat sich ein Unternehmer zur Anschaffung eines Computers entschlossen - sei es, weil anders die benötigten Informationen nicht rechtzeitig zur Verfügung stehen oder die bisher praktizierten manuellen Methoden nicht mehr die zur Führung eines Unternehmens erforderlichen Kontrollmöglichkeiten bieten, und weil schlussendlich das Unternehmen wächst und wachsen soll -, hat er sich also für einen Computer entschieden, so wird er mit der Frage konfrontiert: Wo soll ich mit der Suche beginnen ?

2. Beurteilung kommerzieller Minicomputer

Die richtige EDV-Entscheidung ist für ein Unternehmen kein leichtes Unterfangen. Bei der Vielzahl von Angeboten und Anbietern, den vielen "optimalen" bzw. "massgeschneiderten" Systemen bedarf es der Berücksichtigung mehrerer Gesichtspunkte, um letztendlich befriedigende Antworten auf die massgeblichen und sachgerechten Fragen zu erhalten. Für den Einsatz eines Rechners in einem KFZ-Betrieb ist die Erfüllung dreier Hauptkriterien zu gewährleisten, die gleichzeitig die entscheidenden Vorteile darstellen:

Dialogverarbeitung, Direktverarbeitung, Bedienerfreundlichkeit.

Mit dem Arbeitsmittel Bildschirm muss der Computer am jeweiligen Arbeitsplatz die direkte Verarbeitung durch einen leicht zu führenden Dialog bzw. das Zwiegespräch des Bedieners mit dem System ermöglichen; d.h. das System reagiert auf eine Anfrage sofort und berücksichtigt dabei alle bis zu diesem Zeitpunkt getätigten Eingaben. Werden z.B. einem Monteur für die Reparatur eines Fahrzeuges Ersatzteile ausgehändigt, so werden durch die Bildschirmeingabe der entsprechenden Artikelnummern und der Mengenangaben sowohl die Bestände vermindert, mögliche Rückstände vermerkt, ein ev. notwendiger Bestellhinweis ausgegeben, als auch die Preise aufgrund der Artikel- und Kundendaten ermittelt, die auftragsbezogenen Informationen in die Auftragsdatei übertragen und damit für die Rechnungsschreibung und anschliessende Übergabe an die Buchhaltung bereitgestellt. Jede folgende Anfrage an das Lager oder den Auftrag gewährleistet einen wirklich aktuellen Stand. Das Ergebnis einer solchen Anfrage bzw. die Antwort muss sofort präsentiert werden. Wie im obigen Beispiel bereits erläutert, benötigt der Anwender sofort einen Hinweis oder ein Signal, um rechtzeitig reagieren zu können.

Die bedienungsfreundliche und dialogorientierte Direktverarbeitung kommerzieller Minicomputer verwirklicht die modernste Form der Kommunikation zwischen Mensch und Rechner. Diese auf der Basis von Prozessrechnern arbeitenden Geräte haben sich bis heute in einem so rasanten Tempo entwickelt, dass auch kleine Betriebe in die Lage versetzt werden, sie in einem wirtschaftlich vertretbaren Preis-/Leistungsverhältnis als Instrument und Werkzeug zur Bewältigung und Lösung der anstehenden Probleme zu nutzen, wie dies bisher nur Anwendern von Grossrechnern möglich war. Ein wichtiger Bestandteil aller kommerziellen Systeme ist neben der elektronischen Komponente (Hardware) die Software, die für eine perfekte Organisationslösung unerlässlich ist.

Was aber steckt eigentlich hinter diesem so oft zitierten Begriff ? Wir unterscheiden in diesem Bereich zwei Arten, die Anwendersoftware und die Systemsoftware. Unter Anwendersoftware versteht man jene Programme, mit denen betriebsinterne Aufgabengebiete wie Finanzbuchhaltung, Auftragsabwicklung, Lagerbestandsführung etc. bearbeitet werden. Die Systemsoftware dagegen gewährleistet die Steuerung und Organisation eines Rechners, ist also keineswegs ein minderes Kriterium für die Wahl eines hochwertigen Computersystems. Für die Beurteilung der Software muss geprüft werden, ob der mit modernster und zuverlässigster Technik ausgestattete Computer in seinem Einsatz und Nutzen wirtschaftlich ist. Das heisst, ob seine Software den branchen- und betriebsbezogenen Anforderungen gerecht wird. Für die praktische Einsetzbarkeit sind u.a. folgende Aspekte zu prüfen:

- die Software muss dialogfähig sein, d.h. die wechselseitige Beziehung zwischen Mensch und Rechner unterstützen

- die Software muss Direktverarbeitung zulassen, um sofortige und aktuelle Informations- und Auskunftsbereitschaft zu gewährleisten

- die Software muss simultane Arbeiten erlauben, z.B. Prüfung des Lagerbestandes bei gleichzeitiger Fortschreibung von Debitorenkonten

- die Software muss Datenfernübertragung erlauben, entweder für einen notwendigen Datenaustausch zwischen Hersteller und Händler oder für den Anschluss von Filialen bei grösseren Unternehmen.

Kommerzielle Minicomputer der Firma Digital Equipment Corporation (DEC) - weltweit grösster Minicomputerhersteller - erfüllen alle diese Anforderungen. An dieser Stelle einige wichtige Informationen über Digital Equipment. Die Gesellschaft wurde 1957 in den USA gegründet, eröffnete 1983 die erste Niederlassung in Europa und etablierte sich 1981 auf Platz 162 der amerikanischen Liste "Top 500". Weltweit wurden bis Ende letzten Jahres über 300.000 System-Installationen durchgeführt - ohne den aus der gleichen Familie kommenden Prozessor LSI-11, der millionenfach als Mess- und Steuerungsrechner im Einsatz ist. Die Philosophie von DEC ist durch die ursprüngliche Entwicklung von Prozessrechnern historisch bedingt und bis heute gültig:

Daten dort verarbeiten, wo sie anfallen.

Die Produktstrategie des Unternehmens und somit der Vorteil des Anwenders war und ist die Gewährleistung der "Kompatabilität", d.h. die problemlose Aufstockung bei steigenden Bedürfnissen wie auch die Kontaktmöglichkeit zu Fremdgeräten.

In den derzeit 29 Servicestellen in der Bundesrepublik sorgen ca. 450 Mitarbeiter für das technische Wohl der installierten Geräte.

Die von der unabhängigen Gesellschaft IDC aufgestellte Bestandsliste zum Jahresende 1981 zeigt DEC zum erstenmal auch führend in der Bundesrepublik:

	Anzahl Installat.	Markt-anteil in %	Wert in Mio DM	Durchschn. Wert in 1000DM
IBM	13842	11,6	18.096	1307
Siemens	8293	7,0	7.178	865
DEC	13887	11,7	1.269	91
NCR	2192	1,8	443	202
Olivetti	5600	4,7	220	39
Nixdorf	6826	5,7	945	138
Data General	2960	2,5	235	79

Quelle: Databook, 15.09.82

DEC Rechner bieten zudem ein anderes wichtiges Leistungsmerkmal: den Mehrbenutzerbetrieb. Mehrere Personen müssen paralell, aber unabhängig voneinander sowohl in verschiedenen als auch gleichen Aufgabengebieten arbeiten können, wobei abhängig von Arbeitsanfall oder möglichen Spitzenzeiten die vorhandenen Bildschirmarbeitsplätze auf die jeweils notwendigen Arbeiten aufgeteilt werden. Diese Computersysteme passen sich folglich an den Arbeitsablauf an.

Für die Rechtfertigung einer dialogorientierten Lösung auf der Basis eines Minicomputers sprechen primär zwei Gesichtspunkte: einerseits grössere Kosteneinsparungen durch Vermeidung zusätzlicher Personalkosten bei gleichzeitiger Betriebskostensenkung; andererseits eine Umsatzsteigerung. Im ersten Fall meint dies u.a. geringere Kapitalbindung durch Reduzierung der Lagerbestände, bedeutet dies Reduzierung der Aussenstände durch automatische Debitorenkontrolle, eine Beschleunigung der Fakturierung und eine bessere Nutzung von Lieferantenrabatten. Im zweiten Fall impliziert eine automatische Lagerbewirtschaftung weniger Rückstände und Stornierungen, bewirkt eine schnellere Auftragsbearbeitung eine beschleunigte Auslieferung sowie eine bessere Kontrolle und liefern die aktuellen Daten genaue Umsatzanalysen, um die Unternehmensentscheidungen und Marketingmassnahmen zu verbessern.

Als im Jahr 1977 die Wirtschaftslage noch entsprechende Investitionen erlaubte, entschloss sich ein grosser KFZ-Betrieb in Salzburg, die jahrelangen Erkenntnisse und Erfahrungen in eine neue Organisationsform einzubringen. So wurde zwischen Anwender, Betriebsberatern und Softwarehaus ein umfangreiches Anwendungspaket für Minicomputer der Firma Digital Equipment entwickelt: KDS, ein Produkt langjähriger Entwicklung.
Auf der Basis einer dialogorientierten Standardsoftware - einem Dateiverwaltungssystem -, das den Anwender u.a. hinsichtlich der Erstellung seines Berichtswesens und der Zugriffsmöglichkeit des Informationssystems unabhängig macht, wurden alle Anwendungsbereiche so integriert, dass sie einzeln eingesetzt und je nach Bedarf zu einer Einheit zusammengefügt werden können.

3. Fallbeispiel KDS

Die Struktur eines KFZ-Dienstleistungsunternehmens erfordert eine zeitlich unabhängige Kommunikation der verschiedensten Bereiche mit der EDV-Organisation. Deshalb wurde KDS für die gesamte Administration eines KFZ-Händlers auf der Basis eines Mehrplatzcomputersystems der Firma Digital Equipment Corporation (DEC) analysiert und realisiert.

Die Entscheidung für Digital Equipment beruhte neben den bereits erwähnten Vorteilen der Hardware auf einer jährlich durchgeführten Umfrage bei Anwendern durch eine unabhängige Fachzeitschrift. Der hierbei ermittelte Notendurchschnitt auf die 6 Fragen lag mit Abstand an der Spitze führender Lieferanten. In der nachfolgenden Tabelle sind nur die ersten 4 aufgeführt:

	Unter-stütz.	Soft-ware	Liefer-beding.	Produkt-palette.	Ruf/ Ansehen	Preis-/ Leist.	Durch-schnitt
1. DEC	2	1	1	1	1	1	1,2
2. IBM	1	2	4	2	2	5	2,7
3. Hewlett-P.	3	3	2	3	3	3	2,8
4. Data General	4	4	3	4	4	2	3,5

Quelle: Electronic News

Der modular organisierte Aufbau des gesamten Programmpaketes KDS ist nach branchentypischen Anwendungsbereichen gegliedert. Damit wird nicht nur das Ziel verfolgt, innerhalb einer abteilungsbezogenen Anwendung die Übersicht zu bewahren, sondern auch ein schrittweiser Einsatz ermöglicht. Bei der modularen Gliederung wird besonders darauf Rücksicht genommen, dass mit den Schnittstellen zwischen den einzelnen Bausteinen eine echte Integration der gesamten Programmanwendung sichergestellt ist.

Dieses Konzept ist in höchstem Masse benutzerfreundlich, indem einmal eingegebene Geschäftsvorfälle automatisch anderen Bereichen verfügbar gemacht werden. Ein hierarchisch gegliedertes Zugriffssystem gewährleistet dabei den notwendigen Datenschutz. KDS lässt sich in folgende Arbeitsgebiete aufteilen:

- Werkstattabrechnung und Fakturierung
- Ersatzteileverkauf
- Lagerbewirtschaftung
- Neuwagenverwaltung
- Gebrauchtwagenverwaltung
- Buchhaltung (Debitoren, Kreditoren, Anlagen und Finanzbuchhaltung)
- Individuelles Berichtswesen
- Individuelles Informationssystem

Die KDS-Anwendung im Werkstattbereich beinhaltet alle relevanten Forderungen für diesen Dienstleistungszweig. Neben der Grundvoraussetzung der täglichen externen Leistungsabrechnung mit Hilfe der Dialogverarbeitung und der Bereitstellung der notwendigen Daten für Auftragsverwaltung, Fakturierung oder Garantiebearbeitung unterstützt das System entscheidend die Kundenpflege und erhöht damit den Servicegrad. Gezielte Werbe- und Verkaufsförderungsmassnahmen, Sonderaktionen aus dem Werkstattdienstleistungsbereich sowie die Auswahlhilfen für die Erinnerung an den nächsten TÜV, den nächsten Inspektionstermin oder notwendige Rückrufaktionen binden und erweitern den Kundenstamm. Auf der anderen Seite unterstützt das System den verantwortlichen Kundendienstmeister u.a. in der Beurteilung geforderter Garantie- und Kulanzleistungen oder informiert über Überziehung möglicher Kreditzusagen.

Neben der Zuordnung individueller oder herstellerabhängiger Arbeitspositionen können sowohl Ersatzteile - bei sofortiger Bestandsänderung - als auch extern erbrachte Fremdleistungen einem Auftrag zugebucht werden. Alle gewonnenen Nutzdaten werden ohne weiteren Eingriff anderen Verarbeitungsbereichen zugeführt; die Erlösgliederung kann der Anwender selbständig festlegen und jederzeit ergänzen. Durch einen besseren Überblick über die Werkstattkosten und durch aktuelle Werkstattanalysen wird der Deckungsbeitrag verbessert - und damit trägt das Werkstattgeschäft zum Unternehmenserfolg bei.

Im Ersatzteilverkauf unterstützt KDS die Fachabteilung und entlastet die Sachbearbeiter von stark verwaltungsbezogenen Tätigkeiten wie der Führung und Fortschreibung der Lagerbestände über Listen oder Karteien, da die Dialogverarbeitung eine automatische Bestandsbuchung vornimmt. Das System passt sich auch an den KFZ-Betrieb an, dessen Ersatzteilegeschäft in physisch und buchhalterisch unterschiedliche Bereiche gegliedert ist wie z.B. Grosshandelsgeschäft, Detailhandel und die Versorgung der eigenen Werkstatt. Im Bereich der Lagerbewirtschaftung verfügt KDS über ein nach betriebswirtschaftlichen und mathematischen Grundsätzen ausgerichtetes Bestellrechnungs- und Dispositionsmodul, das einen notwendigen Spielraum für individuelle Entscheidungen zulässt. Vom Standpunkt der Unternehmensführung und des verantwortlichen Bereichsleiters ist es schon bei einem relativ kleinen Lager enorm wichtig, eine Reduktion des im Lager investierten Kapitals zu erreichen, bei gleichzeitiger Verbesserung des Sortiments und der Lieferbereitschaft. Die dialogorientierten Arbeiten innerhalb der Lagerbewirtschaftung werden ergänzt durch ein aussagefähiges Berichtswesen wie Lagerwertberechnungen, Gängigkeitsanalysen und Bruttogewinnermittlung.

Insgesamt liefert dieses Modul einen wesentlichen Beitrag für unternehmerische Entscheidungen im Ersatzteillager und für die Transparenz der Ertragssituation; gleichzeitig wird das Unternehmen auf diese Weise unabhängig von einer möglichen gewünschten Lagerpolitik des Lieferanten.

Das Modul Buchhaltung verfolgt die gleiche konsequente Integration und erlaubt dadurch dem Anwender den Zugriff auf alle Stamm- und übergebenen Nutzdaten, und zwar entsprechend der jeweils zugeteilten Zugriffshierarchie. Neben den allgemeinen Anforderungen an eine Buchhaltung kann der Kontenrahmen frei gewählt und die Gliederung der Kostenstellenrechnung selbständig festgelegt und jederzeit verändert oder erweitert werden. Jede denkbare Art von Umbuchung und Kostenverteilung lässt sich ebenso individuell vereinbaren wie die bereits erwähnte Gliederung der Erlös- bzw. Aufwandsverbuchungen. Durch die geordnete Zugriffsberechtigung mit Schutz vor unberechtigtem Zugriff oder unerlaubter Veränderung gewinnt die Buchhaltung ein hohes Mass an Flexibilität in der täglichen Arbeit. Dies zeigt sich u.a. besonders beim Zahlungseingang mit Teil-, Voll- oder Überzahlung, beim Mahnwesen, bei der Scheckschreibung oder bei den Verdichtungen der Geschäftsdaten aus den einzelnen Bereichen.
Der gesamte Buchhaltungsbereich, der sich aus den Teilmodulen Debitoren, Kreditoren, Anlagen und Hauptbuch zusammensetzt, wird abgerundet durch ein individuell zu gestaltendes Berichtswesen für Summen- und Saldenlisten, BAB, Deckungsbeitragsrechnung, G + V, Bilanz und andere betriebswirtschaftliche Auswertungen.

In den Bereichen der Wagenverwaltung sind Funktionen für Kunden- und Interessentenpflege, für Angebots- und Auftragsabwicklung sowie für die Modellpflege und Fahrzeugdisposition enthalten. Dadurch wird die Basis zu einem grosszügigen Auskunftssystem und einem aussagefähigen Berichtswesen wie Provisionslisten, Verkäuferstatistiken, Bruttogewinnermittlungen geschaffen. Für die Gebrauchtwagenabwicklung stehen zusätzlich Lagerwertlisten sowie Programme zur Vor- und Nachkalulation zur Verfügung.

Bei der Erstellung der vielfältigen Berichte in allen Anwendungsbereichen bietet das System den Vorteil, die Sortier- und Auswahlkriterien je nach Anforderung zu spezifizieren, ohne irgendwelche Programmänderungen vornehmen zu müssen. D.h., eine einmal erstellte Artikelliste kann entweder nach Artikelnummer, nach Artikelbezeichnung oder nach irgend einer anderen Artikelinformation sortiert ausgegeben werden. Dabei kann der Bediener festlegen, ob alle Artikel ausgedruckt werden sollen, ob lediglich solche mit Beständen grösser als der Bestellpunkt, ob jene mit 5 Monaten ohne Verkäufe oder mit welcher Auswahl auch immer.

Die Leistungen der Anwendungssoftware müssen nicht nur die aktuelle Tagesarbeit wie Auftragsbearbeitung, Fakturierung, Erstellung von Gutschriften, Verbuchung von Zahlungseingängen usw. erledigen. Die Vielzahl der in den angebotenen Produkten enthaltenen Arbeitsgebiete wurde hier im Detail nicht näher dargelegt, da dies einerseits ausführlich unseren und den zur Genüge vorliegenden anderen Prospekten und Informationsmaterialien entnommen werden kann, und andererseits das Vorhandensein dieser erwähnten Anwendungsfunktionen bei der Auswahl einer EDV-Lösung eine zwingende Voraussetzung ist.

Eine weit wichtigere Aufgabe bei der Konzipierung einer branchenorientierten Anwendung, insbesondere bei einer so komplizierten wie der der KFZ-Dienstleitungsbranche, ist Analyse und Aufbau des zur Verfügung stehenden Datenmaterials. Hierbei muss dafür Sorge getragen werden, dass neben den aktuell anfallenden Tageszahlen auch die Werte ermittelt und in einer betriebswirtschaftlich vernünftigen Weise verarbeitet werden müssen, die erst in der Zukunft aussagefähig werden. Das heisst, eine neue Organisationsform darf nicht nur helfen, die derzeit anstehenden Probleme zu lindern - was eine zeitlich begrenzte Unterstützung bedeutet -, sie muss den Unternehmer auch in die Lage versetzen, auf relevante Daten und Informationen vergangener Jahre zurückgreifen zu können, um mit Hilfe der Auswertung kontinuierlich verarbeiteter Werte einen entscheidenden Vorsprung bei der Beurteilung des Marktes zu erhalten. Im Werkstattbereich lassen sich u.a. mit Hilfe von Vergleichszahlen und den notwendigen statistischen Daten wie Besuchsintervalle, Umsatzänderungen beim Zubehörverkauf, gezielte betriebs- und kundenbezogene Aktionen starten, um den Leistungs-, Auslastungs- und Produktivitätsgrad der Werkstätte zu erhöhen.
Dieses Beispiel lässt sich beliebig auf andere Bereiche erweitern. Die "Meldepflicht" eines Systems, mit gezielten Informationen eine Grundlage für die Planung und die Entscheidungen eines Unternehmens zu schaffen, ist unerlässlich, aber auch nur dann möglich, wenn das System alles weiss. Bei der damaligen Analyse von KDS wurde ganz besonderer Wert darauf gelegt, welche Daten speicherungswürdig sind und welche nicht, welche Daten neben der Aufbewahrungspflicht für statistische Auswertungen erhalten bleiben müssen. Dies ist heute bei den immer billiger und zuverlässiger werdenden Massenspeichern keine Frage der Kapazität, sondern die einer ausführlichen Analyse. Es ist kein Problem für die Software, vorhandene Daten auszuwerten, aber sie müssen verfügbar sein.

Durch die Vielfalt der gespeicherten Daten und die berechtigte Forderung, sie an jede organisatorisch gewünschte Stelle zu liefern, ergibt sich ein weiterer sehr wichtiger Kernpunkt für die Gesamtbeurteilung: der Datenschutz. In der betrieblichen Praxis sind nicht nur personenbezogene Daten schutzbedürftig, sondern auch die sogenannten sensitiven Daten. Aus diesem Grund besteht die zwingende Notwendigkeit, nicht nur in organisatorischer, sondern auch in technischer Hinsicht dafür zu sorgen, dass Daten gegen Verfälschung, Zerstörung und Preisgabe zu sichern sind. Diesem Anliegen, verbunden mit der der Anlage notwendiger Protokolle während der Datenmanipulation, wurde bei der Analyse von KDS grösste Bedeutung beigemessen. Alle Datenfelder, alle Funktionen und alle Arbeitsgebiete können durch die Festlegung und Zuordnung unterschiedlicher Zugriffsberechtigungen für die jeweiligen Personen oder Personengruppen hierarchisch so gegliedert werden, dass neben unerlaubtem Personalzugriff insbesondere eine Fehlverarbeitung vermieden wird. Wichtig hierbei war zudem die Vereinbarung bei der Datenverwaltung, dem Anwender die Möglichkeit zu bieten, individuelle Plausibilitätsprüfungen einzubauen. Hierzu sind keine EDV-technischen Kenntnisse erforderlich, und gerade das macht dieses System so flexibel. In der Praxis erlebt es der Anwender sehr häufig, dass aufgrund notwendiger Anpassung seiner Software durch Änderungen betrieblicher oder äusserer Gegebenheiten nicht nur eine starke Abhängigkeit zum Lieferanten des System besteht, sondern schwer kalkulierbare Kosten entstehen können.

KDS gestattet trotz standardisierter Software eine individuelle Anwendung, die auch die Anpassung an eine gegebene Organisation erlaubt und dadurch externe Kosten vermeiden hilft. Zu diesem Bereich zählt die Möglichkeit, selbständig auf äussere Einflüsse kurzfristig zu reagieren und dies nicht der Flexibilität und der Kooperationsbereitschaft des Softwarelieferanten zu überlassen. Wir werden eine Erhöhung der Mehrwertsteuer erfahren, der Finanzleiter möchte eine tiefer gegliederte Erlösverteilung oder der Werkstattleiter unterschiedlich gestaltete Standardtexte auf den Rechnungen. Diese und ähnliche Änderungen müssen dem verantwortlichen Sachbearbeiter entsprechend seiner Zugriffshierachie möglich sein.

Ein anderer wichtiger Gesichtspunkt ist das Berichtswesen.

In den meisten Angeboten findet sich eine stattliche Anzahl notwendiger Berichte, die dann bei näherer Betrachtung nicht immer den betrieblichen Vorstellungen entsprechen. Entweder der Anwender hat dann damit zu leben, oder es müssen zusätzliche Investitionen getätigt werden. KDS bietet mit einem dialogorientierten Berichtsgenerator die Möglichkeit, alle gespeicherten Daten in beliebiger Sortierung mit beliebigen Auswahlkriterien in einer individuellen Form auszugeben, die der Anwender nach eigenen oder herstellerabhängigen Vorgaben zusammenstellt. Und zwar geschieht das am Bildschirm ohne EDV-Kenntnisse. Dieser Vorteil hat sich in der Praxis sehr bewährt, zumal das Dateiverwaltungssystem dem Anwender gestattet, im Laufe der Nutzung der Standardsoftware eigene, zusätzliche Dateninformationen aufzubereiten und zu erfassen, die er dann mit den bereits verfügbaren Daten in einem individuellen Bericht miteinbeziehen kann.

Für den Buchhaltungsbereich steht ein eigener, speziell auf das Rechnungswesen ausgerichteter Finanzberichtsgenerator zur Verfügung, der den individuellen Aufbau und die jederzeit nachträgliche Korrektur notwendiger Finanzberichte wie BAB, G+V, Bilanz oder betriebswirtschaftliche Auswertungen erlaubt. Damit bleiben die Verantwortlichkeiten beim eigenen Fach- und Führungspersonal, und dies ist ein nicht zu unterschätzender Faktor bei einer motivationsausgerichteten Unternehmensphilosophie.

Um dieses Anliegen noch zu verstärken, wurde in das vorliegende Anwendungspaket ein Informationssystem integriert, das den Anwender hinsichtlich des Aufbaus, der Ergänzung und der Korrektur seiner Abfrageprozeduren unabhängig macht. Somit ist es möglich, sich neben den verfügbaren Standardabfragefunktionen ein individuelles Informationssystem aufzubauen, dass einen schnellen Zugriff auf relevante und marktgerechte Daten erlaubt.

Nehmen wir an, Sie wollen während einer Aktion laufend die Umsatzzahlen bestimmter Artikel beobachten, Sie müssen periodisch die Kreditlinien Ihrer Kunden überwachen und möglicherweise verändern - oder Sie kontrollieren in bestimmten Abständen die vergebenen Rabatte in einzelnen Abteilungen - es ist wichtig, dann Auskunft zu erhalten, wenn sie benötigt wird.

Aufgrund unserer Kontakte auch mit kleinen und mittleren Händlern und Reparaturbetrieben wurde die Forderung laut, diese umfangreiche Anwendung auf die massgeblichen Bedürfnisse kleinerer Unternehmen abzustimmen. Daraufhin wurde - basierend auf dem Programmpaket KDS - eine Minilösung konzipiert, die in Ihrer Grundausstattung die notwendigen Funktionen des Ersatzteillagers und der angrenzenden Buchhaltung beinhaltet und durch die Module Werkstatt und Wagenverwaltung erweitert werden können. Diese Lösung enthält aber bewusst die gleichen, bereits erwähnten Vorteile ihres grossen Bruders: die Gewährleistung der individuellen Anwendung, den Berichtsgenerator und das Informationssystem.

Wodurch das kleine Anwendungspaket sich besonders hervorhebt, ist eine hohe Flexibilität und Anpassungsfähigkeit. Im Gegensatz zu herkömmlichen Entwicklungen - bedingt durch stetig steigende Forderungen - ist es nämlich nicht gewachsen, sondern auf der Basis einer Vielzahl von Funktionen vereinfacht worden. Diese neue Entwicklung zeichnet sich auch deswegen durch ein hervorragendes Preis/Leistungsverhältnis aus.
In der Zusammenarbeit und Kooperation mit KFZ-Händlern, KFZ-Betriebsberatern und dem Hersteller der Hardware sowie unseren Kontakten zur KFZ-Innung werden wir zukünftig speziell und verstärkt unsere Lösung für kleine Betriebe anbieten. Für solche Paketlösungen (Hardware, Software und Betreuung) aus einer Hand haben wir interessante Finanzierungsmodelle.

KDS-Anwendungsbereiche

Ersatzteillager (auch für mehrere Lager bzw. Betriebe)

a) Bereich Verkauf (Grosshandel, Barverkauf und eigene Werkstatt)

- Stammdatenverwaltung (Kunden, Ersatzteile, Rabatte)
- Auftragsbearbeitung mit automatischer Lagerbestandsführung nach verschiedenen Auftragsarten und autom. Preisermittlung
- Rechnungsschreibung, Quittungen, Gutschriften, Angeboten, Lieferscheine, Pickslips, Versanddokumente
- Abfragefunktionen (Auftrags-, Kunden-, Teile-, Rückstandsbezogen)
- Statistiken, Historie (u.a. Kunden-, Verkäufer-, Auftrags- und Teilumsatzstatistik, aktuell und kumulativ)
- automatische Übergabe aller Nutzdaten an die Buchhaltung

b) Bereich Verwaltung

- Bestellparameterermittlung, Monatsprogramm
- Bestellvorschlag, Bestellung, Bestellkorrektur (mit differenzierter Disposition nach Produktlinie, Teilegruppe oder/und Lieferant), Datenträgererstellung
- automatischer und manueller Wareneingang
- Bestandskorrektur
- Rückstands- und Lieferantenüberwachung
- Abfragefunktionen (Artikel, Bestellungen, Lieferanten, Konditionen, Status etc.)
- Änderungsdienst (Preise, Ersatznummern, Rabattcodes usw.)
- Preiskalkulation (bei Lieferung aus dem Ausland)
- Inventur, -auswertungen, Zähllisten einzelner Lokationen
- Standardberichte, Auswertungen und ein individuelles Berichtswesen (u.a. Bargeldabrechnung, Gängigkeitsanalyse, Bruttogewinnermittlung, Bonusanträge, Preislisten etc.)
- automatische Übergabe aller Nutzdaten an die Buchhaltung

Werkstattabrechnung und Fakturierung/Kundendienst (auch für Mischhändler)

- Stammdatenverwaltung (Kunden, Fahrzeuge, Arbeitspositionen, Mitarbeiter, Fahrzeugcodes)

- Auftragsbearbeitung für alle Auftragsarten (extern, intern, Garantie, Transportschaden, Gutschriften, Kostenvoranschläge), automatischer Zugriff auf Kunden-, Fahrzeug- und Arbeitspositionsdaten sowie bei der Teileausgabe auf Artikel-, Lager- und Rabattinformationen.

- Rechnungsschreibung, Quittungen, Gutschriften, Belastungsnoten, Kostenaufstellungen

- Abfragefunktionen (Auftrags-, Kunden-, Fahrzeug-, Arbeitspositionsbezogen)

- Statistik, Historie (u.a. Leistungs-, Erlös-, Kundenumsatzstatistik, aktuell und kumulativ, Soll-Ist-Vergleich)

- Auswertungen (z.B. Werkstattindikatoren)

- Standardberichte, individuelles Berichtswesen

- automatische Übergabe aller Nutzdaten an die Buchhaltung

- Kundenbetreuung (Werbeaktionen, Rückrufaktionen, Verkaufsförderungshilfen)

Neuwagenverwaltung und Gebrauchtwagenverwaltung

- Stammdatenverwaltung (Modelle, Fahrzeuge, Interessenten, Kunden, Fahrzeugcodes)

- Auftragsbearbeitung, -bestätigung, Zuordnung von Zubehör

- Angebotserstellung, Reservierung

- Rechnungsschreibung

- Fabrikbestellung, Disposition, Bestellabruf

- Lagerbestandsführung (inkl. Sublager, Unterhändler), Lieferung, Stornierung

- Gebrauchtwagenkalkulation, Lagerkostenüberblick

- Standardberichte, individuelles Berichtswesen (u.a. Verkäuferstatistik, Bruttogewinnermittlung, Provisionsliste)

- Verkaufsförderung (Aktionen, Verkäuferkontrolle, Etikettendruck)

- automatische Übergabe aller Nutzdaten an die Buchhaltung

Buchhaltung
----

a) Hauptbuchhaltung (auf der Basis eines Kalenders)

- Kontengliederung, Kontenstatus
- Belegeingabe (auch Rückstellungen), Periodenzuordnung
- Belegabfrage (bezogen auf Konto und Buchungsperiode)
- Nebenbuchübergabe (mit Verdichtungsmöglichkeit)
- Automatische Verteilung und Umbuchung (Kostenstellenverwaltung)
- Budgetierung (für Berichtswesen)
- Monatsende- und Jahresendefunktionen, Vergleichsberichte
- Standardberichte (Prima Nota, Journal, Hauptabschlussübersicht etc.)
- Hauptbuchberichtsgenerator zur Erzeugung von G+V, Bilanz, betriebswirtschaftliche Auswertungen etc.

b) Debitorenbuchhaltung (offene Postenverwaltung und/oder Monatsverarbeitung)

- Rechnungseingabe, Umbuchungen, autom. MWSt.-Verbuchung
- Gutschriften, Lastschriften, Verzugszinsen, Minimaldifferenzen
- Zahlungseingang, -ausgang (Teil-, Über-, Sammel-, Vollzahlung)
- Abfragefunktionen (nach Kundenname, -nummer oder Belegnummer)
- Schnittstelle zu anderen Bereichen
- Standardberichte (Kontoauszug, OP-Liste, Journal, Summenlisten etc.)
- Statistik, Historie (Verdichtung)
- Mahnwesen, Mahnkontrolle, Mahnbriefe

c) Kreditorenbuchhaltung

- Belegeingabe mit autom. VST-Verbuchung, Rechnungen, Gutschriften, Zahlungen, Vertragsrechnungen mit autom. Belegaufbau
- Scheckschreibung, Überweisungen, Abstimmung, manuelle Zahlung
- Abfragefunktionen (nach Beleg, Lieferant, Zahlung)
- Schnittstelle zu anderen Bereichen
- Standardberichte (Zahlungsmittelbedarf, Summenlisten, Journal etc.)
- Statistik, Historie

d) Anlagenbuchhaltung

- Verwaltung von Anlagegütern (Zugang, unterschiedliche Abgangsmethoden, interne Bewegungen)
- Abfragefunktionen (Konten, Anlagen)
- Abschlüsse, Verdichtung
- Listen, Wertbericht

KDS-Lösung für mittlere und kleine Betriebe der KFZ-Dienstleistungsbranche

1. Ersatzteillager

a) Bereich Verkauf (Detailhandel, eigene und fremde Werkstätten)

- Stammdatenverwaltung (Kunden, Ersatzteile)
- Auftragsbearbeitung mit automatischer Lagerbestandsführung und Rabattzuordnung, Gutschriften
- Lieferscheine, Quittungen, Rechnungen
- Übergabe der Nutzdaten an die angeschlossenen Buchhaltungsbereiche

b) Bereich Verwaltung

- Bestandsänderungen
- Bestellvorschlag (manuelle od. automatische Bestellung mit Eingriffmöglichkeiten)
- Wareneingang, Änderungsdienst
- Auswertungen (Umschlag, Lagerwert, Umsätze, Bruttogewinn etc.)
- Inventur, Lokationslisten

2. Angrenzende Buchhaltung

- Sachkontenverwaltung, Ertrag und Aufwand
- Prima Nota, Journal, Abschlüsse
- Debitorenkontenführung

3. Auskunftssystem und Berichtswesen nach eigenen Vorstellungen

NUTZEN DES EINSATZES VON EDV-SYSTEMEN IN KFZ-HÄNDLERBETRIEBEN

W.Rösner

1.0 <u>KOSTEN ODER NUTZEN</u>

2.0 <u>GRUNDVORAUSSETZUNGEN FÜR DEN EDV-EINSATZ</u>

3.0 <u>NUTZEN IM ERSATZTEILLAGER</u>

3.1 Bestandsoptimierung

3.2 Bestellgrößenoptimierung

3.3 Inventurauswertung als Grundlage für Einzelwertberichtigung

3.4 Aktualität der Preise und Teile-Nummern

4.0 <u>NUTZEN IN DER WERKSTATT</u>

5.0 <u>NUTZEN IM VERKAUF</u>

6.0 <u>NUTZEN VON AUSWERTUNGEN</u>

7.0 <u>NUTZEN IN DER BUCHHALTUNG</u>

8.0 <u>SCHLUSSBETRACHTUNG</u>

8.1 Kosten/Nutzen Vergleich

9.0 Das Data General-Computersystem

10.0 <u>PROGRAMMÜBERSICHT DES IHS-PAKETES</u>

KOSTEN ODER NUTZEN ?

Erhöht eine EDV-Anlage nur die Kosten oder ist sie nur ein teueres Hobby, ein Prestige-Objekt, oder kann durch den Einsatz eines Computer-Systems ein Nutzen für einen Kfz-Händlerbetrieb erzielt werden ?
Das sind die Fragen, die untersucht werden sollen.

GRUNDVORAUSSETZUNGEN FÜR DEN EDV-EINSATZ

Ob durch den Computereinsatz ein Nutzen für den Anwender erreicht werden kann, hängt zunächst vom Händlerbetrieb selbst ab.
Die beste EDV-Lösung kann keine Wirkung zeigen, wenn:
- die Mitarbeiter, die damit arbeiten, kein persönliches Interesse mitbringen oder sogar eine Abneigung gegen Computer haben
- die Stammdaten, wie Daten über Kunden, Fahrzeuge, Ersatzteile u.s.w., nicht mit der vom Programm vorgegebenen Sorgfalt erfaßt und gepflegt werden
- der Informationsnutzen aus der Datenverarbeitung nicht in aktive Entscheidungen umgesetzt wird.

Der entscheidende Punkt liegt jedoch in der Auswahl der richtigen EDV-Lösung. Was ist dabei von einem EDV-Anbieter zu fordern ? Kommt es nur darauf an, wer der Billigste ist oder ist es vielmehr so, daß es sowohl in der Computer-Ausstattung, als auch im Programmangebot erhebliche Unterschiede gibt ?
Wegen der besonderen Problematik in einem Kfz-Betrieb sind unter dem NUTZEN-Gesichtspunkt nur Systeme geeignet, die
- als Massenspeicher Magnetplatten einsetzen
- über ein komfortables Plattenbetriebssystem mit dynamischer Dateiverwaltung verfügen
- ein vertretbares Datensicherungskonzept haben
- problemlos ausbaufähig sind
- und der künftigen Bedeutung der Datenfernübertragung Rechnung tragen.

Micro-Computer, die nur mit Diskette arbeiten, sind abzulehnen, da diese nur unzureichende Lösungen zulassen.

Für die richtige Zusammenstellung eines Computers ist der Anbieter verantwortlich. Das gilt insbesonders für die Plattenkapazität. Aus der -zu jedem Angebot gehörenden- Plattenkapazitätsberechnung, kann der interessierte Kfz-Händler entnehmen, ob die angebotene Lösung von der Hardware ausreichend ist und ob er mit festen Dateigrößen rechnen, oder sich später um derartige EDV-spezifischen Fragen nicht zu kümmern braucht.

Die SOFTWARE, das Kfz-Programmpaket, macht letztlich die Leistungsfähigkeit und Tauglichkeit für eine NUTZEN-Betrachtung aus.
Die auf dem EDV-Markt angebotenen Programme für Kfz-Betriebe sind in 3 Gruppen einzuteilen:

1. Die Programme wurden ursprünglich für einen Händler entwickelt und entsprechen deshalb nur den Vorstellungen des sogenannten Pilot-Händlers und der fachlichen Qualifikation des Programmierers.
2. Für eine Händler-Organisation wurde in Abstimmung mit dem Kfz-Hersteller ein Programmpaket entwickelt, welches die Belange des speziellen Fabrikates abdeckt, aber für Händler mit anderen Vertretungen nicht unbedingt paßt.
3. Nach Untersuchung der unterschiedlichen fabrikatsbezogenen Anforderungen, wurde ein Programmpaket entwickelt, welches diese Unterschiede alle berücksichtigt.

Daneben ist zu prüfen, ob der EDV-Anbieter Computer, Programme und Betreuung aus einer Hand liefert (schlüsselfertige Systeme), oder ob der EDV-Lieferant nur den Computer liefert, und der Händler seine Programme über ein Software-Haus beziehen muß.
Darüberhinaus spielt es eine große Rolle, welche Erfahrungen die Mitarbeiter des EDV-Anbieters haben, welche später für die Beratung und Einarbeitung zuständig sind.
Es genügt nicht, wenn nur der Programmablauf erklärt und eingearbeitet wird.

NUTZEN IM ERSATZTEILLAGER

Welches Ersatzteillager bindet nicht zuviel totes Kapital, enthält nicht zuviel Ladenhüter und benötigt trotzdem zuviele Expreßbestellungen ? Welcher Firmeninhaber ist ausreichend über die Probleme im Ersatzteillager informiert ?
Ein dankbarer Bereich für einen Computer.

Bestandsoptimierung

Das geschieht durch "Aktivierungsvorgaben" für
- Vorschläge zur Lagerung von Teilen, die in bestimmten Mengen in einer bestimmten

Zeit gefragt wurden.

Nutzen = Expressbestell-Minderung

- Beobachtung von Teilen, die neu aufgenommen wurden.

Nutzen = Vermeidung von Ladenhütern

- Verhinderung von Bestellungen bei nicht gängigen Teilen

Nutzen = Abbau von Ladenhütern

Die Aktivierungsvorgaben (Menge/Anzahl Verkäufe/Zeitraum) können nach Teilegruppen unterschiedlich erfolgen. Es können Verschleißteile zum Beispiel anders als Zubehör oder Tauschteile mit Aktivierungsvorgaben versehen werden.
Es genügt nicht, wenn nur die Nichtgängigkeit von Teilen festgestellt wird. Zu einer Bestandsoptimierung gehört auch der Vorschlag von Teilen zur Lagerung, die eine vorgegebene Gängigkeit erreicht haben.

Bestellgrößenoptimierung

Die häufigste Art der Bestellgrößenermittlung erfolgt dadurch, daß die Verkaufsmengen nach festen Bestellperioden gespeichert, und durch Ermittlung des durchschnittlichen Bedarfs pro Periode, der Bedarf pro Periode ermittelt wird.
Aber ist in der Praxis die Bestellperiode wirklich immer gleich groß oder ist es richtiger anzunehmen, daß gelegentliche Zwischenbestellungen die Periodengrößen uneinheitlich machen. Vielleicht wird auch einmal eine Monatsorder ausfallen.

Zu einer wirksamen Bestellgrößen-Optimierung gehören:
1. Vorgaben für Gängigkeitsklassen und Wertigkeitsstufen
2. Eine nach Kalendermonaten (nicht Bestellperioden) geordnete Verkaufsmengenhistorie der letzten 12 Monate
3. Verkaufsmengen des laufenden Jahres, des Vorjahres und des Vorvorjahres (wichtig für schlechtgängige Teile)
4. Klassifizierung nach Gängigkeit und Wertigkeit
5. Berücksichtigung von Verpackungsgrößen, Mindest- und Höchstbeständen
6. Beachtung von Aktivierungsvorgaben
7. Erkennen von Saison-Teilen
8. Getrennte Bestellparameter je Gängigkeitsklasse und Wertigkeitsstufe.

Eine Bestell-Rechnung erfolgt über Bestellparameter, welche
- Bestellpunkt in Tagen
- Lageroptimum in Tagen

beinhalten.
Diese Bestellparameter sind getrennt, je nach Gängigkeit und Wertigkeit in einem Teilegruppenstamm festzulegen, damit z.B. Zubehör anders disponiert werden kann als Verschleißteile. Dadurch wird erreicht, daß ein teueres Teil anders disponiert wird als

ein billiges Teil und für einen Schnelldreher eine höhere Bevorratung erfolgt als für ein schlechtgängiges Teil.
Teile, die noch keine Verkaufsmengenhistorie haben, und unter dem Beobachtungsstatus für Neu-Teile geführt werden, sind von dieser Bestell-Rechnung ausgenommen. Für diese Teile wird nur ein Mindestbestand bevorratet.
Durch diese differenzierte Bestellmengenoptimierung wird als NUTZEN erreicht:
- gängige Teile und billige Teile gehen auch bei einem Spitzenbedarf nicht aus
- weniger gängige Teile und teuere Teile sind geringer bevorratet.

Die Folge davon ist:
- weniger unnötige Eil-Bestellungen bzw. Zwischenbestellungen und damit Rabattgewinn, Senkung der Beschaffungskosten
- Zeitgewinn
- Verminderung des gebundenen Kapitals und damit Zinsgewinn.

Inventurauswertung als Grundlage für Einzelwertberichtigung

Als monatlicher Bericht steht eine Lageranalyse zur Verfügung, welche Auskunft gibt über:
1. Anzahl Positionen/Inventurwert/Bruttowert/Spanne in %, gegliedert nach Wertigkeitsstufen
2. Anzahl Positionen mit Überbestand zum Inventurwert
3. Anzahl Positionen mit Unterbestand zum Inventurwert
4. Richtbestand in Positionen und Inventurwert

In einer anderen Aufteilung werden die gelagerten Positionen nach Gängigkeitsklassen aufgeteilt. Je Gängigkeitsklasse ist neben der Anzahl der Positionen und des Inventurwertes auch der Umsatz der letzten 12 Monate und der Umschlagsfaktor ersichtlich.
Die ungängigen Teile sind hierbei nach der Altersstruktur in Jahren zusammengefaßt.
Für die Beurteilung der eigenen Lieferbereitschaft werden Verkäufe aus dem Lager, den Verkäufen aufgrund von Eilbestellungen gegenübergestellt. Der sich daraus ergebende Service-Grad ist eine wichtige Aussage zur Beurteilung des Ersatzteil-Lagers.
Die Lageranalyse wird je Hersteller und Teilegruppe, und für das gesamte Lager erstellt.

Ein INVENTUR-AUSWERTUNGS-Programm bietet die Grundlage für die Abwertung am Geschäftsjahresende. Die gelagerten Teile werden in 6 Gängigkeitsklassen eingeteilt und wertmäßig in diesen Klassen dargestellt. Die Abwertungsprozentsätze und Gängigkeitsklassenvorgaben können gewählt werden.
Eine Inventurauswertung nach Gängigkeit führt in der Regel zu einer höheren Wertberichtigung als pauschale Verfahren.

Aktualität der Preise und Teile-Nummern

Für die automatische Preis- und Teile-Nummern-Pflege bieten sich 3 Wege an:

1. Der Kfz-Hersteller versorgt den Händler selbst mit einem kompatiblen Datenträger (meistens Disketten)
   Nachteil: Eine große Anzahl von Disketten sind meistens notwendig, um alle Preise zur Verfügung zu stellen. Das Diskettenformat muß mit dem Diskettenformat des Herstellers übereinstimmen. Bei Mehrfabrikatshändlern sind unterschiedliche Programme notwendig. Ändert sich der Satzaufbau beim Hersteller, muß das Programm geändert werden. Ein up-date dauert sehr lange.
2. Der Änderungsdienst erfolgt über Datenfernübertragung.
   Nachteil: Zusätzliche erhebliche Kosten für DFÜ-Einrichtungen und Postgebühren.
3. Der Kfz-Hersteller versorgt den EDV-Anbieter jeweils mit einem Preisband und der EDV-Anbieter übernimmt den up-date für seine Kunden.
   Vorteil: Der Händler übermittelt nur seine zu pflegenden Teiledaten per Diskette oder Magnetband an das Service-Rechenzentrum des EDV-Anbieters.
   Dort erfolgt der up-date auf der Händlerdiskette (eine Diskette kann 20.000 Teile fassen) und,zusammen mit einem Fehlerprotokoll, erhält er die Daten zurück, um sie zu verarbeiten.
   Eine Teile-Nummern-Änderungsliste ist bei einer Lagerung nach Teile-Nr., Grundlage für das Umräumen der geänderten Teile-Nr.
   Bestand und sonstige Teiledaten werden bei Teile-Nummern-Änderungen auf die neue Teile-Nummer automatisch übernommen und bei der alten Teile-Nummer wird der Verweis auf die neue Teile-Nummer eingetragen.
   Wichtig: Rabatt-Code, bzw. Rabatt %-Änderungen werden ebenfalls berücksichtigt. Bei Netto-Teilen wird der Verkaufspreis errechnet nach den Händlervorgaben.

NUTZEN IN DER WERKSTATT

Ist es möglich, durch eine EDV-gesteuerte Abrechnung von Werkstatt-Leistungen, einen höheren Nutzen zu erzielen ? Kann durch gezielte Kundendienst-Aktionen, die Auslastung verbessert werden ?
Es ist möglich, einen höheren Gewinn zu erwirtschaften, wenn zumindest die häufigsten Arbeiten in der Werkstatt über einen gespeicherten Richtzeitkatalog verarbeitet werden, und wenn die einzelnen Arbeiten gleichzeitig mit einer Stückliste verbunden sind, in der alle zu dem jeweiligen Arbeitsgang gehörenden Teile und Zubehör enthalten sind. Auf diese Weise ist sichergestellt, daß keine Teile vergessen werden, und es wird automatisch die vorgegebene Festzeit mit dem richtigen Verrechnungspreis verrechnet. Dies alles wird erreicht, indem nur die AW-Nummer bei der Auftragserfassung eingege-

ben wird. Kleinmaterial kann nach Vorgaben wahlweise automatisch zusätzlich verrechnet werden.
Die Tatsache, daß die Rechnung zum Zeitpunkt der Abholung fertig ist, bringt mehr Kasseneinnahmen und spart damit Zinsen. Neben den externen Rechnungen werden auch Garantie-Arbeiten abgewickelt und eine interne Leistungsverrechnung durchgeführt.
Das ist wichtig für die Beurteilung der Werkstattleistung.
Die Flexibilität des Programmes erlaubt es, für konkurrenzgefährdete Arbeiten,andere Festpreise zu verrechnen. Das bindet den Werkstattkunden noch stärker an den Händlerbetrieb.
Damit sind wir schon bei der Kundenpflege.
Über ein Textverarbeitungsprogramm kann jederzeit eine gezielte Gruppe von Kunden angeschrieben werden. Für die Auswahl stehen alle über das Fahrzeug bekannte Daten zur Verfügung. So können z.B. für eine Aktion alle Kunden angeschrieben werden, die einen Peugeot 305 fahren und seit 1 Jahr nicht mehr in der Werkstatt waren, und die Erstzulassung zwischen dem 01.01.80 und dem 30.09.81 liegt.
Es können beliebig viele Selektionsmerkmale für die Auswahl benutzt werden.
Werkstattaktionen sind immer noch erfolgreich und verbessern die Auslastung, bringen Nutzen.

NUTZEN IM VERKAUF

Die Verwaltung der Bestellungen und des Bestandes an Neu-, Gebraucht-, Vorführ- und Agenturfahrzeugen kann ebenfalls der EDV-Lösung überlassen werden.
Eine sachlich geordnete Liste, die zu jeder Zeit abgerufen werden kann, gibt alle Antworten über bestellte und gelagerte Fahrzeuge.
Die permanente Auskunftsbereitschaft ist von Nutzen beim Kontakt mit Interessenten.
Da sie mehrfach gedruckt werden kann, steht sie allen Mitarbeitern, die Kundenkontakt im Verkauf haben, zur Verfügung und erhöht die Auskunftsbereitschaft.
Wird ein Fahrzeug verkauft, so wird dies in den Fahrzeugdaten automatisch vermerkt und erscheint somit nicht mehr im Bestand.
Ein Auftrags-Programm schreibt sowohl die Auftragsbestätigung als auch später die Rechnung.
Eine Obericht über die verkauften, aber noch nicht ausgelieferten Fahrzeuge mit den vereinbarten Lieferterminen, ergänzt den Überblick.

Der Wert des Fahrzeugbestandes und der Agenturfahrzeuge ist oft recht erheblich. Eine exakte Bewertung mit den Einstandspreisen, bzw. Inzahlungnahmen, getrennt nach Neu-, Gebraucht-, Vorführ- und Agenturfahrzeugen, gibt den notwendigen Überblick.
Aufarbeitungskosten, die verrechnet worden sind, werden dabei pro Fahrzeug und Gruppe zusätzlich ausgewiesen.
Dieser Informations-Nutzen ist in der heutigen Zeit nicht mehr wegzudenken.

Welche Kontrollinstrumente über die Verkaufstätigkeit stehen neben dem Umsatz, dem Firmeninhaber noch zur Verfügung ?
Eine "kleine Verkaufssteuerung" hilft den Überblick zu erhalten und stellt sicher, daß keine Aktivitäten vergessen werden.
Das ganze erfolgt über die Pflege von Wiedervorlageterminen. Die fälligen Termine werden wöchentlich oder für einen längeren Zeitraum in einer Wiedervorlageliste mit Kunden- und Fahrzeugdaten ausgedruckt. Sind mehrere Verkäufer vorhanden, wird sie getrennt nach Verkäufern ausgedruckt.
Nach Bearbeitung wird ein neuer Termin mit einer kurzen Begründung bei jeder Kunden/ Interessentenposition vermerkt. Zwischendurch wird der neue Termin wieder erfaßt und steht somit bei Fälligkeit wieder zur Verfügung.
Wechselt ein Verkäufer, kann der neue Mitarbeiter nahtlos weiterarbeiten.

Für Werbezwecke steht auch hier das Textverarbeitungsmodul zur Verfügung, welches ohne großen personellen Aufwand eine gezielte Verkaufswerbung ermöglicht. Neben der Kundendatei kann auch eine Interessenten-Datei geführt werden.

NUTZEN AUS AUSWERTUNGEN

Aktuelle Umsatzzahlen stehen meistens zur Verfügung. Dabei ist die wichtigste Frage eines Unternehmers nicht die Umsatzhöhe, sondern der damit erzielte Rohgewinn oder Bruttoertrag.
Eine Betriebsübersicht, die mindestens am Monatsende abgerufen wird, gibt sehr detaillierte Auskünfte über den Umsatz und den Rohgewinn des Monats und des aufgelaufenen Jahres.
Wie fein oder grob eine Aufgliederung nach Erlösarten erfolgen soll, bestimmt der Anwender. Diese Betriebsübersicht ist unabhängig von der Buchhaltung und gestattet es, weniger Erlöskonten zu führen und auf die Buchung von verrechneten Anschaffungskosten zu verzichten.
Der jeweilige Bestandswert an Ersatzteilen ist monatlich aus der Lageranalyse ersichtlich, der Bestandswert an Fahrzeugen aus dem Fahrzeugbestandsbericht. Mit diesen Daten kann auch in der Finanzbuchhaltung jederzeit eine kurzfristige Erfolgsrechnung durchgeführt werden.
Wurden auch die Monteurzeiten erfaßt, so ergänzt ein Monteur- und Werkstattleistungsbericht das Informationsangebot.
Der mit diesen Auswertungen gewonnene Informations-Nutzen ist monetär nicht zu bewerten, stellt aber sicher eine in der heutigen Zeit nicht mehr entbehrliche Voraussetzung für Unternehmensentscheidungen dar.

NUTZEN IN DER BUCHHALTUNG

Der größte Teil der Geschäftsvorfälle liegt im Kundenbereich.
Die Integration der fachbezogenen Programme mit der Buchhaltung sorgt dafür, daß alle Verkaufsvorgänge, Garantiearbeiten und die interne Leistungsverrechnung automatisch in die Buchhaltung übernommen werden. Eine Buchungsliste, die dabei erstellt wird, dient als Buchungsbeleg und Tagesinformation über den Umsatz in den einzelnen Erlösgruppen.
Ein Rechnungsausgangsjournal ergänzt die Buchungsliste. Zur Abstimmung der Kasse dient eine Barverkaufs-Sammelrechnung, in der nochmals alle Barverkäufe aufgelistet werden. Die tägliche Kassenabrechnung wird dadurch erheblich entlastet. Aber auch beim Kassieren ist eine Aufteilung in der Kasse nicht mehr notwendig, denn es werden nur noch Endbeträge (kassierte Beträge) eingetippt.
Aus der Buchhaltung kann jederzeit der aktuelle Stand über Garantie-Leistungen erfragt werden.

Es ist bekannt die Höhe
- der angemeldeten und noch nicht anerkannten Garantie-Forderungen
- die anerkannten und noch nicht vergüteten Garantie-Ansprüche
- Garantie-Erlöse.

In dem Finanzbuchhaltungsprogrammpaket sind neben dem Buchungsprogramm, Programme für
- Drucken des Buchungsjournals
- Konten-Druck
- offene Posten-Liste
- Summen-und Saldenliste
- Bilanz, G + V
- Finanzübersicht
- Kostenstellenauswertung
- Betriebswirtschaftliche Auswertungen
- Mahnungen
- Automatischer Zahlungsverkehr im Kreditorenbereich

in der üblichen Form und mit dem fast standartisierten Inhalt.
Der Nutzen liegt einmal in der Aktualität der Buchhaltung, im schnelleren Mahnen und in der Zeitersparnis.

SCHLUSSBETRACHTUNG

Die monatlichen Kosten für ein schlüsselfertiges EDV-System von DCM inclusiv Einarbeitung und Schulung der Mitarbeiter, liegen für ein:

- Einplatz-System (ausbaufähig)	bei	DM	950,-
zuzüglich Wartungsgebühren	ca.	DM	330,-
		DM	1.280,-
- Zweiplatz-System (ausbaufähig)	bei	DM	1.400,-
zuzüglich Wartungsgebühren	ca.	DM	400,-
	ca.	DM	1.800,-
je weiterer Arbeitsplatz (Bildschirm)	ca.	DM	120,-
je weiterer Drucker	ca.	DM	80,-

Dem gegenüber steht der mögliche NUTZEN, der in den einzelnen Bereichen erzielt werden kann.
Ein wichtiger Grund für eine EDV-Lösung ist die Tatsache, daß der Unternehmer personalunabhängiger wird. Viele qualifizierten Arbeiten werden vom Computer übernommen und bedürfen nicht mehr in dem gleichen Umfang fachliches Wissen und Erfahrung.
Beispiel: Ersatzteildisposition, Bestimmung von Ersatzteilen für eine Kundendienstarbeit u.s.w.

Ein Beispiel einer Nutzenanalyse:

A) Wegfall von Kosten	DM/Jahr
1. Rechenzentrumskosten für das Lager	9.600,-
2. Steuerberaterkosten für die Buchhaltung ohne Bilanz	7.200,-
3. Wartungs- und Reparaturkosten für bisherige maschinelle Hilfsmittel	2.000,-
	18.800,-

B) Direkter Nutzen	
1. Bei Senkung des Lagerwertes um 10 % (Lagerwert = DM 300.000) 14 % Zinsen aus DM 30.000,-	4.200,-
2. Rabattgewinn durch Senkung der Eilbestellungen um 1/3 bei einem Eilbestellungsanteil von 30 % am gesamten Lagerzugang von jährlich DM 250.000,-	1.250,-

	DM/Jahr
3. Bonusgewinn aus Ziffer 2 2 % aus DM 75.000,-	1.500,-
4. Zusätzlicher Bruttoertrag in der Werkstatt durch exakte Fakturierung und automatische Kleinmaterialverrechnung (täglich ca. DM 30,-; bei 15 Werkstattdurchgängen DM 2,- x 15)	6.000,-
5. Zusätzlicher Ertrag aus den Werkstattaktionen aufgrund der Textverarbeitung, der sonst nicht vorhanden wäre, durchschnittlich DM 500,-/Monat	6.000,-
6. Zusätzlicher Ertrag aus Verkaufwerbung mit Textverarbeitung, der sonst nicht vorhanden wäre. Durschschnittlich DM 1.000,-/Monat	12.000,-
	30.950,-

C) Indirekter Nutzen

1. Informations-Nutzen 2. Nutzen aus besserer Abwertung des Lagers in der Bilanz	2.000,-

Kosten/Nutzen Vergleich

1. Jährliche Kosten für eine EDV-Lösung (Zweiplatz-System)	DM	21.600,-
2. Preispflege 4 x jährlich à DM 75,-	DM	300,-
Gesamtkosten :	DM	21.900,-
3. Wegfall von Kosten	DM	18.800,-
4. Direkter Nutzen	DM	30.950,-
5. Indirekter Nutzen	DM	2.000,-
Gesamtnutzen:	DM	51.750,-

Selbst wenn einzelne Nutzenpositionen im Einzelfall geringer ausfallen, der NUTZEN wird auf jeden Fall die Kosten decken.

Kommerzielle Systeme CS/10
Interaktive COBOL-Systeme
012-992

Ausstattung und Ausbaufähigkeit:

1. Hauptspeicher	64 KB bis 512 KB
2. Plattenkapazität (fest)	12,5 - 147 Mio-Byte
3. Diskettenlaufwerk	1,2 Mio-Byte oder
4. Magnetbandstation	1600 BPI
5. Bildschirmterminals	1 - 17
6. Drucker, 150 Zeichen/sec. bis 600 Zeilen/min.	1 - 5
7. Datenfernverarbeitung	

Die Hardware wird anwendungsbezogen je nach Anforderung zusammengestellt.

PROGRAMMÜBERSICHT DES IHS-PAKETES (Integriertes-Händler-System):

IHS-Programme bestehend aus:

1. Stammdatenverwaltung A und B

2. Modul Lagerverwaltung
   - Barverkauf
   - Auftragsbearbeitung mit Einzelfakturierung (Lieferschein, Rechnung, Angebot, Rücklieferschein, Gutschrift)
   - Sammelfakturierung
   - Lagerbuchungen
   - Preis-Änderungsdienst
   - Abfragen Teile-Rückstände-TG-Stamm
   - Lagerbestandsliste
   - Druckwiederholung, Fakturierung

3. Modul Lagerdisposition
   - Bestellvorschlag
   - Bestellung
   - Lieferungen automatisch buchen
   - Rückstände automatisch löschen
   - Zähl-Liste erstellen
   - Zählmengen buchen

4. Werkstattverwaltung
   - Auftragseröffnung für Externe, Interne, Garantieleistungen
   - Auftragsergänzung
   - Sammel-Freigabe-Fakturierung
   - Kostenvorschlag mit Auftragsumwandlung
   - Druckwiederholung Fakturierung

5. Modul Fahrzeug-Maschinenverwaltung
   - Angebot
   - Auftragsbearbeitung
   - Auftragsbestätigung
   - Fakturierung

6. Modul Abendverarbeitung
   - Rechnungsausgangsbuch
   - Buchungsliste
   - Rückstandsliste -Lager-
   - Lagerbewegungsprotokoll
   - Alarmliste -Lager-
   - Auftrags-Nummern-Kontroll-Liste

7. Modul Monatsverarbeitung
   - Betriebsübersicht (Umsätze und Rohgewinn nach Erlösgruppen)
   - Lageranalyse
   - Fahrzeug- /Maschinen-Bestandsliste
   - Monatswechsel / Jahreswechsel

8. Gelegenheitsverarbeitung
   - Kunden- / Fahrzeugliste
   - Etiketten-Druck
   - AW-Text-Liste / Richtzeitkatalog
   - Aktivierungs-Liste -Lager-
   - Wiedervorlageliste

9. Finanzbuchhaltung Grundmodul

10. Lohn- und Gehaltsabrechnung Grundmodul

11. Textverarbeitung
   - Brieftexte erfassen, ändern, löschen
   - Adreß-Selektion nach Kunden- oder Fahrzeugdaten
   - Drucken Briefe mit Inserts
   - Nachfaßliste

DV-Unterstützung für Kfz-Werkstätten, Kfz-Händler und Kfz-Importeure am Beispiel eines japanischen Motorrad/Automobilherstellers unter Nutzung neuester Kommunikationstechnologien

U.Schedl

Einleitung

Die Vormachtstellung japanischer Produkte auf dem deutschen Kfz-Sektor wird nicht nur durch professionelles Marketing, sondern auch durch eine flexible und qualitativ gute Serviceleistung erreicht. Dafür ist sowohl für den japanischen Hersteller als auch für die deutschen Verkaufs-/Servicepartner ein Informationssystem notwendig, das beschleunigt alle qualitativen und quantitativen Daten für Produktentscheidungen, Produktion, Disposition sowie für das Finanzwesen zur Verfügung stellt.
Am Beispiel des japanischen Motorrad-/Automobilherstellers Suzuki soll gezeigt werden, welche Kommunikationsmittel und DV-Systeme eingesetzt sind bzw. werden können, um den o.g. Informationsbedarf bewerkstelligen zu können.

1. Informationssystem Hersteller/Alleinimporteur

Der Datenaustausch erfolgt - je nach zeitlicher Sensibilität der Daten - via Satellit oder Bänder. Suzuki-Deutschland hat für den Kfz-Vertrieb sowie die Ersatzteilbewirtschaftung ein integriertes DV-System entwickelt, das Drehscheibe des Informationsprozesses zwischen Hersteller und Händler ist.
Das System wurde unter der Zielvorstellung konzipiert, daß

- Kfz-Bestellungen auf fiktive Bestände (z.B. Produktionsbestände in Japan oder Schiffsladungen) zugreifen können,
- die Ersatzteildisposition in Japan unter wirtschaftlichen Gesichtspunkten erfolgt,
- die Ersatzteil-Lieferungen für den Händler beschleunigt abgewickelt werden,
- die Garantiegutschriften sowohl für den Händler als auch für Suzuki-Deutschland schnell und unter Erstellung von Banklast-/Gutschriften abgewickelt werden,

- die Umdispositionen mittels Dialogauskünfte schnell und ohne großen manuellen Aufwand durchgeführt werden,
- das Management in Japan und Deutschland einen permanenten, aktuellen Überblick über Verkaufsströme, -entwicklungen, Garantiefälle, graue Märkte u.s.w. hat,
- die gesamte Suzuki-Deutschland Organisation (u.a. 3 Niederlassungen) mittels Bildschirmen am DV-System partizipieren kann.

Das DB/DC-System ist in 3 Stufen konzipiert worden. Stufe 1 ist seit Juni/1982 produktiv im Einsatz und deckt ca. 4o % des nachfolgend dargestellten Funktionsumfanges ab. Die Datenbank enthält ca. 1oo verschiedene Sätze mit insgesamt ca. 6.ooo unterschiedlichen Datenfeldern. Daraus erkennt man die Komplexität der Anwendungen und die Anforderungen an die Datenbankverwaltung, Berechtigungsschutz und Datenkonsistenzen (siehe Abb.: 1 und 2). Als Hardware ist eine Honeywell DPS 7 unter GCOS/1.E eingesetzt.

2. Informationssystem Importeur/Händler

Bisher ist noch keine Entscheidung über den konfigurativen Ausbau dieser Informationsstrecke getroffen worden. Es stehen verschiedene Möglichkeiten zur Diskussion:

- Nutzung Bildschirmtext,
- Einsatz intelligenter Terminalstationen bei den Händlern,
- Einsatz von Bildschirmgeräten/Hardcopy's.

Nachfolgend soll ein Lösungsvorschlag für die Nutzung von Bildschirmtext zur Kommunikationskopplung Suzuki-Deutschland/Händler-Agent beschrieben werden.

2.1 Allgemeines

BTX läßt sich ortsunabhängig von jedem Telefonanschluß realisieren. Bei der Anwendung von BTX muß man sich bewußt sein, daß

- BTX nicht für Massenkommunikation geeignet ist (wegen langsamer Informationsübertragung),

Abb.: 1

VIPS - FUNKTIONSÜBERSICHT

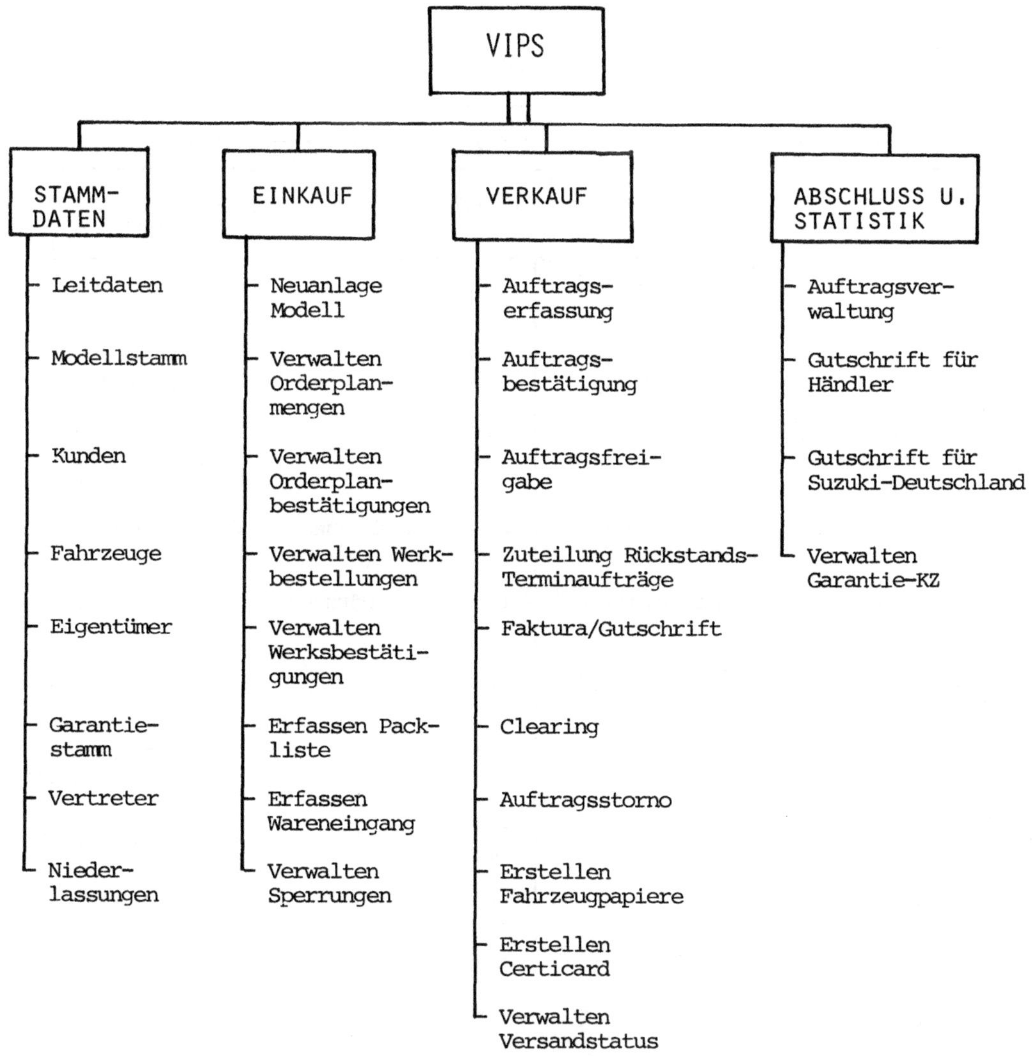

Abb.: 2

MAWI - FUNKTIONSÜBERSICHT

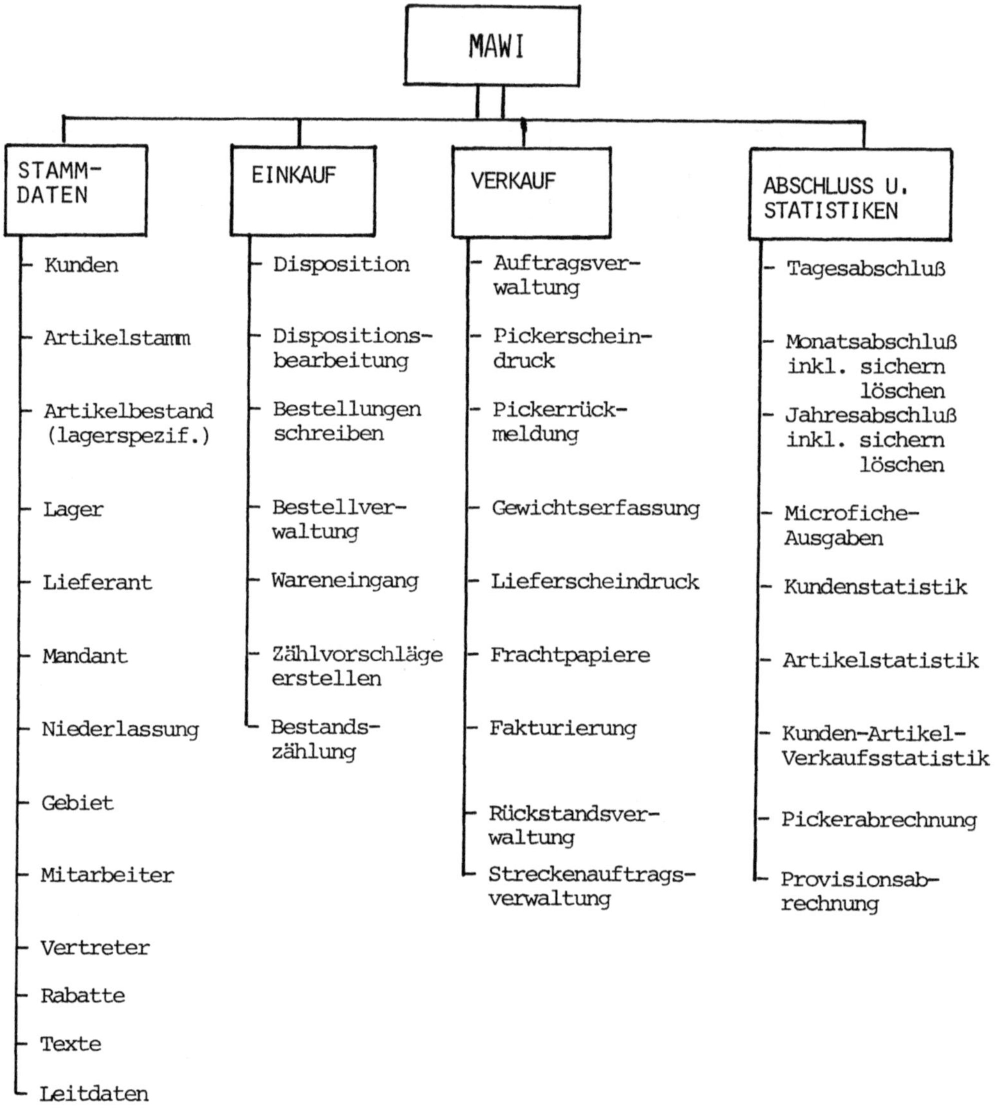

- bei BTX Formatbeschränkungen beachtet werden müssen,
- die Kommunikationspartner eindeutig definiert werden müssen (z.B. A-, B-, C-Händler, Agenten),
- der Kommunikationsbereich abgegrenzt bzw. festgelegt werden muß.

Die eindeutige Abgrenzung eines Informationsbereiches führt dabei regelmäßig zu Schwierigkeiten, da häufig die Kompetenzbereiche nicht deckungsgleich mit den Informationsbereichen sind.

Abb.: 3) Netzwerk-Konfiguration bei Anwendung des Mediums BTX für die Kfz-Händler

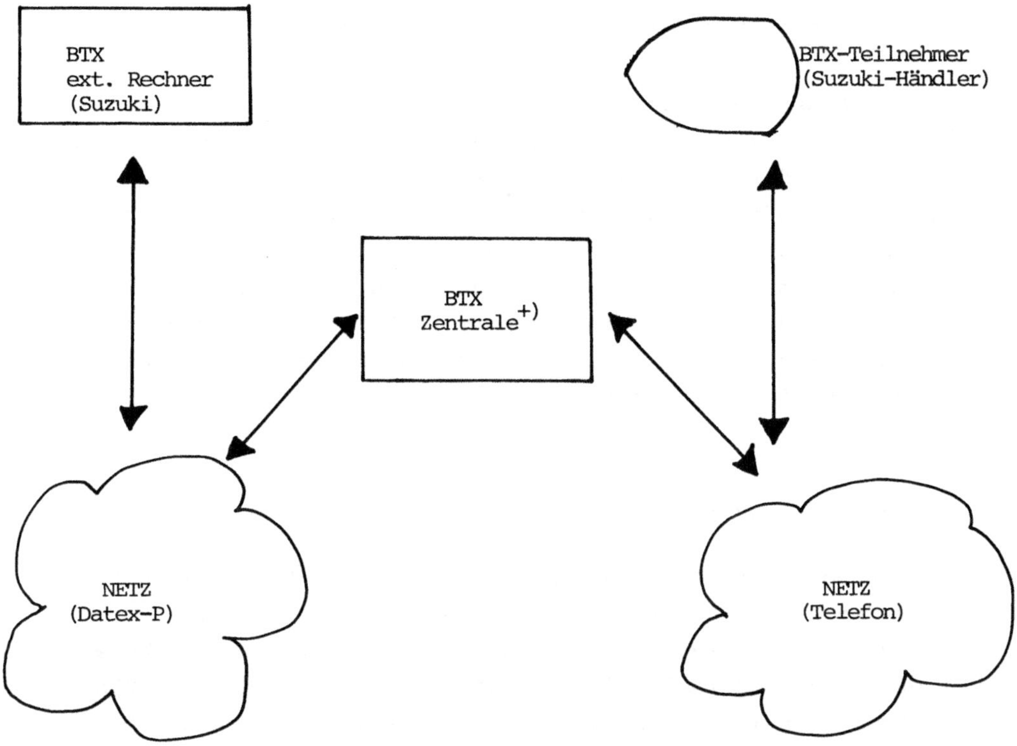

+) es existieren in der BRD 17 Rechnerzentralen, die über Hochgeschwindigkeitsleitungen verbunden sind.

2.2 Funktionale Spezifikation einer BTX-Lösung

Folgende bei Suzuki-Deutschland realisierte Funktionen bieten sich für eine BTX-Kommunikation zwischen Zentrale und den Händlern an:

- ET-Ersatzteilbestellung
- ET-Ersatzteilauskunft
- Kfz-Auftragsabwicklung
- Gewährleistungsabwicklung (Kfz, ET)
- Rechnungs-/Gutschriftsabwicklung für Aufträge und Gewährleistungsanträge
- Kundenspiegel (Soll-/Istvergleiche, Kennzahlen)
- Modellinformationen (Technik, Bestände, Preise/ Konditionen)
- Außendienststeuerung

Sinnvoll ist eine stufenweise Realisierung, beginnend mit dem Bereich, der datenmäßig am besten aufbereitet ist.
Sämtliche Informationsinhalte für die Händler stammen aus einer Datenbank, die in der Suzuki-Zentrale geführt wird. Falls Informationsinhalte, die heute in der DB nicht händlerspezifisch geführt werden (z.B. Zuteilungspriorität) in Zukunft verändert für unterschiedliche Händler angeboten werden sollen, ist die Schaffung eines speziellen Interface notwendig.

2.3 Anforderungen beim BTX-Einsatz

BTX ist ein einfach zu handhabendes Kommunikationsinstrument. Trotzdem bedarf es exakter Einsatzplanung und Organisation damit seine Vorteile voll zum Tragen kommen (z.B. Zugangsberechtigungen zu bestimmten BTX-Programminhalten, Aufbau der BTX-Seiten, technische Ausstattung der Kommunikationspartner).
Jeder Beteiligte muß mindestens über einen BTX-Anschluß und ein BTX-Terminal verfügen. Darüber hinaus kommen noch - je nach Ausstattung - Drucker, Eingabegerät, Speichergerät, Kleinrechner, Grafik-Tablett und Scanner dazu.

Der Anschluß an den Suzuki-Rechner erfordert einen zusätzlichen Softwareerstellungsaufwand. Die Verwaltung des BTX-Systems innerhalb von Suzuki erfordert eine klare, hierarchische Einbettung in die DIFOS-Organisation.

2.4 Kosten und Nutzen der Realisierung des BTX-Einsatzes

Im Folgenden soll die Größenordnung der Kosten des Aufbaus eines BTX-Kommunikationssystems angegeben werden. Sie sind im konkreten Fall zu spezifizieren und den Kosten anderer Kommunikationslösungen gegenüberzustellen (siehe Abb.: 4).
Bei der Beurteilung des Nutzens ist grundsätzlich davon auszugehen, daß die Akzeptanz des BTX bei den Händlern wegen der Einfachheit der Bedienung, der Mehrfachnutzung des Mediums und der Geräte sowie der geringen Kosten gegeben ist. Weitere Nutzungskriterien sind

- die Beschleunigung des Informationsflusses,
- die schnelle Verfügbarkeit von Informationen,
- die qualitative Verbesserung des Informationsniveaus aller beteiligten Händler,
- die Bequemlichkeit der Informationsschaffung,
- die Stärkung der Wettbewerbstellung im Markt aufgrund verbesserter Informationsflüsse,
- Verbesserung der Transparenz.

Die Einführung der BTX erzwingt auch eine Analyse und Systematisierung der Kommunikationsbeziehungen zwischen den Beteiligten. Dadurch entstehen Effekte wie

- Ordnung der Informationsinhalte
- Anforderung von Informationsdefiziten
- eindeutige Einordnung der Kommunikationspartner in ein Berechtigungssystem.

Abb.: 4

BTX - Kosten

	INVESTITIONSKOSTEN	min.	max.	LFD. KOSTEN	
Kfz- Händler	Empfangs-/ Eingabe- gerät	2.5oo	6.ooo	Personalkosten	keine pausch. Angabe möglich
	Speicher- gerät	2oo	2.ooo	Telefonkosten f. Anrufe und Rückinformationen	1,15 DM bzw. 1,85 DM/Std.
	Drucker		2.ooo	Anschlußgebühren	5,oo DM/Monat
	gesamt	2.7oo	1o.ooo		
Suzuki- Zentrale	Eingabe- geräte	7.ooo	4o.ooo	Personalkosten	keine pausch. Angabe möglich
	Speicher- geräte	2oo	2.ooo	Übertrag. Kosten - Telefonkosten	1,15 DM bzw. 1,84 DM/Std.
	Drucker	2.ooo	2.ooo	- DATEX-P Kosten	o,o1 DM bzw. o,o2 DM/Seite
	Konzeptbe- ratung	2o.ooo	3o.ooo	Anschlußgebühren	5,oo DM/Monat
	DV-Anbin- dung	1oo.ooo	2oo.ooo	Speicherkosten in der BTX-Zentrale	5,oo DM/Seite/ Speicher/ Jahr

Alphabetische Liste der Autoren mit Anschrift:

E.Bonacker, Autohaus Wengler,
Augustenstraße 20, 8600 Bamberg

K.Bekelaer, BMW AG Abt.VK-S
Petuelring 130, BMW-Haus, 8000 München 40

R.Bertuleit, Ford-Werke AG,
Ottoplatz 2, 5000 Köln-Deutz

H.Brachat, Waldweg 6, 5481 Holzweiler

M.Brossmann, Adam Opel AG, Abt. F2-Kundendiensttechnik
6090 Rüsselsheim

R.Bücher, IBM Deutschland GmbH, Systemberatung Kfz
Vahinger Str. 151, 7000 Stuttgart 80

S.Dietel, dbs-Gesellschaft für Softwareentwicklung und
Organisationsberatung mbH
Auerfeldstraße 24, 8000 München 90

K.Edelhoff, Deutsche Automobil Treuhand GmbH
Wollgrasweg 43, 7000 Stuttgart 70

L.Fischer, Rechenzentrum Simmern
Gartenstraße 9, 6540 Simmern

H.-J.Hildebrand, BMW AG Abt. FS-2/FS-253
Petuelring 130, BMW-Haus, 8000 München 40

F.Hofmann, Manchinger Str.82a, 8070 Ingolstadt

P.Michel, Universität Heidelberg,
Grabengasse 14, 6900 Heidelberg

B.Röhr, gcu Gesellschaft für Computerdienstleistungen
Destouchesstraße 60, 8000 München 40

W.Rösner, DMC Minicomputer GmbH
Franz-Gruber-Straße 4, 8000 München 83

U.Schedl, UBS-Gesellschaft für Unternehmensberatung mbH
Uhlandstraße 3, 8000 München 2

P.Seidl, Nixdorf Computer AG
Hörselbergstraße 3, 8000 München 80

H.Senger, FEG Gesellschaft für Logistik mbH
Vogelweideplatz 9, 8000 München 80

M.Teichmann, NCR GmbH
Ulmer Str. 160, 8900 Augsburg 1

R.Thome, Universität Bamberg
Feldkirchenstr. 21, 8600 Bamberg

N.Troidl, Fernmeldetechnisches Zentralamt
Am Kavalleriesand 3, 6100 Darmstadt

Betriebs- und Wirtschafts-informatik

Herausgeber: H. R. Hansen,
H. Krallmann, A.-W. Scheer,
D. Seibt, P. Stahlknecht,
H. Strunz, R. Thome

Band 1

EDV-Systeme im Finanz- und Rechnungswesen

Anwendergespräch, Osnabrück, 8.-9. Juni 1982
Gesellschaft für Informatik e.V.
Verband der Hochschullehrer für Betriebswirtschaft e.V.
Herausgeber: P. Stahlknecht
1982. XIV, 518 Seiten.
DM 79,-. ISBN 3-540-11743-1

Das Buch enthält die Vorträge des 2. Anwendergesprächs „EDV-Systeme im Finanz- und Rechnungswesen" am 8. und 9. Juni in Osnabrück. In diesen Vorträgen werden
- Erfahrungen mit einzelnen EDV-Anwendungssystemen im Finanz- und Rechnungswesen sowohl in Großunternehmen als auch in kleinen und mittleren Betrieben unterschiedlicher Branchen wiedergegeben
- Entwicklungstendenzen, z.B. über die Einsatzmöglichkeiten dialoggestützter Entscheidungshilfen oder relationaler Datenbankmodelle für die Kostenrechnung, aufgezeigt, und
- neue Programmprodukte vorgestellt.

Band 2

Büroinformations- und -kommunikationssysteme

Anwendergespräch, Wirtschaftsuniversität Wien, 30.9. bis 1.10.1982
Gesellschaft für Informatik e.V.
Arbeitsgemeinschaft für Datenverarbeitung
Herausgeber: H. R. Hansen
1982. XII, 577 Seiten.
DM 79,-. ISBN 3-540-11599-4

Der Band enthält die Vorträge des Anwendergesprächs „Büroinformations- und -kommunikationssysteme" am 30. Sept. - 1. Okt. 1982 in Wien. Ziel dieses Anwendergespräches waren die Klärung der mit der Gestaltung entsprechender Systeme zusammenhängenden grundlegenden Probleme, der Austausch von Erfahrungen bei der Planung und konkreten Anwendung der Systeme sowie eine Diskussion der Entwicklungstendenzen.

Band 3

Unternehmensplanung und -steuerung in den 80er Jahren

Eine Herausforderung an die Informatik
Anwendergespräch, Hamburg, 24.-25. November 1981
Gesellschaft für Informatik e.V.
Verband der Hochschullehrer für Betriebswirtschaft e.V.
(WK Betriebsinformatik)
Herausgeber: H. Krallmann
1982. XI, 450 Seiten.
DM 69,-. ISBN 3-540-11600-1

Inhaltsübersicht: Unternehmensplanung und Konzernsteuerung als Probleme des Informationsmanagements - dargestellt im Rahmen der Strategie des Volkswagenwerkes. - Planungssysteme für mittlere und kleinere Unternehmen. - Möglichkeiten und Grenzen der in der betrieblichen Praxis eingesetzten Planungsverfahren. - Trends in der Informationstechnologie - Möglichkeiten des Einsatzes in der Unternehmensplanung. - Zunehmende Unsicherheit der Basisdaten in den 80er Jahren - Konsequenzen für die Unternehmensplanung. - Planungsinstrumente und ihre Entwicklung. - Entscheidungsunterstützungssysteme. - Standort der Unternehmensplanung im Betrieb.-Organisation des Planungsprozesses. - Ausbildung für und in der Planung. - Akzeptanz von Planungssystemen. - Planungssysteme für kleine und mittlere Unternehmen. - Grenzen von Planungssystemen. - Zusammenfassung der Ergebnisse der Arbeitskreise und Ausblick. - Autorenverzeichnis. - Moderatorenverzeichnis.

Springer-Verlag
Berlin
Heidelberg
New York
Tokyo

GPSR Compliance

The European Union's (EU) General Product Safety Regulation (GPSR) is a set of rules that requires consumer products to be safe and our obligations to ensure this.

If you have any concerns about our products, you can contact us on ProductSafety@springernature.com

In case Publisher is established outside the EU, the EU authorized representative is:

Springer Nature Customer Service Center GmbH
Europaplatz 3
69115 Heidelberg, Germany

Batch number: 10844827

Printed by Printforce, the Netherlands